Revista de Direito Tributário

60

MALHEIROS EDITORES

Revista de Direito Tributário

Publicada sob os auspícios do

IDEPE — Instituto Internacional de Direito Público e Empresarial

e do

IBET — Instituto Brasileiro de Estudos Tributários

ISSN 0102-7956

REVISTA DE DIREITO TRIBUTÁRIO
publicação trimestral de MALHEIROS EDITORES LTDA.
Rua Paes de Araújo, 29, 17º andar - conj. 171 - CEP 04531-940
São Paulo, SP - Brasil - Tels. 822-9205 - 820-9718 - 820-5549 - Fax. 829-2495

Assinaturas e comercialização:
CATAVENTO DISTRIBUIDORA DE LIVROS S.A.
Rua Conselheiro Ramalho, 928 - CEP 01326
São Paulo, SP - Brasil - Tel. 289-0811 - Fax 251-3756

Diretor Responsável: Álvaro Malheiros
Diretora: Suzana Fleury Malheiros
Supervisão Gráfica: Nadia Basso

Composição: Graphbox
Impressão: Gráfica e Editora FCA
(Fundação de Ciências Aplicadas)

SUMÁRIO

QUESTÕES PARA O CONGRESSO 7

TEXTOS DOS EXPOSITORES:

TRIBUTOS E INDEXAÇÃO — Aires F. Barreto 11

A QUESTÃO DA ATUALIZAÇÃO MONETÁRIA E SUA IMEDIATA RELAÇÃO COM OS PRINCÍPIOS CONSTITUCIONAIS DA LEGALIDADE, IRRETROATIVIDADE, IGUALDADE, NÃO CUMULATIVIDADE E ANTERIORIDADE — Célio de Freitas Batalha 23

APRECIAÇÕES SINTÉTICAS SOBRE ALGUMAS DAS QUESTÕES CONSTANTES DO TEMÁRIO — Eduardo Domingos Bottallo 29

QUESTÕES DO TEMÁRIO— Estevão Horvath 32

CONTRIBUIÇÕES — Eugênio Doin Vieira 35

INDEXAÇÃO — Fernando Albino 39

RESPOSTAS SINTÉTICAS ÀS QUESTÕES — Geraldo Ataliba 43

INDEXAÇÃO E TRIBUTOS — Gilberto de Ulhôa Canto 47

CONTRIBUIÇÕES — José Eduardo Soares de Melo 51

A VEDAÇÃO DE CRÉDITOS DE ICMS E IPI FACE À DECLARAÇÃO INIDONEIDADE DE OUTRA EMPRESA — José Eduardo Soares de Melo 62

O IPTU COMO INSTRUMENTO DA POLÍTICA URBANA — José Souto Maior Borges 65

BREVE ABORDAGEM JURÍDICA DA INDEXAÇÃO - Marçal Justen Filho 73

SOBRE A UTILIZAÇÃO DE ÍNDICES DE CORREÇÃO MONETÁRIA INIDÔNEOS OU IRREAIS E SUAS CONSEQÜÊNCIAS JURÍDICAS — Misabel de Abreu Machado Derzi 82

QUESTÕES DO TEMÁRIO - Roque Antonio Carraza 93

ESTUDO BREVE SOBRE CONTRIBUIÇÕES SOCIAIS ÀS LUZES DA CONSTITUIÇÃO DE 1988 — Sacha Calmon Navarro Coelho 96

IMPOSTO DE RENDA. PERÍODO-BASE. DEVE SER ANUAL? — Sidney Saraiva Apocalypse 106

CONTRIBUIÇÕES SOCIAIS — Wagner Balera 109

RESUMOS E CONCLUSÕES DAS TESES SELECIONADAS 121

ATAS DO CONGRESSO

SESSÃO DE ABERTURA 133

Mesa de Debates: INDEXAÇÃO 138

Conferência: DIREITO INTERNACIONAL TRIBUTÁRIO — Alberto Xavier 158

Mesa de Debates: IMPOSTOS ESTADUAIS E MUNICIPAIS (ICM-IPTU-ISS) 166

Mesa de Debates: IMPOSTOS FEDERAIS (IR-IPI-IOF) 191

Mesa de Debates: IMPOSTO SOBRE A RENDA 210

Conferência: TENDÊNCIAS DO DIREITO TRIBUTÁRIO — Mizabel Derzi 221

Mesa de Debates: CONTRIBUIÇÕES (1) 233

Mesa de Debates: CONTRIBUIÇÕES (2) 249

Conferência: SEGURANÇA JURÍDICA — Geraldo Ataliba 268

SESSÃO DE ENCERRAMENTO 276

VI CONGRESSO BRASILEIRO DE DIREITO TRIBUTÁRIO

1 - QUESTÕES PARA O CONGRESSO

2 - TEXTOS DOS EXPOSITORES
(para encaminhamento das Mesas de Debates)

3 - RESUMOS E CONCLUSÕES DAS TESES SELECIONADAS

QUESTÕES PARA O CONGRESSO

(para encaminhamento das mesas de debates)

Indexação

— Só lei federal? Se for lei estadual ou municipal, há limites?

— Pode aplicar-se a obrigação ainda não exigível?

— Lei que altere o critério (índices) aplica-se imediatamente ou só após vencimento da obrigação?

— Deve respeitar a anterioridade?

— Pode ser instituída só em favor do fisco?

— Aplica-se aos créditos de IPI e ICMS?

— Índices inidôneos ou irreais, se implicarem aumento de carga, são tributo? Que tributo?

— Um mesmo poder tributante pode estabelecer índices diversos para obrigações (tributárias ou não) em que seja parte?

— Correção monetária como instrumento de recomposição do valor da moeda pode expressar-se por vários índices, sendo a moeda uma só e sua desvalorização também uma só?

— São corrigíveis os "créditos" de IPI e ICMS, à vista da generalização da correção monetária e pelas mesmas razões pelas quais se corrigem os débitos desses impostos?

Imposto de renda

— Levantamento de depósitos judiciais de cunho indenizatório está sujeito ao IR?

— Recebimentos de indenização estão sujeitos ao IR?

— A dedutibilidade de royalties só se aplica a partir de 1992?

— Pode ser aplicada UFIR em relação ao IR das pessoas jurídicas ano-base de 1991?

— Se as alícotas do imposto de renda devem ser realmente progressivas, isto supõe que sejam muitas, dada a grande disparidade entre os contribuintes. (Em países onde tal disparidade é menor do que no Brasil — como Inglaterra e Espanha, p. ex., — há mais de dez alícotas, entre 5% e 50%).

— As deduções do IR não podem ser reduzidas pelo legislador — mesmo que a pretexto de simplificação — mas, pelo contrário, devem ser multiplicadas, para realizar (dar eficácia) à regra do art. 150, II da CF 88?

— É constitucional a modificação do período-base de incidência do imposto de renda das pessoas jurídicas (de anual para mensal), promovida pela Lei 8.383/91, em face do que dispõe o artigo 146, III, "a", da CF?

— Onde ocorre o fato gerador do adicional do imposto de renda estadual no caso de pessoa jurídica com estabelecimentos em diferentes Estados?

— A isenção do IR federal implica, *ipso facto*, a não incidência do adicional estadual?

— Que são lucros, ganhos e rendimentos de capital, na expressão do art. 155, II, da Constituição?

— IOF pode incidir sobre levantamento de depósitos judiciais?

Contribuições

— Podem cumular-se duas contribuições sobre faturamento (PIS e FINSOCIAL)?

— A destinação e a gestão do produto da arrecadação das contribuições à seguridade social são elementos essenciais para efeito de sua legitimação constitucional?

— À vista do art. 195, parágrafo 4º, da CF, a criação de contribuições sociais de "outras fontes" depende da lei complementar?

— É constitucional a incidência de contribuição para o INSS sobre os pagamentos a autônomos e administradores de empresa (não empregados)?

— É possível a incidência, sobre uma mesma base (por exemplo, o faturamento, CF, art. 195), de diferentes espécies (nominais) de contribuições?

— O FINSOCIAL sobreviveu?

ICMS

— Transporte realizado por coligada integra a base de cálculo do ICMS?

— Transporte de energia elétrica é sujeito a ICMS?

Diversos

— Qual o conceito de varejo, no art. 156, III da CF?

— Álcool, querosene, água raz etc. vendidos em lojas de ferragens ensejam incidência do IVV?

— O IOF pode onerar operações de empréstimo para aquisição de casa própria das classes menos favorecidas que, precisamente, não têm capacidade contributiva?

— É correto afirmar-se que ninguém pode ser compelido a pagar débito tributário (ex. IPTU), corrigido num mês, sem ter podido quitá-lo no prazo, sem correção, por não ter recebido a notificação em tempo?

— Pode ser considerado regularmente notificado o contribuinte, pelo correio, sem "aviso de recebimento" devidamente assinado, por pessoa identificada?

— Cada débito tributário deve ser veiculado mediante "aviso" (nos casos de tributo de lançamento direto ou mediante declaração) individuado? Conseqüentemente, é violador dos direitos do contribuinte empregar a Administração Fiscal, por sua comodidade, um só aviso (com função de guia de recolhimento) para mais de um tributo? (O que dificulta o exercício do direito de não recolher, reclamar ou recorrer contra um só tributo, não desejando fazê-lo relativamente aos demais).

— Declaração de inidoneidade de uma empresa pode inibir — na ausência de conluio — a tomada de crédito de ICMS ou de IPI, por outra?

— A definição de semi-elaborados dada pela Lei Complementar n. 65/91 está em conformidade com o texto constitucional?

— Que são impostos não cumulativos, para efeito do art. 154 da CF?

— O ITBI e o IPTU podem ser progressivos? Se positiva a resposta, com base em que critérios?

— Para efeito da não-cumulatividade do ICMS, quais bens e serviços ensejam crédito do imposto?

TRIBUTOS E INDEXAÇÃO

AIRES F. BARRETO
Advogado em São Paulo

I - Correção Monetária dos Créditos de ICMS

1 - Inflação e cláusula de correção monetária

O recrudescimento, nas últimas décadas, da desvalorização da moeda, fez com que surgissem os mais variados indicadores para medi-la. Embora nenhum desses indicadores rigorosamente a meça — porque senão teríamos um só índice, e não vários, como lembra o ministro Moreira Alves (*RTJ* 117/308) — o certo é que as nossas moedas oficiais têm tido o seu valor corroído, em ritmo galopante. Além da sucessiva supressão de zeros, recorreu-se algumas vezes até à mudança do nome da moeda — sempre na expectativa de que a nova designação também contribuísse para torná-la infensa ao processo inflacionário. Nos últimos tempos, o cruzeiro já se transformou em cruzeiro novo, cruzado, cruzado novo. E porque nenhum desses "remédios" pôde proporcionar a cura para o seu constante estado de debilidade, voltou a receber sua designação original. A gravidade da "doença" de que foi acometido fica mais visível diante de alguns "exames": o primeiro evidenciou que nenhuma das máquinas de calcular comuns tinha dígitos suficientes para representar, em cruzeiro antigo, o valor nominal do cruzeiro de hoje. A infinidade de zeros retirada ao longo do tempo impedia qualquer parâmetro de comparação. O segundo exame detectou que bens imóveis dos mais valiosos, traduzidos daquela para a moeda atual viraram pó. O terceiro exame deixou evidente que escrever o valor de aquisição desses bens, em moeda atual seria impossível. Não havia fração de moeda que o permitisse. Cem mil cruzeiros antigos (Cr$ 100.000,00) transformaram-se em Cr$ 100,00 e depois em Cr$ 0,10 e mais adiante em Cr$ 0,0001, submúltiplo inexistente. Os "analistas" tiveram que fazer extraordinário esforço para compreender que um imóvel valioso — que bem poderia ser faustosa mansão — "não mais existia" ou, mais precisamente, que existia, mas não tinha nenhum valor.

Apesar do modo jocoso com que foi abordada a questão, o certo é que a economia, as finanças tinham que conviver com essa assustadora realidade. E, para evitar o caos, cabia ao direito engendrar mecanismos capazes de eliminar esses desastrosos efeitos.

É sabido que a moeda, a par de constituir-se em instrumento de conservação de valores e meio de pagamento, deve exercer outra função: a de medida de valores. Amílcar de Araújo Falcão já prelecionava nesse sentido: "a moeda exerce a função de valoramento — para repetir o conceito de Leroy-Beaulieu — isto é, de medida dos valores e instrumento de conta. O direito capta essa função da moeda, ao considerá-la o instrumento jurídico de avaliação ou valoração de bens ou direitos" ("A Inflação e suas Conseqüências sobre a Ordem Jurídica", in *RDP* 1/55).

Entre nós, porém, a moeda não vem preenchendo a função básica de representar medida de valor; limita-se a ser mero meio de pagamento, em virtude das normas sobre o curso legal e o curso forçado (Arnoldo Wald, *A Evolução da Correção Monetária na "Era da Incerteza"*, Saraiva, 1983, pág. 11). Nascida para ser o denominador comum de todos os valores, a moeda teve gradativamente abalada essa sua função vital. Criada para ser isenta de variações, o passar do tempo mostrou que, embora mantendo sua função de medida de pagamentos, a moeda foi perdendo terreno como medida de valor.

Impunha-se prever um novo instrumento capaz de servir como substituto da moeda nessa função. Fazia-se necessário instituir um mecanismo que, preenchendo esse vazio, permitisse corrigir a distorção decorrente do processo inflacionário, substituindo essa função, já não preenchida pela moeda.

Optou-se, no Brasil, pelo caminho de corrigir o valor monetário, instituindo sistema viabilizador da manutenção do poder aquisitivo da moeda. Entre a alternativa de extirpar a inflação e criar um direito transitório (hoje, já não tão transitório) o nosso legislador preferiu o caminho de manter a moeda "cruzeiro", como meio de pagamento, introduzindo um sistema baseado na criação de uma unidade de conta. A função de medida de valor — antes reunida à outra, na própria moeda de curso legal forçado — passou a ser exercida por indicadores da perda do poder aquisitivo da moeda. Ao invés de generalizar a adoção das moedas estrangeiras, como parâmetro geral, manteve o cruzeiro como moeda legal, introduzindo, porém, um indicador da variação da "unidade de conta" (Arnoldo Wald, ob. cit., p. 12).

Criou-se, como ensina Pontes de Miranda, a cláusula de correção do valor monetário: "Cláusula de correção monetária — melhor *cláusula de correção do valor monetário* — é a cláusula de reajustamento pecuniário em que se tem, como fator específico de revisão do débito, o valor da moeda ... Uma das cláusulas corretivas é a de adimplir pela prestação da quantidade monetária que corresponderia ao valor da moeda, se continuou o mesmo, ou, em caso de oscilação, pela prestação da quantia monetária com que no momento inicial se adquiria o bem" (Pontes de Miranda, *Tratado de Direito Privado*, tomo L, Rio, Borsoi, 1965, n. 5.347, p. 467).

A gradativa, mas acentuada, perda do poder aquisitivo da moeda — fruto de seguidos surtos de avassaladora inflação — fez com que se generalizasse a aplicação da cláusula de correção do valor monetário, sob a disseminada designação de correção monetária. Institucionalizou-se essa cláusula, como veículo de recomposição de valores, ou de recomposição de débitos e créditos. Sua introdução passou a ser vista como o veículo impeditivo do enriquecimento sem causa de uns e do conseqüente empobrecimento de outros.

A unidade de conta ou medida de valor — que deveria ser uma só — proliferou. À medida que mais e mais tênue se revelava essa função da moeda, uma vasta e complicada gama de sucedâneos dessa função foi sendo criada. Assim, além da utilização do sálario-mínimo como indexador, criaram-se as ORTN (Obrigações Reajustáveis do Tesouro Nacional), mais adiante substituídas pelas OTNs (Obrigações do Tesouro Nacional) que, a seu turno, cederam lugar aos BTNs (Bônus do Tesouro Nacional) que desapareceram, mal substituídos pela TR (Taxa Referencial) — que não é, rigorosamente, um indexador. Ao lado desses índices, outros foram criados, quer no setor público, quer no campo privado. São exemplos, o INPC/IBGE (índice nacional de preços ao consumidor, medido pelo Instituto Brasileiro de Geografia e Estatística), o índice de preços ao consumidor da Fundação Instituto de Pesquisas Econômicas (IPC/FIPE), o índice geral de preços do mercado medido pela Fundação Getúlio Vargas (IGP-M/FGV), o índice geral de preços, da mesma FGV, identificado por IGP/FGV, o ISN do IBGE, o ICV do DIEESE, o ICV da Classe Média, o INCC da FGV, o CUB-Sinduscon, o IPA da FGV, o IPC da FGV. Adotaram-se, também, como indexadores, os índices da caderneta de poupança, o da UPC, o da UPF (Unidade Padrão de Financiamento). Os entes político-constitucionais (União, Estados, Distrito Federal e Municípios) também criaram os seus próprios indexadores. Hoje, proliferam, além da UFIR, as UFEs (Unidades Fiscais dos Estados) e as UFMs (Unidades Fiscais dos Municípios), cada qual, para loucura do contribuinte, com sofisticado e particular critério de atualização. Tudo isto, para não se falar nos bens que se anunciam pública e escancaradamente (e que são vendidos) em dólares.

Em suma, há hoje os mais variados tipos de indexadores. Todos, e cada qual, visam a um único objetivo: reajustar o valor dos créditos. "O pagamento é sempre em cruzeiros, mas a quantia a ser despendida pelo devedor é nominalmente mais expressiva, fruto do condicionamento do débito à "variação da unidade de conta" (Arnoldo Wald, ob. cit., p. 12), de modo que o devedor recomponha razoavelmente o patrimônio do credor.

Nada mais se contrata, senão com correção monetária. Variam os indexadores, mas sua aplicação aos mais diferentes negócios jurídicos é inexorável. Tão disseminada, tão corriqueira é sua utilização que, para coibir sua generalizada aplicação, vedando-a em certos e específicos casos — a Constituição especial e expressamente precisou dispor sobre sua inaplicabilidade na liquidação de débitos de micro e de pequenos empresários e de mini, pequenos e médios produtores rurais, nas condições que estabelece (cf. art. 47, incisos e parágrafos do Ato das Disposições Constitucionais Transitórias). A necessidade de a Constituição diretamente dispor sobre a "isenção da correção monetária" (cf. § 3º do art. 47 do ADCT) é a demonstração mais inequívoca e incontestente de que, à míngua dessa "isenção", nada, absolutamente nada, pode escapar à incidência da correção monetária.

A moeda de curso legal atua apenas como ponto de partida para a obtenção do valor definitivo. O montante dos créditos resulta sempre da aplicação, sobre a unidade monetária (cruzeiro), de um fator multiplicador que amplia o número de unidades de moeda em jogo.

Em suma, inflação acentuada e correção monetária haverão de andar sempre juntas. "Enquanto houver inflação, a correção monetária se impõe para que o direito não nos leve a cometer injustiças" (Arnoldo Wald, op. cit., pag. 23). E complementando esse raciocínio, acrescenta: "Assim, em vez de ter que pagar um *quantum* (uma quantia determinada de unidades monetárias), o devedor tem que pagar um *quid* (um valor correspondente àquele representado no momento da celebração do contrato pelo número de unidades monetárias então referido)". Concluindo que: "... a correção monetária *não é um acessório*, não constituindo necessariamente *um 'plus'*, sendo, ao contrário, um multiplicador destinado a assegurar a manutenção do equilíbrio das prestações contratuais. *Pode* até a correção monetária, eventualmente, implicar numa *diminuição* do débito, como ocorreu recentemente no tocante à correção cambial dos créditos indexados em relação ao dólar, que sofreram uma redução com a valorização do cruzeiro e a redução do valor da moeda norte-americana. *Não existe*, pois, nos casos de inclusão nos contratos de cláusula de escala móvel, *um débito acrescido de correção monetária*; o primeiro (débito) sendo o principal e o segundo (correção monetária) o acessório; mas sim um *débito único corrigido*, a fim de excluir o risco monetário, devendo o crédito ser reajustado em todos os momentos... sem excluir qualquer período... sob pena de ruptura do equilíbrio pretendido"... (Arnoldo Wald, "Da Fixação do Termo Inicial para a Incidência da Correção Monetária", in *RT* 464/48 e 49).

Válvula de segurança contra o processo inflacionário, a correção monetária, como elemento indispensável ao reajuste de créditos, ganhou prestígio legal, doutrinário e jurisprudencial.

Do primeiro é, sobretudo, exemplo a Lei 4.357, de 16 de julho de 1964; do segundo, os vários artigos de Arnoldo Wald, e a notável contribuição de Amílcar Falcão, antes transcrita; da última, os precedentes consubstanciados, além da Súmula 562, nos seguintes julgados: RE 79.663, 90.089, 92.002 (*RTJ* 94/442), RE 71.549 (*RTJ* 58/764), RE 72.648 (*RTJ* 59/626), RE 84.829 (*RTJ* 75/978), RE 84.468 (*RTJ* 86/560). A Corte Suprema já advertira da necessidade de sua aplicação, diante da conjuntura mundial com a qual convivemos: "a inflação não é mais a endemia do Brasil e dos povos mal desenvolvidos com surtos epidêmicos e breves nas nações maduras feridas pela guerra — a correção monetária passou a ser um imperativo ético e jurídico, que o legislador, a jurisprudência e a doutrina cumprem a passos largos" (ERE 75.504, *RTJ* 74/112).

O objetivo precípuo da aplicação dessa cláusula é o de impedir que, à sua míngua, se alastre o enriquecimento de devedores, que ganham com a diferença de poder aquisitivo da moeda entre a data de vencimento de obrigações e da data do pagamento, causando o empobrecimento dos credores de dívidas de dinheiro. Isto porque a inflação "(...) aniquila os credores de quantias fixas, a prazo médio e longo. Já se disse que ela produz a própria eutanásia dos rentistas.

"Simetricamente a tal depauperamento dos credores de dívidas pecuniárias, há um enriquecimento dos devedores; lucram estes a diferença de poder de compra da moeda entre a data da obrigação e a data da prestação. Nesse sentido, surge mesmo o ardil de retardar-se o pagamento, ainda que ao preço de incidir em mora, com o propósito de ganhar com a depreciação monetária.

"Até a superveniência da Lei 4.357, de 16 de julho de 1964, era muito comum entre nós suscitarem os contribuintes processos meramente procrastinatórios, com o só fim de protelarem a satisfação de tributos devidos.

"Pode-se dizer, como faz Carbonnier, que, assim sendo, se verifica uma verdadeira transferência gratuita de bens do patrimônio dos credores para o dos devedores, sendo que daí resultará, de algum modo, uma coletivização presidida pelo acaso — "une collectivisation de hasard" — tendo em vista a presença do Estado como o grande devedor. O devedor de quantias fixas encontra-se mesmo na posição de auferir do seu credor um verdadeiro imposto privado, a quanto equivale a redução de poder aquisitivo quando do pagamento de débito. (...)

"Para que se concretizem tais resultados detrimentosos é necessário que o fator tempo entre em cogitação. Se o débito pecuniário é instantâneo, não há maiores problemas: a prestação ocorre na data mesma da estipulação e, pois, em moeda de idêntico poder aquisitivo.

"Se, porém, a obrigação é a termo ou é de trato sucessivo, a depreciação monetária arruinará o credor.

"Adquire, a tal propósito, um sentido bem vivo e uma acepção muito concreta o velho axioma inglês — "time is money" (Amílcar de Araújo Falcão. "A Inflação e suas Conseqüências Sobre a Ordem Jurídica", em *RDP* 1/57).

A correção monetária tem, hoje, *status* constitucional. Deveras, o art. 47 do ADCT, ao excluir a aplicação, em alguns casos, da correção monetária, impõe *a contrario sensu* que se a aplique nos demais.

Deste ou daquele ângulo é visível, pois, o descompasso entre o singelo pagamento tardio (ou do parcelado) pelo mero valor nominal e o sistema constitucional. A simples cogitação da não incidência de correção monetária implica aceitar o absurdo de conferir vantagens aos inadimplentes e de ser iniqüo com os pontuais.

Impõe-se, pois, em países como o nosso, em que se convive com brutal processo inflacionário, a correção dos valores, de modo a não fazer periclitar os mais relevantes princípios constitucionais. Essa correção, no entanto, pode se dar, tanto em termos de apuração real de defasagem, como pela criação de sistema — como o que vige entre nós — caracterizado pela presunção legal da perda do poder aquisitivo da moeda, exteriorizada pela aplicação de índices indicadores dessa variação.

Diante de tal panorama, fica visível que subtrair à incidência da correção monetária qualquer débito — seja ele do particular, seja ele do fisco — não pode ter respaldo constitucional, e nem mesmo moral ou ético. É que, só com a correção do valor, se mantém o equilíbrio econômico-financeiro; só com a aplicação dos índices correspondentes se faz possível manter a segunda função de moeda: a de ser não apenas meio de pagamento, mas, concomitantemente, medida de valor.

Pagamento sem correção equivale a manter o desequilíbrio da prestação e a provocar lesão intolerável para o credor. A entrega de dinheiro, por seu valor nominal, após expressivo decurso de tempo, além de flagrante abuso de direito implica grave e irreparável lesão ao credor, seja ele público ou privado. Só com a correção há o pagamento pleno; nunca sem ela.

Precisamente por isso, excepcionar sua incidência só cabe à Constituição. Fora das hipóteses por ela expressamente mencionadas, sempre caberá correção, pena de ter-se nítido enriquecimento sem causa do devedor lesante, e inconstitucional (além de imoral e injusta) redução das receitas do credor lesado.

Não é crível que se não reconheça o desfalque no valor patrimonial das receitas do credor, à míngua de recomposição do valor nominal de seu crédito, e enriquecimento sem causa do devedor, que paga com moeda desvalorizada. Se a entrega da quantia que pertence ao credor não corresponde à realidade econômica há enriquecimento indevido deste, não tolerado pela Constituição.

2 - Créditos de ICMS e correção monetária

2.1. - O creditamento tardio.

São comuns os casos de contribuintes de ICMS (ou do antigo ICM) que, em razão de características próprias das atividades a que se dedicam, não têm condições de aproveitar, imediatamente, os créditos de ICMS (ou até do antigo ICM) a quem têm jus, de acordo com a Constituição e com a lei. Diante dessa impossibilidade, os créditos de ICMS acumulam-se em suas contabilidades por meses e até por anos. E, como ali estão lançados pelo seu valor nominal, quando surge a oportunidade de utilizá-los, o montante respectivo já está substancialmente corroído pela desvalorização da moeda. Inviabiliza-se, assim, a recomposição de seu patrimônio. Este, com o passar do tempo, sofre diminuição.

Impõe-se, destarte, para cumprir a Constituição, a correção desses créditos.

Não se olvide que débito e crédito de ICMS são categorias jurídicas distintas, correspondendo a direitos diversos, opostos e contrastantes, além de reciprocamente independentes e autônomos, como tão bem o demonstrou Cleber Giardino (*RDT* 29/110). Desencadeiam relações jurídicas autônomas, nas quais credor e devedor alternam-se: o Estado é credor na primeira e o contribuinte na outra e vice-versa.

Submetem-se, enfim, a princípios, critérios e regras de interpretação totalmente distintos, porque diferentes são suas funções e natureza jurídica. Em outras palavras: como o débito do ICMS (a cargo do contribuinte) é de natureza tributária, ao regime próprio da espécie se submete. Já o crédito (direito do contribuinte) é mera figura financeira, operante na fase (momento) do pagamento, por compensação. Funciona como moeda de pagamento. Tem sua operacionalidade limitada à função de atender ao "abatimento" constitucionalmente previsto (Geraldo Ataliba, *RDT* 29/110).

Assim, por esse mecanismo, o Estado pode exigir, a final, o recolhimento de uma importância que corresponde ao resultado do cálculo do ICMS sobre o valor da operação, menos o valor do ICMS correspondente às operações anteriores. Vê-se que o "crédito" de ICMS serve para o contribuinte pagar, parcialmente, por compensação, o seu débito tributário (recolhendo o saldo devedor em dinheiro).

Apenas o saldo é recolhido em dinheiro, diretamente aos cofres do Estado. Enfim, o ICMS é imposto que se paga parte em dinheiro e parte com *créditos* escriturais, constitucionalmente qualificados.

Tudo que se refere ao abatimento de ICMS (crédito) — seja a extensão desse direito, sua natureza, montante, oportunidade de apropriação, compensação com ICMS devido, etc. — envolve-se num regime legal de direito constitucional-financeiro, alheio ao regime jurídico do tributo, nada tendo a ver com a disciplina da incidência, base imponível, alíquota e outros aspectos do imposto. A mais evidente demonstração disso está em que — na relação de "crédito de ICMS" — o Estado é devedor e o contribuinte credor; e, na relação (tributária) de "débito de ICMS", o Estado é credor e o contribuinte devedor. Somente à luz dessas premissas será possível estudar o "crédito de ICMS".

Reiteradas lições — infelizmente nem sempre bem apreendidas — de Geraldo Ataliba e de Cleber Giardino, demonstram, de modo irretrucável, que o chamado "direito ao crédito" não decorre, não nasce de "lançamentos" anteriores. A gênese do crédito, o fato que constitucionalmente determina o surgimento desse direito é verdadeiramente a aquisição, por alguém — qualificado como contribuinte do tributo — a outro contribuinte, da titularidade de mercadorias (neste conceito pressuposta a destinação desses bens — por isso "mercadorias" — a futuras operações mercantis). Já se vê que a esse conceito é estranha a presença ou não de anteriores "lançamentos" de ICMS. Com ou sem tais lançamentos, o "crédito de ICMS" surge, *ex vi* da Constituição (cf. *RDT* 29).

Porque a moeda não mais cumpre sua função de medida de valor, o imposto devido pela realização de operação mercantil deve ser sempre atualizado. Fazê-lo, porém, exige a adoção do mesmo critério de atualização relativamente às compensações a que têm jus os contribuintes.

3 - Direito à correção monetária dos créditos de ICMS

É notório que, em muitos casos, o aproveitamento (do crédito) não pode ser prontamente efetuado, em face da natureza e das características das atividades desenvolvidas por certos contribuintes. Fatores peculiares a certas atividades impedem que o crédito seja utilizado imediatamente. Em razão do fator tempo, ficam esses contribuintes em situação detrimentosa. É claro que se o aproveitamento do crédito é imediato o problema não existe, porque nesse caso usam-se, assim para débito como para crédito, "moedas" do mesmo valor real. Para que os resultados sejam detrimentosos "é necessário que o fator tempo entre em cogitação. Se o débito pecuniário (ou o crédito, conforme o caso) é instantâneo, não há maiores problemas: a prestação ocorre na data mesma da estipulação e, pois, em moeda de idêntico poder aquisitivo. Se, porém, a obrigação é a termo ou é de trato sucessivo, a depreciação monetária arruinará o credor". (Amílcar de Araújo Falcão, "A Inflação e suas Conseqüências", *RDP* 1/57).

Esse fato é da maior relevância jurídica para o deslinde da questão: o retardamento, o inevitável adiamento no aproveitamento do crédito não decorre de mero desejo do contribuinte, não é fato a ele imputável, mas pela incontornável impossibilidade, aqui demonstrada, alheia aos seus desígnios.

É ostensivamente evidente que — diante da impossibilidade de imediato aproveitamento do crédito — a sua utilização em momento ulterior, meses após, ou se dá com correção monetária, preservadora do seu valor original, ou se dá pelo valor nominal e, nesse caso, não se garantirá a integridade do direito lesado (cuja expressão é patrimonial).

Só com a aplicação ao valor originário da correção monetária do período, se manterá o equilíbrio entre débito e crédito. Deveras, é óbvio que a recomposição patrimonial do direito de crédito somente se dará mediante a apropriação da correção monetária do período considerado, vale dizer, *com a utilização do valor real do crédito*. Qualquer outro entendimento implicará, simultaneamente, na não-realização do princípio da não-cumulatividade e na inexistência da compensação de ICMS, uma vez que, nesse caso, só com maior desembolso será pago o imposto, contra a Constituição. Em outras palavras, não haverá a compensação solenemente assegurada pela Constituição, mas compensação "parcial", uma vez que o montante lançado — em país como o nosso, em que a inflação mensal anda na casa dos 25% — nada mais representará decorridos alguns meses. "Pode-se dizer, como faz Carbonier, que, assim sendo, se verifica uma verdadeira transferência gratuita *de bens do patrimônio dos credores para o dos devedores*, sendo que daí resultará, de algum modo, uma coletivização presidida pelo acaso — "une collectivisation de hasard" — tendo em vista a presença do Estado como grande devedor. O devedor de quantias fixas encontra-se mesmo na posição de auferir do seu credor um verdadeiro imposto privado, a quanto equivale a redução do poder aquisitivo quando do pagamento do débito" (Amílcar de Araújo Falcão, "A Inflação e suas Conseqüências", *RDP* 1/57).

A utilização dos créditos pelos seus valores nominais implica, inexoravelmente,

a) de um lado, prejuízo financeiro para o contribuinte e

b) de outro, um enriquecimento sem causa do Estado.

Deveras, se a empresa tem que desembolsar mais moeda (forte, corrigida), a título de débito, e, para compensá-lo, conta com *menor* expressão financeira (porque não corrigida), a título de crédito, há desembolso adicional, com prejuízo para a empresa e ganho (indevido) para o Estado.

Além disso, caracteriza exigência de *imposto não previsto em lei*, porquanto maior desembolso, em termos reais, equivale a pagar ICMS pela aplicação, sobre o valor da operação, de alíquota maior do que a prevista em lei. A violação da igualdade diante da lei também resulta, disso, flagrante: quem opera um tipo de negócio de giro rápido e consumação instantânea, tem "crédito de ICMS" integral. Quem atua em área complexa de giro lento, e é obrigado a manter elevados estoques, tem crédito reduzido, pela inflação. O ICMS já não representará a mesma carga tributária para todos. Quanto maior o tempo médio de aproveitamento do crédito, tanto mais intenso será o peso econômico do tributo. O mesmo se dá com quem opera com mercadorias sazonais. Nesse caso, como em outros, há frontal e flagrante violação do peremptório preceito do art. 150, II, da Constituição, que veda à lei tratar desigualmente os iguais e, *a fortiori*, proíbe ao intérprete adotar postura hermenêutica que conduz a tais resultados.

Em suma, situação detrimentosa para o primeiro (credor), vantagem espúria para o segundo (devedor) e aumento de tributo sem lei. Só isso já evidencia a inconstitucionalidade da vedação do uso de crédito corrigido, única expressão atual de seu valor real (que a tanto equivale o seu valor corrigido monetariamente). Negá-lo implica tornar irreparável a lesão ao direito de crédito da empresa. Desconhecê-lo implica prestigiar a indevida (porque inconstitucional) redução de seu patrimônio, com a concomitante e indevida (novamente a inconstitucionalidade, vista de outro ângulo) ampliação do patrimônio do Estado.

Sem a atualização da expressão monetária do crédito não aproveitado, o "creditamento" será quase inócuo, no sentido de que não restabelecerá, nem de longe, a expressão econômica do direito ilegitimamente lesado, no nível em que ele se apresentaria, não impedisse o Fisco seu pleno exercício (com o que se locupleta indevidamente, na exata medida do prejuízo do contribuinte). Equivale — adaptando as sábias observações de Amílcar Falcão — a auferir da empresa (credora do crédito de ICMS) um verdadeiro imposto. De fato, o contribuinte terá que desembolsar o dinheiro do imposto e, mais um *plus*, quando do pagamento de débitos de ICMS. Este *plus* é o "verdadeiro imposto", sem lei, a que se refere Amílcar.

É rigorosamente verdadeiro que o creditamento "a menor" implica, importa, acarreta maior entrada de numerário nos cofres do Estado. O maior dispêndio do contribuinte — tendo por contrapartida incremento da receita do Estado — é sempre e só fruto de aumento de imposto (no caso, não previsto em lei). Equivale estritamente a aumento de imposto, sem lei que o autorize. É isso que motiva — e que também importa considerar — o enriquecimento do Estado em detrimento do patrimônio do contribuinte!

Examinemos a situação inversa, ou seja, hipótese em que o contribuinte se credita por valor maior do que aquele a que fazia jus, implicando desembolso menor, para pagamento do ICMS devido (e ingresso de menor quantidade de moeda nos cofres do fisco). Tais correlações são matemáticas e inconfutáveis. Só que, neste caso, não se levantariam dúvidas — como até aqui não se levantaram — sobre o direito de o Fisco exigir a reposição do patrimônio público estadual, pela aplicação da correção monetária *sobre a diferença a haver*. Ora, não se compadece com o ordenamento jurídico a asseguração ao Estado da correção de seus créditos sem que se processe também a correção de seus débitos.

É possível que a aplicação da correção monetária — hoje estendida a todos os negócios e a todas as situações — só não se aplique aos créditos de ICMS? Responder afirmativamente seria negar tudo quanto têm dito, em situações similares, os nossos Tribunais. Deveras, consagram as nossas Cortes de Justiça:

"O que pretende a Fazenda do Estado é *locupletar-se à custa do exeqüente*, não podendo contar com a *cumplicidade do Judiciário* nesse desiderato". (...)

"Esta Câmara fixou orientação sobre o instituto da correção monetária *in judicio* (ou correção monetária como instrumento de Justiça), peculiar ao Direito, embora de origem econômica, ou oriunda de um conceito econômico (na medida em que é um mecanismo inerente ao processo inflacionário, de forma que *só é possível conceber a inexistência de correção monetária se não existir inflação*) (...). Se existir, continua degradando a vocação de Justiça do Estado. É a mesma coisa quando a lei (ditada por interesse econômico) diz que não existe correção monetária, se existir inflação! Nesses casos, o Estado intervém, não no plano econômico, mas no plano judiciário, impondo a correção monetária como antídoto de uma injustiça econômica. É que, refletindo antiga polêmica entre as doutrinas de Marx e Stammler, o processo econômico destrói a forma jurídica contraposta (com ofensa ao direito)" (Trecho de acórdão no AI 467.314-3-SP; rel. Juiz Sena Rebouças; j. 28.11.90; v.u., in Boletim AASP 1683, de 27.03 a 02.04.91, p. 73).

"Lei ofensiva da boa fé seria não só aquela estabelecendo o princípio nominalístico em época de inflação ('Mark gleich mark'), mas também, *v.g.*, a que impedisse ou restringisse a correção monetária nesse mesmo regime de inflação, impondo a *transferência de riqueza* acima referida, *que beneficia os devedores, inclusive o Estado devedor, prejudicando os credores* e, o que é igualmente grave, transfomando o Poder Judiciário em instrumento de um processo de engodo, na melhor das hipóteses em cúmplice daquilo que se convencionou chamar de enriquecimento sem causa. É claro que tais leis iriam chocar-se com o sentimento ético geral, levando o Magistrado a afastar-se do cumprimento (Hans Reichel, "Gesetz und Richterspruch"), evitando um resultado absurdo e economicamente indefensável (Karl Engisch, cit., pág. 133). É o que se permite ao juiz, inclusive nos sistemas, como o nosso, de subordinação à norma legal (cf. desta Câmara, o julgamento do MS 427.469-1, 'in' *JTA-LEX*, 118/154, especialmente p. 157). O Judiciário não participa de vantagens do processo econômico ou político; ele preside o processo judiciário e julga o que tiver de julgar!" (...)

"Ocorrendo *inflação, não pode ser ignorada pelos tribunais*, mesmo que faltem ou falhem os índices do Governo, fórmulas substituíveis até pela perícia, em cada processo. Esta Câmara consignou em acórdão anterior que a *correção monetária em época de inflação é instrumento de justiça* (*RT*, v. 642, pp. 148-9)" (Trecho de acórdão no AI 450.918/0-SP; rel. Juiz Bruno Netto; j. 02.05.90; v.u., in Boletim AASP 1661, de 24 a 30.10.90, p. 251).

"A correção monetária ajusta o valor formal ao substancial do débito. Cumpre atualizá-lo no ato do pagamento. Caso contrário, considerada a desvalorização diária da moeda, acarretará *enriquecimento sem justa causa do devedor*" (STJ, 2a. T.; Ag. R. no AI 1.992-SP; rel. Min. Vicente Cernicchiaro; j. 21.03.90; v.u.; *DJU*, 02.04.90, p. 2.454, Seção I, ementa — Boletim da AASP 1660, de 17 a 23.10.90, p. 247).

Aliás, sob os mesmos argumentos, a Corte decidiu que a restituição de quantias pagas indevidamente, a título de *multas moratórias*, também está sujeita à correção monetária (RE 78.401-PR, *RTJ* 76/197). Nesses casos, o Supremo, à luz do princípio da isonomia, averbou que: "No depósito e no pagamento indevido, o Estado se beneficiou *com a importância depositada ou recebida*, e, assim, se admite corrigi-la no primeiro caso, *não há como eximir-se* da mesma no segundo" (cf. *RTJ* 75/813), consagrando expressamente o entendimento do Tribunal de Alçada Civil de São Paulo, segundo o qual o paralelismo, no caso, é *exigência de princípios basilares* da ordem jurídica. E adotá-lo "nada mais seria que aplicar o princípio da isonomia, constitucionalmente assegurado (CF, redação EC 1 de 1969, art. 135, § 1º) e expressa no velho brocardo: *ubi eadem ratio, ibi eadem legis dispositio*" (*RTJ* 72/131).

Esses julgados bem evidenciam que, em nenhum caso, se pode descartar a correção monetária. Esta tem que ser vista como via de mão dupla; deve ser aplicada tanto para recompor o patrimônio do Estado, como o do contribuinte — *mormente se desfalcado por fato para o qual não dá causa*, para o qual não colabora.

O reconhecimento judicial de que, com lei ou sem lei, deve ser sempre aplicada a correção monetária, abrange toda e qualquer obrigação. Não há segmento em que se possa deixar de aplicá-la. Todas as obrigações devem ser objeto de correção, não importando nem mesmo se a obrigação é *ex lege* ou *ex voluntate*.

4 - Síntese conclusiva

Se o contribuinte empresa *tem* que dispor de menos crédito ou de outro ângulo, arcar com *maior débito*, descumprido está o princípio da não-cumulatividade. Como o crédito é uma das "moedas" para pagar o ICMS, se ocorrer a diminuição do crédito (em termos reais) o contribuinte tem maior dispêndio. O contribuinte vê seu débito aumentado em desconformidade com a compensação constitucionalmente prevista. O ICMS deixa de ser não-cumulativo para ser *parcialmente* cumulativo. E isso repugna à Constituição.

Ademais, sendo desembolso de uma das moedas de pagamento maior, é inexorável que, ou se elevou a base ou se elevou a alíquota. Ora, como a base continua sendo o valor da operação mercantil (ou o da prestação de serviço) é forçoso concluir que há aumento de imposto, pela oblíqua elevação da alíquota, sem previsão legal.

Assim, a não-correção de créditos de ICMS implica cumulativas ofensas à Constituição:

a) fere o princípio da compensação, porque os créditos do Estado são corrigidos e os do contribuinte não o são; ora, só há verdadeira compensação quando os termos compensáveis são homogêneos; e, homogeneidade só há se os dois valores (crédito e débito) forem apurados segundo a mesma medida (ou ambos valores reais, ou ambos valores nominais);

b) fere o princípio da não-cumulatividade, porque a compensação, pelo valor nominal, equivale a compensação parcial e, conseqüentemente, transforma o ICMS em imposto parcialmente cumulativo;

c) fere o princípio da estrita legalidade, porque maior dispêndio equivale a aumento de imposto, sem lei;

d) fere o preceito do art. 150, II, na medida que exige menor desembolso dos contribuintes cujo giro de negócios é ágil, em confronto com aqueles, cujas atividades se desenvolvem em áreas econômicas mais lentas.

Em suma, se o "crédito de ICMS" é moeda de pagamento parcial de tributo — constitucionalmente prevista para tanto — não há por que não ser corrigido monetariamente.

A sua correção implica aumento da carga tributária, significando maior receita para o fisco: isto configura enriquecimento ilícito (que só se evita pela correção).

Os desembolsos do contribuinte devem ser nos montantes estritamente decorrentes do esquema constitucional, tal como legalmente estabelecido.

Não há como fugir à adoção de correção de um dos termos "compensáveis", sem estabelecer desequilíbrio constitucionalmente não consentido.

Ou se admite a corrosão inflacionária como fenômeno inexorável, a desmerecer reparos jurídicos — prejudicando igualmente fisco e contribuinte — ou se reage, prevendo correção restauradora de valores. Neste caso, é inexorável que os dois valores envolvidos devam ser *igualmente* preservados.

Seria despropositado só corrigir o "crédito", em dano ao fisco, da mesma forma que é inaceitável corrigir só o "débito", em prejuízo do contribuinte.

Como bem salientou o Desembargador Senna Rebouças, o Judiciário não pode ser cúmplice dessa exploração, desse diabólico mecanismo que enseja enriquecimento ilícito do fisco.

Enfim, o mínimo que o básico princípio da segurança jurídica exige é a elementar coerência do Estado em optar por tratar a ambos os termos dessa compensação seja como expressão de valor, seja como expressão de conta. O que é inadmissível é atribuir regimes diversos a ambos.

É incontrovertido o fato de que a ordem jurídica brasileira, como os demais sistemas jurídicos que consagram os postulados do estado de direito e os ideais democráticos, funda-se no princípio da segurança jurídica, cuja essência, preleciona o mestre Alberto Xavier, está "na susceptibilidade de previsão objetiva, por parte dos particulares, das suas situações jurídicas (*Vorhersehbarkeit* e *Vorausberechenbarkeit*), de tal modo que estes possam ter uma expectativa precisa dos seus direitos e deveres, dos benefícios que lhe serão concedidos ou dos encargos que hajam de suportar. Daqui resulta que a idéia geral de segurança jurídica se analise — como o observam Lohlein e Jaenke — num conteúdo formal, que é a estabilidade do Direito e num *conteúdo material*, que consiste na chamada "proteção da confiança" (Vertrauensschutz)" (*Os Princípios da Legalidade e da Tipicidade da Tributação*, Ed. RT, S. Paulo, 1978, p. 45).

Para que se cumpra a Constituição — consagradora dos princípios corretamente invocados pela jurisprudência e exaltados pela melhor doutrina — impõe-se considerar a correção monetária dos créditos do ICMS.

II - Indexação de Créditos Tributários dos Estados e dos Municípios: Limites

Diante do atual quadro de competências legislativas que a Constituição outorga aos entes políticos constitucionais (União, Estados e Municípios), temos por certo ser vedado aos Estados e Municípios (por óbvio, também ao Distrito Federal) legislar sobre sistema monetário e direito financeiro; a primeira dessas matérias pertence à competência privativa da União (art. 22, VI, da CF de 1988) e a segunda cometida à competência da União e (embora) à dos Estados, em caráter concorrente, (cf. art. 24, I, da CF de 1988).

Com efeito, a instituição, por Estados, Distrito Federal e Municípios de "unidades fiscais", para expressar um determinado valor monetário, a ser utilizado como padrão, parâmetro, base monetária das obrigações *ex lege* (ou contratuais) que se instauram entre Estados ou Municípios e os administrados, constitui, de modo flagrante, usurpação da competência federal para criar padrões, índices ou parâmetros que expressem valores em moeda, fixados com a finalidade de conferir estabilidade ao valor do dinheiro, em face da variação do valor real da moeda ao longo do tempo.

É equivocado pensar não serem relevantes os efeitos sobre o sistema monetário provenientes da criação de tais "unidades" ou "valores de referência", que se expressam, sempre, em moeda, notadamente se se considerar que o percentual de variação que elas espelham não coincide com a variação do poder de compra sofrida pela moeda, segundo os indicadores oficialmente utilizados pela União Federal, detentora única, exclusiva, privativa, de competência para dispor sobre a matéria.

Não é intuitiva a noção de que os Estados e Municípios não podem criar "Unidades Fiscais" expressando valores monetários em padrões diversos daqueles baixados pela União Federal, através das autoridades monetárias e, muito menos, utilizá-las para efeitos tributários — sobretudo nos vários casos, que pululam pelo Brasil afora e por São Paulo a dentro, em que essa utilização importa a determinação da própria alíquota aplicável!

Admitir a possibilidade de Estados e Municípios criarem suas "unidades fiscais" — fazendo variar o seu valor acima dos *índices oficiais de correção monetária* — será validar a possibilidade de Estados e Municípios corrigirem débitos, tomando por parâmetro dessa correção, não os índices oficiais mas os das "unidades fiscais", o que, à evidência, não é tolerado pela nossa ordem jurídica.

Mesmo diante da admissão — que não temos por tolerada pela Constituição — de que Estados e Municípios pudessem criar tais "unidades fiscais", no mínimo esses índices não poderiam sofrer atualização diversa daquela estabelecida pela União, pena de reputar-se autorizada a semeação do caos no sistema monetário e de fazer periclitar a segurança jurídica. Deveras, se for aceita a premissa de que cada Estado e cada Município (são mais de 5.000), pode, a seu talante, criar sua própria "unidade fiscal", é forçoso, por conseqüência, admitir que a segurança jurídica não tem aquele sentido de sobreprincípio norteador de todos os demais princípios constitucionais e muito menos de vetor constitucional.

Em resumo, não podem Estados e Municípios criar suas próprias "unidades fiscais". É que o exercício das competências outorgadas pela Constituição da República somente será legítimo se obedecidos, rigorosa e precisamente, os limites impostos — pelo próprio Texto Supremo — à área nas quais essas competências se contêm. A criação por Estados, Distrito Federal e Municípios de "unidades fiscais" representa flagrante usurpação da competência da União (cf. arts. 22, VI, e 24, I, da CF de 1988).

E se, por absurdo, fosse possível admiti-lo, ainda assim seria necessário reconhecer que, no mínimo, seriam inválidas as atualizações dessas "unidades" naquilo que excedessem às variações dos índices editados pela União.

A QUESTÃO DA ATUALIZAÇÃO MONETÁRIA E SUA IMEDIATA RELAÇÃO COM OS PRINCÍPIOS CONSTITUCIONAIS DA LEGALIDADE, IRRETROATIVIDADE, IGUALDADE, NÃO CUMULATIVIDADE E ANTERIORIDADE

CÉLIO DE FREITAS BATALHA
Professor de Direito Tributário da Pontifícia Universidade Católica de S. Paulo

1. O conceito jurídico de atualização monetária

À luz da letra do art. 22, VI, da Constituição Federal, cabe, privativamente, à União legislar sobre "sistema monetário e de medidas, títulos e garantia dos metais".

Muito embora a previsão contida no parágrafo único, desse mesmo dispositivo, segundo o qual os Estados poderão ser autorizados a legislar sobre questões específicas das matérias mencionadas nesse artigo, parece claro, como observara Bernardo Ribeiro de Moraes, com relação a dispositivo semelhante da Carta de 1969, que "não podemos negar que dispor sobre 'variação do poder aquisitivo da moeda nacional' é legislar sobre sistema monetário, que compreende o valor jurídico (legal) e econômico (poder aquisitivo) da moeda e sua circulação. (...) Conseqüentemente, somente a União é quem tem competência para legislar sobre correção monetária" (confira-se *A Correção Monetária no Direito Brasileiro*, Saraiva, 1983, p. 137).

Por sua vez, o art. 97, da Lei 5.172, de 25.10.1968 — Código Tributário Nacional — recepcionado pela Carta de 1988, depois de dizer que só a lei pode estabelecer a majoração de tributos (conforme inciso II, desse artigo), previu, no seu respectivo § 2º, que "não constitui majoração de tributo, para os fins do disposto no inciso II, deste artigo, a atualização monetária da respectiva base de cálculo".

Vale recordar, nessa linha, e para o especial efeito destas considerações sobre o instituto da correção monetária, que a Carta de 1988 manteve a previsão segundo a qual "ninguém será obrigado a fazer ou deixar de fazer alguma coisa senão em virtude de lei", sendo certo que "a lei não prejudicará o direito adquirido, o ato jurídico perfeito e a coisa julgada" (cf. art. 5º, incisos II e XXXVI, da CF).

Lícito concluir, portanto, que deve haver lei ordinária federal disciplinando o instituto da correção monetária, para que a mesma seja concedida, lei essa cuja eficácia, todavia, não pode atingir fatos passados, em harmonia, aliás, com o que dispõe o art. 150, III, "a", da Constituição, segundo o qual "é vedado à União, aos Estados, ao Distrito Federal e aos Municípios, cobrar tributos 'em relação a fatos geradores ocorridos antes do início da vigência da lei que os houver instituído ou aumentado'".

Em relação, especificamente, à matéria tributária, parece claro, pois, que o desejado e necessário respeito aos princípios constitucionais invocados, guarda especial importância jurídica, diante do relevante fato de que, tecnicamente, com a realização da hipótese de incidência (definição legal), perfazem-se todas as condições que determinam o nascimento da obrigação tributária, a partir, exatamente, da constatação de que um fato se adequou, inteira e perfeitamente, aos critérios da prévia descrição legal.

2. Da posição de igualdade das partes na relação jurídica tributária

Para melhorar compreensão do tema como um todo, vale recordar que a relação jurídica tributária se instaura no preciso momento em que um fato, do mundo fenomênico, se submete à exata previsão da hipótese de incidência tributária, dando causa à identificação, no plano jurídico, de uma situação em que, de um lado, se o sujeito passivo (contribuinte) está obrigado a entregar uma certa quantia de dinheiro aos cofres públicos, a título de tributo — comportamento esse que aquele realiza na pessoa do sujeito ativo — de outro, é de se ver que esta obrigação não pode ultrapassar, em qualquer aspecto, e sob qualquer pretexto, a previsão legal da qual deriva.

Bem por isso, é claro que, sob a ótica jurídica, constata-se que o sujeito ativo e o sujeito passivo são postos num mesmo plano, isto é, sob uma mesma identificação legal, o que lhes resguarda a necessidade de serem tratados igualmente, no sentido de que tanto o Estado não poderá pretender receber mais, ou menos, do que a lei previu, quanto o contribuinte não poderá ser instado ao comportamento de levar dinheiro aos cofres públicos, em maior dimensão do que aquela que reflita a ocorrência do fato imponível sob sua responsabilidade.

Fábio Fanucchi, a respeito dessa condição de igualdade entre o sujeito ativo (Estado) e o sujeito passivo (contribuinte), na relação jurídica tributária, assim se expressou, ao discorrer sobre a natureza da obrigação tributária: "(...) Todavia, é de se ver que a manifestação unilateral da vontade do Estado, o exercício de seu poder de império, se verifica no instante em que é consagrado em lei o fato capaz de gerar o tributo, e, depois daí, *não só se estabelece uma igualdade na relação* como, também, para que a imposição se concretize..." (cf. *Curso de Direito Tributário*, 3ª edição, vol. 1, p. 217, item 60, grifo nosso).

Por via transversa, a mesma questão da igualdade, em relação ao tributo como objeto de prestação coativa, é reconhecida por Gian Antonio Micheli, no seu *Curso de Direito Tributário*, quando, sob a ótica dos limites a que estão sujeitas essas prestações coativas em relação à garantia à liberdade do particular, subtraindo-a aos arbítrios do Poder Executivo, mencionou: "A regra no 'taxation without representation' adquire, pois, no nosso ordenamento positivo, um particular significado, além daquele que obteve na História, em primeiro lugar, dos sistemas do Estado absoluto e depois, dos Estados democráticos. Esta regra não exprime somente um princípio de autolimitação da potestade do Estado, *ela própria submetida ao Direito*, mas é expressão de uma mais específica exigência de que a disciplina do tributo seja contida numa lei ou em outra norma que tenha essa eficácia" (cf. ob. cit., p. 18, Ed. RT, 1978, grifos nossos).

3. A natureza da obrigação tributária como dívida de dinheiro

A condição de dívida de dinheiro como ínsita à natureza da obrigação tributária foi observada por Paulo de Barros Carvalho, quando, ao comentar a definição de tributo do art. 3º, do Código Tributário Nacional, asseverou: "Por sem dúvida que a prestação pecuniária a que alude o art. 3º do Código dá uma feição nitidamente patrimonial ao vínculo tributário, pois *o dinheiro - pecúnia* é a mais viva forma de manifestação econômica" (cf. *Curso de Direito Tributário*, Saraiva, 1985, p. 169, grifos nossos).

Essa mesma qualidade de se revestir a obrigação tributária numa obrigação de entregar dinheiro aos cofres públicos, como resultante do comportamento desejado pela norma em relação ao sujeito passivo, não passou despercebida a Geraldo Ataliba, já no seu clássico *Hipótese de Incidência Tributária*, quando o ilustre professor observou: "Por isso, a contar do momento da consumação (realização, verificação) do fato imponível (também chamado fato gerador), o Estado (sujeito ativo) tem o direito de exigir e o contribuinte (sujeito passivo) tem o dever de entregar o dinheiro, objeto da obrigação. Esta entrega da coisa a seu legítimo titular (o Estado) é o comportamento exigido para que o desígnio legal se concretize" (cf. ob. cit., Malheiros Editores, 5ª ed., p. 30, 6.6.).

Trata-se, pois, indiscutivelmente, de dívida de dinheiro, e não dívida de valor, aquela que se constitui no objeto da norma tributária que impõe um dado comportamento a cargo do sujeito passivo.

Por isso mesmo, o que se espera do mecanismo da correção monetária é que este trace critérios que permitam atualizar dívida de dinheiro, regida pelo princípio do nominalismo enquanto tal, proibida disposição que lhe altere a natureza jurídica.

Esse o real sentido, conteúdo e alcance possível para aplicação do instituto da correção monetária, à luz das normas constitucionais antes referidas, e a única forma de se entender, tecnicamente, por que a atualização do valor monetário não constitui majoração de tributo.

Vários são, no entanto, os exemplos em que esses e outros princípios, direta ou indiretamente, são desrespeitados.

4. O mecanismo da não-cumulatividade e a atualização monetária

Esse mecanismo, previsto na Carta, no art. 153, § 3º, II, e no art. 155, § 2º, I, como se sabe, impõe que se abata, na operação seguinte, o montante resultante de incidências anteriores, o que redunda no entendimento de que, em tais casos, o contribuinte só seja chamado a concorrer com parcela de dinheiro resultante de sua participação econômica no ciclo das operações respectivas, e que foram suscetíveis de relevância jurídica, para fins tributários.

Bem por isso, não pode a Fazenda Pública, a pretexto de apenas atualizar a expressão monetária do montante que se constitui no objeto do comportamento a cargo do sujeito passivo, emprestar-lhe o mesmo efeito de dívida de valor, que é o que acontecerá caso não se permita que o montante dessa atualização monetária seja reconhecido como crédito de tributo, já que possui a referida expressão monetária a mesma natureza jurídica daquele. Ou seja, atualização monetária de tributo é tributo.

Por outros termos, o que se diz é que, pretender-se comportamento diverso implicaria no descumprimento do mencionado princípio de não-cumulatividade, na medida em que implicaria no meio de se exigir mais do que a parcela com que concorreu o contribuinte para realização da hipótese de incidência, no curso da operação respectiva.

Não se reconhecer a parcela da atualização monetária como tributo, ferindo o princípio da legalidade, comprometendo, também, o princípio da igualdade, acarreta, realmente, por via do desbalanceamento do equilíbrio da relação jurídica, forma de se exigir que o contribuinte arque com mais do que sua participação na operação de origem da obrigação tributária, por isso que dizemos que, sempre que assim o faz, a Fazenda Pública, com as prejudiciais referidas, empresta tratamento diverso à dívida de dinheiro, buscando efeito só possível de ser reconhecido para as dívidas de valor.

Deve a Fazenda Pública, portanto, notadamente, no caso dos chamados tributos não cumulativos, ao pretender que a parcela do débito tributário seja atualizada monetariamente, reconhecer que a mesma dimensão dessa atualização, por possuir idêntica natureza jurídica de tributo, possa e deva ser apropriada pelo contribuinte como tributo, quando da apuração dos valores respectivos, para fins do cumprimento do citado mecanismo da não cumulatividade.

Alfredo Augusto Becker, no seu clássico *Teoria Geral de Direito Tributário*, já observara, ao discorrer sobre a natureza jurídica dos tributos que "o sistema da avaliação direta da base econômica de incidência (renda ou capital), como muito bem demonstrou L. Trotabas em surpreendente exame, é um "processo arcaico, bárbaro e freqüentemente menos seguro para descoberta da verdade" e a utilização da declaração do contribuinte sujeita à comprovação é "uma fórmula primitiva para não dizer infantil" (cf. ob. cit., p. 329, edição de 1972).

Guardadas as devidas proporções, como se viu, não será diferente a crítica feita quanto ao processo de aplicação da correção monetária, caso as Fazendas, notadamente em um ambiente inflacionário como vive o Brasil, como meio de superar a transitoriedade do real valor da moeda num dado momento, passem a utilizar o instituto da correção monetária sem se ater à preocupação de que os critérios assim empregados podem acabar desnaturando o objeto da prestação jurídica tributária, que consiste, ainda no dizer de Becker, numa conseqüência da regra que "faz esta determinação jurídica do tributo, prescrevendo uma fórmula aritmética (método de conversão e alíquota) e escolhendo o fato (base de cálculo) que, sob a ação da fórmula aritmética, transfigura-se num determinado tributo. Portanto, o tributo, sempre e logicamente, é uma parcela deste fato (base de cálculo) que foi transfigurado em cifra" (cf. ob. cit., pp. 342/343).

Como se disse, agir-se, contrariamente, isto é, impedir-se que o contribuinte reconheça, como tributo, a parcela resultante da aplicação da correção monetária sobre o valor do crédito do Estado, é permitir a adoção de mecanismo que estabelece o desequilíbrio das partes na relação jurídica tributária, ferindo, diretamente, os princípios constitucionais enunciados.

5. A atualização monetária por via da UFIR e os princípios da irretroatividade e da anterioridade

Por fim, vale mencionar um outro exemplo de desrespeito aos princípios constitucionais citados, ainda por via da aplicação de mecanismo que visa proteger os cofres públicos da perda do valor real da moeda.

Trata-se da formulação da Lei 8.383, de 30.12.91, que, ao pretender, no seu art. 79, que o período-base de 1991, relativamente ao valor do imposto de renda sobre lucro real, presumido ou arbitrado, da contribuição social sobre o lucro e do imposto sobre o lucro líquido, fosse convertido em quantidade de UFIR diária, desrespeitou, também a um só tempo, não só o princípio da irretroatividade (art. 150, III, "a"), como, ainda, da mesma Carta, o art. 150, III, "b", segundo o qual é vedado cobrar tributos "no mesmo exercício financeiro em que haja sido publicada a lei que os instituiu ou aumentou" (princípio da anterioridade).

Fere, evidentemente, como se tanto não bastasse, também, o art. 5º, XXXVI, da Carta, já que pretende retirar o direito assegurado ao contribuinte de pagar a obrigação de dinheiro enquanto tal, atribuindo tratamento só cabível para obrigação de valor.

Realmente, ao estabelcer a representação do imposto, em quantidade de UFIR, a União mais não fez do que, por via do instituto da correção monetária, pretender, como se possível fosse, modificar a natureza jurídica da obrigação pecuniária estabelecida a partir da configuração do regime a que se submetia a apuração dos dados correspondentes ao ano-base iniciado em 1.1.91 (e que se encerrou em 31.12.91), adotando em seu lugar não mais a regra antiga — que reconhecia o valor nominal da moeda (obrigação de dinheiro) —, mas, isto sim, o seu valor de representação — UFIR — que corresponde a uma obrigação de valor.

6. Conclusão

Em conclusão, portanto, entendemos que a indexação, enquanto instrumento de viabilização da política de atualização monetária, é norma que se insere no âmbito legislativo da União Federal, devendo, bem por isso, ser viabilizada por via de lei ordinária federal. Os Estados, o Distrito Federal e os Municípios, para os seus próprios efeitos, segundo o princípio da legalidade, se assim o desejarem, deverão, por lei ordinária, criar o instituto da atualização monetária para seus próprios créditos, devendo, no entanto, se aterem aos índices fixados pela lei federal.

O instituto da correção monetária, por outro lado, não pode ser meio de dispensar tratamento diverso do regime jurídico estabelecido por via da instauração da relação jurídica tributária. Mais do que isso, a lei nova, instituidora da atualização monetária, deve respeitar o ato jurídico perfeito e a igualdade das partes enquanto partícipes da mesma relação jurídica, o que impede que sua eficácia se ponha sobre fatos regidos por disciplina diversa, sob pena de alterar a mencionada natureza jurídica da obrigação pecuniária correspondente.

Por fim, a aplicação do instituto da atualização monetária apenas para o pólo passivo da relação jurídica, implica no desequilíbrio da relação jurídica instaurada por virtude da ocorrência do fato imponível, e fere o princípio da não cumulatividade, na medida em que implica encargo maior que aquele com que participou o sujeito passivo.

É o que se submete à consideração superior, dentro da temática deste Congresso.

APRECIAÇÕES SINTÉTICAS SOBRE ALGUMAS DAS QUESTÕES CONSTANTES DO TEMÁRIO

EDUARDO DOMINGOS BOTTALLO
Professor de Direito Financeiro da USP

I - Indexação.

1 - Competência para instituí-la.

Leis que versem a indexação de obrigações pecuniárias, inclusive as de natureza tributária, estão incluídas na competência da União.

Em primeiro lugar, em face da outorga constitucional, a esta pessoa, da aptidão para legislar privativamente sobre sistema monetário (art. 22, VI), onde o tema em consideração necessariamente se insere.

Em segundo lugar, porque se fosse reconhecida a Estados e Municípios a possibilidade de criar, de modo autonômo e indiscriminado, mecanismo de indexação de seus créditos tributários, estar-se-ia, indiretamente, reconhecendo a estas pessoas o direito de instituir espécies próprias de "moedas fiscais", o que viria de encontro à própria essência do princípio federativo, já que a moeda nacional é uma só e assim também deve ser tido tudo quanto diga respeito à sua desvalorização.

Sob ótica mais complacente, poderia ser sustentada a instituição própria de índices de indexação de obrigações tributárias por parte de Estados e Municípios, porém com obediência dos limites emergentes da legislação federal pertinente.

Índices inidôneos ou irreais, se implicarem aumento da carga tributária, acabam por tornar-se — ao menos em seus efeitos — verdadeiros tributos que fogem à configuração da hipótese de incidência que porventura venha a lhes dar causa para alcançarem diretamente o patrimônio dos contribuintes com características nitidamente confiscatórias.

2 - Indexação de obrigações tributárias ainda não exigíveis.

Desde a sua implantação em âmbito nacional, nos idos de 1964, a correção monetária passou a ser admitida para os débitos fiscais como forma de estimular o pagamento pontual dos tributos e outros encargos, assegurando a preservação intrínseca dos respectivos valores quando não oportunamente satisfeitos. Tinha, assim, como mantém até hoje, caráter nitidamente moratório.

Assim, a pretensão de corrigir referidas obrigações antes de exauridos os prazos legais de recolhimento, acarreta flagrante discriminação entre contribuintes e, como já foi dito, o absurdo entendimento de que a pontualidade implica, não obstante, mora.

Na verdade, a atualização das obrigações fiscais nos termos aqui considerados adquire foros de concreta penalização imposta aos contribuintes que não tenham condições de antecipar os respectivos recolhimentos, pois este é o único meio de evitá-la.

Em decorrência, aquele que não puder valer-se de tal alternativa estará sendo discriminado em relação aos que não se sujeitem a esta limitação, embora, enquanto contribuintes, estejam rigorosamente na mesma condição. Trata-se de expediente que a Constituição Federal expressamente proíbe nos termos do seu artigo 150, II. A instituição de tratamento desigual que emerge deste mecanismo é inescondível.

3 - O caso especial dos impostos sujeitos à regra da não cumulatividade.

São profundas e também claramente identificáveis as repercussões que o expediente produz em relação ao próprio princípio de não-cumulatividade quando se trate de impostos que devam obedecer esta característica.

Na verdade, a expressão deste princípio consiste na garantia assegurada ao contribuinte de compensar o que for devido a título de imposto, em cada operação, com o montante cobrado nas anteriores.

Ora, a partir do momento em que o contribuinte se vê obrigado a corrigir o valor do débito a seu cargo, sem que se encontre em situação de mora para com a Fazenda, o acréscimo resultante desta correção passa a compartilhar a natureza do próprio tributo, gerando, em conseqüência, o direito ao respectivo repasse como condição necessária ao atendimento do princípio aqui considerado.

Este direito, entretanto, não se concretiza, vem que o montante suscetível de repasse é apenas aquele consignado no documento fiscal de cobertura da operação, que, por óbvio, não compreende aquele acréscimo a ser, apenas posteriormente, agregado ao "quantum debeatur".

Lê-se em Carlos Maximiliano que "A Constituição não é repositório de doutrinas; é instrumento de governo que assegura a liberdade e o direito sem prejuízo do progresso e da ordem". Daí porque, "*Quando o estatuto fundamental define as circunstâncias em que um direito pode ser exercido*, ou uma pena aplicada, *esta especificação importa proibir qualquer interferência para sujeitar o direito a condições novas* ou estender a outros casos a penalidade" (*Hermenêutica e Interpretação do Direito*, Forense, 9ª edição, p. 313 - grifamos).

Dentro de modelo tão superiormente traçado nas expressões acima colacionadas, fica claro que a inconstitucionalidade da pretensão está exatamente em que submete o princípio da não-cumulatividade a severa restrição (impossibilidade de repasse do valor correspondente a atualização), verdadeiramente inibidora de seu real e verdadeiro alcance, que é o direito à compensação, em cada operação, com o montante *cobrado* nas anteriores.

Ademais disso, e na medida em que se exige a correção dos débitos fiscais mas não se estende tal possibilidade ao saldo credor do tributo que venha a ser apurado em favor do contribuinte, tipifica-se manifesta violação ao princípio da isonomia, a par de afrontar, também por este aspecto, a regra da não cumulatividade.

II - Contribuições.

1 - Incidência das contribuições previdenciárias sobre pagamentos feitos a não-empregados (autônomos e administradores de empresas).

A Constituição Federal ao disciplinar o financiamento da seguridade social, prescreve que as contribuições dos empregadores poderão incidir sobre pagamento de salários, faturamento e o lucro (artigo 195, I).

O pagamento de remuneração aos administradores, diretores, autônomos e avulsos não guarda, como é óbvio, nenhuma relação com o "faturamento" ou o "lucro".

Pretendeu-se, portanto, no plano da legislação ordinária, instituir a contribuição com fundamento no dispositivo constitucional que autoriza criação de exação sobre o pagamento de salários.

A distinção entre estas figuras é tão clara que dispensaria maior esforço de argumentação.

De qualquer modo, vale trazer à colação o magistério de Amauri Mascaro Nascimento para quem "Salário é pagamento do trabalho prestado, dos períodos nos quais o empregado fica à disposição do empregador e das interrupções do trabalho" (*Iniciação ao Direito do Trabalho*, Ed. LTR, 11ª edição, p. 266).

O ilustre juslaborista inclui a "subordinação" como um dos requisitos fundamentais para caracterização do "empregado": "Conceituamos subordinação como uma situação em que se encontra o trabalhador, decorrente da limitação contratual da autonomia de sua vontade, para o fim de transferir ao empregador o poder de direção sobre a atividade que desempenhará" (ob. cit., p. 91).

Ora, não há tal relação de subordinação nas atividades dos administradores de empresas ou dos profissionais autônomos. Estes, na verdade, detêm o poder de direção social, ou prestam algum tipo de serviço em caráter de autodireção.

Assim, não cumprem ordens ou determinações, mas ao contrário, as estipulam.

Não se caracteriza, pois, a relação empregatícia, pelo que não há de se falar em salários.

Entre os administradores, diretores, autônomos e a sociedade não há vínculo empregatício para que se pudesse configurar a existência jurídica de salário, e, via de conseqüência, a incidência da contribuição prevista no art. 195, I, da CF.

Não se pode falar, assim, em contribuição nos pagamentos dessas remunerações.

A contribuição das empresas empregadoras à seguridade social somente poderá incidir sobre aquelas hipóteses expressamente previstas no inciso I do art. 195 da CF, ou seja, pagamento de salários, faturamento e lucro. E nenhuma delas configura a hipótese aqui versada.

Por último, entendemos que não cabe a alegação de que o fundamento de validade da contribuição ora analisada seria o parágrafo 4º do próprio art. 195 da CF, onde se prevê que "a lei poderá instituir outras fontes destinadas a garantir a manutenção ou expansão da seguridade social".

A lei poderá fixar novas "fontes" de recurso mas não para empregadores, já que a contribuição destes só poderá se dar nos termos do inciso I do mesmo artigo.

Não fosse assim, restaria inútil e sem sentido o preceito ali contido.

São Paulo, abril de 1992.

QUESTÕES DO TEMÁRIO

ESTEVÃO HORVATH
Procurador do Estado

I - Imposto de Renda

"Se as alícotas do Imposto de Renda devem ser realmente progressivas, isto supõe que sejam muitas, dada a grande disparidade entre os contribuintes?"

Que o Imposto de Renda deve ser progressivo é inobjetável e indubitável, dada a clareza da disposição contida no § 2º, inciso I, do artigo 153 da Constituição da República. Ser informado pelo critério da progressividade significa possuir, no caso do imposto em exame, alícotas progressivas.

Por sua vez, progressividade significa o modo de o legislador estruturar um imposto, aumentando as alícotas à medida que aumenta a base imponível (Geraldo Ataliba).

A progressividade nada mais é que uma forma de atuação do princípio da capacidade econômica (art. 145, § 1º, da CF). E, portanto, uma imposição constitucional à legislação de todos os impostos que comportem, por sua natureza, sua aplicação. O Imposto de Renda, por sua vez, é o tributo por excelência pessoal, direto e que com maior amplidão propicia a tributação conforme a capacidade econômica de cada um.

Quanto mais diversificada for essa capacidade, maior deve ser o cuidado do legislador infra-constitucional ao fixar as alícotas de impostos desse jaez, sob pena de desrespeito ao texto constitucional.

Nem se diga que a Lei Maior dispõe que generalidade, universalidade e progressividade se darão "na forma de lei". Há sempre de permeio na interpretação jurídica o princípio da razoabilidade. Progressividade pressupõe diversificação de alícotas consoante a capacidade econômica de cada contribuinte ou categoria de contribuintes. A existência de somente duas alícotas na vigente legislação do Imposto de Renda é risível sob o ângulo do confronto com o exigido pela Constituição.

Não existe fórmula mágica nem cabalística para estabelecer-se o número de alícotas desejáveis para obter-se progressividade no Imposto de Renda. O que, flagrantemente, não se justifica juridicamente, por não ser progressivo, é o imposto em questão com duas alícotas. Nem sequer invocando-se a praticidade e simplificação da tributação.

"As deduções do IR — não podem ser reduzidas pelo legislador — mesmo que a pretexto de simplificação — mas pelo contrário, devem ser multiplicadas, para realizar (dar eficácia) à regra do art. 150, II, da CF 88?"

A indagação já contém em si mesma a resposta. Com efeito, a igualdade tributária, agora prevista expressamente no texto constitucional, não é simples recomendação ao legislador ordinário, mas um dever imposto pela Lei Maior. Proíbe-se o tratamento desigual entre contribuintes que se encontrem em situação equivalente, ou vice-versa. Em outras palavras, não só viola a igualdade a tributação desigual em relação a contribuintes que se encontrem na mesma situação, como também desobedece a isonomia a legislação que trata equivalentemente constribuintes que estejam em situações desiguais.

No Imposto de Renda — pessoa física ou jurídica — as deduções constituem um mecanismo engendrado pelos especialistas, mediante o qual o princípio da igualdade encontra aplicação prática no mundo fenomênico. Parece extremamente fácil perceber que entre dois contribuintes que auferem mensalmente a quantia de Cr$ 1.000.000,00 (Hum milhão de cruzeiros) sendo que um deles, solteiro, vive com os pais e tem despesas somente no final de semana quando sai para distrair-se e outro, casado, com dois filhos em idade escolar e pagando aluguel do imóvel no qual reside, a situação é completamente diferente, apesar de o valor percebido ser numericamente o mesmo.

Aí entram as deduções que o legislador *deve* prever para impedir o tratamento tributário igual para situações absolutamente desiguais. Se se quiser ir mais além, dir-se-á, mais facilmente até, que a inexistência (ou insuficiência) de deduções previstas na legislação do Imposto de Renda faz com que não se respeite a capacidade contributiva de cada um em situações como aquela exemplificada acima. Deve-se ter presente, no problema examinado, que a capacidade contributiva é uma forma de atuação do princípio da igualdade. Ferindo-se aquela, ter-se-á por violada esta.

Daí ressalta claríssimo que é imposição constitucional ao legislador ordinário (que *deve* ser contrastada pelo Poder Judiciário) o estabelecimento de deduções no Imposto de Renda suficientes para fazer valer a igualdade, princípio que, de longe, tem mais relevância nos modernos Estados de Direito que a "simplificação" invocada pelos especialistas de plantão ao pretenderem aboli-las, tornando, com isso, letra morta o querer constitucional.

II - Diversos

"Que são impostos não-cumulativos, para efeito do art. 154, I, da CF?"

A indagação pode ser respondida à luz da Hermenêutica.

A Constituição é um documento essencialmente político que deve refletir os anseios de uma nação num determinado momento histórico. É ela elaborada por representantes dos mais diversos setores da sociedade, o que faz com que seu texto contenha, na maior parte das vezes, expressões da linguagem vulgar. Sem embargo disso, com relação a certos assuntos o constituinte vale-se de termos técnicos já sedimentados nas diversas áreas do conhecimento. Quando isso acontece deve o intérprete cumprir seu mister utilizando este significado, é dizer, o termo com o conteúdo semântico que aquela determinada ciência fixou.

É exatamente isso o que o ocorre com a expressão em evidência.

Deveras, a "não-cumulatividade" é expressão técnica com significado plenamente delimitado pelo Direito Tributário, de uso corrente e já tradicional referente à mecânica aplicável a certos tributos.

Diz-se que o imposto é não-cumulativo quando se quer referir ao mecanismo segundo o qual se abate (ou se compensa) do que for devido a cada operação (com mercadorias, produtos industrializados, certos serviços) o montante de tributo devido em operações anteriores. Faz-se isto para que seja evitada a denominada "tributação em cascata".

A Constituição de 1988, trazendo idéia já existente no texto anterior, reporta-se à não-cumulatividade em pelo menos três de seus dispositivos: *a)* quando trata de ICMS (art. 155, § 2º, I); *b)* ao cuidar do IPI (art. 153, § 3º, I) e c) ao versar sobre a chamada competência residual da União para instituir impostos (art. 154, I), ora objeto de análise.

Assim as coisas, temos que, logicamente, se a Lei Maior se refere ao ICMS e ao IPI, dizendo que estes serão impostos não-cumulativos e a essa expressão empresta o significado supramencionado, o conteúdo semântico da mesma locução constante do art. 154, I, não pode ser diverso daquele. É virtualmente impossível aplicar-se a um único termo técnico, várias vezes referido num mesmo texto, interpretação distinta, sem uma ponderável razão que o justifique.

Para que a "não-cumulatividade" do art. 154, I da CF significasse algo diferente da "não-cumulatividade" do art. 155, § 2º, I, haveria o legislador constituinte de ter excepcionado, com relação ao primeiro desses dispositivos, esclarecendo seu significado, inobstante esta não fosse a melhor forma técnica de legislar.

Em face do que acabamos de expor, como resposta direta à questão, pensamos que à expressão "não-cumulativos" constante do art. 154, I, da Lei Suprema, há de ser atribuído o mesmo significado a ela emprestado quando se trata do ICMS ou do IPI.

CONTRIBUIÇÕES

EUGÊNIO DOIN VIEIRA
Professor Titular da Universidade de Santa Catarina

1) Podem cumular-se duas contribuições sobre o faturamento (PIS e FINSOCIAL)?

Não, como regra geral. Sim, no caso excepcional da questão proposta (PIS e FINSOCIAL). A bitributação e o bis-in-idem, em princípio, são repudiados pela Constituição Federal de 1988, que distribuiu rígida e especificamente as competências tributárias, e que veda tais cumulações, entre outros, em seus artigos 145, § 2º, 154, I e 195, § 4º.

Registre-se que a redação dada ao inciso I do art. 195 da CF induz, mesmo, ao entendimento de que *uma só* deve ser a contribuição social dos empregadores, ao dizer que

"A seguridade social será financiada... de forma direta... mediante recursos provenientes... das seguintes contribuições sociais: I - dos empregadores, *incidente* sobre a folha de salários, o faturamento e o lucro...". O grifo é nosso. Observe-se que está no singular o vocábulo "incidente", direcionando para o entendimento de que uma só deverá ser a contribuição do empregador, ainda que sobre cada uma das três distintas bases de cálculo.

Mas a Carta prevê exceções à vedação da dupla incidência, como a do inciso II do art. 154; e a do art. 240.

No caso do PIS, a CF expressamente manteve, em seu art. 239, esta contribuição sobre o faturamento, alterando-lhe apenas a destinação da arrecadação. E a contribuição social sobre o faturamento está prevista no "caput" do art. 195 da Carta, convivendo, pois, com a do PIS, ante a previsão constitucional simultânea e expressa.

Instituída pela Lei Complementar n. 70 de 30.12.1991, não há por que nominá-la de "novo FINSOCIAL", designação imprópria utilizada pela imprensa leiga, e que os estudiosos parecem estar adotando. O FINSOCIAL, recebido pela CF-88 como contribuição, transitoriamente preservada pelo art. 56 das DCT, desapareceu com a instituição, pela LC 70/91, da contribuição social sobre o faturamento, fundada no inciso I do art. 195, mencionado; e o art. 13 da referida Lei Complementar o extinguiu expressamente.

2) A destinação e a gestão do produto da arrecadação das contribuições à seguridade social são elementos essenciais para efeito de sua legitimação constitucional?

Sim. O art. 195 da CF-88, em interpretação integrada do texto constitucional, só autoriza a instituição, pela União, de contribuições sociais que tenham como sujeito ativo da relação jurídico-tributária a autarquia da seguridade social.

A destinação dos recursos e a gestão do produto da arrecadação das contribuições à seguridade social são elementos essenciais, no desenho constitucional vigente da Instituição de seguridade, para a legitimação de sua constitucionalidade.

Trata-se, "in casu", de parafiscalidade constitucionalmente qualificada, cujo desrespeito implica em descaracterização do tributo.

Esta linha de entendimento, acolhida pela maioria da doutrina, tem sido prestigiada, também, por decisões judiciais diversas e freqüentes, dos Tribunais Regionais Federais (3ª e 5ª Regiões, entre outros).

3) À vista do art. 195, § 4º, da CF, a criação de contribuições sociais de "outras fontes" depende de lei complementar?

Sim. O art. 149 da CF-88 dispõe que compete à União instituir contribuições sociais, "observado o disposto nos arts. 146, III e 150, I e III". E o mencionado art. 146-III prescreve a utilização de *Lei Complementar* para dispor sobre "normas gerais em matéria de legislação tributária, especialmente sobre: a) definição de tributos e de suas espécies...".

Assim, qualquer tributo novo, não normatizado em lei (complementar) a ele anterior que tenha sido recepcionada pela nova carta ou que venha a ser editada, necessitará do instrumento formal de lei complementar para ser instituído, até que a lei complementar das normas gerais de tributação, definindo "os tributos e suas espécies", prevista no art. 146, tenha sido promulgada.

No caso de instituição de "outras fontes" para a seguridade social (art. 195, § 4º), que é a questão posta, reitera-se a exigência, pois o parágrafo determina que seja "obedecido o disposto no art. 154, I", o qual preceitua explicitamente o requisito de lei complementar.

4) É constitucional a incidência da contribuição para o INSS sobre os pagamentos a autônomos e administradores de empresa (não empregados)?

Sim. A Constituição de 1988, ao inovar no Título VIII, Da Ordem Social, instituiu o conceito de "seguridade social", como conjunto integrado de ações de iniciativa do Poder Público e da sociedade, destinadas a assegurar os direitos relativos à saúde, à previdência e à assistência social (art. 194). E dispôs mais que ela "será financiada por toda a sociedade" (art. 195) e terá "universalidade da cobertura e do atendimento" (art. 194, parágrafo I).

A nova Carta evoluiu largamente neste campo dos direitos sociais, substituindo o anterior conceito da previdência social como contraprestação bilateral e sinalagmática, pelo princípio da universalidade do atendimento com a solidariedade no custeio. Há, pois, no Texto Maior, a diretriz da participação de todos em condições de contribuir, para realizar "o bem estar e a justiça sociais" (art. 193).

E mais. O art. 195, ao especificar os destinatários da imposição das contribuições sociais, elencou os "trabalhadores" (inciso II). O conceito, amplo na etimologia do vocábulo e na semântica da Constituição, abrange, isto posto, todos os que trabalham, os que realizam trabalho pessoal, com o vínculo de empregados ou sem ele. No conceito, há que incluir, assim, os trabalhadores autônomos, os administradores de empresa (empregados ou não), os trabalhadores avulsos, e todos os que, com seu esforço e labor pessoais, exerçam atividade remunerada.

Este entendimento tem sido o acolhido predominantemente pela jurisprudência (TRF, 1ª e 5ª Regiões), e o que melhor atende ao princípio da capacidade contributiva, que é explicitado quanto aos impostos (art. 145, § 1º) mas ínsito na Constituição quanto aos demais tributos.

5) É possível a incidência sobre uma mesma base (por exemplo, o faturamento, CF, art. 195), de diferentes espécies (nominais) de contribuições?

O "bis-in-idem", em princípio, não é prestigiado pela Carta de 1988, que distribui, exaustiva e rigidamente, as competências tributárias, e que o repudia, implicitamente, em todo o contexto do sistema constitucional tributário, e, explicitamente, em vários dispositivos (v. 154, I e 195, § 4º).

Sobre a mesma base, mais de uma contribuição é constitucionalmente inadmissível, em regra; a posterior seria mero adicional da anterior.

Mas há exceções constitucionalmente prestigiadas. O Faturamento, por força da coexistência dos artigos 195, I, e 239 (que manteve a contribuição do chamado PIS/PASEP), suporta duas distintas incidências.

E a Folha de Salários submete-se, também, a dupla incidência: a do art. 195, I, e a ressalvada pelo art. 240 da Carta ("contribuições compulsórias dos empregadores sobre a folha de salários, destinadas às entidades privadas de serviço social e de formação profissional vinculadas ao sistema sindical").

6) O FINSOCIAL sobreviveu?

A contribuição designada por FINSOCIAL teve sua sobrevivência provisória assegurada pelo art. 56 do Ato das Disposições Constitucionais Transitórias da Constituição de 1988, "até que a lei disponha sobre o art. 195, I".

Ante o preceito constitucional, quando ocorrida a instituição, por lei, da contribuição social dos empregadores, incidente sobre a folha de salários, o faturamento e o lucro, desaparece a contribuição instituída inicialmente pelo Decreto-lei 1.940, de 25 de maio de 1982 (FINSOCIAL).

Após a promulgação da Carta de 1988, exsurgiu a Lei n. 7.689, de 15 de dezembro de 1988, que instituiu "contribuição social sobre o lucro das pessoas jurídicas". Com ela, estaria suprimido o antigo FINSOCIAL. Mas grande parte da doutrina e ponderável parcela da jurisprudência de segunda instância (TRF - 1ª Região e 5ª Região) proclamaram a inconstitucionalidade dessa Lei, por várias razões, destacadas entre elas: 1) a necessidade de lei complementar e 2) a não vinculação de sua receita à autarquia da seguridade social.

De igual sorte, as Leis 7.738/89, 7.787/89, 7.894/89 e 8.147/90 — que alteraram as alíquotas do antigo FINSOCIAL para 0,6%, e 1,0%, e 1,2%, e 2,0%, foram inquinadas de inconstitucionalidade pela doutrina e por parte da jurisprudência, pelas mesmas razões de forma e de essência. Não houve, ainda, manifestação do STF quanto à constitucionalidade dos diplomas referidos.

Lei inconstitucional, por evidente, não atende aos requisitos do art. 56 das Disposições Constitucionais Transitórias, para a extinção do FINSOCIAL.

Mais recentemente, a Lei Complementar n. 70, de 30.12.1991 (DOU de 31), instituiu "contribuição social para financiamento da Seguridade Social, nos termos do inciso I do art. 195 da Constituição Federal, devida pelas pessoas jurídicas", e que "incidirá sobre o faturamento mensal".

Utilizado, agora, o instituto legislativo da Lei Complementar, supera-se o óbice formal da inconstitucionalidade levantado quanto aos diplomas normativos anteriormente relacionados. E, com sua eficácia plena, e a exigibilidade da nova contribuição após noventa dias da publicação da Lei Complementar, desaparece o FINSOCIAL do Decreto-lei n. 1.940/82; como está, aliás, explicitado no art. 13 da mencionada Lei Complementar n. 70/91.

Mas a doutrina está insistindo na inconstitucionalidade também da LC 70/91 sob a argumentação de que, se superou o óbice formal da lei qualificada, manteve o vício da vinculação da arrecadação à Receita Federal e não ao Órgão da seguridade social (INSS). Além disto, teria como base de cálculo a mesma do PIS, o que resultaria em "bis-in-idem" inconstitucional.

Entendemos que a dupla incidência, no caso, está constitucionalmente admitida (art. 195, I, e DCT, art. 56). E que a inconstitucionalidade substancial da LC 70/91 se restringe tão só à parte do art. 10, "in fine", que manda observar "o disposto na segunda parte do art. 33 da Lei n. 8.212, de 24 de julho de 1991" (Lei Orgânica da Previdência Social), onde se atribui ao Departamento da Receita Federal (DRF) competência para "arrecadar, fiscalizar, lançar e normatizar o recolhimento" das contribuições sociais das empresas, incidentes sobre faturamento e lucros.

junho de 1992.

INDEXAÇÃO

FERNANDO ALBINO

1. *Inflação*

1.1 *Conceito*

O tema só faz sentido se houver inflação.

O termo inflação parece ter surgido nos EUA, por volta da metade do século XIX, para designar o aumento do volume do meio circulante (Nussbaum A., *The Meaning of Inflation*, 58 Pol. SCI Q. 86, 1943).

Pode ser definida como um aumento continuado de preços em um dado sistema econômico, ao qual corresponde necessariamente um declínio do poder de compra da respectiva moeda.

A continuidade da inflação em um determinado país gera, ao longo do tempo, a desvalorização também externa da moeda, comparada com outros países, com os quais haja intercâmbio comercial.

Quando, e durante quanto tempo, um aumento de preços é considerado inflação, não é uma questão sobre a qual os economistas estejam de acordo. Entretanto, a generalização do fenômeno inflacionário e a sua persistência levam à conclusão que qualquer aumento de preços detectado em um período anual pode ser conceituado como inflação.

A outra discussão possível é a de se saber se esse aumento deve se dar sobre todos os preços ou apenas sobre alguns, ou, ainda, sobre preços definidos como "básicos". Essa também não é uma questão pacífica. Todavia, pode-se dizer que a maioria dos sistemas econômicos organizados tem adotado o critério de escolher um conjunto de preços, admitindo a existência da inflação quanto, na média ponderada, esses preços aumentam no período anual.

1.2 *Precedentes históricos*

A inflação, contudo, não é recente. Povos antigos, como gregos, romanos e egípcios, experimentavam-na. A diferença em relação à inflação contemporânea reside em que a moeda era física, um metal precioso e escasso, havendo uma natural limitação na quantidade em circulação. Hoje, a moeda papel e o sistema de intermediação financeira permitem a expansão do meio circulante de forma teoricamente ilimitada, sendo de substancial importância o papel do Estado, como formulador e executor da política monetária.

O uso de papel moeda começou na China, no Século XI, sob a forma de recibos de depósito de moedas de ferro. No ocidente, a colônia de Massachussetts foi a primeira a emitir "bills of credit" para financiar uma guerra contra o Canadá, por volta de 1690. Logo depois, foi declarado o poder liberatório desses títulos e o uso de títulos equivalentes generalizou-se nos Estados Unidos, sendo que a revolução americana (1776) foi financiada por títulos denominados "continentals" (Nussbaum A., *Money in the Law: National and International*, Brooklyn, N.Y., Foundation Press, rev. ed. 1950).

A revolução francesa de 1789 igualmente foi financiada pela emissão de papel moeda, bem como a guerra de secessão americana, quer no norte, pelos "greenbacks", quer no sul, pela moeda "confederada" (Galbraith, J., *Money: Whence it came, where it went*, Boston, Honghton Mifflin, 1975).

Em todas essas experiências históricas, por razões diversas, mas conexas, ocorreram expressivas desvalorizações da moeda, algumas delas reduzidas a nenhum valor.

Nenhuma delas, todavia, alcançou os aumentos de preços ocorridos no Século XX, dos quais o mais famoso e comentado é o caso alemão de 1923. Hiperinflações ocorreram na Áustria, Hungria, Polônia, Rússia e outros países.

Mais recentemente, a partir da década de 70, a inflação é generalizada, alcançando níveis muito altos nos países da América Latina. A interferência de políticas públicas de subsídios acaba por potencializar o efeito teoricamente inflacionário do papel moeda e do multiplicador representado pela moeda escritural do sistema de intermediação financeira.

1.3 Causas

As causas da inflação têm sido exaustivamente debatidas pelos economistas, sem que haja prevalência de uma teoria.

Quatro fatores são apontados nesse constante debate: *(a)* o excesso de meio circulante vis-à-vis a quantidade de bens produzidos (inflação de demanda); *(b)* o excesso de moeda em circulação (teoria monetarista); *(c)* aumento de custos dos bens produzidos por acréscimo de preço de matérias primas (ex. petróleo) ou queda da produtividade do sistema; e *(d)* a existência de fatores estruturais de natureza político-institucional, que geram uma disputa entre remuneração do trabalho (salários) e do capital (juros e preços dos produtos acabados), auto-alimentando um acréscimo de preços em geral (teoria estruturalista) (Keity S. Rosenn, *Law and Inflation*, University of Pennsylvania Press, Philadelphia, 1982).

1.4 Como medir a inflação

Admitida a existência da inflação, e mesmo para se saber da sua ocorrência, há a necessidade de medi-la.

Existem três tipos de aferição: *(a)* os índices de preço praticados junto ao consumidor; *(b)* os índices que medem os preços por atacado; e *(c)* os que procuram deflacionar o produto nacional bruto.

Cada um deles admite variações e a construção ou montagem de subindicadores.

O assunto tem comportado também acesos debates e a metodologia de cálculo, a escolha da amostra, a área coberta pela pesquisa e o período no qual ela é feita têm sido temas bastante discutidos.

O fato é que a inflação precisa ser medida de alguma forma. A sua incorporação no relacionamento entre particulares, nos contratos entre eles firmados, só pode se dar através de um valor, um indicador, que surge dessa pesquisa de medição.

2. Indexação

2.1 Conceito

A forma pela qual o ordenamento jurídico introduz o fenômeno inflacionário no relacionamento entre particulares e entre estes e o Estado. Trata-se da "jurisdicização" da inflação.

2.2 Fundamentos

Ignorar a inflação significa abraçar o "nominalismo jurídico", que pode ser traduzido como dar eficácia à norma jurídica refletidora de um aspecto quantitativo, sem atentar para a perda do poder aquisitivo da moeda.

Quando há inflação, todas as relações jurídicas envolvendo o direito de propriedade *lato sensu*, ou aspectos patrimoniais das relações jurídicas, são afetadas. Necessário refletir isso de molde a que não haja prejuízo para uma das partes.

O abandono do "nominalismo" restabelece o equilíbrio das partes, a verdade substancial da relação jurídica, o seu substrato fático.

2.3 Formas de Indexação

No relacionamento entre particulares, o ordenamento pode *(a)* permitir livremente a indexação; *(b)* permiti-la, mas desde que atrelada a um determinado índice ou índices; *(c)* permiti-la apenas para certas formas contratuais; *(d)* não permiti-la.

No relacionamento entre os particulares e o poder público, a indexação deve estar prevista em lei, diante do princípio da legalidade. Observado esse requisito, ela pode ser adotada ou não, havendo as mesmas alternativas acima.

No âmbito dos particulares, pode-se ainda discutir até que ponto o poder público pode intervir no relacionamento, diante dos parâmetros e limites constitucionais.

Outra discussão é se o Poder Judiciário pode impor ou aceitar o pedido de uma das partes para que se imponha a indexação *sem* lei que a regule (se houver lei, a decisão jamais poderá ser *contra legem*, a não ser que haja uma inconstitucionalidade).

Na Alemanha, diante da experiência inflacionária das décadas de 20 e 30, o assunto foi bastante debatido, tendo havido forte reação do Judiciário em aceitar uma "atualização" de valores nos aspectos patrimoniais das relações jurídicas, na inexistência de lei. Entendeu o Judiciário que a indexação e a forma de fazê-la é tarefa do Poder Legislativo.

2.4 Experiência brasileira

Face à inflação crônica brasileira, que se acelera a partir da década de 60, o sistema jurídico nacional tem uma razoável vivência com a indexação, tanto no âmbito do Judiciário quanto no âmbito legislativo.

No âmbito legislativo, o primeiro diploma foi a Lei 4.357/64, que previu a atualização dos débitos tributários, pela variação das ORTNs.

Isso criou um "indexador" oficial, isto é, adotado pelo Poder Público para corrigir débitos fiscais e títulos públicos.

Posteriormente, a legislação previu a correção do ativo imobilizado e a correção do capital de giro próprio, com o reconhecimento no âmbito do imposto de renda das pessoas jurídicas dos efeitos inflacionários (do ganho inflacionário), até hoje matéria de grande atualidade e polêmica.

Mais tarde, vieram a Lei 6.404/76 e o DL 1.598/77, que instituíram verdadeiro sistema de correção monetária ainda aplicável às pessoas jurídicas, consistente na correção do ativo permanente e do passivo, de tal forma a se ter um saldo credor ou devedor, refletidor do ganho ou perda inflacionários.

Com a crítica econômica sobre os efeitos auto-alimentadores da indexação e a desagregação econômica, aconteceram as experiências de desindexação, com os Planos Cruzado, Cruzado II, Bresser, Verão, Collor I e Collor II, que provocaram inusitada interferência na vida dos particulares, inconstitucional, como já declarado, em tantas ocasiões, pelos nossos tribunais.

No âmbito judicial, desde antes da generalização da correção, houve a sua aplicação para atos ilícitos. Depois, elaborouse a distinção entre dívidas de valor e dívidas de dinheiro.

3. Critérios para a "Indexação Jurídica"

Em todas as tentativas de desindexação da economia, antes comentadas, a receita se repetiu: o indexador é suprimido ou alterado e o seu uso nos contratos, regulado.

E, em todas, houve violação frontal das normas constitucionais, o que acabou gerando o descrédito das autoridades públicas e o fracasso do "plano" respectivo.

A proteção do ato jurídico perfeito, isto é, da inalterabilidade futura do negócio celebrado sob a vigência de um conjunto de leis e regulamentos, constitui garantia essencial do estado de direito. Pois, permite ao particular prever os seus negócios, conferir-lhes certeza e segurança. Essa proteção está garantida no artigo 5º, inciso XXXVI, da Constituição.

A regra, portanto, é que um contrato entre particulares, validamente assinado na vigência da lei da época, não pode ser alterado pela lei futura.

As exceções são aqueles contratos que contêm cláusulas "de ordem pública", ou seja, que podem ser a qualquer momento alterados pela autoridade, em benefício da sociedade, ainda que a prejuízo das partes.

Nesses casos, o interesse individual cede lugar ao interesse coletivo. Existem, entretanto, para o Estado duas obrigações: *(a)* quando possível, deve respeitar as situações jurídicas, já constituídas e *(b)* quando impossível respeitar situações existentes, face à emergência da entrada em vigor das novas normas, deve indenizar o particular dos eventuais danos provocados.

Toda vez que essas obrigações não são cumpridas, o particular ou pode desobedecer a regra nova ou pode demandar contra o Estado, exigindo a correspondente indenização, dependendo do que lhe for mais conveniente.

A "indexação" dos elementos "monetários" dos contratos visa manter o equilíbrio entre as partes, fazendo com que a perda do poder aquisitivo da moeda seja "neutra" para o conjunto de direitos e obrigações neles previstos.

Essa "neutralidade" — deixa de existir quando o "indexador": *(a)* tem seu método de cálculo alterado; *(b)* a sua periodicidade aumentada ou diminuída; ou *(c)* é suprimido.

Para todas essas hipóteses, existem apenas três remédios para as partes, que podem: *(a)* mudar, de comum acordo, o "indexador"; *(b)* apesar dos preceitos da lei nova, continuar cumprindo o contrato, tal como celebrado; e *(c)* terminar o contrato, ressalvado à parte prejudicada o direito de demandar contra o Estado.

RESPOSTAS SINTÉTICAS ÀS QUESTÕES

GERALDO ATALIBA

INDEXAÇÃO

3. Lei que altere o critério (índices) aplica-se imediatamente ou só após vencimento da obrigação?

Lei que institua ou agrave os critérios de indexação somente se aplica a créditos fiscais nascidos após sua vigência. Isso é exigência do princípio da segurança jurídica. Todo crédito tributário deve ser certo. O contribuinte tem direito a saber antecipadamente (no seu nascimento) qual o seu montante, ou quais os critérios que conduzem à sua determinação.

Obrigação não vencida não é exigível. Só cabe correção, se a lei que a prevê é vigente antes de seu nascimento.

5. Pode ser instituída só em favor do fisco?

Correção monetária de crédito fiscal deve ser igual à dos direitos do contribuinte.

Não pode haver correção para o fisco e não para o contribuinte. A relação tributária é bilateral. As partes são iguais. Os índices devem ser os mesmos. É inconstitucional a lei que vede ao contribuinte correção que deve ao fisco. Se a lei só mencionar o fisco, como beneficiário da correção, não será inconstitucional, mas estender-se-á ao contribuinte automaticamente.

A justificação da indexação está na vedação do enriquecimento ilícito. Ora, este princípio vale para ambas as partes na relação tributária.

6. Aplica-se aos créditos de IPI e ICMS?

Se a lei de IPI ou de ICMS estabelecer correção dos débitos do contribuinte, aplica-se o mesmo critério aos "créditos" dos contribuintes. A "compensação" constitucionalmente prevista, entre créditos e débitos do contribuinte implica equilíbrio nas prestações, homogeneidade na natureza dos direitos compensáveis: se uma parte tem moeda forte, compensa com moeda forte; se moeda fraca, opõe-se a fraca. É impossível juridicamente compensar moeda forte com fraca. Aí não haverá compensação, mas esbulho. E enriquecimento ilícito para uma das partes.

As funções da moeda são: (a) quantificar um direito e (b) extinguir obrigações. Se a primeira função é legalmente substituída por indicadores (índices), haverá de sê-lo para as duas partes envolvidas na relação jurídica.

7. Índices inidôneos ou irreais, se implicarem aumento de carga, são tributo? Que tributo?

Correção monetária de aluguel é aluguel; de preço é preço; de multa é multa; de tributo é tributo. Portanto, novo índice que incremente carga tributária implica aumento de tributo.

IMPOSTO DE RENDA

11 e 12. Levantamento de depósitos judiciais de cunho indenizatório está sujeito ao IR?

Recebimentos de indenização estão sujeitos ao IR?

Indenização não é renda. Nem rendimento. Não é algo novo. Não é um *plus* acrescido ao patrimônio. Não pode ser "aquisição" de nada. É mera reposição na situação anterior. Nenhuma *verdadeira* indenização, seja a que título for, seja qual for a natureza do dano, configura renda.

15. Se as alíquotas do imposto de renda devem ser realmente progressivas, isto supõe que sejam muitas, dada a grande disparidade entre os contribuintes. (Em países onde tal disparidade é menor do que no Brasil — como a Inglaterra e Espanha, p. ex. — há mais de dez alíquotas, entre 5% e 50%).

Para obedecer-se ao princípio da progressividade, as alíquotas do imposto sobre a renda devem ser inúmeras, desde um percentual baixo (p. ex.: 5%) até um teto (p. ex.: 60%).

É inconstitucional a lei que preveja só duas ou três alíquotas. Isso não satisfaz às exigências da progressividade, nem ao art. 150, II, que postula, ainda, a diferenciação de tratamento dos rendimentos puros do trabalho, mistos, especulativos etc.

16. As deduções do IR não podem ser reduzidas pelo legislador — mesmo que a pretexto de simplificação — mas, pelo contrário, devem ser multiplicadas, para realizar (dar eficácia) à regra do art. 150, II, da CF 88?

As deduções e abatimentos devem levar à plena realização do princípio da vedação de tratamento igual a situações desiguais.

Assim, devem ser variadas e inúmeras, para distinguir despesas com a manutenção da atividade geradora da renda, de outras: despesas necessárias de suntuárias; receitas resultantes de atividades principais de secundárias e eventuais; ingressos de receitas; repasses de receitas etc.

17. É constitucional a modificação do período-base de incidência do imposto de renda das pessoas jurídicas (de anual para mensal), promovida pela Lei 8.383/91, em face do que dispõe o artigo 146, III, "a", da CF?

O período do imposto de renda é anual. Esse imposto é receita orçamentária da União. Esta é anual, porque anual é o exercício financeiro público, como anual são o período financeiro das empresas, o ano civil, etc.

A redução desse período é inconstitucional, por ferir a sistemática da Constituição e por deformar ou desfigurar a essência dos princípios que informam esse meio de repartir os encargos públicos.

21. IOF pode incidir sobre levantamento de depósitos judiciais?

Levantar depósito — judicial ou não — não é realizar operação (negócio) financeiro. É ato sem conteúdo econômico. Não pode ser base de imposto nenhum. É tão arbitrário — violador da isonomia — como tributar quem tem nariz grande (Dino Jarach). O único critério que assegura tratamento igual, em matéria tributária, é o conteúdo econômico do aspecto material da hipótese de incidência. É que só ele é objetivamente mensurável. Por isso, todo fato destituído de conteúdo econômico não pode ser erigido em aspecto material de h.i. de nenhum tributo.

CONTRIBUIÇÕES

22. Podem cumular-se duas contribuições sobre faturamento (PIS e FINSOCIAL)?

O faturamento, em si mesmo, isoladamente considerado, não é critério confiável para fins tributários. Não pode ser, isolado, base de cálculo de nenhum tributo, por violar o art. 150, II. É que ele nada diz sobre a intimidade, perfil ou estrutura da materialidade da hipótese de incidência. Mas — o que é sumamente grave e comprometedor de sua idoneidade, como base de cálculo — não permite tributar desigualmente situações desiguais, como o exige o preceito do inciso II do art. 150.

Uma entidade pode converter em receita 100% do seu faturamento (ex. escritório de advocacia) e outra só realiza como receita 0,5% do faturamento (ex. posto de gasolina). Tais são as arbitrárias, desiguais e aleatórias possibilidades, com uma base tão ampla, tão escancarada e tão insignificativa. Não é insólito haver faturamento e não haver renda (mas, sim, prejuízo).

Nenhum tributo — no estrito sistema constitucional brasileiro — pode ter por base de cálculo o faturamento, seja entendido como soma periódica de faturas, seja como conjunto de vendas, seja como "movimento" econômico-financeiro.

É que, por exigência do princípio da capacidade contributiva, as hipóteses de incidência dos impostos devem servir para revelar riqueza; devem ser — como diz Becker — fatos signo presuntivos de riqueza. Devem ter idoneidade para autorizar naturalmente qualquer observador comum a afirmar: aí há sinal de potencialidade econômica; há indício (indicação) seguro de uma potencialidade econômica. Há uma exteriorização de conteúdo econômico, revelador de aptidão financeira.

A h.i. deve ter por materialidade fato idôneo a indicar aptidão para arcar com encargos decorrentes da repartição de encargos com o sustento financeiro da sociedade. Tal é o significado da capacidade contributiva, no nosso contexto constitucional.

23. A destinação e a gestão do produto da arrecadação das contribuições à seguridade social são elementos essenciais para efeito de sua legitimação constitucional?

Se há orçamento da seguridade separado do da União; se não pode haver transposição de verba de um para o outro, se a questão da seguridade social é separada da gestão financeira federal, inclusive contando com a participação de trabalhador, empresários e aposentados, é óbvio que o sujeito ativo das contribuições só pode ser o INSS (arts. 194, VII; 195, *caput* e §§ 1º e 2º; art. 165, § 5º, III; 167, VI, VIII, da CF).

25. É constitucional a incidência de contribuição para o INSS sobre os pagamentos a autônomos e administradores de empresa (não empregados)?

Não. O autônomo, enquanto tal, não é nem empregador nem empregado por si mesmo. O administrador, dono ou titular da empresa, não empregado também não é empregador. E o art. 195, I deve ser interpretado sem critério ampliativo.

26. É possível a incidência, sobre uma mesma base (por exemplo, o faturamento, CF, art. 195), de diferentes espécies (nominais) de contribuições?

É importante dissipar o preconceito consistente em pensar-se que aí (I) há previsão de mais do que uma contribuição. Na verdade, nem mesmo a análise gramatical do preceito leva a tal conclusão. É que o plural ("contribuições") do *caput* do art. 195 refere-se às contribuições dos empregadores *(I)* dos trabalhadores *(II)* e sobre concursos *(III)*.

E a interpretação sistemática revelará que, do empregador, é somente exigível (com base no inciso I do art. 195) *uma* contribuição.

Ora, a análise atenta da Constituição revela que a contribuição social dos empregadores — instituída com base no inciso I do art. 195, sob o pressuposto constitucionalmente previsto de possibilitar à União o financiamento dos benefícios da seguridade social — deve ter base tributável que decorra, necessariamente, da *conjugação de três elementos* de cálculo (faturamento, lucro e folha de salário), única forma de assegurar o custeio *equânime* da seguridade social (art. 194, V, CF), a exata medida da "vantagem especial" — demonstrada por W. Balera — oferecida pela previdência aos contribuintes (*RDT* 49/115), com concomitante observância das exigências de tratamento desigual de situações desiguais (art. 150, II).

A criação de "contribuições" incidentes sobre cada desses fatos (faturamento, folha de salários, lucro) avulsamente considerado, implica a adoção — como base de cálculo — de grandeza que (isolada) é inapta para medir o *benefício especial*, que constitui a nota típica da espécie tributária, "contribuição".

Vislumbrar três impostos — ao invés de *uma* contribuição — afronta o claro desígnio do art. 195, I: viola o princípio da igualdade de tratamento de situações iguais (art. 150, II) e tira toda significação à estrita disciplina prevista no seu parágrafo 4º (que faz remissão ao art. 154, I).

Deveras, tomar uma dessas grandezas, isoladamente considerada, como base de cálculo de "contribuição social", importa, inexoravelmente, tributar desigualmente, situações iguais; vale dizer, impor tratamento tributário discriminado, utilizando critério de diferenciação que não guarda relação de pertinência lógica com a situação tributada. Implica manter arbítrio e desconcerto, exatamente onde a nova Constituição impôs rigorosas alterações sistematizadoras.

É que somente com a *conjugação* desses três fatores (faturamento, lucro e folha de salários) ter-se-á atendido o preceito constitucional do art. 195, I, concomitantemente com as demais exigências constitucionais. Só a *combinação* destas grandezas é capaz de espelhar (ainda que indiretamente e de modo presuntivo) a especial vantagem que, para o obrigado, advém dos *benefícios* proporcionados pela previdência social ou a especial *despesa* que a sua atuação provoca, com a rigorosa eqüidade e isonomia exigidas pela Constituição (art. 194, I, art. 5º, I; art. 150, II e art. 194, V).

Portanto, só se terá implementado o art. 195, I, com a criação de *uma* contribuição a cargo do empregador, conforme exposto.

Ora, isso não foi feito, na oportunidade prevista pelo art. 56 do ADCT ("até que ...").

Na verdade, em dezembro de 1988, o Congresso expediu lei sobre o art. 195, I, preenchendo a condição prevista no art. 56 do ADCT. Com isso, operou-se a exaustão de seu preceito normativo. Com conseqüente revogação do Dec. lei 1.940 (ou, pelo menos, com sua perda da qualidade "transitória" e precária de "contribuição" social).

INDEXAÇÃO E TRIBUTOS

Gilberto de Ulhôa Canto

I - Considerações Gerais

1. A palavra "indexação" é, no seu sentido econômico e comercial, definida por Aurélio Buarque de Holanda Ferreira (ed. Nova Fronteira, 1986) do seguinte modo:

"*Indexação* - (cs). [De indexar+ção] S.f. ... (omissis)... 2. "Econ. e Com. Reajuste de um valor em função de índice cuja variação pode ser determinada."

Muito embora se deduza da conceituação acima indicada que o processo de indexação pode ser adotado mediante uso de qualquer índice, é claro, pela formulação dos quesitos que integram o tema no programa do VI Congresso Brasileiro de Direito Tributário, que o interesse da discussão proposta está centrado na indexação ou correção monetária.

2. Em colaboração para a coletânea publicada pela Saraiva, em 1983, sob o nome *A Correção Monetária no Direito Brasileiro*, versão nacional da obra conjunta *Monetary Indexation in Brazil*, editada pelo "Bureau for International Fiscal Documentation", no mesmo ano de 1983, com pequenas variações quanto aos colaboradores dos dois livros, procurei mostrar como a correção monetária poderia inserir-se numa estrutura jurídica que adota o curso forçado da moeda nacional, declarando nula qualquer convenção tendente a negar o respectivo poder liberatório (op. cit., em primeiro lugar, p. 1 e segs.).

3. O poder liberatório da moeda nacional não sofre qualquer restrição quando lei federal prevê a correção monetária do valor nominal da moeda de curso forçado, porque, após corrigida a moeda continua a ser oficial e, mesmo na hipótese de a lei fixar o curso forçado "pelo valor legal" (como fazia o art. 2º do Decreto 23.501, de 27.11.1933, mas não o Decreto-lei 857, de 11.09.1969), o valor corrigido será valor legal.

4. Seguindo orientação que tradicionalmente prevaleceu em Constituições anteriores, a de 1988 inseriu entre as matérias de competência privativa da União legislar sobre "sistema monetário e de medidas, títulos e garantias dos metais" (art. 22, VI). Não há, em relação a assuntos reservados à competência privativa da União, competência supletiva ou concorrente de outros entes públicos políticos para legislar (art. 24, e §§ 1º a 4º).

5. Por outro lado, dispõe o Código Tributário Nacional (CTN, Lei 5.172, de 25.10.1966):

"Art. 97 - Somente a lei pode estabelecer:

.......(omissis).......

II - a majoração de tributos ou a sua redução, ressalvado o disposto nos arts. 21, 26, 39, 57 e 65;

.......(omissis).......

IV - a fixação da alíquota do tributo e da sua base de cálculo, ressalvado o disposto nos arts. 21, 26, 39, 57 e 65;

.......(omissis).......

§ 2º - Não constitui majoração de tributo, para os fins do dispositivo no inciso II deste artigo, a atualização do valor monetário da respectiva base de cálculo."

Portanto, a atualização monetária da base de cálculo de qualquer tributo pode ser feita pelo seu sujeito ativo, mesmo sem necessidade de lei, já que não configura majoração de tributo, senão apenas a expressão do seu valor em quantidade de unidades de moeda que representem o mesmo poder aquisitivo que correspondia a uma quantidade de unidades monetárias menor, como resultado da inflação.

6. Há certa confusão entre competência para legislar sobre sistema monetário que, já se viu, é privativa da União, e competência para dispor sobre majoração de tributos ou sua base de cálculo, matéria tributária abrangida no âmbito de competência legislativa da União, dos Estados, do Distrito Federal e dos Municípios, em relação aos seus tributos próprios.

7. Sempre que se trate de regular moeda como meio de pagamento ou outro qualquer aspecto, seja para atendimento de que tipo de prestação pecuniária for, a norma será monetária. Base de incidência de tributo é matéria tributária, sem qualquer dúvida. Mas as características, a validade e a eficácia da moeda, como o seu poder liberatório, constituem sempre tema de legislação monetária, não tributária.

8. Em excelente trabalho incluído na obra coletiva citada em primeiro lugar em 2. retro, Bernardo Ribeiro de Moraes teceu interessantes considerações, pertinentes às questões aqui examinadas. Disse ele:

"Não podemos negar que dispor sobre "variações do poder aquisitivo da moeda nacional" é legislar sobre sistema monetário, que compreende o valor jurídico (legal) e econômico (poder aquisitivo) da moeda e sua circulação. A expressão "sistema monetário", pondera Themístocles Brandão Cavalcanti, compreende "tudo quanto se relaciona com a política monetária, valor da moeda e sua circulação" ("Constituição Federal comentada", 1948, v. 1, pág. 139). Conseqüentemente, somente a União é que tem competência para legislar sobre "correção monetária" (p. 138).

"Devemos observar que a União, ao utilizar a sua competência, legislou sobre correção monetária de débitos fiscais para os três níveis de governo (a lei instituidora da correção monetária não colocou o adjetivo "federal" ao lado da expressão "débito fiscal"), dando ordem de comando com franca penetração nos Estados-Membros e Municípios, que devem aplicar a lei da União, à semelhança do que fazem com a norma de juros de mora, ou, caso contrário, devem fazer suas leis de correção monetária de débitos fiscais compatibilizando-as com a norma jurídica da União, na forma por esta consagrada" (p. 138).

"Não podemos esquecer que o débito fiscal é uma dívida de dinheiro e não uma dívida de valor. Trata-se de uma "prestação pecuniária", conforme estabelece o Código Tributário Nacional — CTN (art. 3º). Evidentemente, não comportaria fazer-se uma atualização do valor a que corresponde esse débito sem lei que expressamente a autorize. Se o Estado agasalha o princípio de nominalismo monetário, oferecendo o valor legal da moeda, é inadmissível que a mesma moeda tenha também um valor econômico (poder aquisitivo) sem a autorização legal. Em se tratando de correção monetária ligada a obrigação *ex lege*, não há como transigir, sendo certo que somente lei formal expressa é que poderá determinar o seu cabimento. Segundo ditame constitucional, "ninguém é obrigado a fazer ou deixar de fazer alguma coisa senão em virtude de lei (CF, art. 153, § 2º)" (p. 147).

9. Mais adiante, Ribeiro de Moraes diz que para certos autores a correção monetária de débito fiscal é instituto específico do direito tributário, e outros acham que a correção monetária transforma dívida de dinheiro em dívida de valor, se não paga no prazo legal. Para ele, mesmo não paga tempestivamente, a dívida fiscal continua a ser dívida de dinheiro como era na sua origem, embora quantificada de modo que fique mantido o mesmo poder aquisitivo do seu montante inicial. A causa jurídica da correção monetária não é de origem fiscal, visto que não se relaciona com o fato gerador da obrigação que lhe deu origem, mas resulta do decurso de tempo em que a moeda nacional se desvaloriza (págs. 166/167).

10. Durante algum tempo, a União, os Estados, o Distrito Federal e os Municípios aplicaram a TRD aos seus créditos tributários vincendos e vencidos, por entenderem, com base na Lei 8.177, de 1.3.1991, que ela substituía os índices de correção monetária anteriores (BTN e BTNF). Demonstrada a natureza de remuneração financeira (juros) da TRD, o próprio Poder Executivo a admitiu, e, em Medida Provisória, convertida na Lei 8.218, de 29.08.1991, declarou-a aplicável apenas a débitos vencidos, não mais aos vincendos como prescrito na lei anterior. Como ambas dispuseram de modo a abranger os débitos federais, estaduais e municipais, é claro que a nova regulação se aplica a todas as pessoas jurídicas dotadas de competência impositiva.

11. Estados e Municípios criaram denominações especiais para definir as unidades de medida dos seus créditos tributários, o que, de per si não constituiria ilegalidade alguma. Entretanto, em muitos casos está provado que a partir da criação de tais unidades, e na regulação das suas variações, esses entes públicos deixaram de respeitar os índices de variação que relativamente aos mesmos períodos a legislação federal instituiu. Assim, passou a haver discrepância entre as expressões numéricas que refletiam as variações monetárias definidas em leis da União e as decorrentes das mudanças operadas nas unidades estaduais e municipais. Sempre que isso tenha ocorrido, deixará de haver mera atualização monetária de base de cálculo, para configurar-se majoração indireta do tributo, que somente por lei poderia ter sido feita.

12. Daí que sempre me pareceu errada a expressão "correção monetária pré-fixada", de curso muito comum na legislação tributária relativa ao mercado de títulos e valores mobiliários, pois em realidade trata-se de uma mera previsão de variação futura do poder aquisitivo da moeda nacional afetada pela inflação, mas nunca de atualização monetária, que pressupõe confronto de poderes aquisitivos determinados em datas anteriores.

II - Questões específicas

Pergunta: "Só lei federal? Se for lei estadual ou municipal, há limites?"

Resposta: Como afirmei nas considerações gerais sobre o tema, tratando-se de matéria monetária e não tributária, só a União tem competência legislativa (Constituição, art. 22, VI). O que a lei estadual ou municipal pode fazer é afirmar que, se não pagos tempestivamente, os créditos da pessoa jurídica que a expedir serão cobrados com atualização monetária, mas esta terá de atender aos índices e demais normas fixadas pela legislação federal.

Pergunta: "Pode ser instituída só em favor do fisco?"

Resposta: Não. Havendo atualização monetária de crédito tributário em favor da pessoa jurídica de direito público titular da competência impositiva, terá de haver também correção em favor do contribuinte, quando da repetição do indébito, como reconhecido pela jurisprudência tranqüila do Supremo Tribunal Federal, que se baseia no princípio da isonomia, ainda que não haja texto expresso de lei mandando aplicar a correção monetária em tal caso, como há prevendo que ela seja feita quando os créditos tributários não sejam liqüidados tempestivamente.

Perguntas: "Um mesmo poder tributante pode estabelecer índices diversos para obrigações (tributárias ou não) em que seja parte?" "Correção monetária como instrumento de recomposição do valor da moeda pode expressar-se por vários índices, sendo a moeda uma só e sua desvalorização também uma só?"

Resposta: As palavras "indexação" e "atualização de valor" podem referir-se a processos de ajuste de valores mediante aplicação de índices que nada tenham a ver com a variação do poder aquisitivo da moeda. É comum, por exemplo, em épocas de controle ou tabelamento de preços, a fixação de coeficientes próprios para o reajuste de valores relacionados com distintos negócios jurídicos, segundo critérios variáveis. Assim, temos tido exemplos de critérios diferentes para a atualização de preços de locação de imóveis, de contratos de obras públicas, de construção, etc. Mas é necessário esclarecer que atualização de preços não é, necessariamente, o mesmo que a atualização monetária. O pão de trigo poderá ter seu preço de venda ao consumidor reajustado em percentagem maior do que o de milho, porque a farinha de que se faz o primeiro é mais cara do que a usada para a produção do segundo; daí, entretanto, não resulta que na fixação de índice desse aumento tenha prevalecido apenas e de modo direto a perda de poder aquisitivo da moeda nacional. Quando, porém, se fala em indexação, atualização ou correção "monetária", é claro que se impõe critério rigorosamente igual, qualquer que seja a natureza do débito a que o preço a reajustar se refere, ou do credor ou devedor da obrigação de que ele decorre, pois a perda de valor intrínseco, de poder de compra da moeda mede-se sempre de modo uniforme para todas as obrigações; o que poderá variar é o sistema ou o índice da variação, mas, uma vez escolhido um deles, terá de prevalecer para todas as hipóteses de atualização de preços.

CONTRIBUIÇÕES

JOSÉ EDUARDO SOARES DE MELO

Professor de Direito Comercial e Tributário da Escola de Administração de Empresas da Fundação Getúlio Vargas. Juiz Contribuinte do Tribunal de Impostos e Taxas da Secretaria da Fazenda de São Paulo. Mestre em Direito Tributário pela Pontifícia Universidade Católica de São Paulo. Diretor do Instituto dos Advogados de São Paulo

1. A Destinação e a Gestão do Produto da Arrecadação das Contribuições à Seguridade Social são Elementos Essenciais para Efeito de sua Legitimação Constitucional?

A classificação dos tributos pauta-se pela materialidade da hipótese de incidência concernente a serviço público (específico e divisível) ou exercício regular do poder de polícia; ou no fato indiferente a qualquer atividade estatal.

Daí as categorias de tributos vinculados (taxas) e não vinculados (impostos), ensinando Geraldo Ataliba que "contribuição é o tributo vinculado cuja h.i. consiste numa atuação estatal indireta e imediatamente (mediante uma circunstância intermediária) referida ao obrigado, aduzindo que "a contribuição se afasta dos princípios informadores dos impostos (capacidade contributiva) e das taxas (remunerabilidade ou comutatividade, relativamente à atuação estatal" (*Hipótese de Incidência Tributária*, Malheiros Editores, 5ª edição, 1992, pp. 140 e 168).

Considerando que o CTN (art. 5º) estabelece que "os tributos são impostos, taxas e contribuições de melhoria", poderia ser questionada a indicação de outra espécie de tributo ("contribuições").

A partir da CF-88, entretanto, as contribuições passaram a tipificar-se como autênticos tributos, conforme plasmado em seus artigos 149, 195, I e § 4º, 201, §§ 1º e 7º, 212, § 5º, 239, § 4º e 240.

Pondera Misabel Derzi que "o art. 149 da CF veio espancar definitivamente quaisquer dúvidas em torno da natureza tributária nas contribuições", determinando "de forma expressa e literal que se apliquem às contribuições os mais importantes princípios constitucionais tributários — da legalidade e da irretroatividade — além de todas as normas gerais de direito tributário" ("Contribuições", *RDT* 48/222-223).

Assim, a previsão contida na legislação complementar (CTN, art. 5º), deixa de ter pleno respaldo constitucional, em razão do postulado da hierarquia normativa.

Embora as contribuições previstas no inciso I do art. 195 da CF-88 retratem figuras típicas de exação não vinculada à atuação do poder público (impostos), não significa a inexistência de autênticas contribuições.

Não se trata de equívoco legislativo pelo fato de ter arrolado tais impostos no art. 195, I, que deveriam ser enquadrados no capítulo próprio do sistema tributário nacional, muito menos de utilização de linguagem vulgar.

Sabe-se que tanto o elemento topográfico, como o rótulo conferido à exação é de todo irrelevante para a caracterização de um instituto jurídico, ou do tipo tributário.

No regime jurídico das contribuições constata-se um plus normativo, relacionado com despesa ou vantagem especial referidas aos contribuintes, o que as diferenciam dos impostos e das taxas.

A expressa e inequívoca destinação da receita constitui outro elemento peculiar às contribuições, como se colhe do art. 195, I da CF-88, ao estabelecer o custeio da seguridade social, de forma direta pelos empregadores e Estado (este, no caso de receita de concursos de prognósticos).

A destinação constitucional das receitas das contribuições é insofismável, impondo-se a entrega do respectivo numerário "integral e diretamente" à administração da Seguridade Social.

Portanto, revela-se destituído de plena eficácia o preceito encartado no art. 4º, II, do CTN no sentido de que para qualificar a natureza jurídica específica do tributo é irrelevante "a destinação legal do produto de sua arrecadação".

Os contornos e os lineamentos das contribuições sociais repousam na vinculação com a seguridade social, sendo despiciendo argumentar-se que tratar-se-ia de situações financeiras, estranhas a questões de índole jurídica.

Não se discute que são descipiendos os elementos financeiros, políticos, econômicos, existentes no mundo fenomênico, antes de ser editada a norma jurídica.

Na mesma calha, não se questiona — em princípio — que a utilização dos valores recolhidos aos cofres públicos — não se insere na temática do direito afeto ao tributo, que se preocupa com o nascimento e a extinção do crédito tributário (imposto, taxa, etc.).

Todavia, a nota marcante e distintiva das contribuições sociais reside na afetação ou vinculação da receita ao custeio da atividade estatal, como pressuposto de sua criação, devendo integrar diretamente o orçamento dos órgãos previdenciários (inciso III, § 5º do art. 165 da CF-88).

A legislação infraconstitucional (Lei 8.212, de 24 de julho de 1991 que dispõe sobre a organização da Seguridade Social) estabelece competência ao Departamento da Receita Federal — DRF — para arrecadar, fiscalizar, lançar e normatizar o recolhimento das contribuições sociais incidentes sobre faturamento e lucro, promovendo a cobrança e aplicação das sanções legais (art. 33, segunda parte).

A Lei Complementar 70, de 30 de dezembro de 1991, que instituiu a contribuição social para financiamento da Seguridade Social, nos termos do inciso I do artigo 195 da CF-88, estabeleceu que o produto de sua arrecadação, observaria o estatuído na segunda parte do mencionado art. 33 da Lei 8.212/91, integrando o orçamento da Seguridade Social.

Ora, os diplomas legais em causa são categóricos quanto ao recolhimento das "contribuições ao Tesouro Nacional", embora a LC 70/91 tenha se referido ao orçamento da Seguridade.

Não cabe perquirir a respeito da curiosa técnica financeira consubstanciada na legislação em comento, ou seja, recolhimento das contribuições pela Receita Federal, e presumível repasse posterior à Seguridade.

O trânsito dos recursos pelos cofres da União desnatura o tipo tributário (de contribuições para autêntico imposto), passível de vício de inconstitucionalidade (cumulatividade, fato gerador e base de cálculo de outros impostos), porque desrespeitado o art. 154, I da CF-88).

Inadmissível a deformação da imposição constitucional apurada pelo fato do dinheiro previdenciário não entrar diretamente nos cofres da Seguridade Social, sendo auferido pela Receita Federal, permanecendo a saúde e a assistência social aguardando repasses.

Resposta

As contribuições sociais têm como um dos elementos característicos a destinação dos recursos direta à Seguridade Social, possibilitando a imediata gestão e atendimento à saúde, assistência social e previdenciária.

A arrecadação transitória dos recursos pela União (Receita Federal) viola o princípio de sua afetação direta à Seguridade, constituindo desvio de finalidade e manifesta inconstitucionalidade.

2. É Constitucional a Incidência de Contribuição para o INSS sobre os Pagamentos a Autônomos e Administradores de Empresas (Não Empregados)?

O cerne da questão compreende a legitimidade da tipificação, como contribuição, dos encargos dos empregadores em razão de serviços executados por pessoas estranhas ao seu quadro de empregados.

Compete analisar se a "folha de salários" (elemento previsto no art. 195, I da CF-88) abrange autônomos e administradores de empresa (não empregados), isto é, trabalhadores sem vínculo trabalhista (ausência de exclusividade e subordinação ou hierarquia).

Cumpre responder se a folha salarial constitui elemento compreensivo de única remuneração da categoria dos empregados, ou se abrange, indistintamente, uma gama mais significativa de pessoas.

A solução não pode ser encontrada na legislação ordinária, por não se apresentar uniforme e coerente, face a manifestos antagonismos reinantes na Consolidação das Leis do Trabalho e na legislação previdenciária.

A legislação trabalhista explicita o conceito de salário como "a remuneração devida pela contra-prestação dos serviços do empregado, indicando verbas complementares ou excludentes" (arts. 457 a 467 da CLT).

A Lei 8.212, de 24 de julho de 1991, que trata de matéria previdenciária, estabelece a contribuição das empresas, destinadas à Seguridade Social, incidente sobre o total das remunerações pagas ou creditadas, a qualquer título, no decorrer do mês, aos empregados, empresários, trabalhadores avulsos e autônomos que lhe prestem serviços (art. 22, I).

A Constituição é a fonte originária das regras impositivas, contendo infinidade de direitos sociais conferidos aos empregados, mediante a reiterada menção e utilização do termo "salário", representativo de remuneração do respectivo trabalho (art. 7º, incisos IV, V, VI, VII, VIII, X e XII).

Injustificável a singela alegação de que o constituinte teria utilizado linguagem vulgar, despida de segura e precisa terminologia científica.

A esse propósito, não se pode ignorar que a CF é elaborada por leigos da lida jurídica, uma vez que os congressistas advêm de grupos diversificados, nem sempre possuidores de formação acadêmica, muito menos versados no Direito.

Todavia, essa plausível justificativa não pode implicar no entendimento pacífico de que sempre (de modo dogmático, radical, inexorável) existiriam "atecnias" no texto constitucional.

É importante pesquisar o sentido da expressão legal, desvendar o seu conteúdo; e, nesse passo, constata-se o rigorismo formal e exaustivo do constituinte, vinculando "salários" a "empregados".

As remunerações dos demais prestadores de serviços são tituladas por *nomen juris* diferentes, como honorários (autônomos), pro-labore (administradores - sócios).

Ao hermeneuta não é permitido estender o significado do vocábulo "salário" para possibilitar mais significativo espectro de contribuições, calcado, sobretudo, na finalidade previdenciária (amplos serviços assistenciais decorrentes da elevação de receitas).

O ordenamento constitucional tributário é formado e conformado por extrema rigidez, basicamente pela circunstância de afetar o patrimônio particular, razão pela qual as normas impositivas hão que observar os princípios, conceitos e segura terminologia jurídica, objetivos da segurança e certeza do direito.

Resposta

É inconstitucional a contribuição para o INSS sobre os pagamentos a autônomos e administradores de empresas (não empregados), porque a incidência ocorre sobre a "folha de salários" (art. 195, I, CF-88) concernente à exclusiva remuneração de empregados (art. 7º, CF-88).

3. O FINSOCIAL sobreviveu?

O antigo FINSOCIAL, instituído pelo Decreto-lei n. 1.940 de 25 de março de 1982, com diversas alterações, foi enterrado pela jurisprudência, e definitivamente sepultado pela Lei Complementar n. 70 de 30 de dezembro de 1991.

Com efeito, o Tribunal Regional Federal da 3ª Região de São Paulo, em sessão plenária realizada em 12.12.91 (Arg. Inconst. na AMS 38.950-SP, Relatora Juíza Lúcia Figueiredo) decretou a inconstitucionalidade do malsinado FINSOCIAL, sob os fundamentos básicos seguintes:

a) - implementação do art. 56 do Ato das Disposições Constitucionais Transitórias, mediante a instituição da Lei 7.689 de 15.12.88, que criou a contribuição social sobre o lucro;

b) - cumulatividade da carga tributária, incidindo na vedação do art. 154, I, da CF-88;

c) - identidade de base de cálculo com o PIS;

d) - ausência de Lei Complementar.

Embora a Fazenda Nacional esteja interpondo recursos à Superior Instância, o fato é que o próprio Governo Federal reconheceu publicamente a ilegitimidade de tal exação, substituindo-a por nova figura impositiva, também eivada da mesma inconstitucionalidade, considerando-se as características seguintes:

3.1 - A Contribuição Social (Lei Complementar 70/91) é Idêntica ao Extinto FINSOCIAL?

A LC 70/91 dispôs sobre a instituição da contribuição social para o financiamento da seguridade social, nos termos do art. 195, I, da CF-88, devida pelas empresas à alíquota de 2%, calculada sobre o faturamento mensal (receita bruta das vendas de mercadorias e prestações de serviços).

As regras estruturadoras desta nova Contribuição reproduzem a sistemática contida na legislação do ANTIGO FINSOCIAL, a saber:

a) - O DL 1.940/82 instituindo contribuição social destinada a custear saúde, etc. incidente sobre a receita bruta das empresas que realizam venda de mercadorias e prestação de serviços;

b) - Portaria 119, de 22.06.82 do Ministro da Fazenda considerando como receita bruta o faturamento;

c) - Lei 8.147, de 28.12.90 majorando para 2% a alíquota da contribuição para o FINSOCIAL.

Fácil perceber a caracterização dos mesmos fatos geradores (venda de mercadorias e prestações de serviços), bases de cálculo (faturamento/receita bruta) e até mesmo alíquotas (2%).

É gritante a identidade existente entre a legislação do extinto FINSOCIAL e as normas da nova Contribuição Social (que pode ser denominada de *NOVO* FINSOCIAL).

Por conseguinte, a Lei Complementar n. 70/91 também padece dos vícios de inconstitucionalidade, consoante a diretriz firmada pela jurisprudência invocada.

3.2 - As Contribuições ao Sistema de Seguridade Social não permitem o "NOVO FINSOCIAL"

A Constituição Federal promulgada em 5 de outubro de 1989 estabeleceu: "Art. 195 - A seguridade social será financiada por toda a sociedade, de forma direta e indireta, nos termos da lei, mediante recursos provenientes dos orçamentos da União, dos Estados e dos Municípios, e das seguintes contribuições sociais: I - dos empregadores, incidentes sobre a folha de salários, o faturamento e o lucro".

De forma específica, os financiamentos à seguridade social (como previsto no permissivo constitucional) são efetivados pelas seguintes contribuições sociais a cargo dos empregadores:

A) - Sobre a Folha de Salários

Contribuição Previdenciária

Lei 8.212, de 24.07.91

B) - Sobre o Lucro

Contribuição Social

Leis 7.689, de 15.12.88; 7.856, de 24.10.89; 8.212, de 24.09.81 e Lei Complementar 70, de 30.12.91

C) - Sobre o Faturamento

Programa de Integração Social (PIS)

Lei Complementar n. 7 de 7.09.70; Constituição Federal de 1988 (art. 239) e Lei Complementar n. 70 de 30.12.91

Por conseguinte, todos os tipos tributários (contribuições) destinados à seguridade social, já preenchem a moldura prevista no art. 195, I da CF, em razão do que inexiste amparo para a legitimidade do *NOVO* FINSOCIAL (Lei Complementar 70/91).

3.3 - A Exigência do "NOVO FINSOCIAL" Acarreta Bitributação pela Circunstância de Possuir a mesma Base de Cálculo do PIS

O *NOVO* FINSOCIAL tem como base de cálculo "o faturamento", assim considerado a receita bruta das vendas de mercadorias, de mercadorias e serviços, e de serviços de quaisquer naturezas (art. 2º da LC 70/91).

O PIS também tem como base de cálculo "o faturamento" (Lei Complementar 7/70, art. 3º, alínea "b"), conceituado legalmente como "receita bruta operacional" (Decreto-lei 2.445, de 29.06.88, art. 1º, XV, alterado pelo Decreto-lei 2.449, de 21.07.88).

Como "o faturamento" já compreende base de cálculo da contribuição prevista no inciso I, do artigo 195, denominada PIS, não pode, em absoluto, também constituir base de cálculo de outro tributo (no caso, a nova Contribuição Social).

Importante considerar que a base de cálculo constitui aspecto fundamental da estrutura de qualquer tipo tributário por conter a dimensão da obrigação tributária, tendo a virtude de quantificar o objeto da imposição fiscal.

Mantém íntima vinculação com a materialidade da hipótese de incidência normativa, compreendendo mesmo a sua própria mensuração.

Assim, inviável juridicamente a coexistência de dois, ou mais tributos, instituídos pela mesma pessoa jurídica de direito público, assentados na mesma materialidade; e, por conseqüência lógica, na mesma base de cálculo.

É o caso do PIS e do *NOVO* FINSOCIAL (rotulado de Contribuição Social - LC 70/91), que consideram idênticas bases de cálculo (faturamento e/ou receita bruta), e decorrem da prática de idênticos negócios jurídicos (venda de mercadorias e prestação de serviços).

Na decisão do TRF-3ª Região (decretando a inconstitucionalidade do *ANTIGO* FINSOCIAL), a Juíza Relatora Lucia Figueiredo assim se expressou:

"Realmente, o FINSOCIAL tem a mesma base de cálculo do PIS, que importaria em bitributação.

"Destarte, se permitida era a cobrança cumulativa com o PIS, "ex vi" dos artigos 239 da Constituição de 1988 e artigo 56 do Ato das Disposições Transitórias, após a edição da Lei n. 7.689, que dispôs sobre o artigo 195, I, a inconstitucionalidade passou a existir por agredir a regra expressa que veda a bitributação, e não mais existir a excepcionalidade (tal seja, não implementação da Lei)".

Destarte, é forçoso concluir que o elenco de competências constitucionais tributárias não pode jamais compreender a nova Contribuição Social (LC 70/91), por colidir com o PIS, sob pena de implicar em bitributação, como já decidido no que pertine ao FINSOCIAL (extinto), de idêntica característica com o *NOVO* FINSOCIAL.

3.4 - A cumulatividade da NOVA Contribuição Social

A Lei Complementar 70/91 elege como fato gerador do tributo as vendas de mercadorias, e as prestações de serviços, ou seja, negócios jurídicos envolvendo atos mercantis e atividades civis (obrigações de "dar" e de "fazer").

Referidas operações, como é natural, implicam normalmente em várias etapas negociais, mediante sucessivos atos de comércio e de serviços. E, dessa forma, até o consumo final das mercadorias e serviços, existirão diversas incidências de Contribuição Social.

É cediço que o objetivo da "não cumulatividade" é evitar a superposição de cargas tributárias que possam advir da incidência de contribuições, dentro de um ciclo operacional, impedindo o duplo, triplo, etc. pagamento sobre a mesma base.

A Lei Complementar 70/91 não estabelece nenhum tipo de mecanismo para que não se realize a cumulatividade, sequer sistemática de compensação entre contribuições decorrentes de operações anteriores com novas operações.

Não padece dúvida que, por razões de identidade jurídica, aplicam-se à nova Contribuição (*NOVO* FINSOCIAL) as restrições que decretaram a inconstitucionalidade do *ANTIGO* FINSOCIAL (com exceção de inexistência de lei complementar), inclusive a "cumulatividade" indicada expressamente na ementa do referido Acórdão.

3.5 - A receita da Contribuição Social não se destina diretamente ao custeio da seguridade

Consoante preceituado na Carta Magna (art. 194) a seguridade social compreende um conjunto integrado de ações de iniciativa dos Poderes Públicos e da sociedade, destinadas a assegurar os direitos relativos à saúde, à previdência e à assistência social.

Estabeleceu, ademais, o modo de financiamento da "seguridade social" (art. 195), de modo direto (contribuições dos empregadores sobre a folha de salários, o faturamento e o lucro; dos trabalhadores e sobre a receita de concursos e prognósticos) e indireto (dotações orçamentárias dos poderes públicos).

A análise sistemática do texto constitucional, no que tange às diversas espécies de contribuições (arts. 149; 195, I e § 4º; 201, §§ 1º e 7º; 212, § 5º, 239, § 4º e 240) conduz à constatação de que têm implicação com objetivos para sua criação, destino específico de sua receita, arrecação direta pela entidade beneficiária.

As contribuições constituem espécies tributárias distintas dos impostos e taxas, porque não implicam na consideração do princípio da capacidade contributiva (como diretriz básica) ou da retribuição da atividade pública.

Relacionam-se com uma despesa ou vantagem especial referidas aos seus contribuintes, que devem ser sempre pessoas que tenham relação direta ou indireta com tal tipo de despesa ou vantagem.

A destinação específica da respectiva receita, em regra, é critério constitucional típico das contribuições (art. 195, I, que trata do custeio da seguridade social).

A Juíza Diva Malerbi (em voto proferido no processo que decretou a inconstitucionalidade do *ANTIGO* FINSOCIAL), assim se expressou: "Nas contribuições sociais, ao contrário dos demais tributos, é relevante para caracterizar a exação não só a finalidade para a qual foi instituída, como também a afetação de sua receita ao custeio da atividade estatal que é pressuposto da sua criação".

A Lei Complementar 70/91 estabelece: "Art. 10 - O produto da arrecadação da contribuição social sobre o faturamento, instituída por esta Lei Complementar, observado o disposto na segunda parte do artigo 33 da Lei 8.212 de 24 de julho de 1991, integrará o Orçamento da Seguridade Social".

E o citado art. 33 (segunda parte) da Lei 8.212/91 atribui competência à Receita Federal para arrecadar, fiscalizar, lançar e normatizar as contribuições sociais sobre o faturamento e lucro, e receita de concursos de prognósticos, aplicando as sanções pertinentes.

Assim, o permissivo legal determina que o recolhimento do *NOVO* FINSOCIAL seja realizado diretamente ao Tesouro Nacional (União), desnaturando o perfil jurídico da "contribuição", violando a constituição e tipificando-a como imposto. Seria tributo inconstitucional em razão de cumulatividade e identidade com outros impostos (ICMS -ISS).

Resposta

O FINSOCIAL foi ressuscitado pela Lei Complementar 70 de 30.12.91 ao dispor sobre as mesmas materialidades, bases de cálculo e alíquotas do Finsocial criado pelo Decreto-Lei 1.940/82.

Considerando que as contribuições destinadas à seguridade social já preenchem o art. 195, I, da CF; a bitributação com o PIS; o caráter cumulativo e o desvio de finalidade por que a receita destina-se à União, padece de vício de inconstitucionalidade, não tendo respaldo para projetar efeitos jurídicos.

4. Podem cumular-se duas Contribuições sobre o faturamento (PIS e FINSOCIAL)?

A questão deve ser deslindada mediante o exame sistemático da Constituição Federal, como lei fundamental e suprema do Estado e ponto de partida para a compreensão de qualquer matéria tributária.

As "contribuições" alcançaram-se à categoria de tributo, de conformidade com o plexo de normas contidas na Constituição de 1988, com peculiaridades distintas das demais espécies tributárias (impostos, taxas, contribuição de melhoria e empréstimos compulsórios).

Não interessam mais as meras erudições doutrinárias que, embora reveladoras do pensamento científico, destoam, por vezes, do texto legal, que tem a virtude de ordenar e classificar os tipos tributários.

Impõe-se o exame ordenado, criterioso, sistemático, afastando-se concepções superadas (ainda que tradicionais), as apressadas e as ideologias distantes da Constituição e das demais normas hierarquicamente inferiores, porque dela devem retirar seu fundamento de validade.

No caso em tela, o artigo 195, I, da CF estabelece o seguinte: "Art. 195 - A seguridade social será financiada por toda a sociedade, de forma direta e indireta, nos termos da lei, mediante recursos provenientes dos orçamentos da União, dos Estados, do Distrito Federal e dos Municípios, e das seguintes contribuições sociais: I - dos empregadores, incidente sobre a folha de salários, o faturamento e o lucro".

É evidente que, em âmbito preliminar, entende-se que o tributo não incide, propriamente, sobre o "faturamento", pois o empregador que não emitisse o documento comercial "fatura", estaria fora do alcance da obrigação tributária, embora tivesse realizado negócios jurídicos.

Realmente, de longa data, já se firmou diretriz no sentido de que o denominado faturamento, em realidade, corresponde à faturação, isto é, à somatória ou montante relativo e decorrente de negócios mercantis (vendas de mercadorias) e civis (prestações de serviços).

A materialidade tributária assenta-se na operação jurídica e nunca na mera existência de documentos (comerciais e fiscais) abrangedores do denominado faturamento.

O que este termo significa é a quantificação do exercício da atividade empresarial, sua dimensão econômica, ou mais propriamente, a base de cálculo do tributo que as operações ensejam.

Esta digressão permite visualizar, *prima facie*, a existência de possível bitributação pela singela circunstância que demais impostos arrolados na CF implicam em idêntico componente tributário, como é o caso do IPI (art. 153, IV), ICMS (art. 155, I, "b") e ISS (art. 156, IV).

A rigor, essas espécies de contribuições elencadas no art. 195, I, consubstanciam autênticos impostos porque também não mantêm nenhum tipo de vinculação à atuação do poder público.

Acontece que o próprio ordenamento constitucional permite, consagra e confere competências aos entes impositivos para, concomitantemente, instituir impostos e contribuições sobre mesmas materialidades, também implicadoras de mesmas bases de cálculo.

E, a teor do citado preceito, tais contribuições só podem concernir uma só vez a cada um dos determinados tipos de situações, isto é, "folha de salários", "faturamento" e "lucro", e a razão de mencionar-se contribuições radica na circunstância de serem três.

Não se pode vislumbrar nenhum sentido jurídico ou econômico na eventual e remota possibilidade de coexistirem dois, três ou mais contribuições sobre a folha de salários e sobre o faturamento.

A existência de diversas contribuições plasmadas exclusivamente no "faturamento", ainda que sob rótulos diversos ou títulos diferenciados, representará meros adicionais da mesma contribuição.

Na verdade, significarão uma só e única contribuição incidente sobre o mesmo fato tributário e idêntica base de cálculo, mais consentâneas com a figura dos adicionais.

De nada adianta o legislador criar novos tributos com denominações diferentes se incidirem sobre as mesmas realidades jurídicas; pois, no fundo, significarão aumentos de alíquotas que implicarão na violação dos princípios da capacidade contributiva e na vedação de confisco.

Na vigência da Constituição Federal de 1967 (e Emenda Constitucional n. 1/69) coexistiram, com certa tranqüilidade, as contribuições ao PIS (Lei Complementar n. 7, de 7 de setembro de 1970) e o FINSOCIAL (Decreto-lei 1.940, de 25 de maio de 1982), previstas e instituídas exclusivamente a nível de legislação ordinária.

Referidas contribuições sempre se assentaram em fatos geradores relativos a faturamento e/ou receita decorrentes de venda de mercadorias e prestações de serviços.

A Constituição de 1988 tratou expressamente de referidas contribuições: *a)* - artigo 56 do Ato das Disposições Transitórias — considerando a extinção do FINSOCIAL mediante a edição de lei sobre Contribuição Social sobre o lucro; *b)* - artigo 239 das Disposições Constitucionais Gerais, que dispôs sobre novo destino da arrecadação do PIS.

Constata-se, facilmente, que as contribuições enfocadas sofreram diferentes transformações; em termos extintivos (FINSOCIAL) e modificatórios (PIS).

Em conseqüência, tendo sido implementada a nova "contribuição social incidente sobre o lucro", exauriu-se o quadro tributário previsto no inciso I do artigo 195 da CF, só tendo cabimento a previsão constitucional de PIS sobre o faturamento das empresas.

Entretanto, torna-se problemática a exigência do PIS pela circunstância deste tributo apresentar-se na CF de 1988 com perfil jurídico distinto daquele existente por ocasião de sua instituição.

Realmente, a CF de 1967, com a redação da Emenda n. 1/69 (art. 165, V), assegurava aos trabalhadores a integração na vida e no desenvolvimento da empresa, com participação nos lucros.

Por seu turno, os artigos 18, § 5º e 21 da mesma Constituição, outorgavam à União competência para a instituição de outros impostos, razão pela qual foi editado o PIS (Lei Complementar 7/70), criando o Fundo de Participação formado por depósitos das empresas por meio de duas modalidades:

a) - uma parcela do imposto de renda devida;

b) - uma parcela com recursos próprios (percentual sobre o faturamento).

Tratando-se de cálculo sobre o *faturamento* das empresas, a LC 7/70 distanciou-se da norma programática do inciso V do art. 165 da CF-67, que prometia a participação dos empregados nos *lucros* das empresas.

Revestia natureza tributária, instituída com base na competência residual da União, tendo a própria LC 7/70 disposto que as obrigações do PIS "são de caráter exclusivamente fiscal" (art. 10).

A Emenda Constitucional n. 8 de 14 de abril de 1977 introduziu o inciso X, ao art. 43 da CF-67, dispondo sobre "contribuições sociais" para custeio dos referidos encargos empresariais, entendendo a jurisprudência dominante que o PIS teria perdido sua natureza tributária.

Como contribuição social destinada a materializar o princípio constitucional da participação dos empregados nos lucros das empresas, não poderia o PIS incidir sobre o faturamento, incidência essa que só poderia ser considerada válida enquanto fosse o PIS um imposto residual.

É patente a distinção dos conceitos. Faturamento — como já delineado — representa o resultado da venda de cada mercadoria, produto, de prestação de serviços, enquanto que o Lucro é a diferença positiva entre os negócios de vendas e serviços e os seus respectivos custos, constituindo evento incerto. A empresa pode não obter lucro, mas sempre apresenta faturamento, por menor que seja.

Ocorre que, com o advento da Emenda n. 8/77, a única incidência válida do PIS seria sobre o imposto de renda, que, na realidade, mantém conotação com o lucro. Portanto, a LC 7/70 teve sua eficácia paralizada parcialmente porque, no que tange à incidência do PIS como contribuição social, não foi recepcionada em termos de faturamento.

Por outro lado, os Decretos-leis 2.445, de 29.6.88 e 2.449, de 21.7.88 pretenderam introduzir modificações na sistemática do PIS, mediante cálculo sobre a denominada "receita operacional bruta, terminando por suprimir a única incidência do PIS que se mantinha válida, qual seja, sobre o imposto de renda.

É induvidoso que receita operacional bruta — compreendendo faturamento acrescido de receitas financeiras e variações monetárias — não é simples faturamento, e muito menos lucro, que seria a única base imponível legítima de contribuição ao PIS.

Contudo, os DLs 2.445 e 2.449/88 são formalmente inconstitucionais porque versaram matéria estranha às finanças públicas. A atribuição da função legislativa do Presidente da República (art. 55, II, da CF-69) era condicionada a que: (a) ocorressem casos de urgência ou de interesse público relevante; (b) não houvesse aumento de despesa e (c) a matéria fosse de finanças públicas, inclusive normas fiscais.

O pressusposto da contribuição prevista no art. 43, inciso X, da Constituição de 1969, relacionada especificamente com o art. 165, inciso V, da mesma Constituição tem que, necessariamente, tomar como base de cálculo o lucro das empresas.

Na vigência da Constituição de 1969, o PIS era contribuição social sem natureza tributária, e contribuição com destinação certa, expressa e específica: compor o Fundo de Participação PIS-PASEP, de que são beneficiários todos os trabalhadores e funcionários públicos cadastrados. Com esse caráter e essa natureza, a contribuição ao PIS não era nem receita pública e nem eram tributárias suas normas disciplinadoras.

Ademais, os DLs 2.445 e 2.449/88 são hoje inexistentes pois foram automaticamente rejeitados porque não foram apreciados pelo Congresso Nacional dentro do prazo fixado pelo art. 25, § 1º, inciso I do Ato das Disposições Constitucionais Transitórias (1988), perdendo vigência e eficácia.

Essa regra é clara ao estabelecer que decretos-leis em tramitação no Congresso Nacional, não aprovados até a promulgação da nova Carta, deveriam ser apreciados dentro de cento e oitenta dias, sob pena de automática rejeição. Tal prazo, contado a partir da promulgação da nova Constituição (5.10.88), e excluindo-se o período de recesso parlamentar (entre 16.12.88 e 15.2.89), estendeu-se até 4.6.89.

Por conseguinte, os DLs 2.445 e 2.449, expedidos em 29.6.88 e 21.7.88, para manterem validade, vigência e eficácia dentro da nova ordem constitucional, deveriam ter sido apreciados pelo Congresso Nacional até 4.6.89. Contudo, isto não ocorreu, razão por que estão rejeitados.

Esta a postura jurisprudencial do Tribunal Regional Federal da 3ª Região (São Paulo), consubstanciada em decisão proferida em sessão plenária de 19.12.90 (Apelação em Mandado de Segurança n. 12.661, Relatora Juíza Lucia Figueiredo).

Entretanto, a circunstância dos mencionados decretos-leis estarem eivados de inconstitucionalidade não permite a aplicação repristinatória da legislação anterior (Lei Complementar 7/70), uma vez que não fora recebida pela EC 8/77, impondo-se a aplicação do § 3º do art. 2º da Lei de Introdução ao Código Civil ("salvo disposição em contrário, a lei revogada não se restaura por ter a lei revogadora perdido a vigência").

Nem se diga que o art. 195, I, da CF-88 teria instituído o PIS sobre o faturamento, pois, para tanto, torna-se necessária a edição de nova lei federal autorizadora da cobrança da exação no plano normativo constitucional.

E, a circunstância do art. 239 e seus parágrafos, da CF-88 haver tratado do destino da arrecadação das contribuições, não permite a imediata exigência do PIS por ausência de legitimidade.

Realmente, a CF-88 dispôs sobre um novo PIS (programa de seguro-desemprego e abono salarial) que não tem identidade com o anterior PIS (participação dos lucros da empresa), traduzindo a fisionomia de um novo tributo.

Resposta

A CF-88 (art. 195, I) confere competência à União para instituir contribuição dos empregadores em razão do "faturamento" (que decorre de operações mercantis e prestações de serviços) sobre cuja materialidade não tem cabimento jurídico instituição de outra contribuição (ainda que sob denominação diferente) que pode corresponder a mero adicional.

Considerando que o PIS ganhou estatura constitucional e o FINSOCIAL encontra-se extinto, não pode haver cumulatividade das duas contribuições, prevalecendo a incidência exclusiva do PIS.

A VEDAÇÃO DE CRÉDITOS DE ICMS E IPI FACE À DECLARAÇÃO DE INIDONEIDADE DE OUTRA EMPRESA

JOSÉ EDUARDO SOARES DE MELO

Professor de Direito Comercial e Tributário da Escola de Administração de Empresas da Fundação Getúlio Vargas. Juiz Contribuinte do Tribunal de Impostos e Taxas da Secretaria da Fazenda de São Paulo. Mestre em Direito Tributário pela Pontifícia Universidade Católica de São Paulo. Diretor do Instituto dos Advogados de SãoPaulo.

A Constituição Federal determina que ICMS (art. 155, § 2º) e o IPI (art. 153, § 3º, II) "serão não-cumulativos, compensando-se o que for devido em cada operação com o montante cobrado nas anteriores".

A cláusula da "não-cumulatividade" não consubstancia mera norma programática, muito menos recomendação, sequer cunho didático, caracterizando, na realidade, diretriz constitucional imperativa.

Trata-se de direito público subjetivo oponível à Fazenda, implicando, também, em obrigação cometida ao contribuinte, a fim de não frustrar e tornar ineficaz a dicção constitucional.

Há que ser plena e integralmente observada por todos os seus destinatários, de conformidade com lineamentos constitucionais, não podendo o legislador, sob pretexto algum, introduzir qualquer tipo de modificação tendente, ao mínimo que seja, a impor limitações.

Compete-lhe, única e exclusivamente, explicitar os seus contornos, mas nunca traçar regras que comprometam sua eficácia.

O legislador complementar, sob a tutela do art. 155, XII, "c", não pode disciplinar o regime da compensação de imposto com caráter limitativo, sendo condenável a edição de qualquer tipo de ato legislativo restringindo a utilização do princípio a questões estranhas ao contribuinte ou concernentes a circunstâncias secundárias, adstritas a irregularidades formais, de natureza documental.

Nessa trilha jurídica, é cediço que na análise do direito de abater, há de se ter em conta o sentido da expressão "montante cobrado", que não pode ser interpretado literalmente, porque a efetiva cobrança (arrecadação) escapa ao conhecimento do adquirente dos bens comerciais e industriais.

A não-cumulatividade repousa na existência de "operações e prestações", decorrente da simples mecânica de apuração de débitos (gerados pelas materialidades do ICMS e do IPI) e créditos (decorrentes das operações e prestações anteriores), que, num encontro de contas, permite apurar um determinado valor, que (resultando positivo para a Fazenda) deve ser oferecido à tributação.

É elementar que a expressão "montante cobrado nas anteriores" (operações e prestações, obviamente) não pode significar a efetiva prática de ato de cobrança por parte da administração fazendária, corporificando lançamento.

Considerando os diversos motivos pelos quais um contribuinte deixa de recolher o ICMS e o IPI (esquecimento, falta de suporte financeiro, questionamento, etc.) ou o fisco de lançá-lo (no prazo decadencial de cinco anos), é elementar entender-se que a prévia "cobrança" (ou a liquidação do tributo) não constitui pressuposto essencial do direito ao crédito.

A intelecção da norma pauta-se no sentido da existência de uma anterior operação ou prestação, sendo de todo descipiendo exigir-se o ato de cobrança ou a prova da extinção da obrigação tributária, mesmo porque o prazo legal para a realização de tais atos pode ser maior do que o período para a fruição normal do crédito fiscal.

A eventual exigência de anterior pagamento repugna o ditame constitucional, o mesmo ocorrendo no caso de ser glosado o crédito sob a assertiva fazendária (ainda que prevista em lei), de inidoneidade documental, decorrente de encerramento das atividades do contribuinte emitente das notas fiscais.

Questões circunscritas ao contribuinte originário, às quais o adquirente dos produtos, mercadorias ou tomador de serviços é pessoa estranha e nem mesmo tem acesso porque não lhe cabe o poder de polícia, compete exclusivamente aos poderes públicos.

A existência do negócio jurídico (aquisição de produtos industrializados, insumos para a fabricação de bens, mercadorias e serviços de transporte interestadual, intermunicipal e comunicação) é fundamental para a consideração dos créditos de IPI e ICMS.

Tratando-se de "operações e prestações de serviços", praticadas e comprovadas pelo contribuinte, que estejam inseridas num ciclo negocial, não há que se impedir o direito ao crédito, sob o suposto fazendário de que o emitente das notas fiscais é inidôneo.

Reputo necessária, obrigatória, louvável sob todas as circunstâncias, a preocupação fazendária em coibir os negócios ilícitos, espúrios, sobretudo sonegatório, que tenham o condão de implicar em meras transferências de créditos, simuladas em pseudovendas de bens e prestações de serviços.

A superioridade do interesse público sobre o privado constitui fundamental princípio de direito administrativo, haurido pela compreensão dos inúmeros postulados constitucionais.

A arrecadação dos tributos decorre da competência da pessoa jurídica de direito público interno, compreendendo um autêntico poder-dever, indispensável para atender à eficaz prestação de serviços públicos.

Todavia, demais princípios constitucionais também devem ser observados de modo coerente, harmônico e sistemático para que a ação governamental não se torne desmedida, desrespeitando o estatuto do contribuinte.

Com efeito, mediante a aquisição de um bem industrial, comercial ou determinado tipo de serviço, em regra, nasce para o empresário o direito à não cumulatividade tributária, operacionalizada por um crédito fiscal.

Concretizando tal negócio jurídico, corporificado em nota fiscal, o adquirente pode escriturar os respectivos créditos de IPI e ICMS, independente da situação empresarial em que se encontra o fornecedor dos bens e serviços.

O que importa considerar é se a transação foi realizada com pessoa inscrita na repartição fiscal (justificada pela exibição da respectiva ficha cadastral) e se existe amparo documental, de conformidade com os princípios norteadores da teoria da aparência.

E a inidoneidade dos fornecedores dos bens e serviços não pode simplesmente redundar em conseqüentes glosas de créditos fiscais na escrita dos seus adquirentes, se estes ignoram tal situação, isto é, se não houve publicação formal, oficial, do respectivo ato fazendário.

Embora se argumente que o ato administrativo relativo à inidoneidade documental tem natureza declaratória de irregularidade, é imprescindível sua publicação para projetar os pretendidos efeitos jurídicos e não serem promovidos "interna corporis", unicamente.

As Constituições Federal (art. 37) e Estadual — SP — (art. 111) são categóricas em impor à Administração Pública obediência ao "princípio da publicidade" de seus atos, em prestígio ao postulado da lealdade, evitação de surpresa, em plena e total transparência, própria de uma nação liberal e democrática.

Por decorrência lógica, os procedimentos pautados pelos contribuintes tomadores de créditos, antes que seja promovida a publicação oficial, encontram-se amparados pelos princípios que resguardam o direito adquirido, o ato jurídico perfeito.

Imperioso ressaltar que não pode ter aplicação indiscriminada e absoluta o instituto da solidariedade, de modo a permitir ao Fisco a livre indicação ou escolha indiscriminada do sujeito da obrigação tributária.

A ocorrência do fato gerador do IPI e ICMS na questão enfocada só pode implicar na exigência fiscal relativamente aos seus efetivos realizadores, não podendo ser deslocada a obrigação a terceira pessoa, pela via reflexa da glosa do crédito.

Razões de interesse ou facilidade administrativa fazendária, por si só, não permitem deslocar o pólo passivo da relação jurídica tributária, exigindo-se ônus tributário por fato imponível que não teve participação.

Inexistindo conluio, positivado e comprovado pelo ajuste doloso entre adquirente e contribuinte originário com o objetivo danoso e nocivo de fraudar o fisco, não há que se cogitar de transferência do encargo fiscal.

Resposta

A declaração de inidoneidade de uma empresa não pode inibir — na ausência de conluio — a tomada de créditos de ICMS ou IPI, por outra, em prestígio ao princípio da não cumulatividade que não pode ser restringido por situações fiscais afetas aos fornecedores de bens e serviços.

Ao Fisco compete exigir o ICMS e o IPI da pessoa que efetivamente realizou o fato gerador respectivo (operações e prestações de serviços) não podendo a inidoneidade empresarial projetar efeitos fiscais a adquirentes de boa fé.

O IPTU COMO INSTRUMENTO DA POLÍTICA URBANA

JOSÉ SOUTO MAIOR BORGES

1. O cavalo de batalha que os opositores da progressividade pretendem introduzir na cidadela do IPTU é o art. 182, § 4º da CF em cujos termos: "É facultado ao Poder Público Municipal, mediante lei específica para área incluída no plano diretor, exigir, nos termos da lei federal, do proprietário do solo urbano não edificado, subutilizado ou não utilizado, que promova seu adequado aproveitamento, sob pena, sucessivamente, de:

I - parcelamento ou edificação compulsórios;

II - imposto sobre a propriedade predial e territorial urbana progressivo no tempo;

III - desapropriação com pagamento mediante títulos da dívida pública de emissão previamente aprovada pelo Senado Federal, com prazo de resgate de até dez anos, em parcelas anuais, iguais e sucessivas, assegurados o valor da indenização e os juros legais".

O art. 182 está inserto no capítulo da ordem econômica e financeira e trata da política urbana. A sua locução inicial: "política de desenvolvimento urbano" resume a finalidade do dispositivo todo. Sua função é *promocional*: promover a política de desenvolvimento urbano. Em contraposição à sua tradicional função *repressiva*, a função *promocional* do ordenamento jurídico, e pois do seu subconjunto constituído pelas normas tributárias, é destacada pela doutrina moderna (v. Bobbio, *Della sttrutura alla funzione*, Edizione di Comunità, Milano, 1977).

A função de proteção dos atos lícitos, sejam estes obrigatórios ou permitidos, pode exercer-se mediante a repressão de atos ilícitos. E essa repressão pode dar-se por três modos: tornando-se difícil, impossível ou desvantajosa a ação contraposta à função promocional. Mas esta última se desenvolve tornando necessária, fácil ou vantajosa a ação incentivada (cf. Bobbio, op. cit., pp. 14 e 27). Sem esses pressupostos, será precária a exegese do art. 182 e frustrar-se-á o esforço de fixação de sua inteligência, com o comprometimento da autonomia municipal e portanto da competência tributária do Município. Parcelamento ou edificação compulsórios (item I), IPTU progressivo no tempo (item II) e desapropriação com pagamento em títulos da dívida pública (item III) são meios de que o art. 182, § 4º se serve para tornar difícil e desvantajosa a manutenção da propriedade imobiliária urbana que concretamente não exerça função social (art. 182, § 2º). Difícil ou desvantajosa (itens I e II) ou até impossível (item III) será a sua preservação em desacordo com a política urbana e sua função promocional. Os pressupostos de fato, o seu suporte fáctico (Pontes de Miranda), são a propriedade de solo urbano não edificado, subutilizado ou não utilizado.

2. Nesse ponto se interpõe uma indagação cuja resposta é condição *sine qua non* para uma alternativa de exegese do art. 182 mais adequada aos imperativos da lógica do razoável: qual o sentido da expressão: "Poder Público Municipal", a que se reporta o art. 182 tanto no *caput*, quanto no seu § 4º? Noutras palavras: quem é o destinatário desse preceito no particular?

"Poder Público Municipal" é expressão que não convém ao legislativo, mas exclusivamente ao executivo — conclui-se já da formulação do art. 182, *caput*, que expressamente atribui ao seu destinatário *executar* a política de desenvolvimento urbano conforme diretrizes gerais fixadas em lei. Executar é aí literalmente função administrativa, a de aplicar a lei de diretrizes gerais da política urbana. Incumbe à lei fixar as diretrizes gerais da política de desenvolvimento urbano e ao executivo dar-lhe aplicação (= execução). Mas que lei? Qual o qualificativo que se lhe deve pospor? Em suma: é de lei federal ou municipal de que se trata?

3. É claro que à lei municipal incumbe, no exercício da autonomia do Município, dispor sobre o desenvolvimento urbano, matéria de peculiar interesse municipal. Comprova essa reserva constitucional de lei a previsão de aprovação, pela Câmara Municipal, do plano diretor, instrumento básico da política de desenvolvimento e expansão urbana (art. 182, § 1º).

4. E a "lei específica" a que se refere o art. 182, § 4º — qual o seu regime jurídico? Para respondê-lo é preciso retroceder a artigos antecedentes a esse dispositivo, na enumeração constitucional. Uma coisa é o regime jurídico da lei orgânica do Município para cuja aprovação a CF exige *quorum* especial, o de dois terços dos membros da Câmara Municipal (art. 29, *caput*) e que deverá dispor sobre as matérias elencadas nos itens I a XII desse dispositivo. Está portanto a lei orgânica, que alguns — sem razão contudo — pretendem caracterizar como uma "constituição municipal" — submetida a regime (a) procedimental ou formal e (b) substancial ou material, peculiar e inconfundível com o das demais leis do Município. Esse duplo condicionamento constitucional aproxima muito mais a lei orgânica do Município do regime jurídico formal e material da lei complementar da União.

5. A competência para editar a lei orgânica é expressão da autonomia do Município — não porém a única e exclusiva. Porque, logo a seguir, no art. 30, a CF atribui aos Municípios, diversa competência legislativa não clausulada pela exigência do *quorum* especial. Nos termos desse dispositivo, que disciplina os desdobramentos da autonomia municipal, incumbe aos Municípios não só instituir e arrecadar os tributos de sua competência (item III), mas também promover, no que couber, adequado ordenamento territorial, mediante planejamento e controle do uso, do parcelamento e da ocupação do solo urbano (item VIII). Essas competências tópicas integram portanto o desenho do princípio da autonomia municipal.

Uma conclusão preliminar se interpõe na análise do art. 182. É que a matéria nela disciplinada não tem a sua matriz constitucional no art. 29 e portanto não está sob reserva da lei orgânica. É matéria implantada em região normativa diversa — a do art. 30, III e VIII. Se é assim, não passa, a competência legislativa do art. 182, de uma especificação da competência legislativa genérica do art. 30, III e VIII e logo é também serviente da autonomia do Município. Não é portanto excepcional o seu regime.

6. Questão remanescente é a de saber se a enunciação das matérias do art. 29 é exaustiva ou não. Quando se entenda que a mencionada autorização é taxativa, matéria estranha alguma poderia ser inclusa na lei orgânica. Quando reversamente se pretenda que ela é exemplificativa, as conseqüências seriam bem outras: a avocação da matéria pela legalidade editada com fundamento no art. 30 e observância do *quorum* do art. 29 torná-la-ia insusceptível de revogação senão pelo *quorum* especial do art. 30.

7. Mas a lei orgânica, como o seu nome está a indicar, se volta sobre a estruturação orgânica do Município, sendo portanto inconfundível com o plano diretor, que se verte sobre a ação administrativa vinculada pelos objetivos da política urbana que vier a ser nele instituída.

8. Uma vez aprovado pela Câmara Municipal, o plano diretor é lei (CF, art. 182, § 1º, 1ª parte). E só lei específica para área incluída no plano diretor — di-lo a CF — pode autorizar o poder público municipal — é dizer mais estritamente: a administração municipal — a exigir do proprietário do solo urbano não edificado, subutilizado ou não utilizado o seu adequado aproveitamento.

Que pretende a CF com essa cláusula? Uma lei para a aprovação do plano diretor e outra, dele distinta e apartada, para inclusão de área específica a ser objeto das cominações dos itens I a III do § 4º? Não é fácil responder a essa indagação. O ser díficil representa contudo um motivo adicional para que sua resposta seja intentada.

9. Não se deve submeter a uma camisa de força a exegese do art. 182, § 4º, nos três incisos em que ele se desdobra. O que sucede quando se lhes atribui regime jurídico unitário. A evidenciar que não se trata de um só regime jurídico, parcelamento e edificação compulsórios são, exclusivamente no tocante às normas gerais, matéria de direito urbanístico, de competência da União (art. 24, § 1º) e, no âmbito do peculiar interesse local, de competência privada dos Municípios; o IPTU progressivo no tempo, matéria tributária, de competência exclusiva do Município (arts. 30, III e 156, I e § 1º); o ato de desapropriação com pagamento em títulos da dívida pública, matéria de direito administrativo, formalmente apartada da competência privativa da União tanto para legislar sobre direito civil, quanto sobre desapropriação (art. 22, I e II respectivamente).

10. O Município, no tocante ao solo urbano, está investido de competência originária para legislar sobre seu parcelamento e edificação compulsórios, não porém sobre desapropriações. Mas detém competência plena para legislar sobre os seus tributos e pois sobre o IPTU progressivo no tempo. Quando no entanto será lícito dizer-se que a plenitude do exercício da competência municipal está resguardada? Sê-lo-á na hipótese de condicionamento — como uma imprópria condição legal suspensiva — desse exercício à preexistência de uma lei federal? Responde-se negativamente. A expressão: "nos termos da lei federal" é equivalente a "observada, no que couber (isto é, no plano das normas gerais), a lei federal", não porém "observada a lei federal *prévia*". Quer isso significar que a lei federal tanto pode ser antecedente quanto subseqüente à lei municipal do IPTU temporalmente progressivo. Se antecedente, à lei municipal é defeso desconsiderar, já quando da sua edição, as normas gerais editadas pela União e que por isso mesmo lhe devem ser aplicáveis. Se subseqüente, a lei federal suspenderá a eficácia da lei municipal, no que se lhe contrapuser, ou — se se prefira — a derrogará ou ab-rogará.

Agora: condicionar o exercício da lei municipal à preexistência de lei federal, sobre implicar a invalidação do princípio da autonomia municipal, inviabilizará, pondo-a em suspenso, a vinculação do IPTU à sua característica mais eminente, porque desvinculada da mera percepção de recursos financeiros, a de assegurar a função social da propriedade (art. 156, § 1º).

Essas considerações, que introduzem temperamentos à rigidez e uniformidade com que o art. 182, § 4º vem sendo interpretado, têm a virtude de evidenciar o erro de não distinguir. Indistinção entre regimes jurídicos diversos, como acima exposto. Não esquecer que, dentre os direitos e garantias individuais auto-aplicáveis, insere-se a função social da propriedade (art. 5º, XXII e XXIII e seu § 1º). E, pois, no tocante à função social da propriedade imobiliária urbana, o seu instrumento tributário: o IPTU progressivo. Aí, a CF visa o fim (a função social) e os meios (o IPTU).

11. A expressão: "mediante lei específica para área incluída no plano diretor" não tem portanto o sentido de uma dupla e inelutável exigência de leis municipais: 1º) a lei do plano diretor, 2º) a lei do IPTU temporalmente progressivo e interpondo-se às duas a lei federal que estabeleça as cominações sucessivas do art. 4º, § 2º, itens I *usque* III. Seria burocratizar demasiado a função legislativa. Essa alternativa de aplicação (integração) constitucional é apenas *possível*. Não porém *necessária* — é dizê-la: *indispensável*. Não haverá desarticulação alguma do sistema constitucional se adotar-se a flexibilidade de alternativas ora postulada. Ao contrário: sem contra-indicação teórica ou aplicativa, ela poderá ser reconhecida, preservando-se a autoridade tanto da lei federal, quanto da autonomia municipal, com a qual a primeira entretém relações sintáticas (interlacionamento normativo) e semânticas (de significado normativo).

12. A área a ser incluída no plano diretor corresponde apenas à demarcação do âmbito territorial de validade das normas municipais respectivas. A lei federal não pode dilargar ou restringir esse âmbito de validade especial. Seria penetrar na esfera do peculiar interesse do Município.

13. Agora: pretender que, *em qualquer hipótese*, o IPTU somente pode ser progressivo se incluso no plano diretor *mais* lei municipal específica *mais* lei federal é brigar até com a interpretação literal. É contrariar a formulação expressa do art. 182, § 4º, II, que só cogita de IPTU progressivo *no tempo*. Trivial que a progressividade no tempo é apenas uma das manifestações desse fenômeno muito mais amplo, a progressividade: no espaço; segundo o valor do imóvel, a superfície, a sua destinação, o gabarito ou número de pavimentos, critérios mistos (v., por todos, Mizabel Derzi, op. cit., págs. 296 e segs.).

14. Mesmo que procedente fora a contraposição à progressividade do IPTU, ela teria uma limitação congênita: aplicar-se-ia apenas ao IPTU progressivo no tempo. Não às demais formas de manifestação da sua progressividade. Essa conclusão não escapou à argúcia de Geraldo Ataliba: "Mas, a circunstância de o próprio art. 182 prever que pode ser estimulada, induzida — se não mesmo forçada — a edificação e a adequada utilização de imóveis urbanos, mediante a aplicação de um IPTU "progressivo no tempo", já mostra que as demais razões de progressividade (razões que não dizem respeito à disciplina urbana), bem como outros critérios (que não sejam o tempo) são perfeitamente tolerados" (rev. e vol. cits., págs. 235-236).

Essa citação é particularmente importante para afastar o preconceito de uma interpretação literal que não ousa dizer o seu nome: a que vem prevalecendo em face do art. 182 da CF. Mas ainda assim — e nisso reside a abertura de uma senda para o prosseguimento da função exegética — dá também o pretexto para que hermenêutica não estanque nesse ponto. É preciso, a partir do que está expresso no texto, desvendar o que nele restou inexpresso: em que consiste a progressividade para fins urbanísticos e sobretudo como se caracteriza a observância do art. 182 pelos Municípios. Alcançando esse estágio da construção exegética, deve-se partir dela, o conhecido, para o desconhecido: qual o regime jurídico do IPTU progressivo no tempo *ex vi* do art. 182 da CF?

O IPTU temporalmente progressivo tem, nesse dispositivo, um regime jurídico peculiar e específico, conceda-se. Não porém ao ponto de desvirtuá-lo na sua função basilar, a que está nos alicerces do ordenamento constitucional tributário: é, também ele, um instrumento da autonomia municipal e não algo diverso.

Vejamos quais as implicações primeiras dessa colocação do tema. O art. 182, na sua íntegra, fornece alguns indicadores que iluminarão a função exegética. Desde que arbitrariamente não se limite a análise exclusivamente ao teor do seu § 4º, II.

15. Há outras evidências de que a competência municipal para instituir o IPTU temporalmente progressivo independe de lei federal prévia. Como um conteúdo seu, inclui-se a fixação, no plano diretor, de área susceptível de aplicação desse tributo (§ 4º, II). Não há portanto impedimento constitucional algum a que essa inclusão anteceda a lei federal respectiva. Essa conclusão não será facilmente objetável, mesmo pela mais pedestre interpretação literal. Por que então estaria vedado incluir no plano diretor o IPTU progressivo no tempo? Essa restrição dificilmente se compatibilizaria com o *caput* do art. 182, em cujos termos a lei municipal tem por função fixar diretrizes *gerais* e o *pleno* desenvolvimento das funções sociais da cidade. E a propriedade urbana cumpre sua função social quando atende às exigências fundamentais de ordenação da cidade expressas no plano diretor (§ 2º). Ou bem a previsão do IPTU progressivo no tempo estará inclusa no plano diretor (mesmo independentemente da lei federal específica) ou, se não estiver, as diretrizes da política urbana não serão a rigor *gerais* e não lhes será possível assegurar o *pleno* desenvolvimento urbano. Porque dela estará excluído um dos principais instrumentos de ordenação do solo urbano — o IPTU temporalmente progressivo. Assim, o *caput* do art. 182 dificilmente se compatibilizaria com o seu § 4º, II e vice-versa.

Não há razoabilidade alguma em incluir-se no plano diretor área a ser alcançada pelo IPTU temporalmente progressivo e excluir-se o regime da incidência desse tributo. Se a lei federal não viesse a ser editada, essa previsão não passaria de uma inutilidade balofa. E uma norma-princípio, a autonomia municipal, estaria no particular comprometida.

16. Todos os requisitos para a aplicação imediata desse imposto estão constitucionalmente prefixados: a) sujeição passiva precisamente determinada, o ser proprietário do imóvel; b) âmbito material de validade: solo urbano não edificado, subutilizado ou não utilizado e bem assim, c) seu âmbito temporal de validade, posto que recai sobre o IPTU progressivo no tempo. E o benefício da ordem de enunciação do art. 182, § 4º, I *usque* III não constitui óbice à instituição do imposto. Ao Município somente é defeso legislar sobre desapropriação. No inter-relacionamento das normas constitucionais com as normas municipais, as primeiras determinam o conteúdo parcial — não o conteúdo todo — das segundas. Não incumbe porém a norma superior alguma preestabelecer o conteúdo todo da norma inferior: em tal hipótese, esta não passaria de uma duplicação supérflua. O *quantum* de normação constitucional é, pois, no particular, bastante para firmar a competência legislativa do Município.

17. Agora: se a lei federal de normas gerais, no seu âmbito de aplicabilidade, sobrevier ou anteceder a adoção dessas medidas, o município há de compatibilizar-se com ela. Deverá adaptar a sua legislação à regência da matéria na lei da União. É este um caso excepcionalíssimo em que cabe, no direito brasileiro, a aplicação da regra: direito federal corta direito local (*Bundesrecht bricht Landsrecht*). E, precisamente porque excessão, confirma a regra — o princípio da autonomia legislativa municipal — para os casos não exceptuados. Note-se que não é diverso esse regime das normas gerais do direito tributário do art. 146 da CF.

18. Não será porém lícito sustentar que o art. 182 não contempla os imóveis construídos, com fulcro no § 4º. Subutilizado ou não utilizado tanto pode ser o terreno quanto o prédio. Tanto procede essa advertência que o § 4º, II inclui, dentre as suas implicações com a subutilização ou não utilização do solo urbano, o "imposto sobre a propriedade predial (*sic*) e territorial urbana progressivo no tempo".

19. Não deve portanto, a instituição do IPTU temporalmente progressivo, ficar na dependência de lei federal sobre leis de tributação. Até porque um tributo *proporcional* pode vir a ser muito mais gravoso do que um tributo progressivo. E nada obstante o primeiro estaria — sem razoabilidade alguma — autorizado e o segundo, vedado à lei municipal se e enquanto não sobreviesse a lei federal.

20. De notar que o conteúdo do art. 182, § 4º é vinculante tanto para o Município, quanto para a União. Seus destinatários são as leis do Município e da União. Se são dois os destinatários, não há como desconhecer que são duas normas de atribuição de competência distintas. Não se deve portanto, embaralhando o problema, considerar o art. 182, § 4º como uma só norma de *eficácia limitada para o Município*. Porque, como implicação da exegese equivocada do texto, para a União, o mesmíssimo dispositivo teria caráter *auto-executável*. Essa severa análise do inter-relacionamento entre leis da União e do Município revela a persistência insinuante do preconceito da superioridade formal e substancial das leis da União sobre as municipais. É como se a exceção — a prevalência da lei federal — se convertesse em regra e a regra — a autonomia e pois isonomia da legalidade municipal diante das leis federais — exceção.

21. O art. 182, § 4º, I a III, impõe *limitações urbanísticas* à propriedade. Não a rigor ao direito de propriedade, porque, em combinação com o § 2º desse mesmo artigo e demais dispositivos constitucionais concernentes à função social da propriedade, apenas lhe completa o constitucionalmente delimitado perfil. Não há direito individual ilimitado precisamente porque toda norma jurídico-positiva tem âmbitos de validade limitados e o direito subjetivo é apenas um direito-reflexo dessas normas.

Após salientar que o poder de polícia o Estado o exerce pela pretensão a uma abstenção do particular, Celso Antônio acentua o caráter excepcional do art. 182, § 4º: "convém dizer, entretanto, que há uma ordem de casos em que se excepciona esta característica do Poder de Polícia. É a que respeita ao *condicionamento do uso da propriedade imobiliária* a fim de que se conforme ao atendimento de sua função social. Enquadram-se na caracterização de leis de polícia as que imponham ao proprietário uma *atuação positiva em prol de ajustar o uso de sua propriedade à função social*. Isto decorre não apenas do art. 5º, XXIII, da Constituição, mas, sobretudo, do art. 182, § 4º, incluso no Capítulo "Da Política Urbana". De conseguinte, serão de "polícia administrativa" os atos infralegais previstos no § 4º dos incisos I e II do artigo citado" (*Elementos de Direito Administrativo*, 2ª ed., RT, S. Paulo, 1991, p. 240). Essa longa mas necessária transcrição, destinada a caracterizar como limitação administrativa o art. 182, § 4º, deixa contudo em aberto a questão de saber se a lei federal é ou não uma condição *sine qua non* para o exercício da competência municipal.

O fechamento dessa argumentação, fornecendo a resposta adequada, é procedido por Roque Carrazza: "Permitimo-nos observar que a eventual inexistência da lei federal a que alude precitado § 4º, do art. 182, da CF, não inibe o Município de, com base em lei local, tomar as providências ali referidas. Por igual modo, tal *lei federal* deve limitar-se a estabelecer *normas gerais*; não poderá descer a "assuntos de interesse local", de competência privativa dos Municípios, *ex vi* do art. 30, I, da Carta Suprema" (*Curso de Direito Constitucional Tributário*, 3ª ed., RT, S. Paulo, 1991, p. 111 — os grifos são desse autor).

A superveniência da lei federal do art. 182, § 4º, (a) ab-roga ou derroga a lei municipal na medida da incompatibilidade entre ambas ou, se se pretenda que só quem põe a voz a retira (*revogare*), a lei federal (b) suspende a eficácia da lei municipal, solução aliás adotada pela própria

CF a outro propósito (art. 24, § 4º) (*supra*, item 6.10).

22. A situação que se desenha na hipótese não é igual, mas absolutamente análoga à prevista na CF, art. 156, IV, que atribui aos Municípios competência para instituir imposto sobre serviços não contemplados na competência tributária da União e dos Estados, definidos em lei complementar. Sem violência à autonomia municipal, não se deverá pretender que a instituição do ISS está na dependência de lei complementar. Não obstante, houve quem o pretendesse sob o fundamento de que à lei complementar do art. 156, III, incumbe definir os tributos e suas espécies. É o *nec plus ultra* da superficialidade, erigido em cânone de interpretação. A quintessência da subversão do regime constitucional tributário. A desconsideração mais ostensiva dos vínculos que entretêm a tributação com o sistema federal do governo.

As mesmíssimas razões que impedem atribuir essa função distorcida à lei complementar do art. 146, III são, também elas, aplicáveis *mutatis mutandis* à lei federal do art. 182, § 4º da CF. Urge portanto restaurar a dignidade de significado objetivo desses textos constitucionais polêmicos.

Para concluir este tópico, uma ponderação — e nada mais. A política urbana, da qual o art. 182 é serviente, está a serviço dos direitos e garantias individuais. Não se lhes sobrepõe. Não deve portanto ser interpretada como um instrumento para o seu amesquinhamento em detrimento de um princípio jurídico-político fundamental: a autonomia municipal. Até porque os limites de qualquer política, que se contenha num quadro legal, somente podem ser as próprias normas jurídicas.

23. Essas considerações iluminarão a exegese do art. 182, particularmente no tocante à função social da propriedade urbana (§ 2º) e da lei federal a que se reporta esse dispositivo (§ 4º). Porque é de função social que se trata, não há que aguardar o Município lei federal alguma para que a sua própria legalidade, e no que lhe incumbe, a garanta, contemplando-a na ordenação do plano diretor ou outra lei municipal. É espantoso que a doutrina tenha entendido — contribuindo para os descaminhos exegéticos no particular — que lei do IPTU progressivo no tempo só com lei federal prévia. Porque nesse caso instaura-se um dilema. Ou bem (a) a função social da propriedade imobiliária urbana deve estar submetida à aplicabilidade imediata (Cf, art. 5º, XXII e XXIII, e seu § 1º c/c art. 182, § 2º) e aí então não pode estar na dependência de lei federal ou (b) desta efetivamente depende e, em tal hipótese, um dos seus instrumentos — o IPTU progressivo *no tempo* não poderia ter aplicabilidade imediata — mas simplesmente "mediata". Surpreendente conclusão para quem reconheça as implicações sintáticas e semânticas entre esses textos constitucionais, que todos eles se interpenetram nas implicações de sua significação objetiva.

24. As limitações urbanísticas do art. 182, § 4º têm como pressuposto o ser proprietário de solo urbano não edificado, subutilizado ou não utilizado e a incompatibilidade desse estado de fato e de direito com a função social da propriedade urbana. Promover o seu adequado aproveitamento é dever do proprietário, "sob pena de" — di-lo esse dispositivo — parcelamento ou edificação compulsórios, etc. É nítido o seu caráter sancionatório, com razão salientado em estudo pertinente: "Outro é o caso e a situação elencada no § 4º do art. 182 da CF, pois ali, no inc. II, o que o legislador constituinte contemplou foi uma *penalidade* a ser imposta ao proprietário que não der à sua propriedade destinação desejável dentro das circunstâncias que caracteriza. Ao lado da urbanização ou edificação compulsórias e da desapropriação pagável em títulos da dívida pública, é pena, é pena a que fica sujeito o especulador imobiliário" (Toshio Mukai, *RDT* 93/244).

25. Qual é então o regime jurídico da "lei federal" a que se reporta o dispositivo? Se é de lei federal que se trata, não pode ela revestir o regime jurídico das normas previsto no art. 146, II, nem o das normas gerais do direito tributário (item III), porque ambas somente podem ser veiculadas por lei complementar. Nunca por lei ordinária da União. Esse caminho conseqüentemente deve ser abandonado. Trata-se de lei ordinária federal. A lei do art. 182, § 4º é lei sobre leis urbanísticas ou restritamente sobre leis tributárias (item II). Sob uma perspectiva axiológica contudo, há um abismo entre as situações que tipificam os crimes de sonegação fiscal, p. ex., e as situações que constituem suporte fáctico para a aplicação do art. 182, § 4º. É de ilícito administrativo e não estritamente penal que se trata (art. 22, I). Assim sendo, a "sob pena de" do art. 184, § 4º deve ser descrito como equivalente a: "sob a cominação de", "sob a sanção de" e não sob uma cominação penal no sentido estrito.

26. Como caracterizar a imediata aplicação das normas garantidoras do direito de propriedade na sua função social? Não há dúvida que o IPTU progressivo no tempo é instrumento da função social da propriedade — e não algo que lhe seja estranho. Qualquer que seja a restrição ou a elasticidade que se pretenda introduzir nesse regime, será incompatível com a delonga que suscitará ordinariamente deixar-se o exercício da competência tributária do Município na dependência da lei federal definidora das condições para a progressividade do IPTU — mesmo que só no tempo.

Porém, infinitamente pior do que uma limitação infraconstitucional ao poder de tributar do Município (infraconstitucional mas sem embargo normativa) é converter-se uma autorização constitucional para o exercício da competência tributária municipal num limite extranormativo, porque decorrente apenas de opinião doutrinária em descompasso com o sistema todo da CF.

27. Finalmente deve-se observar que, se a progressividade do IPTU no tempo estivesse efetivamente vedada sem os pressupostos do art. 182, § 4º, II, e identificados estes não só com a inclusão no plano diretor, mas também com a exigência de lei federal prévia, ela estaria implicitamente admitida para todos os outros casos no exercício da competência tributária municipal (Cf, art. 156, I, § 1º). Quer dizer: somente poderia admitir-se a vedação implícita com o reconhecimento da autorização explícita, fora da hipótese excepcional do concurso entre a competência da União e do Município. IPTU progressivo em função do valor do imóvel, p. ex., nada tem a ver com a hipótese do art. 182, § 4º, II. Não é, em suma, IPTU progressivo no tempo.

BREVE ABORDAGEM JURÍDICA DA INDEXAÇÃO

Marçal Justen Filho
Professor da Universidade Federal do Paraná

I - Fundamentação Teórica

a) Norma jurídica e ciência econômica

As dificuldades acerca do estudo da indexação derivam de tratamento sob óptica preponderantemente extrajurídica. A indexação tem sido vinculada à idéia de inflação segundo uma abordagem da Ciência da Economia ou da Ciência das Finanças.

A indexação adquiriu grande prestígio sob o ângulo da correção monetária.[1] Desde a consagração da correção monetária pelo Estado (por influência de teorias econômicas), inexistiu enfoque propriamente jurídico acerca do tema.

Logo, corre-se o risco de ignorar o conteúdo normativo da lei para substituí-lo por considerações extraídas do pensamento econômico. O critério normativo deixa de ser a norma jurídica, que é substituída pela palavra dos economistas.

É necessário, por isso, uma abordagem da indexação enquanto fenômeno jurídico, colocando-a em relação com os princípios jurídicos fundamentais.

b) Indexação e desvalorização monetária

A indexação monetária consiste na vinculação do valor nominal da moeda a um determinado índice para neutralizar os efeitos produzidos pela variação do seu valor real.

O conceito pressupõe, por isso, a distinção entre "valor nominal" e "valor real" da moeda.

O valor nominal considera a moeda em termos absolutos, restringindo o enfoque à quantidade de unidades do padrão monetário adotado.

O valor real considera a moeda em termos relativos, enfocando a relação entre ela e o mundo circundante.

Constata-se, em determinadas situações, a depreciação do valor real da moeda, que perde seu poder de compra. A inflação produz a desvalorização monetária.

A indexação acarreta a adequação do valor nominal de uma certa obrigação para assegurar a manutenção do seu valor real.

Usualmente, a indexação deriva da inflação: uma certa quantidade de moeda não é suficiente para adquirir a mesma quantidade de produto.

Nada impede a utilização de idêntico instrumento para hipótese inversa (deflação). A indexação acarretaria a redução do valor nominal da obrigação para manutenção do valor real.

c) Pressupostos da aplicação da indexação

Tendo em vista as características da indexação, podem-se arrolar alguns pressu-

1. Para evitar dúvida, a expressão "correção monetária" será utilizada para indicar a indexação para casos de ilícito absoluto ou relativo.

postos econômicos para sua incidência, tais como:

c.1.) Dever quantificado em moeda;

c.2.) Decurso de tempo entre a data de nascimento do dever e de sua exigibilidade;

c.3.) Variação do valor real da moeda entre a data de nascimento do dever e de sua exigibilidade.

Além desses pressupostos gerais, podem existir pressupostos específicos, como abaixo será evidenciado, tendo em vista diversas modalidades de indexação.

d) Natureza jurídica da indexação

d.1.) Conceitos extrajurídicos acerca de indexação

Em termos puramente econômicos, a indexação objetiva evitar conseqüências indesejáveis derivadas da variação do valor real da moeda.

Quando se tratar de dever quantificado através de moeda, a indexação eliminará distorções produzidas pela variação do valor real — seja para elevar a quantidade de moeda a ser desembolsada, seja para reduzi-la.

Por isso, afirma-se que a indexação não alteraria o valor "real" da obrigação. Ao contrário, destinar-se-ia a assegurar a manutenção desse valor real.

A indexação não caracterizaria sanção pela prática de ato ilícito. Seria, desse modo, cumulável com multa (cláusula penal) e juros.

Tal visão correponde a uma abordagem extrajurídica, que se funda na natureza teórica da indexação, enquanto instrumento da Economia.

Para fins jurídicos, há necessidade de outra espécie de questionamento.

d.2.) Constatação da defeituosidade da abordagem tradicional

Embora sua indiscriminada repetição, as considerações econômicas acerca de "indexação" não foram recepcionadas pelo Direito.

Se houvesse dúvida, seria eliminada pela existência de diferentes "regimes jurídicos" de incidência da indexação: não se aplica a indexação em todas as hipóteses, mesmo quando exista inflação e perda do valor real da moeda.

Mas, perante as lições da Economia, bastaria a inflação para a automática incidência da indexação. Ou seja, bastaria existir a desvalorização da moeda para aplicar-se o regime da indexação. Essa seria uma conseqüência lógica e inevitável dos pressupostos econômicos.

Assim nunca se pretendeu no Direito brasileiro. Os casos em que a indexação é aplicável foram objeto de profundas disputas, especialmente na jurisprudência.

Sempre foi princípio basilar, entre nós, que a correção monetária depende de previsão legislativa.[2]

Assim se posicionou, inclusive, a jurisprudência do STF.[3]

Nessa linha, a doutrina desenvolveu a distinção entre obrigações de valor e de dinheiro. A correção monetária aplicar-se-ia, independentemente de lei, apenas àquelas. Quanto a essas, era indispensável a previsão legal.

Evidencia-se, desse modo, que o direito brasileiro nunca considerou suficiente, para incidência do regime de indexação, a simples ocorrência da inflação. Além da

2. Aliás, assim estava disposto no art. 1º da Lei n. 5.070/71 ("O cálculo da correção monetária não recairá, em qualquer caso, sobre período anterior à data em que tenha entrado em vigor a lei que a instituiu").

3. "... somente se impõe a correção monetária quando se acha prevista em lei..." (*RTJ* 53/379).

inflação, era necessária a presença de outros requisitos.[4]

Há outras previsões normativas que confirmam a especialidade da indexação. Apenas para exemplificar, considere-se a regra que exclui o cabimento de reajuste, em contratos administrativos, quando a demora for imputável ao credor.[5]

Ora, essa previsão é incompatível com os postulados da Economia. A supressão da indexação funcionaria como uma espécie de sanção pela ilicitude — aliás, como também se passa em outros casos.

d.3.) Diversos regimes jurídicos para indexação

A indexação pode apresentar-se sob variadas modalidades, segundo os pressupostos de sua incidência. Segue, abaixo, uma simplificada classificação dos casos.

d.3.a.) dever proveniente de ato ilícito (ilícito absoluto)

No caso de dever derivado de ato ilícito, o Direito impõe ao culpado o dever de reparar as conseqüências maléficas de sua conduta.

Isso importa, eventualmente,[6] a necessidade de repor o patrimônio do lesado em estado equivalente àquele em que se encontrava antes da ilicitude. Assim, apurado o dano em termos monetários, utilizar-se-á um indexador para assegurar que, no momento da liquidação, a obrigação seja saldada por valor nominal suficiente para repor o patrimônio no estado anterior.

Em tais casos, a indexação cobre o período que medear entre a data da apuração da extensão do dano e a data da liquidação da indenização.

A jurisprudência entendeu que a indexação, em tais casos, deriva da regra legal que assegura a integral reparação do dano (Cód. Civil, art. 159). Dispensa, por isso, previsão legal específica.[7]

d.3.b.) dever proveniente de ato lícito, onde a prestação é saldada com atraso (ilícito relativo)

Em tal caso, o dever não é proveniente de conduta indevida. A ilicitude verifica-se no momento da liquidação, quando o devedor omite a conduta adequada e deixa de cumprir a prestação no modo, tempo e lugar adequados.

Nesse caso, a indexação haveria de aplicar-se de modo automático, tendo em vista o art. 1.061 do Cód. Civil — cuja incidência produziria efeitos equivalentes aos do art. 159 do Cód. Civil.

No entanto, a jurisprudência pátria entendia que, em tais casos, a indexação dependia de expressa previsão legal ou contratual.[8]

4. Aliás, se a variação do valor real da moeda pudesse afetar o valor nominal do dever, isso se passaria inclusive na hipótese oposta à da inflação. Ou seja, quando existisse "valorização" da moeda (deflação), deveria ocorrer, de modo automático, a redução do *quantum debeatur*. Não se admite essa possibilidade, como se evidenciou em situações excepcionais, no Brasil, de ocorrência de deflação.

5. Parte-se do princípio de que essa regra seria constitucional.

6. "Eventualmente", apenas, porquanto existem situações onde a ilicitude atinge bens economicamente não avaliáveis, onde a reparação não se prende à extensão patrimonial do dano. O tema adquire relevância especialmente quando se trate de dano moral.

7. Nessa linha, a Súmula 562 do STF estabelecia que "na indenização por danos materiais decorrentes de ato ilícito cabe atualização de seu valor, utilizando-se, para esse fim, dentre outros critérios, dos índices de correção monetária".

8. Posteriormente, a jurisprudência do STF acabou reconhecendo a incidência da correção monetária, independentemente de previsão legal, aos casos de inadimplemento contratual. Acerca da evolução da jurisprudência, confira-se o interessante trabalho de Fábio Konder Comparato (*A mora no cumprimento de obrigações contratuais pecuniárias e suas conseqüências*, *RDM* 74, abril-junho/1989, pp. 78-82).

A Lei 6.899/81 estabeleceu que a correção monetária, em tais casos, teria início a partir do vencimento da obrigação apenas quando incorporada em título executivo, líquido, certo e exigível. Nas demais hipóteses, o curso coincidiria com o ingresso da ação judicial.

d.3.c.) dever proveniente de ato lícito com prestação exigível em momento posterior

Verifica-se quando a indexação incide no período de tempo entre a constituição do dever e a sua exigibilidade. A demora na satisfação do dever não caracteriza ato ilícito, mas é da própria natureza da situação. O devedor tem o direito de cumprir as prestações somente após decorrido determinado prazo.

Admite-se a indexação, em tais hipóteses, apenas quando prevista em lei ou em convenção.[9] Se inexistir regra legal ou convencional, a recomposição financeira do dever subordinar-se-á às regras da teoria da imprevisão.

Essa distinção tem sido aplicada, de modo contínuo (e, por vezes, defeituoso), no plano das contratações administrativas.

Aplica-se, de modo automático, a indexação quando assim previsto no ato convocatório da licitação (reajuste). Inexistindo a previsão no ato convocatório, caberá promover a verificação, caso a caso, da presença dos pressupostos de revisão dos preços.

Há outra grande evidência da diversidade entre conceitos econômicos e jurídicos. É possível cumulação ou dissociação entre as hipóteses indicadas nos itens *d.3.b* e *d.3.c*.

Assim, pode inexistir indexação no período entre o nascimento do dever e a data de sua exigibilidade. Porém, a partir de então e havendo inadimplemento, caberá a indexação. Em tais casos, a perda do valor real da moeda somente será juridicamente relevante a partir de uma determinada data.

d.4.) A indexação como "acréscimo"

Essa análise simplificada comprova o tratamento da indexação como um acréscimo, um *plus*, sobre o dever.

Juridicamente, a indexação não é mera e simples "manutenção do valor original" de uma prestação — poderá sê-lo do ponto de vista econômico. Perante o Direito, a indexação acarreta uma alteração *qualitativa* do dever atribuído (por lei ou convenção) a um sujeito.

Quem deve não deve, automaticamente, principal indexado. Ou, mais precisamente, quem deve pode dever ou o principal indexado ou o principal sem indexação.

A validade da afirmativa se evidencia especialmente quanto à indexação independente de ilicitude (caso *d.3.c.*, acima).

É que a evolução do nosso direito autoriza prever a generalização da correção monetária — ou seja, da indexação relacionada às conseqüências do inadimplemento de deveres jurídicos. Pode-se estimar que em todos os casos em que se verificar ilicitude, incidirá a correção monetária. Ainda aí, porém, a indexação não derivará do postulado de que "correção monetária é simples recomposição do valor econômico". Sua incidência derivará do princípio legal que impõe a ampla indenização pelos prejuízos derivados da conduta ilícita. Ou seja, a roupagem jurídica da indexação, ainda nesse caso, não é a mesma da Economia.

A distinção se acentua nos casos de dilação temporal antes da exigibilidade da

9. No curso dos últimos anos, os diversos "Planos Econômicos" restringiram a liberdade contratual para pactuação de indexação em casos dessa ordem. Foram estabelecidas condições para validade de pacto de indexação, etc.

prestação. A indexação depende, necessariamente, de norma legal ou contratual.

A incidência da indexação não deriva, nesses casos, da instituição de um dever. É necessário que concorram, além dos pressupostos de nascimento do dever, também os pressupostos de aplicação da indexação.

A lei ou a vontade das partes determinam, nesses casos, a extensão dos deveres das partes. Impor-se-á a uma das partes que suporte o ônus do *risco* da inflação.

Se inexistir indexação, o risco da inflação será arcado pelo credor. Logo, deverá suportar as perdas provenientes da inflação. Receberá, na data aprazada, o valor nominal previsto — o valor real dependerá da variação inflacionária verificada.

Havendo indexação, o credor elimina o risco de perda proveniente da inflação. A elevação dos índices inflacionários não afetará o valor real a ele devido.

e) Tributação, inflação e indexação

e.1.) Inflação e carga fiscal

A inflação produz efeitos sobre o tema tributário, especialmente se enfocada a matéria sob o ângulo da indexação.

Se considerarmos um determinado ordenamento jurídico, vigorante em um Estado que vivencie um processo inflacionário, a carga fiscal dependerá não apenas dos estáticos elementos normativos.

A carga tributária variará em função da materialidade da hipótese de incidência e das alíquotas aplicáveis — como usualmente se passa.

Além disso, porém, o fator *tempo* surgirá como condicionante da definição da carga tributária: não pelo espaço de tempo em si mesmo, mas pela inflação verificada durante ele.

Assim se porá pela circunstância de que o tributo se exterioriza em uma prestação monetária, a ser liquidada em um dado momento temporal.

A Lei, ao instituir o tributo (fornecendo os instrumentos de fixação do objeto da prestação tributária), poderá estabelecer um prazo para pagamento. Esse prazo interferirá sobre o montante real de riqueza a ser recolhido aos cofres públicos. A inflação significará a perda do valor real da moeda e a desvalorização afetará a quantidade real de riquezas auferidas pelo Estado.

A lei poderá prever regras de indexação — quer para o momento anterior à exigibilidade do tributo, quer para o momento posterior. Assim determinando, transferirá para o sujeito passivo o ônus de arcar com o risco da inflação.

e.2.) Princípios tributários e indexação

Em qualquer caso, porém, a indexação tem de subordinar-se aos princípios tributários. Ou seja, não se admite que as garantias do sujeito passivo tributário sejam frustradas através da indexação.

Assim, a indexação subordina-se aos princípios da legalidade, da anterioridade, da irretroatividade, da isonomia, etc.

Parte-se de dois fundamentos transcendentais.

O primeiro é o de que a indexação, mesmo no direito privado, não deriva automaticamente da existência de um dever jurídico, mas necessita do concurso de outros elementos.

O segundo é o de que a indexação representa uma ampliação qualitativa da extensão do dever imposto (por lei ou convenção) a um determinado sujeito.

Diante disso, os princípios constitucionais tributários produzem os efeitos abaixo discriminados, em relação à indexação.

e.2.a.) Segurança e indexação

O regime tributário se orienta à segurança. Por isso, é assegurado ao sujeito passivo a previsibilidade da extensão dos encargos que sobre ele recaem.

Em uma economia marcada pela inflação, é indispensável estabelecer previamente se existirá indexação e em que limites o sujeito passivo a ela se sujeitará.

e.2.b.) Isonomia e indexação

A isonomia exige tratamento igualitário para todos os envolvidos, em se tratando de indexação.

Considerando a inflação como um fenômeno que aflige o poder aquisitivo da moeda, todos encontram-se em idêntica situação.

Não é possível, por isso, adotar tratamentos diversos, a título de indexação.

Assim, não cabe adotar a indexação para prestação tributária devida por alguns e suprimi-la para outros. Ou, mais precisamente, a supressão da indexação funcionará como uma exoneração tributária parcial. Logo, ou existe fundamento para o tratamento jurídico mais benéfico ou será ele inválido.[10]

Isso também importa a conseqüência de o Fisco não poder atribuir tratamento mais benéfico para si do que o previsto para os contribuintes.

Assim como o Fisco não pode negar indexação para restituição de tributos, também não pode adotar índices mais atenuados para isso (relativamente àqueles que incidem sobre as prestações devidas pelos particulares).

e.2.c.) Legalidade e indexação

A indexação depende estritamente da lei no direito tributário. Como inexiste dever tributário sem prévia e expressa definição em lei, o mesmo se passa com a indexação.

Seja a indexação para o momento anterior à exigibilidade da prestação tributária, seja a correção monetária dos débitos vencidos e não pagos, somente a lei pode prevê-las.

e.2.d.) Anterioridade e indexação

A indexação representa ampliação da carga tributária e aumento de tributo — quem paga prestação tributária indexada desembolsará parcela maior de sua riqueza.

A indexação, tal como a elevação de alíquota, não pode ser aplicada no mesmo exercício em que publicada a lei que a instituiu ou "aumentou".[11]

Em se tratando de contribuições para a seguridade social, aplica-se a regra dos 90 dias para a lei que instituir indexação.

e.2.e.) Irretroatividade e indexação

A lei nova não pode determinar a aplicação de indexação para fatos imponíveis já encerrados ou iniciados.

10. Também por isso, o princípio da capacidade contributiva não se incide sobre a indexação. Sob fundamento de ampliação da capacidade contributiva, não é cabível agravar os índices de indexação. A indexação não é instrumento proporcionado à riqueza do contribuinte, mas à inflação verificada.

11. Nada impede o agravamento das condições de indexação. Por exemplo, poderia existir lei estabelecendo prazo de quinze dias, após verificado o fato imponível, para o pagamento, sem indexação. Lei nova viria estabelecer que a indexação se aplicaria cinco dias após o fato imponível, sem alterar o prazo de pagamento. Uma outra lei posterior poderia determinar que a indexação se verificaria a partir do primeiro dia útil seguinte ao fato imponível. Essa última lei estará ampliando as condições da indexação e, por isso mesmo, aumentando o tributo.

A lei aplicável para reger o pagamento do tributo é aquela vigente no momento em que o fato imponível se verificou.

Nas hipóteses em que o princípio da anterioridade não for aplicável, poderá ocorrer a vigência imediata para a lei instituidora ou agravadora da indexação.

Assim, embora já ocorrido anteriormente o fato imponível, a lei nova poderá determinar a indexação a partir da data de sua vigência. A inflação verificada no período anterior, porém, não poderá ser "recuperada" através da lei posterior.

f) Indexação e índices de apuração da inflação

A exigência de um tratamento jurídico para a indexação não significa absoluta ausência de inter-relacionamento com a Economia.

O Direito recolhe as noções de indexação, dando-lhes configuração jurídica. Apesar disso, a indexação (mesmo enquanto instituto jurídico) refere-se a fenômenos que se passam no mundo real.

Não se admite, por isso, uma "inflação jurídica" distinta daquela verificada efetivamente no mundo econômico. O direito não pode decretar que, para fins jurídicos, a inflação será diversa daquela que efetivamente ocorreu.[12]

Por isso, cabe à lei definir as condições para aplicação da indexação, inclusive na escolha de um índice. Porém, esse índice será relacionado à realidade econômica.[13]

A expressão "inflação" alude a um processo generalizado dentro de uma determinada comunidade, em coordenadas de tempo e espaço específicas.

Apesar dos esforços da Economia, é impossível atingir o objetivo preconizado através da indexação. A "recomposição do valor nominal da moeda" para assegurar a manutenção do valor real somente pode ser atingida em medidas relativas.

Há circunstâncias que impedem a plena consecução do objetivo almejado através da indexação.

De um lado, é impossível unificar a "inflação". A expressão indica a ocorrência de fenômenos simultâneos, mas não idênticos, de desvalorização monetária. As leis de mercado provocam a segmentação dos processos de desvalorização — de molde que existem "inflações", e, não, "inflação". Por isso, adotam-se procedimentos estatísticos, buscando retratar, de modo razoável, a evolução inflacionária. Porém, os índices são sempre uma aproximação unificadora e simplificadora de uma realidade muito mais complexa. Logo, os índices de inflação são, sempre, parciais (na acepção de que não retratam a realidade globalmente considerada).

De outro, a dinâmica da economia impossibilita que os indexadores reflitam, de modo imediato, o processo inflacionário. As dificuldades operacionais importam a necessidade de um espaço de tempo para processar as informações. Nesse espaço de tempo, produz-se mais inflação. Os índices retratam a inflação passada, não a contemporânea à sua divulgação. Logo, quanto maior a precisão dos índices, tanto mais defasados eles se apresentam.

Em qualquer caso, porém, a indexação somente se justifica, juridicamente, como instrumento jurídico de reposição do valor

12. Mais precisamente, o Direito pode estabelecer em que casos se aplicará a indexação, etc. Não poderá, contudo, estabelecer que os índices de reajuste, para fins jurídicos, serão distintos da inflação ocorrida. Se assim o fizer, não existirá "indexação", mas fenômeno de outra natureza, abaixo referido.

13. A definição do índice de inflação, para fins de indexação, envolve aquilo que Engisch denomina "conceitos descritivos", ou seja, "... conceitos que designam descritivamente objetos reais ou objetos que, de certa forma, participam da realidade, isto é, objetos que são fundamentalmente perceptíveis pelos sentidos ou de qualquer outra forma percepcionáveis..." (*Introdução ao Pensamento Jurídico*, Gulbenkian, 6ª ed., p. 210).

real da moeda, proveniente da inflação. Ainda quando não se confundam os conceitos econômico e jurídico, a indexação se reporta à inflação.

Logo, é impugnável o descompasso entre os índices adotados para a indexação jurídica e a inflação verificada.

Se a inflação, apurada por diversos índices, é descoincidente com os índices legais de indexação, surge situação patológica e, eventualmente, inválida.[14]

Quando o índice legal for incontroversamente inferior aos diversos índices apurados, caracterizar-se-á uma renúncia "parcial" por parte do Fisco aos valores a que teria direito. Como toda renúncia a direito indisponível, sua validade dependerá da observância dos postulados correspondentes.

Quando o índice legal for incontroversamente superior aos diversos índices apurados, caracterizar-se-á uma elevação indireta do tributo.[15] Ao invés de elevá-lo diretamente, o Fisco estará impondo elevação da prestação tributária por outra via. A validade e eficácia desse comportamento dependerá do cumprimento dos requisitos necessários ao aumento do tributo.

II - Respostas às Questões

a) Só lei federal? Se for lei estadual ou municipal, há limites?

A indexação pode ser prevista em lei federal, estadual ou municipal. Quando se tratar de definir a extensão da prestação tributária, a indexação se caracteriza como matéria tributária. A competência tributária abrange a previsão de indexação.

O único limite é a inflação verificada. Podem existir índices de indexação diversos nos planos de União, Estados e Distrito Federal e Municípios.

b) Pode aplicar-se a obrigação ainda não exigível?

Sim. O conceito de indexação não se restringe ao de correção monetária. A lei pode valer-se da indexação aplicável no período que mediar entre a data da apuração do valor monetário da riqueza e a data de exigibilidade da prestação tributária.

c) Lei que altere o critério (índices) aplica-se imediatamente ou só após o vencimento da obrigação?

Respeitado o princípio da anterioridade, a lei nova tem vigência imediata. Isso significa a possibilidade de aplicação (ou alteração) de indexação a partir da vigência da lei nova.

d) Deve respeitar a anterioridade?

Sim, pois indexação importa alteração da carga tributária e corresponde a um "aumento" de tributo.

e) Pode ser instituída só em favor do fisco?

Não, pois a tanto se opõe o princípio da isonomia.

f) Aplica-se aos critérios de IPI e ICMS?

Pode ser aplicada genericamente, desde que prevista em lei. A omissão legislativa, quando signifique tratamento discriminatório prejudicial ao sujeito passivo, caracteriza inconstitucionalidade.

14. Os índices de apuração de inflação envolvem conceitos descritivos — o que não impede que, eventualmente, esses conceitos sejam indeterminados (o que é expressamente admitido por Engisch, ob e loc. cits.). Pode-se impugnar o índice "oficial" (jurídico) de inflação quando se demonstrar descoindicente com a inflação apurada por quaisquer índices confiáveis, de abrangência equivalente. Existirá, também aqui, uma certa "zona cinzenta", dentro da qual a incerteza induzirá presunção de que o índice oficial é correto.

15. Caracterizar-se-á, na verdade, elevação indireta da alíquota do tributo. Em casos onde se admita tributo por valor fixo, corresponderá a uma elevação diretamente da prestação tributária.

g) Índices inidôneos ou irreais, se implicarem aumento de carga, são tributo? Que tributo?

A adoção de índice inidôneo, prejudicial ao sujeito passivo, corresponde à elevação da alíquota.[16] Não se caracteriza um "tributo" autônomo.

h) Um mesmo poder tributante pode estabelecer índices diversos para obrigações (tributárias ou não) em que seja parte?

São admissíveis índices diversos para obrigações não tributárias. A pluralidade de índices corresponderia a uma diversidade de índices inflacionários conforme o âmbito econômico de que se tratar. Por exemplo, a inflação para materiais de construção pode ser diversa daquela quanto a alimentos. No campo tributário, não se admite pluralidade de índices, pois a prestação se exterioriza no dever de pagar uma quantia em dinheiro — sendo impossível distinguir "inflações" diversas que autorizassem "índices" diversos.

i) Correção monetária como instrumento de recomposição do valor da moeda pode expressar-se por vários índices, sendo a moeda uma só e sua desvalorização também uma só?

Em termos, conforme exposto na resposta ao quesito anterior.

j) São corrigíveis os "créditos" de IPI e ICMS, à vista da generalização da correção monetária e pelas mesmas razões pelas quais se corrigem os débitos desses impostos?

A indexação deve obrigatoriamente ser aplicada aos "créditos" de IPI e ICMS, até mesmo para cumprir a regra constitucional que assegura o direito de "crédito".

16. Eventualmente, a inidoneidade do índice corresponderia à redução do abatimento ou dedução assegurados ao sujeito passivo. Embora se possa aludir à elevação da alíquota, dar-se-á mais propriamente ofensa a outros princípios (inclusive àqueles que disciplinam a base imponível).

SOBRE A UTILIZAÇÃO DE ÍNDICES DE CORREÇÃO MONETÁRIA INIDÔNEOS OU IRREAIS E SUAS CONSEQÜÊNCIAS JURÍDICAS

MISABEL DE ABREU MACHADO DERZI
Professora da Faculdade de Direito da Universidade Federal de Minas Gerais

A indexação deve expressar sempre a inflação real do período, tratando as partes envolvidas de forma isonômica. É ou deveria ser um instrumento *neutro*, que recompõe débitos e créditos, assegura a exatidão das demonstrações financeiras em benefício de contribuintes, Fazendas Públicas, credores e terceiros direta ou indiretamente envolvidos.

Quando, entretanto, se converte em instrumento político de *camuflagem* da inflação, ou meramente arrecadatório, unilateralmente manipulado pelo Poder Executivo, em benefício próprio, assentando-se em índices inidôneos ou irreais, gera graves distorções, alterando a própria natureza específica do tributo, falseando a discriminação constitucional de competência tributária ou ofendendo os princípios constitucionais da igualdade, da capacidade contributiva ou da não cumulatividade.

Exemplifiquemos com o imposto de renda e as constantes manipulações dos índices de correção monetária que o afetam.

1. A Competência da União para Tributar a Renda na Constituição de 1988.

A União, no exercício de sua competência privativa, expressa ou residual, à luz da Constituição de 1988, não poderá, de modo algum, miscigenar os conceitos de renda e capital (ou patrimônio). Esse imperativo já se impunha anteriormente, com a Carta Magna de 1967 e Emenda Constitucional n. 1, de 1969, como registram as melhores obras jurídicas da especialidade (V. J.L. Bulhões Pedreira. *Imposto de Renda*. Justea Ed. Ltda. Rio de Janeiro. 1971; Gilberto de Ulhoa Canto. *Temas de Direito Tributário*. Ed. Alba Ltda, Rio de Janeiro. 1971. vols. I, II e III; Rubens Gomes de Souza. "A Evolução do Conceito de Rendimento Tributável". *RDP* 4/339, São Paulo; Henry Tilbery. *A Tributação dos Ganhos de Capital*. Ed. Resenha Tributária e IBDT. São Paulo, 1977 *et alii*).

Falecia, como ainda ocorre, competência à União para tributar *faturamento e receita* de mercadorias e serviços, que são base de cálculo do imposto estadual sobre circulação de mercadorias e do tributo municipal incidente sobre a prestação de serviços de qualquer natureza. Também já não cabia à União, sob a égide da Carta anterior, atingir o patrimônio imobiliário (que é capital acumulado e aplicado), como se renda fosse, quer no momento de sua transmissão, quer pelo fato de sua posse e propriedade. Mas ela poderia criar tributo novo, no exercício de sua competência residual, para isso atingindo o patrimônio líqüido das empresas ou as grandes fortunas, cujas limitações gerariam controvérsias consideráveis na doutrina e nos tribunais. Para isso bastaria editar simples lei ordinária.

Entretanto, ratificando a doutrina que apontava a inconstitucionalidade da contribuição para o Fundo do *Pis-Pasep* ou para o *Finsocial*, porque o objeto do *faturamento* são os valores dos contratos de compra e venda de mercadorias ou de prestação de serviços, que são campo de competência privativa dos Estados e Municípios, *a Constituição de 1988*, para corrigir o descompasso, constitucionalizou o que antes configurava invasão de competência ou então *bis in idem*, permitindo expressamente a criação pela União de contribuição social, que leve em conta o lucro, o faturamento ou a folha de salários. Observe-se, entretanto, que a licença constitucional restringe-se à edição de tributo destinado ao custeio da Seguridade Social (art. 195), com todas as restrições constitucionais de caráter administrativo, arrecadatório e gerencial, contrapostas nos arts. 194, 195, 165, § 5º, 167, IV, VI e VIII, restrições que o tornam inconfundível com um imposto. Igualmente não pode a União tributar a receita advinda da transmissão de bens móveis — no sentido de mercadorias — ou imóveis, que são base de cálculo de tributos de alheia competência (imposto sobre operação de circulação de mercadorias, heranças e doações ou transmissão onerosa), nem tributar a propriedade e a posse imobiliária, incorrendo em *bis in idem* com o imposto territorial rural, ou em *invasão da área de competência municipal privativa*, nem tampouco, *sem a edição de lei complementar*, instituir tributo incidente sobre as grandes fortunas, empréstimos compulsórios ou impostos e contribuições novos, não previstos na Carta Magna (arts. 153, 154, 155, 156 e 195, § 4º).

Com isso, a Constituição de 1988, mais ainda do que as anteriores, condiciona o exercício válido da competência federal, formal e materialmente, à distinção entre renda e capital (ou patrimônio). E, prevenindo discussões posteriores sobre a extensão do imposto sobre as grandes fortunas e sua base de cálculo, ou sobre o patrimônio líquido, exige lei complementar genérica que disponha sobre os fatos geradores, bases de cálculo e contribuintes dos impostos nela discriminados (art. 146, "a"), ou lei complementar específica para o exercício da competência residual, para a instituição de empréstimos compulsórios. A Carta Constitucional não se limita a dispor sobre a necessidade de lei complementar definitória dos tributos e de suas espécies em geral, como consta do art. 146 citado, mas dá especial acento ao imposto sobre grandes fortunas, repetindo a exigência de forma específica no art. 153, VII.

A distinção precisa entre renda e capital (ou patrimônio) que sempre foi necessária para assegurar a rigidez do sistema de discriminação de competências, sob o pálio da Constituição de 1988, é imperativo ainda mais fortalecido, indispensável ao exercício válido do poder tributário da União.

2. Distinção Constitucional entre Renda e Capital (ou Patrimônio).

A Constituição Federal atribui à União competência para instituir tributo sobre a "renda e proventos de qualquer natureza", art. 153, III. Sobre o sentido dessa expressão muito já se escreveu em nosso País. E, apesar das formas distintas de abordagem do tema, algumas estritamente jurídicas, outras amparadas em argumentos econômicos mais ou menos determinantes, mais ou menos amplos, há pontos incontroversos na doutrina e na jurisprudência nacionais, que aliás têm cunho praticamente universal, sendo aceitos na teoria e na prática do Direito dos mais variados países.

Tanto a Economia como o Direito distinguem os conceitos de renda e de capital. Lembra Rubens Gomes de Souza, que já na metade do séc. XIX, Hermann-Schmoller contribuiu para a formulação desses conceitos de forma decisiva, trazendo a "noção de livre disponibilidade, segundo a qual somente seria renda a parcela acrescida de riqueza de que o titular pode dispor sem prejudicar seu capital" (V. importante trabalho escrito pelo autor, ainda atual, a pedido do Prof. Morselli para publicação na revista "Archivi Finanziario") (*RDP* 14/339-346, p. 340).

Há mais de vinte anos, alertava Modesto Carvalhosa para o fato de que, até o início do século, o conceito de riqueza estava sobretudo alicerçado no de propriedade em sentido estático. Após a industrialização para produção em massa, a riqueza passa a ser medida pela *rentabilidade* ou pelo *produto originado da utilização da propriedade* em determinado espaço de tempo. "Para os efeitos fiscais, portanto, evoluiu-se do conceito de propriedade para o patrimônio, no sentido de que toda a disponibilidade possuída por uma determinada pessoa, de bens materiais ou força de trabalho produtivo, constituía patrimônio suscetível de produzir riqueza, ou seja, renda. Assim, o patrimônio é tudo aquilo que possa traduzir um acréscimo de riqueza. O patrimônio rentável de uma determinada pessoa pode se constituir de uma propriedade imobiliária, de um capital mobiliário ou da força do próprio trabalho, na medida em que, quaisquer desses fatores patrimoniais, conjugada ou isoladamente, possam produzir renda" ("Imposto de Renda. Conceituação no Sistema Tributário da Carta Constitucional". *RDP* 1/188-196, p. 189).

Por isso, a concepção de renda nacional é a soma de todas as remunerações pagas aos fatores de produção. E se o resultado econômico é apurado pela soma dos valores líquidos adicionados pela produção, denomina-se produto interno. Mas nem o conceito econômico de renda nacional, nem o de produto nacional prestam-se à noção de *renda*, que é sempre *pessoal*, para fins de imposto de renda. Eles são aqui lembrados apenas porque também repousam na idéia de remuneração dos fatores de produção, ganho ou adição de riqueza nova (V. Bulhões Pedreira, ob. cit., 2.11(11)).

Para fins de tributação, a renda a ser considerada é sempre a *pessoal*. Representa ganho econômico por certo período de tempo, assim como a idéia de renda nacional. Mas, por ser de *pessoas*, somente constituirá renda tributável aquela proveniente de capital (ou fonte patrimonial) pertencente à própria pessoa (Cf. Modesto Carvalhosa, ob. cit. p. 190).

Bulhões Pedreira explica que toda produção ou acréscimo de riqueza provém do trabalho ou do capital, ou da conjugação de ambos, como aliás refere o Código Tributário Nacional em seu art. 43. A remuneração desses fatores patrimoniais (trabalho e capital) configuram os *rendimentos*, a saber, salário e remuneração em geral, aluguel ou royalty, juro e lucro. A idéia de *rendimento* é só a de determinado ganho e sua noção independe do tempo. Já a *noção de renda* está integrada necessariamente pela idéia de período de tempo (Cf. ob. cit. p. 2-3). A soma dos rendimentos pessoais (como remunerações de fatores produtivos), por certo lapso de tempo, é que configura a renda.

Ensina ainda o mesmo jurista que a renda já realizada no passado e já cumulada é *capital ou patrimônio*. Esse capital possuído em determinado momento no tempo por seu titular, não é passível de tributação pelo imposto de renda, nem como pagamento, nem como transferência. Configuram *pagamentos de capital*, os meros fluxos de moeda, bens ou serviços que correspondam a simples trocas onerosas entre patrimônios distintos, de forma equivalente, de modo que não advenha daí nenhum acréscimo para algum deles (com a conseqüente perda no outro). O *valor da compra e venda*, em que não há excedente ou lucro, mas mera reposição do capital aplicado, não pode ser tributado. Por essa razão, o imposto de renda não pode atingir o faturamento ou a receita bruta das empresas, mas tão-somente o lucro (que é remuneração de um fator de produção). Nas *transferências de capital*, há fluxo de bens, moeda ou serviços de um patrimônio para outro, sem correspondente contraprestação, troca ou ônus. Reduz-se o estoque de bens em um patrimônio, de forma unilateral, havendo o equivalente acréscimo em patrimônio alheio, como nas transmissões gratuitas, ocorridas em heranças e doações (Cf. Bulhões Pedreira. ob. cit., 22.19).

A Constituição Federal de 1988 subtraiu o patrimônio imobiliário urbano, o de veículos automotores, aquele acrescido por heranças e doações, as meras transmissões onerosas (independentemente de lucro) de imóveis ou de mercadorias ao campo de competência tributária federal. Dentro da área de incidência dos impostos da União, criou uma espécie tributária própria para o patrimônio imobiliário rural, e, embora autorizando a instituição de tributo único incidente sobre o faturamento, o lucro e a folha de salários, submeteu o exercício da faculdade ao regime das contribuições sociais, afetando-as inseparavelmente ao custeio da Seguridade Social (art. 195). Finalmente, não se suponha que a União possa fundir ou confundir a idéia de renda com a de capital, criando imposto sobre grandes fortunas ou uma figura impositiva nova, misto de renda e patrimônio líqüido, pois, para isso, deverá editar lei complementar genérica ou específica (arts. 146, 153) com as limitações do art. 154, I.

Por meio de lei ordinária e a título de imposto de renda, somente se legitimará a tributação da renda e dos proventos de qualquer natureza, assim entendido o acréscimo de riqueza, o ganho ou o aumento advindo do trabalho e do capital (ou patrimônio) em certo período de tempo.

Será *inconstitucional*, então, a lei federal que tribute a *receita representativa de mera reposição de bens patrimoniais* (por terem sido objeto de aplicação de capital da pessoa), como pagamento de capital ou reembolso das despesas feitas para produção da receita, inclusive *royalties*. *Nem* se pode tributar *o preço de alienação do bem*, que é mera *reposição do capital* investido, se não há ganho real. Muito menos é tributável a verdadeira e própria *indenização*, que é simples recomposição de perdas patrimoniais.

Observa Bulhões Pedreira que o mesmo ocorre com os "bens, objeto de inversões utilizados na produção da renda. Esses bens em geral estão sujeitos ao desgaste, que é uma descapitalização, ou seja, transformação do capital em consumo. Se para efeito de determinar o ganho da empresa, a *depreciação* não for deduzida da renda derivada desses bens, o conceito de renda não abrangerá apenas esse ganho, mas incluirá o próprio capital" (Cf. ob. cit. p. 2-18).

As definições de diferentes autores para aferir a renda, como acréscimo de riqueza, podem ser reunidas em dois grandes grupos. Ambos têm em comum o objetivo de estremá-la do capital, assim como a nota essencial de acréscimo, ou ganho auferido durante certo período de tempo, a saber:

• como o excedente, considerado o fluxo de satisfações e serviços, representados por seu valor monetário, englobadas as entradas e saídas em um período determinado. Completando a noção de Irving Fisher para incluir no fluxo de riqueza consumida, a idéia do fluxo de bens ou serviços meramente disponíveis de Hewett, Bulhões Pedreira entende que essa concepção é a que melhor se ajusta ao modelo constitucional brasileiro;

• como acréscimo de valor ou de poder econômico ao patrimônio, apurado pela comparação dos balanços de abertura e encerramento do período. Defendida por George Shwanz, desde 1894, aperfeiçoada por Haig e Simons, essa concepção, adotada em parte pelo Código Tributário Nacional, é criticada por alguns, porque ela pode legar ao equívoco de supor que qualquer acréscimo de valor — advindo de doação ou herança, por exemplo, que é simples capital transferido — e subtraído ao campo da competência tributária federal — configure renda (Cf. Aliomar Baleeiro, *Direito Tributário Brasileiro.* 10ª ed. Rio de Janeiro. Forense, p. 183. Também Bulhões Pedreira, ob. cit. p. 2.10).

A renda disponível é considerada como um indicador adequado de capacidade contributiva. E, se assim é, raciocinam os juristas alemães, a lei precisa determinar claramente que, junto a todos os atingidos pelo imposto, seja abrangida e apurada a renda total. Entretanto, na grande massa dos países, há duas importantes e diferentes formas de averiguações de renda disponível. De um lado, junto *aos não empresários*, somente os rendimentos de fonte são tributados, mas não são em geral dedutíveis os prejuízos com a venda de bens econômicos do patrimônio particular ou com seu desgaste pelo consumo. *Os não empresários* avaliam a renda por meio do confronto entre entradas dos rendimentos de distintas fontes com os custos para aquisição e sua manutenção, tributando-se o excedente das entradas sobre os custos (art. 8 EStG). Por outro lado, *as pessoas empresariais* têm de avaliar o lucro (Gewinn art. 2 II Nr. 1 EStG) basicamente por meio da comparação do patrimônio na abertura e no encerramento do balanço (arts. 4 I; 5 I EStG), lucro que representa o saldo — realizado — "dos aumentos de valor do patrimônio empresarial sobre as reduções de valor do mesmo patrimônio" (Cf. Klaus Tipke. *Steuerrecht. Ein systematischer Grundriss. 9.* Köln. 1983, p. 214).

Explica Tipke que o dualismo tem longa tradição, pois, ainda no séc. XIX, a lei cedeu às exigências dos empresários do comércio e da indústria, que insistiram em identificar o lucro com o resultado da contabilidade comercial. Essa dualidade permaneceu ao longo do tempo e depois passou a beneficiar também os profissionais autônomos. A dualidade foi justificada pelo legislador alemão de 1925, oficialmente, nos seguintes termos: "A lei distingue entre *dois grupos principais* de rendimentos. Os rendimentos de atividades autônomas de lucro e profissionais formam um grupo principal... A esse grupo não é comum apenas a forma como eles conduzem sua empresa ou profissão, pois sua receita é muito mais violentamente atingida pela oscilação da Economia do que a de outros proprietários de renda, mas também o fato de que sua atividade de lucro e profissional não é possível sem um patrimônio regularmente afetado a essa atividade. Na empresa rural e comercial isto é claro e não necessita de nenhum outro esclarecimento. Em atividades de profissionais liberais autônomos, poder-se-ia duvidar. Mas se tomamos em consideração que, para o advogado são necessários, p. ex., um escritório amplo com mobiliário, uma conta bancária, uma escrita sobre adiantamentos e dinheiro de terceiros; para o médico, um grande número de instrumentos, freqüentemente grandes ou até uma clínica; para o pintor ou escultor, um *atelier*, com matéria-prima, objetos prontos ou semi-prontos, então, apesar das diferenças relevantes da posição profissional, precisa-se colocar este grupo de contribuintes no mesmo patamar das empresas rurais e industriais" (Cf. ob. cit. p. 212).

Essas razões são ainda válidas. Embora não se tirem delas todas as conseqüências possíveis, nem sejam mais aprofundados os estudos sobre igualdade nesse campo, para se verificar em que circunstâncias as duas espécies de apuração, que medem a riqueza com dois critérios distintos, possam infringir o princípio da igualdade, o legislador alemão manteve conscientemente a dualidade e a jurisprudência trabalha em separado os dois sistemas (V. Tipke, ob. cit. p. 213). Também o Direito brasileiro incorporou a mesma dualidade, de forma completa pelo menos em relação às empresas comerciais e industriais, e manteve, como o direito alemão e a maioria das legislações de outros países, os acréscimos patrimoniais, que correspondem a transferências de capital (como heranças e doações) fora do círculo do imposto de renda, elegendo para isso espécie impositiva própria. (Sobre os países da Comunidade Econômica Européia, ver Jean-Marc Tirard. *La Fiscalité des sociétés dans la C.E.E.* Paris. La Villeguerin. Ed. 1988).

Com efeito, a dualidade tão nítida no Direito alemão só encontra a mesma precisão na legislação ordinária federal. O Código Tributário Nacional sintetizou-a, acrescentando ao conceito de que renda é o produto do capital, do trabalho ou da combinação de ambos, "os proventos de qualquer natureza, assim entendidos os *acréscimos patrimoniais* não compreendidos no inciso anterior" (art. 43, II). A teoria das fontes, como fluxos, que os autores alemães identificam com a espécie de concepção de renda própria das pessoas físicas não empresariais, e a teoria acrescionista de comparação do patrimônio, adequada à tributação das pessoas empresariais, encontra nítida separação na lei tributária ordinária brasileira. O Código Tributário Nacional tem merecido a crítica de muitos pela confusão conceitual. Mas são pontos pacíficos na doutrina e na jurisprudência que:

• renda é produto, fluxo ou acréscimo patrimonial, inconfundível com o patrimônio de onde promana, assim entendido, o capital, o trabalho ou a sua combinação;

• provento é forma específica de rendimento tributável, tecnicamente compreendida como o que é "fruto não da realização *imediata e simultânea* de um patrimônio, mas sim, do acréscimo patrimonial resultante de uma atividade que já cessou, mas que ainda produz rendimentos", como os benefícios de origem previdenciária, pensões e aposentadoria. Já proventos em acepção ampla, como *acréscimos patrimoniais não resultantes do capital ou do trabalho, são* todos aqueles de "origem ilícita e bem aqueles cuja origem não seja identificável ou comprovável" (Cf. Modesto Carvalhosa, ob. cit. p. 194);

• os *acréscimos patrimoniais* sempre pressupõem a disponibilidade econômica ou jurídica, sendo certo que mesmo não havendo a jurídica, a incorporação física e material ao patrimônio do contribuinte é sempre necessária, como no exemplo de Rubens Gomes de Souza: "os rendimentos decorrentes de um título juridicamente sujeito a condição resolutiva são tributáveis desde o momento em que se incorporam ao patrimônio do titular, ainda que sob ressalva de restituição ou abatimento do imposto quando do implemento da condição. De todo o exposto decorre, portanto, que a tributação das *mais-valias* não configura a imposição de um rendimento não realizado, mas, quando muito, de um rendimento não separado, sendo que a *realização* e não a separação, é significativa para definir o fato gerador do imposto" (Cf. ob. cit. p. 345). Assim, *a realização do excedente*, na pessoa física, ou *a realização do lucro*, na pessoa jurídica, quer se defina o fenômeno como fluxo, ou como acréscimo patrimonial, é requisito essencial e necessário do conceito de renda;

• no Brasil, tradicionalmente, quer na Constituição, quer nas leis, se tem feito a mesma diferenciação, e somente a propósito da pessoa jurídica se fala em patrimônio fixo e circulante, capital próprio e alheio a fim de distingui-los da renda tributável.

Talvez, por isso, Bulhões Pedreira diferencie, hoje, em obra mais recente, o resultado ou produto da atividade econômica da empresa que é mero fluxo, do resultado da pessoa social empresarial — como lucro tributável ou prejuízo — que é a "quantidade de valor financeiro (positivo ou negativo) que aumenta ou diminui o patrimônio líqüido." (*Finanças e Demonstrações Financeiras da Companhia.* Rio de Janeiro. Forense. 1989. p. 454). Aproximando-se mais da concepção germânica, observa Bulhões Pedreira que, apenas para a empresa, como unidade econômica de produção, a idéia de fluxo é suficiente, pois, para a pessoa jurídica empresarial, o resultado negativo — designado de prejuízo — é perda de capital próprio, perda decorrente de trocas externas que são *fluxos financeiros*, que saem do patrimônio da sociedade em valor superior ao dos que entram. Mas, além disso, o *prejuízo* pode decorrer também da *perda de valor de bens do patrimônio*, causada pela ocorrência dos riscos a que estão sujeitos, independentemente da saída de fluxo financeiro (ob. cit., p. 448).

Juridicamente, o conceito moderno de patrimônio identifica-o com o conjunto de direitos e obrigações de que é titular uma pessoa (Caio Mário da Silva Pereira. *Instituições de Direito Civil*. Rio de Janeiro. Forense. 1978, I, n. 66). É formado de elementos ativos como os direitos patrimoniais e de elementos passivos, que são as obrigações-débitos. Do ponto de vista financeiro e jurídico, o patrimônio compreende então dois "sub-conjuntos: a) o ativo patrimonial, formado pelos bens do patrimônio, e b) o passivo patrimonial, formado pelas prestações de obrigações que significam valor financeiro negativo" (Bulhões Pedreira, ob. cit., p. 156). Advém daí a noção de *patrimônio líqüido (capital próprio)*, que é patrimônio bruto diminuído do valor negativo das *obrigações (passivo ou capital de terceiros)*. A parte do valor financeiro, existente no ativo, que corresponde ao valor das obrigações, dos débitos pertence a capital de terceiros e será mais tarde transmitida aos credores. Em conseqüência, o patrimônio líqüido — ou capital próprio — é o que resta após a dedução do passivo — ou capital alheio. Se o ativo é de 100 e o passivo exigível é de 30, então o patrimônio líqüido será igual a 70. O patrimônio bruto, como conjunto de todos os direitos e obrigações, é a soma do passivo exigível + o patrimônio líqüido.

Assim, por meio da comparação dos balanços do início e do fim de um determinado período, *apura-se a renda tributável como lucro real*, realizado no período, que corresponde ao aumento de patrimônio líqüido gerado pela própria empresa durante o mesmo período. Determina-se a renda tributável (lucro) pela comparação entre patrimônios líqüidos da pessoa empresarial, pois pressupõe-se que o "patrimônio líqüido é estabelecido no início e no fim do período de apuração do lucro através do balanço inicial (que coincide com o de encerramento do período anterior) e final" (K. Tipke, ob. cit. p. 225). Se, no início do exercício, no balanço de abertura, correpondente ao balanço de encerramento do ano anterior, o patrimônio líqüido era de 70 (100-30, no exemplo acima), e no final do período continua sendo de 70, então não houve acréscimo de valor real, renda gerada pela pessoa, não houve lucro tributável. O *patrimônio não pode ser atingido pelo imposto de renda.*

Lucro somente haverá se houver acréscimo de valor real ao patrimônio líqüido da pessoa, vale dizer, acréscimo ao resíduo do ativo (direitos-bens), após dedução do passivo (obrigações-débitos). Assim tanto o aumento como a redução do lado ativo, como o aumento ou a redução do lado passivo, afetam substancialmente o lucro ou o prejuízo. A comparação entre os patrimônios líqüidos da pessoa jurídica no início e no fim do período, à moda alemã, é importante para se saber se houve *lucro, como renda tributável.*

O lucro ou prejuízo da pessoa sempre alterará o seu patrimônio líqüido. O lucro acrescenta-lhe valor e o prejuízo reduz-lhe o valor. Como já anotamos, nem todo lucro ou prejuízo advém do *fluxo financeiro* de entrada de receita e saída por meio da despesa. Pode decorrer, como já se registrou, do aumento de valor por aquisição de novo bem do ativo ou de sua perda, ou ainda do acréscimo de valor desses mesmos bens já existentes. Ainda que o fluxo de receita e despesa, relativo à atividade comercial e produtiva da empresa se mantenha no mesmo nível, o prejuízo pode advir da perda de bens do ativo por ação da natureza, baixa por se ter tornado inservível, ou venda abaixo do preço de custo.

Enfim, o patrimônio da pessoa empresarial, afetado a suas atividades, está sujeito a outros riscos, que podem desgastá-lo, reduzir-lhe a utilidade econômica ou torná-lo obsoleto. Esses decréscimos de valor não são e não podem ser ignorados pelo legislador, que os leva em conta, permitindo-lhes a dedução, a fim de que possa ser reposto, recomposto e mantido o patrimônio empresarial, do qual depende a sobrevivência do empreendimento econômico.

Nem todo aumento de valor do patrimônio líqüido significa lucro, porque as transferências de capital de terceiros para o estoque de capital da empresa *não são lucro tributável*, porque não decorrem do funcionamento da pessoa empresarial, ou seja, da exploração e uso direto ou indireto do patrimônio empresarial, afetado a seus fins. No Brasil, como na Alemanha, Espanha, Inglaterra e outros países, heranças e doações são hipótese de tributo específico, transferências de capital do patrimônio de terceiros, não se incluindo no imposto de renda. Também a subscrição do capital social da sociedade e seu acréscimo para integração e aumento do patrimônio líqüido representam transferência que advém do patrimônio de terceiros e não lucro tributável.

3. A Correção Monetária das Demonstrações Financeiras.

Ora, a correção monetária do balanço visa exatamente a eliminar as distorções decorrentes da perda de poder aquisitivo da moeda em que seus elementos estão registrados, submetendo à tributação pelo imposto de renda apenas os lucros reais e não meramente nominais ou fictícios.

Os lucros fictícios, decorrentes da inflação, podem ter origem:

a) em ganhos de capital aparentes, criados pela alienação de bens do ativo fixo, se esses bens têm seu custo de aquisição sub-avaliado;

b) na insuficiência dos montantes deduzidos como encargos de inversões (quotas de depreciação, amortização e exaustão), resultando em registro do patrimônio líquido superior ao real;

c) na deficiência da reposição e manutenção do capital de giro, especialmente do capital de giro próprio (V. Bulhões Pedreira. Imposto de Renda, ob. cit. p. 5-10). O capital de giro aplicado se apresenta em bens corpóreos estocados ou em moeda em caixa, depósitos bancários ou direitos de crédito. Somente depois de repor o capital de giro, através da conta de lucros e perdas, a empresa realiza lucro real.

As duas primeiras causas (*a* e *b*) advêm, diretamente, do registro contábil do ativo permanente em valores inferiores ao real. A última, da correção monetária insuficiente do capital de giro próprio (do ativo circulante).

Em países onde não se institui a correção monetária obrigatória e ampla do balanço — como se dá no Brasil — para enfrentamento da depreciação monetária, há a preocupação de submeter os ganhos com a alienação de bens do ativo permanente a um regime especial, mais favorecido do que o regime fiscal dos lucros ordinários. O objetivo é expulsar, com uma tributação mais benéfica, os ganhos puramente nominais, obtidos, pelo menos em parte, com a inflação.

Esse regime mais benéfico é extremamente variado, podendo ser dividido em modalidades distintas e, como aponta Jean-Marc Tirard (V. *La Fiscalité des Sociétés dans la C.E.E.*, ob. cit. pp. 15-16), não são raros os países que adotam a conjugação de mais de uma delas, a saber:

• *França, Portugal, Bélgica e Grécia* adotam alíquotas mais baixas para a tributação das mais-valias advindas dos ganhos com a alineação de bens do ativo imobilizado; o benefício é freqüentemente condicionado à detenção do bem por certo período de tempo;

• a *Dinamarca*, apesar de corrigir monetariamente o preço de aquisição, mediante certos coeficientes, ainda exonera parte do ganho advindo da alienação do bem imobilizado;

• *França* (desde 1965), *Alemanha, Espanha, Itália, Reino-Unido, Bélgica e EEUU* isentam todo o lucro advindo da alienação do bem, com a condição de que ele seja reinvestido em novo bem do ativo fixo, com certas limitações. Em alguns deles dá-se o mero diferimento do imposto para futura alienação, sem reinvestimento no imobilizado;

• a *Espanha* autoriza a reavaliação periódica dos elementos do ativo.

Seja como for, apesar do corte de isenções e subsídios, todos os países da C.E.E., que não têm a correção monetária como mecanismo de retificação das distorções geradas pela inflação, evitam a tributação do lucro fictício, que poderia advir da sub-avaliação dos elementos do ativo imobilizado ou dos encargos de inversão. Para isso usam métodos diferentes, às vezes combinados, isentando o lucro ou parte dele, reduzindo a tributação dos ganhos de capital ou reavaliando periodicamente os bens. Jean-Marc Tirard identificou, como vimos, quatro maneiras distintas, encontradas por esses países (Cf. cit. *retro*).

Os bens em estoque, que compõem o capital circulante, são avaliados, em regra, pelo preço de custo. Mas para evitar a tributação do lucro irreal, que advém da alta de preços decorrente da depreciação monetária, os países europeus ou usam o método *Lifo* (*last in, first out*) segundo o qual os bens vendidos primeiramente correspondem aos ativos adquiridos mais recentemente, o que aumenta o custo dos produtos vendidos; ou autorizam a constituição de provisões dedutíveis da renda tributável, destinadas a enfrentar os efeitos da alta inflacionária de preços, etc. (V. na Alemanha, Plückebaum-Wendt-Ehmcke-Niemeier. *Einkommensteuer*. 16A. Achim: Fleischer, 1991; Blümich/Falk. *Einkommensteuergesetz Kommentar*. München. Verlag Vahlen. 1987, § 7).

Enfim, seja para evitar ganhos de capital fictícios nas alienações de bens do ativo imobilizado, seja para impedir a superestimação do patrimônio líquido com a dedução de valores irreais de depreciação e amortização ou, ainda, seja para evitar a perda de capital circulante (ou de giro) próprio, os Estados que não criaram a correção monetária ampla do balanço, prevêem sempre outros mecanismos de compensação, de modo a não submeterem falsos lucros, ou lucros fictícios à tributação. Com freqüência, estabelecem regras de tratamento mais vantajosas, do que a simples correção monetária, isentando o lucro advindo da alienação de bens do ativo imobilizado ou diferindo o imposto, se o capital é reinvestido em outros bens do ativo.

4. O Princípio Universal que Rege as Leis do Imposto de Renda: A não Paridade de Tratamento entre Lucro e Prejuízo.

Os autores alemães (V. Pückebaum - Wendt - Ehmcke - Niemeier. *Einkommensteuer*, 1991, ob. cit.; Blümich/Falk. *Einkommensteuergesetz Kommentar*, 1987, ob. cit.; K. Tipke. *Steuerrecht*, ob. cit., pp. 224-226) relatam a importância do princípio da *não paridade de tratamento entre lucro e prejuízo*. Observam que o lucro só é tributável se há uma mudança patrimonial — acréscimo de valor — efetiva, concreta, que se tornou em dinheiro ou em valor equivalente. Enfim, quando *está realizado*. A mera probabilidade não leva à incidência do imposto. Entretanto o *prejuízo ainda não realizado*, meramente causado, provocado, de provável redução futura do patrimônio, é considerado pela lei. Por conseguinte, o legislador não trata, da mesma forma, o lucro e o prejuízo, pois a atividade da pessoa empresarial somente sobrevive por meio da adequada proteção de seu patrimônio.

O princípio, portanto, da não paridade de tratamento entre lucro e prejuízo decorre dos modelos distintos de imposto, usados em toda a parte, para a pessoa física e para a pessoa jurídica. Os Países-Baixos, a Inglaterra, a Irlanda, a França, Portugal e a Itália (V. Jean-Marc Tirard, ob. cit., loc. cit.) também autorizam a formação de provisões dedutíveis, com maiores ou menores restrições, desde perdas prováveis *in genere*, ou apenas para liquidação de créditos duvidosos determinados, em montantes aleatórios ou não. Pode-se dizer que, de modo universal, admite-se o transporte dos prejuízos para períodos anteriores ao de sua realização, com precipitação de deduções.

Com certas restrições, pode-se dizer que o ordenamento brasileiro adota o mesmo princípio: *o da não paridade de tratamento entre lucro e prejuízo*. E a tentativa legal de se tributar o lucro inflacionário, ainda não realizado, tem sido acoimada de inconstitucionalidade (Cf. Sebastião Alves dos Reis. Parecer in *RDT*, ob. cit., loc. cit.). O art. 221 do RIR/80 permite a formação de provisão para créditos de liquidação duvidosa. Também o art. 321 do mesmo RIR disciplina a formação de provisão dedutível, se constituída depois de três anos de aquisição do investimento, em caso de perdas permanentes de impossível ou improvável recuperação.

Assim, o patrimônio destinado à atividade produtiva, capaz de produzir renda, é cercado de cuidado especial. É renda apenas o que dele deriva, o que dele se cria ou se acresce. Mesmo naqueles países, sem Constituição escrita e rígida, como na Inglaterra, a distinção entre renda e patrimônio é cuidadosamente preservada. Naqueles outros, onde se institui imposto sobre o patrimônio das pessoas societárias, como na Alemanha, a distinção também tem grande relevância, porque o peso da exação sobre a renda é elevado (36% e, em certos casos, 56%) mas bastante leve sobre patrimônios líqüidos, acima de determinado valor (alíquota bruta de 0,6%, equivalente à efetiva de 0,45%). Entretanto, na atualidade, os países europeus discutem e propõem a isenção total da renda das pessoas jurídicas, para fortalecimento do capital, enfrentamento da concorrência e da competitividade. (V. importante discussão em J. Ferreiro Lapatza. *Curso de Derecho Financiero Español*. 12ª ed. Madrid. Marcial Pons. 1990, pp. 305-6).

Se razões de ordem técnica ou jurídico-econômica impõem uma nítida separação entre renda e patrimônio, nos mais diversificados sistemas jurídicos, pode-se dizer que, no Brasil, a importância da diferenciação se aguça a seu ponto máximo. É que não apenas a capacidade contributiva e a proibição do confisco são limites à tributação do patrimônio como se renda fosse, mas também a discriminação rígida de competência tributária veda a bitributação e a invasão de competência exige a edição de lei complementar para a criação de imposto sobre grandes fortunas, empréstimo compulsório ou tributo novo, não expressamente previsto no Texto Constitucional.

Ora, nos últimos anos temos assistido à edição de normas numerosas, que alteram as regras da correção monetária, por meio de índices manipulados pelo Governo, muito aquém do real patamar inflacionário, levando à tributação *fictícia do lucro*.

A Lei 8.200/91, ao reconhecer a inconstitucionalidade e a ilegalidade da metodologia prevista para o ano de 1990, a qual acarretava uma tributação sobre a *mera aparência de lucro* (fenômeno, aliás, também ocorrido em anos anteriores), ratificou a interpretação doutrinária e jurisprudencial correta de que o BTN Fiscal variava de acordo com o IPC (art. 5º, § 2º da Lei 7.777/89 e Lei 7.789, de 10 de julho de 1989).

No entanto, a inconstitucionalidade da Lei 8.200/91 está em *postergar* a dedução dos prejuízos *realizados*. Ela não apenas quebra o princípio clássico da *não paridade de tratamento entre lucro e prejuízo*, mas vai além. Em seu art. 3º, determina o adiamento da dedução do saldo devedor da conta de correção monetária, apurado em 1990, na parte correspondente à diferença — entre a variação do IPC e do BTN Fiscal (IRVF) — da correção monetária das demonstrações financeiras. Em seu art. 4º, estabelece a indedutibilidade da parcela de correção monetária especial, correspondente à diferença, apurada no ano de 1990, entre a variação do IPC e a variação do BTN Fiscal, sobre os encargos de inversão, atrasando a dedução para o período-base de 1993.

O rompimento com o princípio de cautela (*não paridade de tratamento entre lucro e prejuízo*), que deve presidir o balanço para fins de tributação, é ainda mais grave porque bloqueia o abatimento do prejuízo *certo, realizado e pretérito*.

5. Conseqüências Jurídicas.

Assim, as inconstitucionalidades do adiamento da dedução do saldo devedor da conta de correção monetária, apurado em 1990, assim como dos encargos de inversão, no que toca à diferença de indexação pelo IPC e BTN Fiscal (IRVF), expressam-se pela ofensa:

1. à distinção constitucional entre renda e patrimônio (ou capital), que serve de parâmetro para diferentes tributos como imposto sobre a renda e proventos de qualquer natureza, contribuição social sobre o lucro e adicional do imposto de renda estadual;

2. à discriminação rígida de competência tributária, vedando a Constituição que a União crie empréstimo compulsório, imposto sobre o patrimônio (grandes fortunas) e qualquer outro tributo novo, sem a edição de lei complementar e cumprimento de outros requisitos materiais específicos (art. 148 da CF/88);

3. à capacidade contributiva, proibição de confisco e igualdade, pois se deprecia e se reduz parte do patrimônio das pessoas jurídicas, não se permitindo, ou se adiando a manutenção e recomposição do capital nele investido;

4. à irretroatividade das leis, uma vez que o direito à dedução das perdas de valor, expressas nos encargos de inversão já era amplamente assegurado pelas leis em vigor, no ano de 1990;

5. à anterioridade das leis tributárias, naqueles casos em que a correção monetária deficiente configura aumento de carga tributária.

Respostas:

A rigor, a indexação não é tributo. Mas quando se utiliza de índices inidôneos ou irreais, que implicam aumento de carga, podem levar a uma série de conseqüências jurídicas, alterar a natureza do tributo, burlar a discriminação constitucional de competências e os mais elevados princípios tributários.

A indexação deve observar rigorosamente o regime constitucional tributário, especialmente a legalidade, a irretroatividade, a anterioridade, a distinção entre renda e patrimônio, o princípio da não cumulatividade que vigora no IPI e no ICMS (corrigindo-se os créditos se se corrigem os débitos).

QUESTÕES DO TEMÁRIO

ROQUE ANTONIO CARRAZZA
Professor Titular de Direito Tributário da Faculdade de Direito
da Pontifícia Universidade Católica de São Paulo

1. Recebimentos de indenização estão sujeitos ao IR?

Não. Indenização não é nem redimento, nem provento de qualquer natureza, mas reparação, em pecúnia, por perda de direito. A *regra-matriz constitucional* do IR só permite que ele alcance a renda e os proventos de qualquer natureza, não sendo dado ao legislador ordinário, por meio de equiparações ou ficções, dilargar o âmbito de abrangência desse tributo.

Justificativa

O art. 153, III, da CF atribuiu à União competência para tributar a renda e os proventos de qualquer natureza.

Assim, esse tributo só pode alcançar a aquisição de disponibilidade de riqueza nova, isto é, o acréscimo patrimonial experimentado por uma pessoa (física ou jurídica), durante certo período.

Não é qualquer entrada de dinheiro nos cofres do contribuinte que pode ser alcançada pelo IR, mas, tão-somente, os "acréscimos patrimoniais", isto é, "a aquisição de disponibilidade de riqueza nova", como averbava, com precisão, Rubens Gomes de Sousa. O que não tipificar *ganhos durante um exercício financeiro, mas simples transformações de riqueza*, não se cabe no campo do IR.

É o caso das indenizações. Nelas, não há geração de rendas ou acréscimos patrimoniais (proventos) de qualquer espécie, nem riquezas novas disponíveis, mas reparações, em pecúnia, por perdas de direitos.

Melhor esclarecendo, na indenização há *compensação, em pecúnia, por dano sofrido*; nunca, *rendimento*. O direito ferido é transformado numa quantia em dinheiro. O patrimônio da pessoa lesada não aumenta de valor, mas é apenas reposto no estado em que se encontrava, antes do advento do gravame.

Portanto, na indenização inexiste *riqueza nova*. E, sem riqueza nova, não pode haver incidência do IR ou de qualquer outro imposto da competência residual da União (neste último caso, por ausência de indício de capacidade contributiva, que é o princípio informador da tributação por meio de impostos, *ex vi* do art. 145, § 1º, da CF).

Há uma noção constitucional de *renda e proventos de qualquer natureza*, que não pode ser desconsiderada pelo legislador infraconstitucional (quer o complementar, quer o ordinário federal).

O conceito constitucional de *renda e proventos de qualquer natureza* pressupõe ações humanas que revelem mais valias, isto é, acréscimos na capacidade contributiva. Só quando há uma realidade econômica nova, que se incorpora ao patrimônio individual preexistente, traduzindo nova disponibilidade de riqueza, é que se pode falar em "renda e proventos de qualquer natureza". Vai daí que as indenizações, por se limitarem a recompor, em pecúnia, o patrimônio lesado de uma pessoa, não são nem rendimentos, nem proventos de qualquer natureza. Escapam, pois, à tributação por via de IR.

2. As deduções do IR podem ser reduzidas pelo legislador — a pretexto de simplificação — ou, pelo contrário, devem ser multiplicadas, para realizar (dar eficácia) à regra do art. 150, II, da CF?

As deduções do IR devem ser multiplicadas, não só para que se cumpram os ditames do art. 150, II, da CF, como também para que se atendam às exigências do *princípio da capacidade contributiva*. A pretexto de *simplificar* a tributação por via de IR não se pode fazer tábua rasa de direitos constitucionais dos contribuintes.

Justificativa

Por injunção constitucional, a lei deve garantir às pessoas que auferem rendimentos, deduções que lhes garantam a subsistência e a de seus dependentes.

Assim, são inafastáveis as deduções de despesas que o contribuinte tem com tratamentos de saúde, instrução, alimentação, vestuário etc., próprios e de seus dependentes.

Noutros termos, o IR não pode ser transformado num *imposto sobre rendimentos*, o que ocorre sempre que a lei não permite abatimentos de *despesas necessárias* do contribuinte e de seus dependentes. Ao contrário, a lei deve garantir que a *renda tributável* seja obtida, subtraindo-se, da renda global, os *gastos necessários* do contribuinte, máxime os representados por encargos familiares.

É inconstitucional, pois, a Lei 7.713/88, que previu apenas duas alíquotas progressivas para o imposto de renda (pessoa física): 10% e 25% da renda líquida.

Ademais, tal lei, a pretexto de facilitar o cumprimento de deveres instrumentais tributários (*v.g.*, o dever de fazer a declaração anual de rendimentos), desconsiderou as condições pessoais do contribuinte, já que eliminou praticamente todos os abatimentos e deduções de *despesas necessárias* com encargos de família, tratamento de saúde, gastos com educação, moradia etc., que, de acordo com a legislação anterior, eram possíveis. Eliminando ou, quanto pouco, reduzindo sensivelmente, os abatimentos e deduções de *despesas necessárias*, equiparou, de fato, a *renda líquida* à *renda bruta*, impedindo, assim, a individualização da renda e transformando o tributo num imposto impessoal.

A Lei 8.134/90 mitigou tais inconstitucionalidades, mas não as eliminou de todo, porquanto permite, sim, deduções necessárias à mantença do contribuinte e seus dependentes, mas não autoriza outras.

3. A isenção do IR federal implica,* ipso facto, *a não-incidência do adicional estadual?

Não. A isenção do IR federal absolutamente não interfere na incidência do adicional estadual. Só o Estado-membro (ou o Distrito Federal), por meio de *lei própria*, pode conceder isenções do imposto previsto no art. 155, II, da CF.

Justificativa

No mais das vezes, as isenções tributárias são concedidas por meio de lei ordinária, editada pela pessoa política tributante.

A regra geral é esta: só a pessoa política que validamente criou o tributo pode conceder a isenção, desde que o faça por meio de lei. Assim, só a lei federal pode conceder isenções de tributos federais; só a lei estadual, de tributos estaduais; só a lei municipal, de tributos municipais; só a lei distrital, de tributos distritais (do Distrito Federal).

Aliás, em relação à União, o Texto Supremo afastou todas as dúvidas possíveis, sobre esse assunto, ao estatuir, em seu art. 151, III: "É vedado à União: (...) instituir isenções de tributos da competência dos Estados, do Distrito Federal ou dos Municípios".

Fixada esta premissa, é fácil perceber que, sendo o *adicional do IR* um tributo de competência dos Estados e do Distrito Federal, só estas pessoas políticas, por meio de leis próprias, poderão conceder isenções de tal tributo.

Apenas para remarcar as idéias *supra*, o *adicional estadual do IR* não é, em rigor, um adicional do IR federal, mas um novo imposto, que os Estados e o Distrito Federal, estão credenciados a instituir, em seus territórios.

Sendo assim, esse imposto só surgirá, em abstrato, quando uma lei local (estadual ou distrital) descrever, pormenorizadamente, sua hipótese de incidência, seu sujeito ativo, seu sujeito passivo, sua base de cálculo e sua alíquota, observados, evidentemente, os ditames do art. 155, II, da CF.

Qualquer isenção deste imposto não navegará ao sabor da vontade da União, mas dependerá, exclusivamente, da vontade da pessoa política (Estado ou Distrito Federal) que validamente o instituir.

ESTUDO BREVE SOBRE CONTRIBUIÇÕES SOCIAIS ÀS LUZES DA CONSTITUIÇÃO DE 1988

SACHA CALMON NAVARRO COELHO

A Diretoria dos Trabalhos do VI Congresso Brasileiro de Direito Tributário me fez as seguintes indagações:

(a) Podem cumular-se duas contribuições sobre faturamento (PIS e FINSOCIAL)?

(b) A destinação e a gestão do produto da arrecadação das contribuições à seguridade social são elementos essenciais para efeito de sua legitimação constitucional?

(c) À vista do art. 195, parágrafo 4º da CF, a criação de contribuições sociais de "outras fontes" depende da lei complementar?

(d) É constitucional a incidência de contribuição para o INSS sobre os pagamentos a autônomos e administradores de empresa (não empregados)?

(e) É possível a incidência, sobre uma mesma base (por exemplo, o faturamento, CF, art. 195), de diferentes espécies (nominais) de contribuições?

(f) O FINSOCIAL sobreviveu?

Após meditar sobre os temas propostos, resolvi abordá-los por itens não porém, necessariamente, na ordem proposta. Pareceu-me acertado discorrer sobre o tema geral das contribuições sociais abordando, de entremeio, as questões propostas.

CONTRIBUIÇÕES SOCIAIS — NATUREZA JURÍDICA — QUESTÕES DIVERSAS

1. Noções prévias

1.1. A doutrina tributarística ainda não encontrou critérios superiores aos da escola dos *tributos vinculados e não-vinculados* a uma atuação estatal para dividir as espécies de tributos. Juridicamente, como é consabido, o tributo é *uma prestação* (obrigação) pecuniária e compulsória (obrigação de dar dinheiro), instituída em lei (não decorrente de contrato) que não seja sanção de ato ilícito (i.é, não seja *multa* ou *indenização*) administrativamente cobrada (tendo por sujeito ativo *Ente Estatal*). Entretanto, o tributo não é figura unitária, i.é, comporta espécies, que se fixam ao exame do *fato jurígeno* eleito pelo legislador para desencadear o nascimento da obrigação tributária. Se for um fato da vida, *desvinculado de qualquer atuação estatal*, revelador de capacidade contributiva, o tributo a exigir será um imposto. Exemplos: ter renda (IR), fazer circular mercadorias e serviços (ICMS), importar mercadorias (imp. de importação), ser proprietário de imóvel urbano (IPTU) e assim por diante. Se, ao contrário, o fato eleito pelo legislador para gerar a obrigação tributária for uma *manifestação do Estado*, como prestar serviços ao contribuinte, específicos e divisíveis, o tributo a exigir é uma *taxa* proporcional à atuação do Estado. Nesse caso o tributo, ou melhor, seu fato gerador é *vinculado a uma atuação do estado relativamente à pessoa do obrigado*. A hipótese é totalmente diferente da que engendra o pagamento de um imposto. O mesmo ocorre com a contribuição de melhoria, cujo fato gerador é a realização pelo ente público de uma obra (atuação estatal) que venha a beneficiar o imóvel do contribuinte. A contribuição de melhoria é, portanto, um tributo vinculado a uma obra, uma atuação estatal típica. É com espeque nesta dualidade de fatos jurígenos-tributários que a doutrina de todos os povos da família jurídica romano-germânica teoriza o tributo, estruturando as escolas *dicotômicas* e *tricotômicas*. A dicotômica só admite impostos e taxas, a tricotômica admite três espécies tributárias: impostos, taxas e contribuições de melhoria (Brasil e Alemanha, v.g.). Vê-se, claramente, que a *natureza do fato gerador define a natureza jurídica do tributo*. A base de cálculo irá *confirmar* esta natureza jurídica específica de cada tributo, porquanto medirá o fato gerador para extratar a *quantidade* de dinheiro a pagar. Se o imposto é sobre a renda a base de cálculo é a renda. Se a taxa de serviço for, por exemplo, pelo fornecimento de água, a base de cálculo será a quantidade de litros fornecidos. Se o caso é de contribuição de melhoria mede-se a valorização do imóvel decorrente da obra pública ou o custo da obra (contribuição de melhoria tipo "plus-valia" ou "tipo custo"). E, agora se revela por que a escola dicotômica em face da contribuição de melhoria tipo mais-valia considera a espécie como imposto sobre acréscimo patrimonial não ganho. Na contribuição tipo plus-valia o fato gerador é uma *valorização imobiliária* não voluntária, um fato ligado, dizem, ao patrimônio imobiliário do contribuinte. Essas digressões iniciais preparam as respostas às perguntas específicas que estão postas.

1.2. Resta, no entanto, uma breve referência *aos fins* da tributação, que são considerações adicionais, de fundo axiológico, sem o condão de interferir com a questão da *natureza jurídica específica de cada tributo*. Por suposto, todo tributo, até para justificar-se *ética e politicamente*, é dirigido à satisfação dos interesses públicos. Os impostos são arrecadados para satisfazer necessidades coletivas indeterminadas ou determinadas, conforme seja o *direito positivo* que se esteja a examinar. As taxas são para remunerar certos serviços e sobresforços estatais em prol de certos contribuintes. As contribuições de melhoria são utilizadas para captar "mais-valias imobiliárias" ou para ratear o custo de obras públicas entre os proprietários de imóveis de sua zona de influência. No que tange aos impostos, verifica-se nos diversos sistemas jurídicos que uns são destituídos de afetação, i.é, inexistem previsões legais determinando o emprego do produto da sua arrecadação em certos fins. Outros, ao revés, são afetados a finalidades específicas, como por exemplo a *seguridade social*. Isto é algo que depende do *direito positivo de cada povo*. Aqui e alhures, inobstante, muita gente confunde *fato gerador do tributo* com o destino e o emprego da *arrecadação do tributo*. Há sempre a tentação de dizer que os fatos geradores dos impostos-para-a-seguridade são os *benefícios* que o sistema de seguridade presta aos cidadãos, em lamentável erronia. Ora, a contribuição social sobre folha de salários pagos, a cargo do empregador, por exemplo, tem por fato gerador "*pagar salários*" (imposto sobre a renda consumida em despesa salarial). Que o dinheiro arrecadado vá ter às burras da previdência já é outra coisa. Trata-se da *destinação do produto da arrecadação*, "ex lege". Que com esse dinheiro sejam prestados benefícios às mais diversas pessoas, igualmente, constitui outro fato, o do mero *emprego do produto arrecadado*. Aqui já não se cuida da *receita* nem de Direito Tributário, mas de *despesa* (Direito Financeiro). É precisamente por isso que o destino da arrecadação bem como o nome do tributo são irrelevantes para a determinação da sua natureza jurídica específica (ser imposto ou taxa) como predica o CTN (artigos 3, 4 e 5) que é Lei complementar material da Constituição. Seria, todavia, erro rotundo, não levar em conta o destino da arrecadação (mormente quando constitucionalmente fixado) no momento do exame jurídico-positivo das "contribuições sociais", que são, alfim, *impostos afetados a finalidades específicas*, a teor da Constituição brasileira.

2. A destinação e a gestão do produto de arrecadação das contribuições à seguridade social são elementos essenciais para efeito de sua legitimação constitucional?

2.1. A resposta comporta diversas considerações. Historicamente as "contribuições obrigatórias" reunidas no capítulo da *parafiscalidade*, como já exaustivamente examinado por Aliomar Baleeiro, com insumos extraídos do direito europeu (França, Itália, Alemanha, Bélgica, etc.) sempre se apresentaram oferecendo três características básicas, quais sejam: *(a)* Eram voltadas, sempre, a finalidades específicas. *(b)* Eram administradas por órgãos paraestatais e *(c)* Eram extra ou paraorçamentárias, daí que chegaram a cognominá-las de *tributos dos Entes Paraestatais*, por isso que formavam *finanças paralelas*, i.é, as *finanças da paraestatalidade*. Em meu livro de "Comentários à Constituição" dei à estampa a posição de Baleeiro sobre o assunto, "in verbis": "A análise histórica indicia que a parafiscalidade é expediente político e não categoria econômica.

"Embora a prática se houvesse difundido por muitos países, em verdade, assumiu vulto na Itália, durante a era fascista, e na França, durante a ocupação e o regime de Vichy.

"A parafiscalidade corresponde, pois, a um eclipse das instituições democráticas entre as duas guerras e durante a última delas. Nos Estados Unidos, o seguro social, organizado em proporções gigantescas pela União e pelos Estados federados, é suportado pelo Fisco ordinário, isto é, pelo *pay-roll-tax* arrecadado à base da folha de pagamento dos assalariados.

"Note-se a circunstância de que, na França, após o restabelecimento e consolidação das instituições democráticas, depois de 1946, o Parlamento vem reagindo contra a parafiscalidade, não só determinando que sobrevivam apenas as contribuições parafiscais criadas ou mantidas em lei, mas ainda submetendo ao controle do Tribunal de Contas as entidades autônomas beneficiadas com essas receitas.

"Parece-nos que o conceito de parafiscalidade se enquadraria no velho tema, ainda hoje controvertido, da classificação das receitas.

"Cobradas por ato de autoridade, sem qualquer adesão voluntária do contribuinte, as receitas parafiscais entrariam no gênero dos tributos ou ingressos coativos.

"Importa indagar se a parafiscalidade é espécie nova e diferente do gênero tributo, ou se está compreendida nos impostos, como querem Merigot e Laferrière. Ou poderá ser imposto, nalguns casos e taxa nos outros casos?

"Teríamos, então, de investigar, em relação a cada contribuição parafiscal, se os respectivos contribuintes recebem ou não uma contraprestação efetiva quer pelo gozo dum serviço, quer porque este haja sido colocado à disposição deles; ou tenha sido provocada, por atividades deles, a despesa relativa a esse serviço. No caso afirmativo, a contribuição parafiscal estará identificada como taxa *stricto sensu*.

"Ora, em vários casos, tributos para aplicação especial aos fins dos órgãos aos quais o Estado os delegou são exigidos exclusivamente dos grupos ou indivíduos que se beneficiam com as atividades de tais órgãos paraestatais. Teríamos, então, como taxas, as contribuições de trabalhadores e profissionais para institutos de seguro social, sindicato, órgãos de defesa dos interesses de classe.

"*Noutros casos, porém, não há qualquer nexo entre o contribuinte e a finalidade a que se destina a cotização parafiscal*. Se esta recai sobre o custo da mercadoria, ou qualquer elemento desse custo (material, mão-de-obra, etc.), nada importa que, afinal, a arrecadação se destine especialmente ao fomento da produção daquela mercadoria, educação profissional ou técnica de futuros operários para fabricá-la etc. Há, então, imposto.

"O exame dos fatos mostra que a contribuição parafiscal em alguns casos se identifica com as taxas *stricto sensu*, e noutros casos com impostos com destinação especial a um fim. A taxa, por sua natureza, envolve aplicação especial.

"Do ponto de vista jurídico e político, em ambos os casos, como arrecadações coativas, haveria lugar para decretação exclusivamente por lei do Parlamento.

"Esses aspectos da parafiscalidade indicam que os problemas por ela suscitados são de ordem política e jurídica, desde que envolvem a renúncia do Parlamento à função tradicional que o criou e o robusteceu.

"Se é possível, a pretexto de delegação do poder tributário a aplicação especial da receita, estabelecer-se uma finança excepcional paralelamente ao Fisco, sem que suas respectivas arrecadações sejam votadas pelos representantes do povo, nem suas aplicações sofram a fiscalização dos órgãos de controle de contas, então as instituições democráticas receberam, em pleno coração, um golpe bastante perigoso.

"O conceito de parafiscalidade é útil, do ponto de vista exclusivamente didático, metodológico ou terminológico, para designar impostos ou taxas que se distinguem dos demais pela delegação a um órgão paraestatal a fim de serem aplicados aos fins deste" (Ed. Forense - 3ª edição - fls. 168 - 1991).

A cita de Baleeiro é extremamente atual. Na Constituição democrática de 88, a "parafiscalidade" clássica perdeu, no entanto, superfície entre nós. Com efeito, as *contribuições especiais são tratadas no capítulo tributário da Constituição*. Somente podem ser instituídas por lei, em sentido formal e material; a vinculação do produto da arrecadação delas é mandamento constitucional; estão sujeitadas à fiscalização do Congresso e do Tribunal de Contas, órgão auxiliar do Legislativo; devem constar, necessariamente, dos orçamentos da República e *as sociais*, de um *orçamento especial* qual seja o *Orçamento da Seguridade*. Em tudo e por tudo são *tributos afetados a finalidades específicas* e, assim, o coração das instituições democráticas está a salvo de golpes mortais.

2.2. Às luzes do que vimos de ver não me repugna que as contribuições sociais-previdenciárias possam ser fiscalizadas e arrecadadas pelo *Fisco Federal*. Em princípio, isto não constituiria uma presunção "jure et de jure" de *tredestinação*, a malferir a Constituição. Entrariam aqui considerações de ordem prática. Afinal, para que dois *Fiscos*, o da União e o da *autarquia* da seguridade social? Para que dois atos fiscalizatórios, livros, papéis, carimbos, vistos, exigências, "et caterva"? O que não pode haver é a *tredestinação real*, ou seja, o emprego do tributo arrecadado noutros fins, contra o *orçamento ditado pelo Congresso* e a *destinação indicada pela Constituição*. Aliás a *tredestinação* na espécie implica o seu fautor em *crime de responsabilidade*, seja até mesmo o *Presidente da República* ou seu Ministro de Estado. Esta a implantação primeira do tema. Dispõe a CF/88 no seu artigo 165, § 5º: "A lei orçamentária anual compreenderá: I - o orçamento fiscal referente aos Poderes da União, seus fundos, órgãos e entidades da administração direta e indireta, inclusive fundações instituídas e mantidas pelo Poder Público; II - o orçamento de investimento das empresas em que a União, direta ou indiretamente, detenha a maioria do capital social com direito a voto; III - o orçamento da seguridade social, abrangendo todas as entidades e órgãos a ela vinculados, da administração direta ou indireta, bem como os fundos e fundações instituídas e mantidas pelo Poder Público". No art. 149 já dispusera ao elaborar o *sistema tributário*: "Compete exclusivamente à União instituir contribuições sociais, de intervenção no domínio econômico e de interesse das categorias profissionais ou econômicas, como instrumento de sua atuação nas respectivas áreas, observado o disposto nos arts. 146, III, e 150, I e III, e sem prejuízo do previsto do art. 195, § 6º, relativamente às contribuições a que alude o dispositivo". Parágrafo único. "Os Estados, o Distrito Federal e os Municípios poderão instituir contribuição, cobrada de seus servidores, para o custeio, em benefício destes, de sistemas de previdência e assistência social". Finalmente nos artigos 194 e 195, estatuiu: "A seguridade social compreende um conjunto integrado de ações de iniciativa dos Poderes Públicos e da sociedade, destinadas a assegurar os direitos relativos à saúde, à previdência e à assistência social". E "A seguridade social será financiada por toda a sociedade, de forma direta e indireta, nos termos da lei, mediante recursos provenientes dos orçamentos da União, dos Estados, do Distrito Federal e dos Municípios, e das seguintes contribuições sociais: I - dos empregadores, incidente sobre a folha de salários, o faturamento e o lucro; II - dos trabalhadores; III - sobre a receita de concursos de prognósticos". Por aí se vê que inexiste *proibição expressa* inibindo a União de fiscalizar e arrecadar *pró-seguridade* já que a *tredestinação* não se dá com a *arrecadação mas com o emprego do produto arrecadado*. É nesta que residirá a *inconstitucionalidade*. Decerto o art. 195 direciona as "contribuições sociais" aos fins da *Seguridade Social*. Penso que se trata de algo indiscutível. O § 2º desse mesmo artigo é conclusivo: "A proposta de orçamento da seguridade social será elaborada de forma integrada pelos órgãos responsáveis pela saúde, previdência social e assistência social, tendo em vista as metas e prioridades estabelecidas na lei de diretrizes orçamentárias, *assegurada a cada área a gestão de seus recursos*". E, observe-se, por isso que pertinente, que a independência aí formulada é quanto a *gestão dos recursos*. Em suma, a questão do órgão que fiscaliza e arrecada é, em princípio, *desimportante*. Haverá, todavia, evidente ferimento à Constituição, no fato de a *União arrecadar* e *não transferir para o Orçamento da Seguridade Social o produto da arrecadação* das contribuições voltadas à seguridade. Bem sei da opinião doutrinária e dos precedentes jurisprudenciais dos tribunais médios em contrário e até compreendo o temor de todos ante administrações atrabiliárias. Não é outro o adubo principal da corrente "desconfiada". Apenas entendo que esta questão da tredestinação deve ser tratada *jurídica* e *politicamente* noutro nível, não interferindo com o lançamento das contribuições sociais, "data máxima vênia", o que torna supérflua a questão da legitimidade processual ativa para questionar a legalidade da exigência fiscal, até porque teria o sujeito ativo a obrigação de *provar* a tredestinação, não simplesmente *supô-la*. E mais, quando o orçamento da Seguridade direciona o Finsocial ao Ministério da Saúde não é mesmo a União que deve cobrá-lo?

3. À vista do art. 195, parágrafo 4º da CF, a criação de contribuições sociais de "outras fontes" depende de lei complementar?

3.1. Três os *fatos jurígenos* que a teor do art. 195 da CF sustentam o *tributo à Seguridade devido pelo empregador*: seu faturamento, seu lucro e suas despesas em pagamento de salários. Três portanto as contribuições do empregador. Os empregados pagam na fonte percentuais variados sobre os salários que percebem (x% sobre o salário). Há, ainda, uma contribuição sobre jogos, eufemisticamente chamada de contribuição sobre as "receitas de prognósticos". Estas cinco contribuições especiais da seguridade — falamos em cinco em razão de cinco fatos geradores — podem ser instituídas por lei ordinária federal. A exigência de lei complementar aqui seria quando muito apenas sobre *normas gerais*, jamais *lei institutiva, demiúrgica*, i.é, criadora de relação jurídico-tributária entre *credor* e *devedor* (art. 146, III da CF).

3.2. "Outras fontes de custeio", ou melhor, novas contribuições sociais pró-seguridade tais como previstas no art. 195, § 4º da CF, todavia, somente podem ser instituídas por lei complementar. Ademais não poderão ter *fatos geradores* semelhantes aos dos *Impostos do sistema* ou das *Contribuições Sociais já existentes sobre lucro, faturamento, pagamento de salários, percepção de salários e receita de prognósticos*. Mais ainda, os fatos geradores dessas novas contribuições não podem ser *cumulativos*. A palavra "cumulativo" no caso não quer dizer "igual" pois a proibição de "cumular tributos iguais", isto é, instituir dois, de modo nominal, com o mesmo fato gerador, já fora posta claramente no art. 154, I da CF, artigo este a que se liga o art. 195, § 4º, ora "in examen". Não faria sentido expressar duplamente a proibição. A lei não contém palavras inúteis. A expressão cumulativo, no entrecho, tem significado técnico. As novas contribuições haverão de ser como o IPI e ICMS ou, noutro giro, impostos *não-cumulativos*, com o "plus" de serem afetadas aos fins da seguridade social (impostos especiais ou contribuições sociais na terminologia do Constituinte). O que vimos de dizer é de incoercível lógica e decorre com naturalidade de uma análise sistêmica da Constituição Federal. Vejamos bem juntos os artigos da Superlei que interessam ao caso: art. 195, § 4º: "A lei poderá instituir outras fontes destinadas a garantir a manutenção ou expansão da seguridade social, obedecido o disposto no art. 154, I". e art. 154, I: "A União poderá instituir: I - mediante lei complementar, impostos não previstos no artigo anterior, desde que sejam não-cumulativos e não tenham fato gerador ou base de cálculo próprios dos discriminados nesta Constituição". Segundo a jurisprudência dominante, contudo, registre-se que o FINSOCIAL, o PIS e o FGTS, não seriam contribuições *recepcionadas* pela Constituição de 88 e legitimadas pelo art. 195 desta, o que será sempre discutível.

4. É possível sua exigência, a título de "contribuição", de quem não tenha vantagem decorrente de atividade estatal, que é o pressuposto da exação? (É cabível contribuição de empresa relativa a autônomos?)

4.1. É claro que sim porquanto os "*fatos jurígenos*" das contribuições sociais não são as "retribuições sociais" da seguridade. Essas retribuições perfazem os fins da *seguridade*, o destino último e final do produto de arrecadação das contribuições. Não se pode e, pois, não se deve, confundir o *fato jurígeno, o fato gerador, o suposto, a hipótese de incidência de um tributo, com o destino da sua arrecadação*, mormente na área dos *impostos afetados*. Por isso fizemos aquelas considerações exordiais. Agora, obviamente, *o autônomo tem regime próprio para contribuir*. A empresa não contribui por ele. O máximo que se pode admitir na espécie é que o *recebente do serviço do autônomo* possa ser erigido pela lei como *fonte de retenção*, desde que possa ressarcir-se do encargo, descontando no valor que paga o "quantum" do imposto retido. É dizer, pelo simples fato de pagar ao autônomo a empresa *não realiza fato jurígeno próprio* e portanto não contrai obrigação tributária, já que a contribuição sobre a folha alcança tão-somente os assalariados a teor do art. 110 do CTN, que é norma sobre interpretação da legislação tributária.

4.2. Para se chegar a esta conclusão não é preciso falar em "retribuição". Aliás, os assalariados pagam por alíquotas progressivas e os funcionários públicos também. Ademais, mesmo os "não segurados" (terminologia arcaica e incorreta) ou seja, os que nada contribuem, se necessitados, *devem ser assistidos pela Seguridade*, a qual, segundo a Constituição, é *universal* e deve ser sustentada *por todos* (art. 194 e ss. da CF).

5. Havendo identidade de benefícios, é constitucional a previsão de alíquotas mais elevadas para a contribuição sobre o lucro e sobre a folha de salários devida por contribuintes pertencentes a determinados setores da atividade econômica?

5.1. As situações são absolutamente constitucionais pois em tema de seguridade — pacto entre gerações e classes sociais díspares — vigora plenamente o princípio que recomenda receber de cada um segundo a sua capacidade e dar a cada um segundo a sua necessidade. Aliás, o que acabo de expor encontra respaldo no art. 194 da Constituição e seu parágrafo, "in verbis": "Art. 194: A seguridade social compreende um conjunto integrado de ações de iniciativa dos Poderes Públicos e da sociedade, destinadas a assegurar os direitos relativos à saúde, à previdência e à assistência social. Parágrafo único. Compete ao Poder Público, nos termos da lei, organizar a seguridade social, com base nos seguintes objetivos: I - universalidade da cobertura e do atendimento; II - uniformidade e equivalência dos benefícios e serviços às populações urbanas e rurais; III - seletividade e distributividade na prestação dos benefícios e serviços; IV - irredutibilidade do valor do benefício; V - eqüidade na forma de participação no custeio; VI - diversidade da base de financiamento; VII - caráter democrático e descentralizado da gestão administrativa, com a participação da comunidade, em especial de trabalhadores, empresários e aposentados".

5.2. Como já ficou clarificado, as contribuições sociais são impostos pela natureza de seu fato gerador e, portanto, submetem-se aos princípios constitucionais sobre impostos. O fato de se pagar mais ou menos dependerá da capacidade contributiva. Mas devem pagar o mesmo tanto os que têm capacidade contributiva similar (*princípio da igualdade*).

É aplicável às contribuições parafiscais todo um rol de princípios constitucionais tributários. É preciso, contudo, examinar a questão levando em conta as espécies de contribuições existentes no quadro da Constituição de 1988: as sociais, as corporativas e as interventivas.

As corporativas, destinadas aos interesses dos corpos representativos de categorias econômicas e profissionais assumem, muitas vezes, a feição de tributo de capitação. Cada cabeça um tanto. Ora há valor fixo em moeda ou em valor (índice) que nela se possa exprimir (dívida de dinheiro ou dívida de valor), ora há percentual sobre parcela do salário (um dia de salário por ano, *v.g.*).

As interventivas admitem valoração por índices de intervenção e ainda valor fixo no título do tributo. (Diversas "contribuições" interventivas são verdadeiras taxas.)

As sociais, em prol dos diversificados escopos do sistema de seguridade social, são as mais importantes, numerosas, e as quais mais se aparentam com o feitio ontológico e jurídico-positivo dos impostos. Por causa disso a elas se aplicam com maior intensidade os princípios constitucionais regentes de tributação.

Os princípios da *legalidade, irretroatividade fiscal e não-surpresa do contribuinte (anterioridade ou lapso de 90 dias)* aplicam-se a todas, sem exceção como a todas são aplicáveis as *normas gerais de direito* tributário (Código Tributário Nacional). A assertiva implica a incidência dos seguintes artigos: art. 150, I, III, "a" e "b"; art. 146, III; art. 195, § 6º. As referências neste caso são expressas no art. 149 da CF. O rol aí não é exaustivo (*numerus clausus*) como haveremos de ver, até porque o art. 150 da CF que encima e domina a seção das *limitações ao poder de tributar* é enfático na enunciação de que as vedações ali dispostas não "*excluem outras garantias asseguradas aos contribuintes*", extratáveis por dedução e análise sistêmica. Assim, impossível por meio de contribuição, que é tributo, estabelecer limitações ao tráfego de pessoas ou bens (art. 150, V). Vedado, também, no corredor das contribuições, utilizar tributo com *efeito de confisco* (art. 150, IV) ou estabelecer tratamento desigual entre contribuintes que se encontrem em situação equivalente, proibida qualquer distinção em razão de ocupação profissional ou função por eles exercida (art. 150, II). Em tema de contribuição, outrossim, qualquer anistia ou remissão só poderá ser concedida através de lei específica (art. 150, § 6º). Determinadas contribuições, como é o caso da contribuição dos trabalhadores (empregados e autônomos) para a seguridade social (art. 195, III) devem assumir caráter pessoal referenciado à capacidade contributiva do pagante. É que se deduz do art. 159, c/c o art. 194, parágrafo único, incisos I, V, e VI da CF, apropositando a utilização prática do art. 145, § 1º da mesma CF (pessoalidade e capacidade contributiva). Não menos do que por isso as alíquotas da contribuição social dos assalariados se encartam em *série progressiva* e há limite máximo (teto) de contribuição. Quanto às imunidades genéricas, será preciso ver até onde a *finalidade*, dado importante em se tratando de impostos afetados a fins específicos (razão de ser dessas exações) compagina-se com o motivo das várias imunidades. Não faz sentido contribuição interventiva sobre o patrimônio, renda ou serviços das pessoas políticas (art. 150, VI, "a"). Mas, na medida em que as pessoas políticas ou suas instrumentalidades são empregadoras é absolutamente necessário que contribuam para o FGTS e para a Previdência Social, *v.g.* Saber se as contribuições são barradas pelas imunidades genéricas é uma falsa questão, portanto.

O que se não duvida é de que se aplicam as contribuições sociais residuais (art. 195, § 4º) a fórmula restritiva da competência remanescente da União prevista no art. 154, I, da CF, exigente de Lei Complementar e proibitiva de duplicação de fato gerador ou base de cálculo de imposto já existente.

Agora sobre capacidade contributiva nas contribuições. A contribuição social dos empregados para o sistema de seguridade, incidente sobre os salários percebidos, é escalonada através de alíquotas progressivas em razão da quantidade de salários mínimos que o contribuinte recebe. Quem mais recebe mais paga, não apenas *proporcionalmente* senão que *progressivamente*. É de *capacidade contributiva* que o legislador cuidou ao legislar. Tem mais, outros princípios constitucionais são aplicáveis às contribuições parafiscais (e aos empréstimos compulsórios, também). Argumente-se com o princípio do tratamento igual. Nesta mesma contribuição social das pessoas físicas, os funcionários públicos estatutários contribuem com alíquotas de 12% fixa, e note-se que são segurados por metade. Fazem jus a assistência médica e certos benefícios mas se aposentam pelo Tesouro. Ocorre que não possuem limite máximo para a base de cálculo (10 ou 15 salários mínimos) como sucede com os da empresa privada. Isto provoca nos estamentos superiores da administração pública flagrante injustiça. É que, por vezes, pagam o dobro ou o triplo do que pagam os que mais pagam no setor privado (e para terem retorno menor). Ferimento do princípio da tributação isônoma para os que estejam em situação igual (art. 150, II da CF) e ofensa clara ao princípio da capacidade contributiva (art. 146, II) pois pagamos a contribuição em razão de sermos *empregados ou autônomos, com ou sem vínculo de emprego ex vi de lei e não por querer*. O retorno, sob forma de assistências diversas e aposentadoria, tal como nas taxas (uma licença, um alvará, um serviço de apanha-lixo) é irrelevante para caracterizar a espécie tributária, a teor do CTN. O destino da arrecadação é providência da tesouraria, embora a *razão de ser da competência* encontre nos *fins* a justificação para instituir *contribuições parafiscais*.

6. O FINSOCIAL sobreviveu?

6.1. A questão da sobrevivência do FINSOCIAL continua polêmica na doutrina e na jurisprudência. O corifeu da corrente propugnadora da extinção, como todos sabem, é o Prof. Ives Gandra da Silva Martins, com reflexos nos Tribunais Federais, embora não haja, ainda, decisão plenária do Tribunal Superior de Justiça, cuja função precípua é *uniformizar a jurisprudência sobre o direito nacional*, nem do Supremo Tribunal Federal, guarda da Constituição. Tenho para mim que a corrente que defende a recepção do FINSOCIAL pela CF não é tão desarrazoada como dizem seus detratores. Em primeiro lugar, há um argumento de lógica jurídica, irrespondível "in substancia", posto da seguinte maneira: se *lucro, faturamento e pagamento de folha de salários* são os fatos jurígenos genéricos da *Contribuição dos Empregadores*, tanto faz existir uma contribuição sobre cada fato jurígeno com alíquotas de 5% quanto seis alíquotas de 2,5%. A carga tributária final seria sempre igual a 15%. Mas ainda, a "variedade nominal" seria desimportante, prevalecendo a observância do art. 195 da CF quanto ao "fato jurígeno", desde que cumpridos os ditames da Superlei (prazo de 90 dias, *v.g.*, para incidir). Em termos de economia legislativa, é certo, não há razão para tantas contribuições, mas o argumento — frise-se — é esgrimado em defesa das "contribuições recepcionadas" pela corrente que se auto-intitula "pró-seguridade", o que não deixa de ser simpático. Superando a anterior jurisprudência do STF, antes da Constituição de 88, o Tribunal Regional da 4ª Região lavrou acórdão com a redação que se segue: "Tributário, FINSOCIAL. Prova de repasse. Desnecessidade. Empresa que explora ramo editorial. Imunidade. Juros de mora. Termo 'a quo'. Honorários advocatícios. Elevação. 1 - O FINSOCIAL, por sua própria natureza, não comporta repasse. 2 - A Constituição Federal de 1988, no artigo 56 do Ato das Disposições Transitórias, recepcionou a legislação referente ao FINSOCIAL, alterando, contudo, sua destinação, eis que passou financiar a seguridade social. Representa, pois, a exação uma das contribuições sociais (art. 195, I e § 6º da CF/88), não podendo mais ser tratada como se tributo fosse. Todavia, a repetição de indébito abrange importâncias recolhidas anteriormente à promulgação da nova Constituição, época em que vigia o artigo 21, § 1º da EC n. 1/69, que possibilitava à União, usando de sua competência residual, instituir outros impostos não mencionados no *caput* do mesmo artigo e face ao permissivo, foi cobrado o FINSOCIAL. Tendo então característica de imposto, foi indevido o seu recolhimento por empresa imune à tributação, que tem por objeto a exploração do ramo editorial. 3 - Os juros de mora incidem a partir do trânsito em julgado da sentença (CTN, art. 167, parágrafo único). 4 - Os honorários advocatícios são elevados para 10% sobre o valor da condenação nos termos do artigo 20, § 4º, do CPC e entendimento predominante nesta Turma. 5 - Preliminar rejeitada. Apelação improvida. Remessa oficial parcialmente provida" (AC da 4ª T do TRF da 3ª R - mv

- AC 27704/SP/90.03.214190-0 - Rel. Juíza Eva Regina - j. 23.10.91 - Apte.: União Federal; Apda.: Editora Pini Ltda. - DJ SP 03.02.92, pp. 260/1 - ementa oficial).

6.2. Noutro julgado da mesma Corte (AMS 90.04.14649-0/PR) a juíza Luiza Dias Cassales, em suas razões de decidir, averbou que: "A provisoriedade constante no art. 56 do ADCT e na própria localização do mencionado art. 56, refere-se, tão-somente, ao resultado da arrecadação do Finsocial, que, de acordo com o permissivo constitucional, será parcialmente destinado à seguridade social, até a instituição de lei que disponha sobre o art. 195, I, da Constituição Federal. Após, o restante da arrecadação do FINSOCIAL, ou seja, aquela parcela que não foi desviada para o custeio da seguridade social, continuou a atender os fins para os quais ele foi criado. Assim, com a edição da Lei 7.689/88, cessou o desvio de parte do produto da arrecadação do FINSOCIAL, transitoriamente dirigido para o custeio da seguridade social, voltando, toda ela, aos fins estabelecidos pela legislação instituidora. O fato de ser o Tesouro o encarregado de sua arrecadação não desfigura as finalidades a que se destina e que constam da lei instituidora. Pretendesse o legislador constituinte preservar o FINSOCIAL apenas até a edição de lei dispondo sobre o art. 195, I, da CF, teria, então, destinado toda a sua arrecadação à seguridade social e não apenas uma parte dela. Tendo sido recepcionado o FINSOCIAL pela Constituição Federal, sem qualquer interesse prático resulta da discussão sobre possíveis agressões ao princípio de não cumulatividade ou a existência de 'bis-in-idem', ou à necessidade de Lei Complementar para a sua instituição. Resta saber sobre a propriedade da modificação da base de cálculo do Finsocial da 'Receita Bruta' para o 'Faturamento'. Receita Bruta, de acordo com o conceito contido no Decreto-lei n. 1.598/77, que adaptou a legislação do imposto de renda à Lei das Sociedades por Ações, 'compreende o montante das vendas de bens realizadas no exercício, decorrentes de operações de conta própria e o preço dos serviços prestados'. Assim, o conceito de Renda Bruta e Faturamento confundem-se, eis que o último nada mais é do que o valor das faturas emitidas pela empresa".

6.4. Quanto ao FINSOCIAL das prestadoras de serviço, a prevalecer a tese da recepção, não vejo como se possa justificar que não contribuam ferindo o princípio da isonomia contra a redação do art. 150, II da CF: "II - instituir tratamento desigual entre contribuintes que se encontrem em situação equivalente, proibida qualquer distinção em razão de ocupação profissional ou função por eles exercida, independentemente da denominação jurídica dos rendimentos, títulos ou direitos".

IMPOSTO DE RENDA. PERÍODO-BASE. DEVE SER ANUAL?

SIDNEY SARAIVA APOCALYPSE

I- Uma Explicação.

O texto a seguir não pretende ser singular, inovador ou revolucionário. Sequer pretende insubordinação às regras do "bem escrever". Mas devo confessar que enfrentei certo desassossego, alguma inquietação quando decidi escrevê-lo na primeira pessoa do tempo verbal. Também, não pretendi, com essa decisão, demonstrar descontentamento, insatisfação com quem adota forma diversa para expor idéias. O tratamento "nós", invariável nas publicações de igual natureza, não é expressão que me agrada. Quando a uso — e não foram poucas as vezes — sinto estar escrevendo com "mão alheia". Assim, pela primeira vez, enchi-me de coragem, e resolvi apresentar este escrito identificando-me com o singelo, mas nem sempre bem compreendido "eu". Faço, pois, como os holandeses,[1] que reservam apenas à rainha a utilização do "nós" ("wij". Pronuncia-se vei), certamente porque, como chefe de Estado, representa uma comunidade.

II- A Proposição Congressual.

1. É proposição deste VI Congresso Brasileiro de Direito Tributário, apresentar conclusões quanto a ser, ou não, constitucional a modificação do período-base de incidência do imposto de renda das pessoas jurídicas (de anual para mensal), promovida pela Lei 8.383/91, em face do que dispõe o artigo 146, III, "a", da Constituição Federal.

2. A competência tributária foi distribuída entre as pessoas políticas (União, Estados, Municípios e Distrito Federal), de tal modo a determinar, e certamente em relação aos impostos, os fatos que cabem a cada qual tributar.

3. A outorga constitucional de competência tributária determina às pessoas políticas obediência à Constituição. Dada a hipótese tributária descrita no Texto Constitucional, nem o legislador ordinário nem o complementar podem alterar tal discriminação.

4. Dessa maneira, *o exercício da ação de tributar é livre* (porquanto se trata de exteriorização da "parcela" de poder recebido da Constituição); *privativo* (visto que compete tão-somente à pessoa política tributar o fato à mesma atribuído para ação de tributar); e *inalterável* (dado que atribuição com origem na Constituição não pode ser alterada por norma infraconstitucional, ainda que produzida pela própria pessoa jurídica investida da competência).

5. O imposto de renda das pessoas jurídicas foi entregue à competência tributária da União. Ao fazê-lo, o constituinte delimitou não só a competência das demais pessoas políticas, como ainda da própria União. Esta é competente para tributar a renda e proventos de qualquer natureza (fatos, pois, que se ajustem ao conceito), limitada, também, nesse particular, a fazer

1. Conforme me contou a advogada e mestre em Direito na Holanda, Marjolein Gerdingh.

com que esse imposto seja informado pelos critérios da generalidade, da universalidade e da progressividade, não podendo incidir sobre determinados rendimentos auferidos por certas pessoas.[2]

6. A despeito de tais preceptivos, tem-se que a Constituição também determinou que *cabe à lei complementar estabelecer normas gerais em matéria de legislação tributária sobre a definição dos fatos geradores, bases de cálculo e contribuintes dos impostos constitucionalmente discriminados.*[3]

7. Se assim é, há que se indagar: está a Constituição a outorgar competência tributária (livre, privativa e inalterável), através de certos comandos, e condicionando o exercício dessa competência à edição de lei complementar que defina fato gerador, base de cálculo e contribuintes dos impostos discriminados? A mim não faz sentido conclusão desta espécie. Valeria dizer que a Constituição que contém — como a unanimidade da doutrina me demonstra — normas jurídicas de maior grau; que detalhou todas as regras fundamentais da ação de tributar, pode ser modificada pelo legislador complementar numa só penada, já que este poderá introduzir no ordenamento conceitos diversos dos utilizados pelo constituinte ou limitações desses conceitos. Seria o mesmo que admitir — e isto não passa pela cabeça de qualquer estudioso do Direito — que o legislador infraconstitucional está autorizado a modificar a distribuição de competências que o constituinte retratou na Constituição (expressão soberana do Poder).

8. Reconhecer competência ao legislador complementar para criar limitações ao "poder tributário" previsto na Constituição, implica admitir que a competência tributária atribuída às pessoas políticas pode ser alterada pelo legislador infraconstitucional e que, pois, a autonomia jurídica (permissão para criar o direito na respectiva órbita de competência) não é livre e sequer privativa, porquanto poderia ser comprimida pelo legislador complementar.

9. Lei complementar com semelhante previsão estaria a ofender o princípio republicano. Princípio esse retratado na Constituição, quando expressa a vontade dos Estados-membros em repartir competências e, no caso, tributárias. Retratada, pois, essa vontade na Constituição, fica impedida sua alteração por lei, ainda que complementar. A vontade dos Estados retratada na Constituição somente pode ser alterada mediante rígido sistema de apresentação, discussão e aprovação de emenda constitucional.[4]

10. *Lei complementar que inove, pois, o que já deflui da Constituição com respeito à competência tributária, é inconstitucional, porquanto estará ferindo o princípio federativo adotado pelo Estado brasileiro, e que se reflete, quanto à matéria tributária, na descentralização, ou repartição de competências tributárias que, aliás, é imutável.*

11. Conseqüentemente, não tendo a Constituição previsto limites quanto a aspectos temporais da hipótese tributária do imposto de renda das pessoas jurídicas, lei infraconstitucional, ainda que de natureza complementar, não pode introduzir tal limitação.

2. Constituição, art. 153, III e § 2º, I e II.

3. "Art. 146. Cabe à lei complementar: ... III. estabelecer normas gerais em matéria de legislação tributária, especialmente sobre: a) definição de tributos e de suas espécies, bem como em relação aos impostos discriminados nesta Constituição, a dos respectivos fatos geradores, bases de cálculo e contribuintes; ...".

4. A Constituição, art. 60, determina que a mesma só pode ser emendada por iniciativa do Presidente da República ou de, no mínimo, um terço dos membros da Câmara dos Deputados ou um terço dos membros do Senado Federal ou, de mais da metade das Assembléias Legislativas estaduais. A discussão da emenda e sua votação deve se dar em dois turnos, considerando-se aprovada se obtiver, em ambas as votações, aprovação de 3/5 dos membros de cada uma das Casas. Sequer será apreciada emenda que tenda a abolir a Federação, o voto direto, a separação de Poderes e os direitos e garantias individuais.

III- Conclusões.

12. É constitucional, em minha opinião, a modificação do período-base de incidência do imposto de renda das pessoas jurídicas (de anual para mensal), promovida pela Lei 8.383/91. Isto porque a lei complementar prevista no artigo 146, III, "a", da Constituição Federal, somente pode estabelecer normas gerais em matéria de legislação tributária (ainda que com respeito à definição de fato gerador, base de cálculo e contribuintes de impostos discriminados), com a finalidade de aclarar conceitos constitucionalmente previstos, e não para impor limitações que não tenham sido previstas na Constituição. A limitação do legislador ordinário, mediante lei complementar, quanto à competência para dimensionar no tempo o período-base de apuração do imposto de renda das pessoas jurídicas, implica ofensa ao princípio federativo, dado que interfere, alterando, inovando, a repartição de competências, expressada pela vontade dos Estados-membros e retratada na Constituição Federal.

CONTRIBUIÇÕES SOCIAIS

WAGNER BALERA

Exórdio.

A seguridade social brasileira, no marco constitucional de 1988, fixa duas diretrizes básicas para o respectivo financiamento: a primeira é a da eqüidade no custeio (art. 194, único, inciso VI) enquanto que a segunda determina a diversidade das bases de financiamento (inciso VI do mesmo preceito).

Por seu turno, o *caput* do art. 195 acrescenta que a sociedade, como um todo, financiará a seguridade. E esclarece: de forma direta e indireta. Aquele, por meio de contribuições sociais. E, este último, por meio de dotações orçamentárias.

Destarte, o sistema receberá recursos providos dos orçamentos da União, dos Estados, do Distrito Federal e dos Municípios e terá como fontes tributárias as contribuições sociais dos trabalhadores; dos empregadores e sobre a receita de concursos de prognósticos.

É nota característica do financiamento do sistema de seguridade social que o mesmo seja regido pelo denominado *Plano de Custeio*.

Diferente dos demais programas e projetos de atuação do Estado, os planos de seguridade dependem de prévia definição sobre o regime financeiro de todo o arcabouço de proteção; de fixação precedente das contribuições por meio das quais o segurado e a empresa a ele aderem e, finalmente, de disciplina de aplicação de reservas a serem auferidas em cada exercício.

Editada a Lei Orgânica da Previdência Social (Lei 3.807, de 23 de agosto de 1960) seu Regulamento (afinal consubstanciado no Decreto 72.771, de 1973), assim definia o Plano de Custeio: "Art. 273 — O Plano de Custeio consistirá em um conteúdo de normas e previsões de despesas e receitas estabelecidas com base em avaliações atuariais e destinadas à planificação econômica do regime e seu conseqüente equilíbrio técnico-financeiro".

Como se constata, são fins do Plano de Custeio: *a*] a planificação econômica do regime; e *b*] a busca do equilíbrio técnico-financeiro do sistema.

Para a edição dessa peça, como parece curial, exige-se a colaboração entre o Legislativo e o Executivo. Como acaba de se verificar com a expedição do Relatório da Comissão constituída pela Câmara dos Deputados para discutir e debater a crise previdenciária, e de que foi Relator o Deputado Antonio Britto, compete ao Congresso discutir rumos da seguridade social, fixar-lhe metas e prioridades e fornecer meios garantidores do equilíbrio financeiro de todos os respectivos projetos e programas. Ao Governo, por seu turno, cabe envidar esforços a fim de que o plano de proteção cumpra integralmente os elevados objetivos que lhe comina o Estatuto Fundamental.

Embora a respectiva ementa assim tenha enunciado, a Lei 8.212, de 24 de julho de 1991, não é um verdadeiro Plano de Custeio.

Referido Diploma Legal, falto de qualquer tipo de levantamento (estatístico, demográfico e atuarial), cria bases de financiamento sem nenhum apoio técnico.

Nele é fixado, decerto, o catálogo das diversas fontes financeiras do sistema de seguridade social. Todavia, não cuida das projeções que legitimariam tanto a criação como a majoração de contribuições sociais.

E, como isso ocorreu, o esquema em questão nem se amolda ao Sistema Tributário Nacional e nem se autentica em normas que dão a disciplina jurídica do tipo de tributo (contribuição social) adrede definido como base financeira da seguridade social.

Lei que cria ou aumenta contribuições deve ter por pressupostos estudos, elaborados na seara técnica, que cabalmente demonstrem as necessidades financeiras do sistema e o destino do incremento de receita decorrente.

Aliás, a lei orçamentária, derivada da Lei de Diretrizes Orçamentárias (art. 165, § 2º, da CF) há de conter, necessariamente, o demonstrativo aqui referido.

Deveras, grafa o art. 96 da Lei 8.212/91 que: "Art. 96 — O Poder Executivo enviará ao Congresso Nacional, anualmente, acompanhando a Proposta Orçamentária da Seguridade Social, projeções atuariais relativas à Seguridade Social, abrangendo um horizonte temporal de, no mínimo, 20 (vinte) anos, considerando hipóteses alternativas quanto às variáveis demográficas, econômicas e institucionais relevantes".

Ainda que de modo sutil, o esquema em que se calca o financiamento da seguridade social guarda relação com o arquétipo do vetusto contrato de seguro que, como sabemos, inspirou o modo bismarckiano de proteção social.

Há ali a relação *sinistro prêmio* segundo a qual: quanto maior venha a ser estimado o risco de sinistro tanto maior será o prêmio vertido pelo tomador, na relação securitária.

Nota distintiva da contribuição para a seguridade é o nexo entre contribuição e prestação.

A chave para a intelecção dessa relação entre contribuição e risco e entre contribuição e prestação encontro no que denomino "*regra da contrapartida*" que funciona, entendo, como limitação constitucional específica ao poder de criar as contribuições para a seguridade social.[1]

A existência de discriminação constitucional das receitas e despesas a serem gerenciadas pelos órgãos do sistema de seguridade social, encontra fundamento em tal regra assim insculpida no 5º § do art. 195 da CF: Art. 195 (...). "§ 5º Nenhum benefício ou serviço da seguridade social poderá ser criado, majorado ou estendido sem a correspondente fonte de custeio total".

A idéia nuclear d'um sistema estatal de proteção se associa a noção elementar de contabilidade: a noção de *caixa*.

Para a *"CAIXA"* — e, em tempos pretéritos, como se sabe, o órgão previdenciário tinha o significativo nome de *Caixa de Aposentadoria e Pensões* — são vertidas contribuições. Da *"CAIXA"* devem ser sacadas prestações (benefícios e de serviços).

É senso comum que nenhuma caixa terá equilíbrio quando saques são maiores do que entradas.

A regra da contrapartida é o comando constitucional que torna compulsório esse equilíbrio entre entradas e saídas da *"CAIXA"*.

Pode o legislador criar, majorar ou estender as prestações. Mas, só terão validade constitucional providências desse teor se houver expressa previsão, em lei, das fontes de custeio de tais novas prestações.

É claro que o desejado equilíbrio, gerador de seguridade, não se efetiva sem ampla avaliação técnica e atuarial do sistema. Tal diagnóstico depende, como já assinalado antes, de Plano de Custeio bem engendrado.

1. Wagner Balera, *A Seguridade Social na Constituição de 1988*, São Paulo, Ed. RT., 1989, p. 68.

As contribuições sociais e sua natureza.

A Constituição Federal cuida das contribuições nos artigos 146, III, 149, 150, I e III e no art. 195.

Exações compulsórias, criadas por lei, e que, por isso mesmo, não se apartam das regras constitucionais aplicáveis aos demais tributos, formam parte do que é genericamente denominado Sistema Tributário Nacional.

No caso específico das contribuições de que trata o art. 195 da Lei Suprema, a medida legal (base imponível) da exação pode ficar sujeita à majoração das alíquotas vigentes (ou a fixação de certos adicionais), se o *risco social* a ser coberto pelo plano de proteção vier a revestir-se de maior gravidade.

Daqui resulta um significado novo para essa categoria obrigacional que, por isso, alguns denominaram como tributo *especial*.

Nesse tipo de exação, é lícito aferir se ela — entrada (*input*) do sistema — encontra correlatividade com determinada prestação — saída (*output*) do sistema — já que somente com a conjugação desses dois elementos fica assegurado o equilíbrio financeiro da seguridade social.

Dito por outras palavras: no universo da seguridade social, o Plano de Custeio possui caráter instrumental em relação ao Plano de Prestações.

Sempre que venha a ser criada, majorada ou estendida alíquota de contribuição inicialmente fixada pelo Plano de Custeio, há de ocorrer a demonstração cabal do destino dos recursos adicionais a serem gerados por essa nova fonte de custeio.

Assim, o intérprete pode indagar — se a norma não aludir expressamente — qual prestação não se ajusta, na construtura legislativa infra-constitucional, ao molde inicial do plano de prestações.

Para a configuração de um tributo como contribuição, a respectiva receita deve estar sendo utilizada para a cobertura das prestações e não para o cumprimento de outras finalidades. São relevantes os gastos destinados ao combate à seca do Nordeste. Nem por isso poderá o governo sacar verbas do orçamento da seguridade social para investir em programas naquela seara. Se, no entanto, a seca do Nordeste gera uma epidemia de *colera morbus* é evidente que os recursos da área de saúde podem ser ali aplicados.

A denominação *contribuição social* surgiu, pela primeira vez, no Texto Constitucional, quando da edição, em abril de 1977, da Emenda n. 8, à Constituição de 1967.

Já a expressão simples — contribuição — despida do adjetivo é, classicamente, elencada ao lado dos impostos e das taxas, como uma das espécies tributárias.

A natureza jurídica das contribuições, todavia, é assunto mal examinado pela doutrina.

Gomes de Sousa, Giuliani Fonrouge e Valdes Costa, autores do *Modelo de Código Tributário* para o programa de tributação OEA/BID, consideram tais exações como vocacionadas a custear vários programas sociais. Estão definidas no *Modelo* duas contribuições: a de melhoria e a de seguridade social.[2]

Porém, quem se mostre disposto a explicar a específica natureza jurídica dessas exações lança mão, via de regra, do tema da *parafiscalidade*. Consta que tal expressão teria sido cunhada por Emmanuelle Morselli.[3]

O CTN adverte, no sempre citado art. 4º, que não é o *nomem iuris* que decide

2. *Modelo de Código Tributário* (Programa de Tributación OEA/BID) segunda edição, Washington-DC, 1968, art. 17.

3. Emmanuelle Morselli, "Parafiscalidade e seu Controle", citado por Edvaldo Brito, Caderno de Pesquisas Tributárias n. 2, São Paulo, CEEU/Resenha Tributária, 1977, p. 119.

sobre a natureza do tributo. E, como afirma Aliomar Baleeiro, as contribuições parafiscais são tributos. E, enquanto tais, jungidas aos princípios constitucionais tributários.[4]

Passemos, agora, a analisar as contribuições dos empregadores para a seguridade social, nos termos em que a matéria é tratada pela Constituição de 1988.

Contribuição sobre a folha de salários.

Grafa o inciso I, do art. 195, da Carta Magna, que são ao menos três as contribuições dos empregadores.

A primeira delas terá como base de cálculo a folha de salários; a segunda incidirá sobre o faturamento e a terceira recairá sobre o lucro.

Na primeira lei do Brasil, a Lei Eloy Chaves (Decreto Legislativo 4.682, de 24 de janeiro de 1923), a empresa já figurava no rol dos contribuintes.

Recorda porém Russomano que, na evolução normal do sistema de seguridade, o financiamento há de ser exclusivamente estatal. Esse é o avanço em face do primitivo modelo do seguro social. E, acrescenta o jurista gaúcho, com certo desencanto, que inexiste regime absolutamente perfeito de seguridade social.[5]

Quem é o empregador?

Advirta-se que a Constituição vigente se vale, indiferentemente, tanto da expressão *empresa* como do termo *empregador*, o que demonstra a amplitude do vocábulo.

Qualquer pessoa, natural ou jurídica que toma serviços de trabalhadores. Quem paga pela prestação de serviços é a empresa.

4. Aliomar Baleeiro, *Direito Tributário Brasileiro*, Forense, Rio, 1977, 5ª edição, p. 571.

5. Mozart Victor Russomano, *Curso de Previdência Social*, Forense, Rio, 2ª edição, 1983, p. 56.

Há dois vínculos jurídicos entre empregador e Poder Público na área da seguridade social. Tais vínculos são inconfundíveis com o que conexiona a empresa ao trabalhador que lhe presta serviços.

O primeiro vínculo qualifica o empregador como segurado. A segurança relação, por seu turno, situa o empregador como patrão. E, nesta última qualidade, na órbita privada (remotamente, na *locatio operis* do direito civil), estamos diante do contrato de trabalho. Já na esfera pública, onde se situam os dois primeiros liames estamos, *ope legis*, diante de relações previdenciárias e tributárias.

Claro que a vantagem especial que o empresário retira do fato de contar ele próprio e seu colaborador, permanente ou eventual, com a cobertura da proteção social, é maior do que aquela que irá beneficiar o obreiro. Essa vantagem repercute duplamente: na vida da pessoa jurídica (a empresa) e na vida dele (empresário).

Por isso, justifica-se a cobrança de contribuição tanto do empregador enquanto segurado como dele mesmo enquanto empresário.

Os fundamentos constitucionais são distintos, embora situados no mesmo preceito.

A contribuição do empregador que toma serviços do segurado incide sobre a remuneração que o mesmo paga, nos termos do inciso I do art. 195 da Carta Fundamental.

Entendemos ter dado a devida amplitude ao termo "folha de salários" que não pode ser reduzida a simples locução gramatical. Aliás, na vida real nem mais existe, em muitas empresas, folha de salários... Um disco acoplado ao *hardware* do computador a substituiu em grande parte das empresas, na era da informática.

Por diversas vezes a Carta Magna fala em salário de contribuição que, sabe-se, não é salário. Salário de contribuição, em nosso direito, quer dizer: base de incidência das contribuições de seguridade.

Obviamente o conceito constitucional só pode estar a se referir a "folha de salários-de-contribuição", expressão que equivale, no contexto previdenciário, a qualquer título de remuneração, ainda que não inclusa em folha. O tomador dos serviços do trabalhador autônomo e do administrador deve a tal pessoa certa importância. O direito não admite trabalho sem retribuição, salvo bem caracterizadas hipóteses de voluntariado.

Assim como o salário-base do autônomo não é salário, mas base de cálculo, também folha de salários não quer significar folha de salários de empregados. Abrange as importâncias pagas ao segurado. Disso decorre a clara menção expressa no art. 201, § 5º da Constituição, que assim se acha redigido: "Art. 201 (...) § 5º. Nenhum benefício que substitua o salário de contribuição ou o rendimento do trabalho do segurado terá valor mensal inferior ao salário mínimo".

Naturalmente o autônomo e o administrador, ainda que não empregado, terão rendimentos que lhes paguem os serviços prestados à empresa. E, por terem exercido atividade remunerada, acionaram o fato gerador da contribuição.

A lei pode considerar que os honorários do autônomo e o *pro labore* do administrador, para efeito de incidência da contribuição, devem estar inclusos na folha e havidos como "recompensa por serviços prestados". Aliás, essa expressão foi corretamente utilizada pela Eminente Juíza Luiza Dias Cassales em voto que mereceu unânime acolhida da 2ª Turma do Colendo Tribunal Regional Federal da 4ª Região, nos autos da Apelação Civil 91.04.10470-6/PR.[6]

Postas estas considerações, podemos responder ao quesito assim formulado:

É constitucional a incidência de contribuição para o INSS sobre os pagamentos a autônomos e administradores de empresa (não empregados)?

A idéia-força que anima a seguridade social é a da "*solidariedade entre gerações*": a geração presente custeia prestações que serão desfrutadas pelas futuras.

Depende de planejamento, a ser implementado pela Administração Pública, a eficácia do sistema. Onde não existe Plano de Custeio não se pode falar de planejamento prévio e de respeito à solidariedade.

Do ponto de vista tributário, afirmo que a rígida equação, decorrente da regra da contrapartida, impede que as contribuições de seguridade sejam cobradas de pessoas que não tenham acesso às prestações ou que não estejam, ainda que de modo indireto, relacionadas com aqueles que irão auferir prestações.

De certo modo, o tratamento discriminatório a que ficaria sujeito quem não estivesse situado no universo jurídico da seguridade social — o contribuinte — não apenas estaria violando a regra da contrapartida.

A eqüidade no custeio (art. 194, parágrafo único, V) que, já averbei, é a dimensão específica da isonomia na seara previdenciária, estaria afrontada.[7]

A isonomia é a principal garantia constitucional. Todas as demais com ela se relacionam direta ou indiretamente.

Por isso mesmo, há também referência à isonomia tributária que, enquanto tal, se expressa tanto na consideração da capacidade econômica do contribuinte relativamente aos impostos (art. 145, 1º, da CF), como na enfática proibição insculpida no inciso II do art. 150, do Estatuto Fundamental, assim formulada: "Art. 150. Sem prejuízo de outras garantias asseguradas aos contribuintes, é vedado à União, aos

6. A ementa do julgado está publicada no *Repertório IOB de Jurisprudência* 5/92, p. 86.

7. Wagner Balera, *A Seguridade Social...*, cit., p. 42

Estados, ao Distrito Federal e aos Municípios: (...) II - instituir tratamento desigual entre contribuintes que se encontrem em situação equivalente, proibida qualquer distinção em razão de ocupação profissional ou função por eles exercida, independentemente da denominação jurídica dos rendimentos, títulos ou direitos".

Observe-se: "*independentemente da denominação jurídica dos rendimentos...*".

Se é que me posso expressar assim, a igual teor de proteção conferido pelo sistema de seguridade há de corresponder igual carga tributária no item específico das contribuições a serem vertidas para tal sistema, sem que caiba consideração quanto ao nome que tenham dado à recompensa por serviços prestados pelo obreiro.

Entendo que a incidência de contribuição incidente sobre pagamento realizado a autônomo e a administrador de empresa, ainda que não empregados, é constitucional.

Essa exação, como todas as demais contribuições de seguridade social, é boa expressão da regra acima transcrita, tal como se insculpida no art. 150, II.

Constituiria discriminação, em favor do tomador dos serviços do autônomo e do administrador, a não incidência de contribuições sobre a remuneração paga pela empresa e esses segurados. Estes últimos teriam igualdade de proteção previdenciária quando postos em paralelo com os demais segurados. Entretanto, a pessoa jurídica que lhes confere ganhos estaria desobrigada de contribuir, em flagrante afronta ao art. 195, I, da Constituição.

Está presente a vantagem diferencial proporcionada ao tomador — empresa — pela existência de um sistema de seguridade que protege o autônomo e o administrador, ainda que estes não sejam empregados. *Ergo*, é essa vantagem que move o sistema a cobrar da empresa a referida contribuição social.

Enfim, insisto, a isonomia constitucional resulta prestigiada com a incidência de tal contribuição sobre pagamentos a autônomos e administradores de empresas, ainda que não empregados.

A contribuição sobre o faturamento.

Escrevi que diretriz básica do custeio, grafada no inciso VI do parágrafo único do art. 194, é a que estabelece a diversidade das bases de financiamento.

Explicitando essa diretriz, o constituinte instituiu duas novas bases de custeio do sistema de seguridade social: o *faturamento* e o *lucro*.

A segunda medida tomada como base de cálculo do montante devido pelo empregador será o faturamento.

A Organização Internacional do Trabalho conta com diversos estudos que demonstraram, de modo cabal, a elevação dos custos de produção daqueles setores que empregam muitos operários.

Esse fator acelera a substituição do homem pela máquina; reduz a competitividade das empresas com grande número de trabalhadores nos seus quadros e joga no mercado informal boa parte da força de trabalho do país.

Por seu turno, elevado nível de automação das atividades gera contribuições em montante inexpressivo.

Esse diagnóstico demonstrou que não mais convinha ao sistema de seguridade social situar apenas e tão-somente na folha de salários as medidas de grandeza do fato — ser empregador — que gera a contribuição.

Impende relacionar a qualificação jurídica do que remunera trabalhadores (e, nesse sentido, é empregador/empresa) com dado econômico — o faturamento — que, por determinação da Lei Maior, guarda algum nexo com os objetivos da seguridade social.

Que critério seria apto a desvelar esse nexo?

Um critério poderia ser o seguinte: para um maior faturamento, com menor número de trabalhadores, a alíquota incidente deveria ser maior. Contrariamente, tanto que fossem utilizados grandes contingentes de trabalhadores, o elevado faturamento seria premiado com alíquotas mais brandas.

A produção de uma empresa, cuja representação numeral é o faturamento, está relacionada (do ponto de vista previdenciário) a dois fatores que lhe observam pertinência: *a*] o número e a qualificação dos profissionais que lhe prestam serviços e; *b*] a seguridade social que os trabalhadores desfrutarão a seu tempo.

Quanto maior proteção o Poder Público oferece aos obreiros (e aos que deles são dependentes), tanto mais esses mesmos operários dedicam-se, com tranqüilidade, às atividades produtivas. Há um nexo entre produção e proteção!

Parece-nos, pois, que o faturamento é uma boa medida do fato gerador da contribuição social em estudo.

Advirta-se, no entanto, que o conceito jurídico de faturamento há de ser encontrado no direito privado visto como à legislação tributária é vedado alterar a definição, o conteúdo e o alcance de conceitos dessa órbita. Esta assertiva se mostra evidente com a simples leitura do art. 110 do CTN.

A expressão *faturamento* designa, no direito mercantil, o conjunto de diversas faturas. E fatura, explica claramente De Placido e Silva, é "o documento representativo da venda já concluída".[8]

Enquanto receita operacional, o faturamento é objeto de tributação através da contribuição instituída pela Lei Complementar 7, de 7 de setembro de 1970 (PIS) que agora, por mandato constitucional (art. 239), se destina ao financiamento do seguro-desemprego.

Na Lei Eloy Chaves, essa base de incidência era considerada. A exação a ser paga pelo empregador incidia, então, sobre a receita bruta.

A polêmica contribuição social do FINSOCIAL, que o Decreto-Lei 1.940, de maio de 1982 criou e a Lei 7.689, de 1988, artigo 9º, manteve, é considerada, pela jurisprudência predominante, como imposto criado no âmbito da competência residual da União, precisamente por estar a incidir sobre o faturamento.

Pode-se dizer que já conviviam, antes mesmo da promulgação da Constituição de 1988, no interior do sistema tributário, dois tributos sobre o faturamento: o destinado ao fundo PIS/PASEP e o FINSOCIAL.

A mim parece que, nesse caso específico, se pode falar em incidência de duas espécies nominais de contribuições sobre a mesma base.

Agora, a Lei Complementar 70, de 30.12.91, que cria contribuição para a Seguridade Social estabelece que o faturamento (base de cálculo do tributo) é a receita bruta das vendas de mercadorias, de mercadorias e de serviços e de serviços de qualquer natureza (art. 2º).

Coalescem no sistema tributário, portanto, dois tributos, ambos criados por Leis Complementares, sobre a mesma base — faturamento — e ambos destinados a financiar a seguridade social.

O primeiro é o da Lei Complementar 7/70, que financia o seguro-desemprego (art. 239, da Constituição). E o segundo é a novel contribuição para o financiamento da seguridade social, instituída pela supracitada Lei Complementar 70, de 1991.

Postas estas considerações estou posicionado para responder às seguintes indagações:

8. De Placido e Silva, "Faturamento", verbete no *Vocabulário Jurídico*, Rio, Forense, 1973, 3ª edição.

Podem cumular-se duas contribuições sobre faturamento?

É possível a incidência, sobre uma mesma base (por exemplo, o faturamento), CF, art. 195, de diferentes espécies (nominais) de contribuições?

Ambas as perguntas merecem resposta afirmativa.

A Constituição autorizou, expressa e excepcionalmente, essa situação jurídica.

Ao art. 195 cumpre acrescentar, a fim de bem respondermos à segunda indagação, a regra expressa no art. 239 da mesma Constituição. Esse preceito, aliás, é o fundamento de validade da contribuição do PIS/PASEP.

A magnitude do sistema de seguridade social não está, de pleno, configurada. Mesmo após a edição da lei que institui o rol de contribuições surgirão novas necessidades sociais a demandarem criação, majoração e extensão das contribuições.

Deveras, o seguinte preceito da Lei Suprema resolve a questão: "Art. 195 (...) § 4º. A lei poderá instituir outras fontes destinadas a garantir a manutenção ou expansão da seguridade social obedecido o disposto no art. 154, I".

Podemos, por força desse dispositivo, antever a superação breve do vigente rol de contribuições sociais destinadas a custear a seguridade. A criação, majoração e extensão dos benefícios e de serviços será exigência social e política da sociedade e é inexorável em um país com questão social tão grave.

Antevendo essa possibilidade real e cada vez mais concreta, e compreendendo as limitações dos recursos já criados, o constituinte abriu campo futuro para a incidência de contribuições previdenciárias.

Pela competência residual, a União buscará recursos que garantam os dispêndios do terreno social.

Os ônus dos novos encargos serão, claro, suportados por contribuintes e por toda a sociedade.

Os limites de exercício da competência residual da União estão definidos. Basta ler o artigo 154 da Constituição de 5 de outubro.

O primeiro desses limites proíbe a criação de novos tributos, na faixa da competência residual, que tenham fatos geradores ou bases de cálculo idênticos aos de tributos já discriminados na Constituição.

Paulo de Barros Carvalho denomina "princípio da tipologia tributária" o que estabelece diferenças entre as espécies tributárias. O tipo tributário, diz o Mestre, resulta da integração lógica do fato gerador com a base de cálculo.[9]

Assim, não poderia o legislador instituir — com fundamento na sua competência residual — contribuição social cujo fato gerador ou base imponível se mostrasse idêntico ao de tributo já existente.

A lei pode destinar o produto da arrecadação de imposto federal ao fundo de seguridade social.

Essa matéria, todavia, não afeta a natureza jurídica específica do tributo. Ela se resolve em esfera financeira.

Nada impede, ainda, que adicionais de tributos venham a ser instituídos em favor do sistema de seguridade social. Esses adicionais, possivelmente, assumiriam a forma de "*cotas de previdências*" que são conhecidas fontes de custeio do sistema.

A segunda vedação constitucional, exarada no mesmo art. 154 da Lei das Leis, impede a criação de impostos — e, por extensão, de contribuições — que tenham natureza cumulativa.

Como ensinam os doutos, os tributos cumulativos possuem caráter regressivo.

9. Paulo de Barros Carvalho, *Curso de Direito Tributário*, São Paulo, Saraiva, 1985, p. 80.

Tal efeito provoca danos à economia e não se ajusta aos objetivos da Ordem Social. Logo, não podem guardar qualquer conexão com o sistema de proteção que deve implementar os programas sociais.

Seria inconcebível, pois, que a instituição de contribuições "sociais" (no caso, anti-sociais) acabasse por acirrar a questão social.

Explico-me melhor: o círculo vicioso que o efeito tributário regressivo provoca afeta, em primeiro lugar, as camadas mais pobres da população. O desemprego, por exemplo, gera doenças e o doente deve se socorrer do sistema de saúde e se valer de benefício previdenciário. Aliás, todos sabem que os trabalhadores desempregados que não estão aptos a receber o seguro-desemprego cedo se valerão do seguro-doença...

Enfim, o tributo social cumulativo teria como conseqüência nefasta a ampliação do grau de desigualdades sociais, e afrontaria o objetivo fundamental da República que se acha expresso no art. 3º, III, da Carta Magna.

A derradeira limitação constitucional enfoca aspecto de natureza formal.

A espécie legislativa apta a veicular tributos da competência residual será a lei complementar.

Leis complementares terão processo legislativo distinto daquele pelo qual tramitam as leis comuns. Somente estarão aprovadas se a maioria absoluta dos votos dos membros de cada uma das casas do Congresso Nacional (art. 69, da Constituição) a elas forem favoráveis.

Os representantes do povo, em reunião nas Casas do Parlamento, terão manifestado expressivo consenso a respeito do assunto objeto da lei complementar.

Ademais, a iniciativa de leis complementares, em matéria tributária, é do Presidente da República.

O regime jurídico das "outras fontes" a que se refere o 4º § do art. 195 só pode ser o tributário. Que outra exegese caberia diante da manifesta remissão ao artigo 154 do Texto Magno?

Estas considerações me permitem chegar à resposta ao seguinte quesito posto em debate que assim se encontra formulado:

À vista do art. 195, § 4º da CF, a criação de contribuições sociais de "outras fontes" depende de lei complementar?

A pergunta está respondida pelo dispositivo constitucional nela mesma enunciado e pelo preceito a que o mesmo cânone faz remissão expressa. Somente pela via da lei complementar serão criadas outras contribuições destinadas ao custeio da seguridade social.

Advirta-se, para logo, que não está em meu pensamento ser a lei complementar pressuposto necessário para a edição da lei de tributação.

A função da lei complementar de que cogita a letra "a", do inciso III, do art. 146, da Constituição é meramente instrumental. Ela apenas explicita imposições já definidas pela Lei das Leis. As contribuições sobre a folha de salários, sobre o faturamento, sobre o lucro e sobre os concursos de prognósticos já estão criadas pela Norma Fundamental. Simples lei ordinária — de não tão simples elaboração por se tratar do Plano de Custeio — pode fixar alíquotas das contribuições em questão.

Entendo que a exigência de lei complementar só terá cabida quando da definição de outras fontes de custeio, conforme o transcrito § 4º do art. 195, combinado com o art. 154, ambos da Constituição Federal.

O sujeito ativo da contribuição de seguridade social.

O segundo dos quesitos sob debate, na pauta deste Congresso, trata do tema do sujeito ativo das contribuições de seguridade social. Eis a questão: *A destinação e a gestão do produto da arrecadação das contribuições à seguridade social são elementos essenciais para efeito de sua legitimação constitucional?*

Como concebidos pelo constituinte de 1988, o bem-estar e a justiça são os objetivos da Ordem Social. A concretização desses fins terá como bases de apoio os planos de seguridade social.

As contribuições sociais e os recursos que, no orçamento, cada pessoa política deverá consignar para a seguridade social, constituem as bases de financiamento necessárias ao cumprimento daqueles objetivos superiores.

É curial que deva transparecer, nas contas do sistema, a correta aplicação desses fundos públicos.

Tais circunstâncias tornam o destino dos recursos arrecadados de toda a sociedade, ou consignados em orçamento, tema de relevância pública.

O financiamento da seguridade social, tal como ficou esquematizado pelo nosso direito, depende de certa estrutura gerencial.

Na sua conformação histórica, o seguro social, notaremos, foi concebido como algo destacado — por sua abrangência e importância especial — das demais atividades que o Poder Público desenvolve.

O *modus operandi* do sistema ficou sendo autárquico. Eis, em nosso direito positivo, o modelo gerencial do sistema de proteção social.

Claro que, tomada a noção de seguridade social como mecanismo universal de proteção, de tal modo ter-se-ia entranhado o sistema de proteção no aparelho do Estado que seria impossível a distinção entre as funções que são próprias do Estado e aquelas que se cingem ao clássico conceito de seguridade. Na seguridade estaria a vera expressão do *Welfare State*.

Penso, porém, que para exprimir melhor o desígnio constitucional podemos situar a *summa divisio* entre o papel que é de ser exercido pelo próprio Estado e aquele que é reservado a um dos seus subsistemas — o de proteção social — no plano do financiamento.

Ali onde o financimento total do sistema de seguridade social é feito pelo orçamento fiscal, a gestão forma parte das atribuições gerais do Estado. Neste caso, nenhum sentido teria a separação.

Bem ao reverso, onde o esquema de custeio envolve, legalmente, exações especiais destinadas aos planos previdenciários — além de verbas provenientes da receita fiscal — e onde um orçamento próprio (o caixa do sistema), distinto do orçamento fiscal, está previsto na Lei Suprema, é de ser estabelecido um modelo autárquico (autônomo) de gestão.

No Brasil, figurarão como distintos, na lei específica, o orçamento fiscal e o orçamento da seguridade social (art. 165, 5º, da CF).

No Brasil, como vimos, o rol de exações especiais para a seguridade social, embora dotado da mesma natureza dos tributos gerais, é tratado pelo constituinte de modo claramente distinto.

E trata-se de exigência expressa do sistema a adjudicação a órgão já dotado da capacidade tributária ativa para a cobrança das contribuições, da sujeição ativa dos novos tributos. A criação de órgão próprio decorre do inciso VII, do parágrafo único do art. 195, da Constituição que imprime caráter *descentralizado* à gestão da seguridade social.

Aliás, a Lei 7.787, de 1989, bem expressando referida diretiva constitucional estabelecia, em dispositivo enfático que: "Art. 16. O projeto de lei sobre organização da Seguridade Social a que se refere o art. 59 do Ato das Disposições Constitucionais Transitórias disporá, dentre outros princípios e mecanismos de gestão financeira autônoma, sobre competência exclusiva do Instituto de Administração Financeira da Previdência e Assistência Social — IAPAS, ou sucedâneo, para arrecadar, fiscalizar, controlar e cobrar as contribuições sociais previstas no art. 195 da Constituição Federal, além de outras receitas da Seguridade Social".

Tanto o constituinte como o legislador idealizaram a estrutura adequada para a seguridade social e que, nessa estrutura, a gestão financeira do sistema deveria se dar por intermédio de organismo autônomo.

O legislador não pode criar norma desarticulada do conjunto do sistema no qual a mesma regra se insere.

Excluindo da estrutura gerencial do sistema de seguridade a cobrança da contribuição social sobre o lucro, a Medida Provisória 22/88 (convertida, depois na Lei 7.689/88) ficou eivada por manifesta inconstitucionalidade, como demonstrei alhures.[10]

A União — contumaz, notória, reincidente e conhecida devedora da Previdência Social como mais uma vez reafirma o art. 90 da Lei 8.212/91 — não está qualificada para agir como intermediária entre as pessoas jurídicas (contribuintes, nos termos da mesma lei) e o sistema previdenciário.

É lógico e constitucional que o recolhimento das receitas previdenciárias seja feito ao próprio gestor financeiro do sistema.

Inegavelmente, o art. 16, da Lei 7.787/89 repunha as coisas nos devidos lugares, no que tange à estrutura idealizada pela Lei Maior para o sistema brasileiro de proteção social.

Para além do simples problema estrutural, todavia, a questão envolve conceito, natureza e regime jurídico das contribuições de seguridade social.

10. Wagner Balera, "Contribuição Social sobre o lucro das pessoas jurídicas", *Suplemento Tributário LTr* 10/89, pp. 85 a 89.

A espécie tributária denominada *contribuição* é daquelas em que o destino dos recursos é assumido com dado que integra o regime jurídico do tributo.

Ensina Geraldo Ataliba que, nesses tributos: "a destinação já está constitucionalmente encampada. Ela é, aliás, a própria razão de ser da instituição do tributo".[11]

Estaria desfigurada a natureza jurídica das contribuições se todas ou parte dessas verbas não fosse objeto de arrecadação (administração tributária, no jargão do CTN) por específico órgão gestor, como caracterizado pelo art. 194, único, VII, da CF.

Aliás, a jurisprudência — expressa no seguinte julgado, que decretou a inconstitucionalidade de certa exação desse tipo — adverte: "... a vinculação da receita é fundamental, pois do contrário não haveria como distinguir uma contribuição social de um imposto. É essa vinculação a garantia de que a contribuição será aplicada na finalidade justificadora de sua instituição".[12]

Na reforma administrativa federal, implementada pela Lei 8.028 e pela Lei 8.029, ambas de abril de 1990, não se institucionalizou o sistema nacional de seguridade social. Por força dessa reforma, os Ministérios da Ação Social; do Trabalho e Previdência Social e da Saúde foram incumbidos da gestão do sistema.

Acaba de ser editada a Medida Provisória 302 que recria o Ministério da Previdência Social.

Devemos ter presente, por conseguinte, que inexiste um único gestor das prestações de seguridade.

Todavia, a cobrança das contribuições — e este é o dado fundamental — há de

11. Geraldo Ataliba, *Hipótese de Incidência Tributária*, São Paulo, RT, 3ª ed., pp. 113 e seguintes.

12. Remessa Ex-officio 89.01.11499-2-BA, TRF-1ª Região, *Repertório IOB de Jurisprudência* 8/90, pp. 119 e seguintes.

ser cominada ao órgão que, de conformidade com o art. 14 da Lei 8.029, de 12 de abril de 1990, recebeu as atribuições antes deferidas ao extinto IAPAS. Esse órgão, de natureza autárquica, é o Instituto Nacional do Seguro Social — INSS.

O INSS deveria deter a capacidade tributária ativa de cobrança quanto a todas as contribuições de seguridade e não apenas a tarefa de arrecadar aquelas que incidem sobre a folha de salários.

Concluo, pois, pela inconstitucionalidade do art. 33 da Lei 8.212/91 que defere a cobrança das contribuições que integram o orçamento da seguridade social ao Departamento da Receita Federal, órgão do Ministério da Economia, Fazenda e Planejamento.

De idêntico vício de inconstitucionalidade padece o artigo 10, da Lei Complementar 70, de 1991, que manteve o DRF como sujeito ativo da nova contribuição para a seguridade social.

RESUMO E CONCLUSÕES DAS TESES SELECIONADAS

Grupo Especial de Seleção de Teses - Relatório

O Grupo Especial de Seleção de Teses, integrado pelos Professores Roque Antonio Carrazza (Presidente), Agostinho Sartin, José Artur Lima Gonçalves, Pedro Luciano Marrey Júnior e Wagner Balera reuniu-se, no dia 15 de junho de 1992, na sede do Instituto Internacional de Direito Público e Empresarial (IDEPE), para, nos termos do art. 7º, do Regimento do VI Congresso Brasileiro de Direito Tributário, examinar e selecionar os trabalhos apresentados pelos congressistas inscritos.

Em termos gerais, as teses encaminhadas à Secretaria do Congresso são de bom nível, versando assuntos atuais e correlatos ao tema central do Evento (questões atuais relativas a: I - IR, IPI e IOF; II - Contribuições; III - Impostos estaduais e municipais; e, IV - Indexação).

Após detida análise dos trabalhos apresentados, que tiveram levado em conta exclusivamente o conteúdo jurídico (art. 6º), o Grupo considerou em condições de serem apreciadas, pelos Congressistas, as seguintes teses:

Tese n. 1: A imunidade dos Livros, Jornais, Periódicos — O papel destinado a sua impressão

Autor: Dr. Cesar Roberto Rossi

Tese n. 2: Efeitos dos ajustes de ativos e passivos a valor presente na base de cálculo do Imposto de Renda

Autor: Dr. Wilson Alves Polonio

Tese n. 3: Considerações sobre o Imposto de Renda das pessoas jurídicas e seu período-base de apuração

Autor: Dr. Edison Aurélio Coraza

Tese n. 4: Adicional ao Frete Para a Renovação da Marinha Mercante — sua recepção pela Constituição de 1989

Autor: Prof. Sílvio Dobrowolski

Tese n. 5: A Tributação dos semi-elaborados

Autor: Dr. Gilberto de Castro Moreira Júnior

Tese n. 6: Ilegal Indexação pela UPC

Autor: Dr. Celso M. R. del Picchia

Tese n. 7: ICMS — Indexação antes do vencimento — Não cumulatividade — Índice da FIPE

Autor: Prof. Pérsio de Oliveira Lima

Tese n. 8: O Advento da Lei n. 8.200/91 - Direito à Correção pelo IPC Integral de 1990 - Lei Interpretativa - Dedução Imediata - Aplicação aos Processos Pendentes — Retroatividade Benéfica

Autor: João Dácio Rolim

Tese n. 9: A Reforma Tributária de Emergência baixada com a Lei 8.383/91

Autor: Dr. Frederico de Moura Theophilo

Tese n. 10: Da incidência de ICMS sobre a comercialização de fitas de vídeo-cassete

Autor: Dr. Adelmo Fioranelli Júnior

Tese n. 11: Revogação das Isenções Heterônomas na Constituição Federal de 1988 — A cobrança do ISS nas obras públicas

Autor: Dr. Fernando Facury Scaff

RESUMOS DAS TESES E CONCLUSÕES

Tese n. 1: A imunidade dos Livros, Jornais, Periódicos - O papel destinado a sua impressão
Autor: Dr. Cesar Roberto Rossi

Resumo

O autor pondera inicialmente que a Doutrina de um modo geral, entende que a imunidade prevista no art. 150, VI, "d", da Constituição Federal, só alcança o ICMS e o IPI (impostos indiretos).

Insurgindo-se contra essa posição, sustenta que a referida imunidade abrange também os impostos diretos, pagos pelas pessoas jurídicas que comercializam livros, jornais, periódicos e o papel destinado à sua impressão.

Fulcra sua posição na idéia de que a Constituição, ao criar a imunidade em tela, pretendeu facilitar a irradiação da cultura, fazendo com que o livro, o jornal e o periódico, sem o plexo de impostos sobre eles incidentes, tivessem um preço acessível para a população.

Reforça sua posição, invocando os valores maiores insculpidos no preâmbulo da Magna Carta, que, a seu ver, exigem que se dê a todos maior acesso à cultura.

Principais Conclusões

1. A imunidade prevista no art. 150, VI, "d", da CF, deve ser interpretada ampliativamente, não se restringindo aos impostos indiretos, mas alcançando também os direitos, que incidem na pessoa jurídica que os industrializa ou comercializa.

2. Reduzindo-se a carga tributária incidente sobre a pessoa jurídica que comercializa o livro, o jornal e o periódico, bem como o papel destinado à sua impressão, reduz-se igualmente o valor unitário do bem, cumprindo o objetivo do texto constitucional: facilitar a irradiação da cultura.

Tese n. 2: Efeitos dos ajustes de ativos e passivos a valor presente na base de cálculo do Imposto de Renda
Autor: Dr. Wilson Alves Polonio

Resumo

A Instrução n. 138, de 16.01.91 e o Parecer de Orientação n. 24, de 15.01.92, ambos da Comissão de Valores Mobiliários (CVM), obrigam as empresas de capital aberto a ajustarem ao valor presente, na data de encerramento do exercício social, os saldos das contas a pagar e a receber.

O autor sustenta que as normas da CVM "têm o poder vinculante de lei, *lato sensu*, na estrita competência concedida" pelo art. 22, da Lei 6.385/76 e pelo art. 177, § 2º, da Lei 6.404/76, "para editar normas determinando critérios e procedimentos de avaliação dos patrimônios das empresas e da apuração dos seus resultados, segundo os princípios fundamentais da contabilidade" (fls. 2).

Acrescenta que, embora as precitadas normas só vinculem as companhias abertas, tem-se recomendado que as demais pessoas jurídicas as adotem.

Principais conclusões

1. O ajuste a valor presente de itens monetários ativos tem a natureza de provisão para ajuste de ativos ao valor de mer-

cado, nos termos do art. 222, do Regulamento do Imposto de Renda.

2. Como tais ajustes foram determinados pela Comissão de Valores Mobiliários ("cujas normas têm força de lei") para as companhias de capital aberto, as despesas correspondentes a estes ajustes são por elas dedutíveis na determinação das bases de cálculo do imposto de renda, da contribuição social (de que trata a Lei 7.689/88) e do imposto de renda na fonte sobre o lucro líquido (de que trata a Lei 7.713/88).

3. As receitas decorrentes dos ajustes de saldos do passivo a valor presente sempre serão tributadas. É que, salvo disposição legal expressa em contrário, todas as receitas devem ser tributadas.

Tese n. 3: Considerações sobre o Imposto de Renda das pessoas jurídicas e seu período-base de apuração
Autor: Dr. Edison Aurélio Coraza

Resumo

O autor começa por apontar o momento da ocorrência do fato imponível do imposto de renda das pessoas jurídicas.

Para ele, o período de apuração deste imposto continua a ser anual, apesar do que dispõe a Lei 8.383, de 30 de dezembro de 1.991, que, a pretexto de realizar uma Reforma Tributária Emergencial, alterou a legislação ordinária relativa ao imposto, adotando uma sistemática de recolhimento mensal do mesmo, apurado com base no lucro, na medida em que este for sendo auferido (art. 38).

No entender do tesista, a Lei 8.383/91 não alterou o período base de incidência do imposto de renda das pessoas jurídicas, mas, a exemplo do que já determinavam o Decreto-lei 2.354/87 e a Lei 7.788/88 (arts. 2º e 33, respectivamente), apenas antecipou a data do vencimento do tributo.

Para reforçar sua idéia, discorre longamente sobre o perfil constitucional do imposto sobre a renda, para afinal concluir que este tributo incide sobre a disponibilidade de renda. Esclarece que disponibilidade de renda é a possibilidade, efetiva e imediata, de o seu titular utilizar o montante das referidas rendas livremente, dependente somente de sua vontade. Acrescenta, quem apenas possui título de crédito está em condições de vir a possuir renda, mas não a possui.

Sustenta, ainda, que "a base de cálculo do imposto sobre a renda é o efeito positivo da operação receita menos despesa, em um determinado período de tempo definido pelo legislador ordinário".

Posto isto, o autor procura demonstrar que o "fato gerador do imposto sobre a renda ocorre ao longo do período, terminando ... seu ciclo formativo com o término do período-base".

Ato contínuo, discorrendo sobre o lucro tributável das pessoas jurídicas, demonstra que: a) os acréscimos e decréscimos patrimoniais da pessoa jurídica ocorrem a todo instante, em virtude das atividades que exerce; b) tais acréscimos ou decréscimos só são efetivamente verificados quando do encerramento do balanço; c) é a partir do encerramento do balanço que a pessoa jurídica adquire a disponibilidade do seu lucro; e, d) a Assembléia Geral Ordinária delibera apenas sobre a destinação do lucro líquido, entendido nos termos da Lei 6.404/76.

Finalmente, tece considerações sobre a natureza da vigente sistemática de apuração do imposto sobre a renda das pessoas jurídicas. Sustenta que a Lei 8.383/91 não revogou a sistemática de apuração anual do imposto de renda das pessoas jurídicas e, para tanto, o correspondente fato imponível concretizar-se-á após transcorrido o lapso temporal de 1º de janeiro a 31 de dezembro. Portanto, a sistemática de antecipação do recolhimento do tributo, estabelecida pela Lei 8.383/91, desrespeita a consumação do fato imponível, configurando verdadeiro empréstimo compulsório (inconstitucional).

Principais conclusões

1. A disponibilidade da renda é uma decorrência lógica do sistema constitucional, em que o imposto de renda encontra-se inserido.

2. A renda sujeita-se ao imposto desde o momento em que se incorpora ao patrimônio do particular.

3. O conceito de renda difere do de receita. Esta corresponde simplesmente aos ingressos, ao passo que, aquela, ao resultado num determinado período do somatório de entradas e saídas (receitas menos despesas).

4. O direito desconhece a existência de renda se não houverem ocorrido o termo e as condições marcadas pela norma jurídica, mesmo que ela exista de fato e seja notória.

5. A lei tributária incide sobre o resultado positivo e conseqüentemente sobre todos os fatos ocorridos no período e que participaram de sua conclusão.

6. Conforme dispõe a lei comercial, lucro é o resultado do exercício (art. 191, da Lei das S.A.). O exercício compreende o período de um ano, e somente a partir de seu encerramento a pessoa jurídica adquire a disponibilidade de seu lucro.

7. A Lei 8.383/91, ao pretender alterar o período base de incidência do imposto sobre a renda, reinstituiu a sistemática da antecipação do imposto, através da criação de um empréstimo compulsório.

8. Tal exigência atrita com o sistema vigente, por não obedecer ao disposto no art. 148, da CF.

Tese n. 4: Adicional ao Frete para a Renovação da Marinha Mercante — sua recepção pela Constituição de 1989
Autor: Prof. Sílvio Dobrowolski

Resumo

O autor começa por afirmar que muitos juristas têm sustentado que o chamado "Adicional ao Frete Para Renovação da Marinha Mercante" (AFRMM) é incompatível com a Constituição de 1988. Argumentam que esse adicional (criado pelo Decreto-lei 2.404/87) não foi recepcionado pela nova ordem jurídica, porque seu campo de incidência — o serviço de transporte marítimo — foi reservado ao ICMS, de competência, não da União, mas dos Estados e do Distrito Federal.

Ato contínuo, sustenta que a Constituição de 1988 não revogou o Decreto-lei 2.404/87, porque ele é compatível com o novo Texto Magno. De fato, o adicional que este decreto-lei criou é uma contribuição para a intervenção do domínio econômico (art. 149, 2ª hipótese, da CF).

Acrescenta que o art. 154, I, da CF exige lei complementar, não cumulatividade e fato gerador ou base de cálculo diferentes (dos outros impostos discriminados) apenas para os impostos. O art. 195, § 4º, da CF estende essas exigências apenas para "outras fontes destinadas a garantir a manutenção ou expansão da seguridade social". Essa restrição, por expressa e específica, não alcança as outras contribuições parafiscais.

Aduz, outrossim, que é irrelevante a circunstância de serem idênticas as bases de cálculo do AFRMM e do ICMS, porque: a) inexiste proibição constitucional (observada a especificidade da consignada pelo art. 195, § 4º); e, b) o elemento quantificativo do Adicional está dentro de um fato gerador de maior amplitude do que o do ICMS.

Conclui que, atribuição a Constituição Federal determinada competência tributária, somente as limitações expressas na própria Carta poderão diminuir o âmbito de seu exercício. No caso, a invocada para afirmar a desconformidade do AFRMM com a Constituição de 1988 não se encontra no Texto Maior.

Principais conclusões

1. O Adicional ao Frete Para a Renovação da Marinha Mercante (AFRMM) não é um imposto, porque há, em seu fato gerador, uma atividade estatal referida ao contribuinte.

2. O AFRMM também não é uma taxa, porque o liame entre a atuação estatal e o contribuinte não é imediato.

3. O AFRMM é uma contribuição parafiscal porque:

3.1. difere da contribuição de melhoria por não se vincular a uma obra pública;

3.2. há um termo de referência entre a atividade do Estado e o ato do contribuinte;

3.3. sua base de cálculo é um aspecto mensurável do elemento intermediário (frota mercante, serviço de transporte e frete marítimo);

3.4. o núcleo de seu fato gerador é resultante da intervenção no domínio econômico, hipótese expressamente prevista na Constituição;

3.5. figuram como sujeitos passivos da relação obrigacional os usuários do serviço de transporte, que por isso causam o desgaste nos instrumentos realizadores de tal serviço e que se beneficiam com sua recuperação ou melhora.

4. O AFRMM é constitucional.

Tese n. 5: A Tributação dos semi-elaborados

Autor: Dr. Gilberto de Castro Moreira Junior

Resumo

O autor sustenta que a Constituição de 1988 alargou o âmbito de abrangência do ICMS, criando a figura dos produtos industrializados semi-elaborados (art. 155, § 2º, X, "a", *in fine*).

Para o autor, o ICMS poderá incidir sobre operações que destinem ao exterior produtos industrializados semi-elaborados, definidos em lei complementar.

Acrescenta que, à falta de lei complementar, foi editado o Convênio 66/88, que elencou, em seu art. 3º, os produtos industrializados semi-elaborados.

Esta situação perdurou até o advento da Lei Complementar 65, de 15 de abril de 1991, que definiu os produtos semi-elaborados que podem ser tributados pelos Estados e pelo Distrito Federal, quando de sua exportação. O art. 2º, desse ato normativo, delegou ao CONFAZ a tarefa de "elaborar lista dos produtos industrializados semi-elaborados segundo definidos no artigo anterior, atualizando-a sempre que necessário".

Tal lei complementar — ainda segundo o autor — é inconstitucional por não ter obedecido, quando de sua elaboração, ao devido processo legislativo. É que o projeto, apreciado em primeiro lugar no Senado, sofreu uma emenda, na Câmara dos Deputados e não retornou aquela Casa Legislativa. Restou infringido, assim, o par. único, do art. 65, da CF, que manda o retorno à Casa iniciadora, do projeto que sofreu alguma emenda.

Ademais, a Lei Complementar 65/91, em seu art. 2º, delega competência ao Conselho de Política Fazendária (CONFAZ) para elaborar a lista dos produtos semi-elaborados, que serão excluídos da imunidade na exportação, e não elabora uma lista taxativa para esses produtos, como exige a CF. Portanto, novamente viciado este diploma legal, por exceder o poder de regulamentar previsto no art. 155, da CF.

Conclui que, atualmente, a tributação, por via de ICMS, das exportações dos produtos industrializados semi-elaborados é manifestamente inconstitucional, por infringir os arts. 1º, 155, X, "a", e 65, par. único, da CF.

Principais conclusões

1. A edição do Convênio 66/88, pelo Conselho de Política Fazendária, estabelecendo, dentre outras coisas, os critérios para a tributação, por via de ICMS, dos produtos industrializados semi-elaborados, violou o art. 155, X, "a", da CF.

2. A Lei Complementar 65, de 15 de abril de 1991 — que definiu os produtos semi-elaborados que podem ser tributados pelos Estados e pelo Distrito Federal, quando de sua exportação — embora tenha tentado superar a aludida inconstitucionalidade, não foi feliz, porque inobservou o devido processo legislativo.

3. A Lei Complementar 65/91, em seu art. 2º, delega competência ao Conselho de Política Fazendária (CONFAZ) para elaborar a lista dos produtos semi-elaborados, que serão excluídos da imunidade na exportação, e não elabora uma lista taxativa para esses produtos, como exige a CF. Também por isso, esse diploma é inconstitucional, já que excede o poder de regulamentar previsto no próprio art. 155, da CF.

4. A tributação, por via de ICMS, das exportações dos produtos industrializados semi-elaborados é manifestamente inconstitucional, por infringir os arts. 1º, 155, X, "a", e 65, par. único, da CF.

Tese n. 6: Ilegal indexação pela UPC
Autor: Dr. Celso M. R. del Picchia

Resumo

O autor, após fazer breve histórico da correção monetária, no Brasil, tece considerações sobre a Unidade Padrão de Capital (UPC) e as Obrigações Reajustáveis do Tesouro Nacional (ORTNs), depois transformadas em Obrigações do Tesouro Nacional (OTNs).

Para ele, a UPC foi totalmente desvirtuada, adulterada e inchada, mediante mero decreto, pretensamente regulamentar, com existência ilegal e inconstitucional, a partir do denominado Plano Bresser (junho/1987).

Então desvinculada da ORTN (depois OTN), deixou — sempre segundo o tesista — de refletir a atualização monetária (infração), atingindo contratos precedentes a 28.2.86 e prejudicando, sensivelmente, a mutuários do Sistema Financeiro da Habitação, a financiados pela Carteira Hipotecária e àqueles que adquiriam imóveis vinculados às ORTNs, diretamente das construtoras.

Aduz, ainda, que sua adulteração ensejou enriquecimento sem causa, atribuindo lucros ilegítimos, abusivos e incomensuráveis aos agentes do sistema (SFH), em detrimento até do próprio governo, mui particularmente ampliando o famigerado "rombo" do FCVS (Fundo de Compensação das Variações Salariais).

Principal conclusão

A UPC (originariamente a OTN trimestral e muito mais benéfica aos devedores), após ter sido extinta, foi "ressuscitada" mediante simples decreto, tornando-se gravosa e muito mais onerosa àqueles que firmaram contratos imobiliários anteriormente a 28 de fevereiro de 1986, propiciando, por outro lado, aos credores, ganhos de mais de 130% (em termos reais), ou seja, enriquecimento sem causa.

Tese n. 7: ICMS - Indexação antes do vencimento - Não cumulatividade - Índice da FIPE
Autor: Prof. Pérsio de Oliveira Lima

Resumo

O autor relata que os Estados-membros resolveram celebrar o Convênio ICMS 92/89, acordando que no 10º dia após o encerramento do período de apuração (porém, antes de vencido o prazo de recolhimento), o ICMS deve ser atualizado com base na variação do Bônus do Tesouro Nacional (BTNF).

Acrescenta o ilustre jurista que, com base nisso, o Estado de São Paulo editou o Decreto 30.359/89, estabelecendo que o ICMS será convertido em Unidades Fiscais do Estado de São Paulo (UFESP), no momento da apuração. Sempre de acordo com esse decreto, o imposto pode ser recolhido, pelo valor nominal, até o 9º dia da apuração; após, deverá ser recolhido corrigido monetariamente pela variação da UFESP ocorrida entre o 9º dia e a data do efetivo pagamento.

Esclarece que, até fevereiro de 1991, a UFESP era atualizada pelo índice do BTNF fixado pelo Governo Federal. Extinto o BTNF, o Governo do Estado baixou o Decreto 32.951/91, estabelecendo que a UFESP será atualizada pelo IPC fixado pela Fundação do Instituto de Pesquisas Econômicas da Universidade de São Paulo (FIPE).

Com argumentos sólidos, o professor demonstra que esta sistemática não tem suporte constitucional, nem legal.

Principais conclusões

1. O Decreto paulista 30.359/89, estabelecendo que o ICMS será convertido em Unidades Fiscais do Estado de São Paulo (UFESP), no momento da apuração e que o tributo pode ser recolhido, pelo valor nominal, até o dia da apuração e, após esse dia, corrigido monetariamente pela variação da UFESP ocorrida entre o 9º dia e a data do efetivo pagamento, é inconstitucional.

2. Inconstitucional também o Decreto paulista 32.951/91, estabelecendo que a UFESP será atualizada pelo IPC fixado pela Fundação do Instituto de Pesquisas Econômicas da Universidade de São Paulo (FIPE).

3. Tal sistemática não tem suporte constitucional, nem legal, porque:

3.1. fere o princípio da não-cumulatividade do ICMS, já que não permite que o adquirente da mercadoria possa creditar-se integralmente do imposto cobrado pelo Estado;

3.2. fere o princípio da igualdade, na medida que dá tratamento discriminatório, não legítimo, aos créditos tributários do Estado em relação aos créditos fiscais dos contribuintes;

3.3. fere a Lei estadual 6.374/89, porque esta lei determina que a UFESP só pode ser atualizada por um índice oficial e o índice da FIPE não é índice oficial;

3.4. fere a competência privativa da União para legislar sobre sistema monetário, porque estabeleceu um índice privativo para fixar a desvalorização da moeda em dívidas pecuniárias decorrentes de obrigações *ex lege*.

Tese n. 8: O advento da Lei 8.200/91 — Direito à correção pelo IPC integral de 1990 - Lei interpretativa — Dedução imediata — Aplicação aos processos pendentes — Retroatividade benéfica
Autor: João Dácio Rolim

Resumo

A Lei 8.200/91 reconheceu expressamente a diferença real, em 1990, entre o

BTNF, índice oficial divulgado, e o IPC, em função do qual o próprio BTNF variava de forma que o BTNF do primeiro dia de um mês era fixado em função da variação do IPC do mês anterior (art. 5º, § 2º, da Lei 7.777/89).

Em outras palavras, pelo fato de o BTNF estar, já na vigência da lei anterior explicitamente vinculado à variação do IPC, o legislador pela Lei 8.200/91, em interpretação autêntica, declarou o direito inequívoco das pessoas jurídicas a corrigirem seus balanços pelo IPC integral de 1990, para efeitos fiscais.

Ainda que haja omissão legislativa, a correção monetária das demonstrações financeiras deve ser efetuada pelos índices reais de inflação, sem quaisquer expurgos para se apurar o lucro tributável de modo a não ocasionar desnaturação do imposto de renda, violação dos princípios da capacidade contributiva, não confiscatoriedade e discriminação da competência tributária.

Estas considerações conduzem à ilação de que a Lei 8.200/91, nos dispositivos relativos a efeitos fiscais, era desnecessária. Ademais, a lei vigente em 1990 vinculava o BTNF ao IPC especificamente para o efeito fiscal da correção monetária de balanço (Lei 7.799/89 e art. 5º, § 2º, da Lei 7.777/89).

Quanto à Medida Provisória n. 168/90, convolada na Lei 8.024/90, que alterou genericamente o cálculo do BTNF, não alterou explicitamente a regra específica anterior para efeito das demonstrações financeiras.

Aos contribuintes que se sentirem prejudicados pelas restrições impostas pela Lei 8.200/91, há uma farta e sólida argumentação para o seu questionamento, inclusive para aqueles que estavam com saldo credor de correção monetária de balanço, uma vez que se poderia invocar, nesta última hipótese, a irretroatividade da lei mais gravosa, em proteção ao direito adquirido, ainda que se trate de lei interpretativa.

Principais conclusões

1. A lei tributária pode retroagir quando corrige uma situação de inconstitucionalidade criada por lei ou ato administrativo anterior e desde que não prejudique o contribuinte.

2. A Lei 8.200 (art. 3, I), quando reconhece o direito de deduzir do lucro tributável a diferença entre o IPC e o BTNF, é lei interpretativa e corrige a situação inconstitucional criada com o expurgo do IPC de 1990 na correção monetária, são demonstrações financeiras para efeito fiscal.

3. A postergação do exercício do direito de deduzir fiscalmente a diferença do IPC de 1990 é contra o Direito e mascara um empréstimo compulsório inconstitucional.

Tese n. 9: "A Reforma Tributária de Emergência baixada com a Lei 8.383/91. Observações sobre as alterações introduzidas quanto à imposição das pessoas jurídicas pelo imposto de renda e a indexação do citado tributo referente ao ano-base de 1991".
Autor: Dr. Frederico de Moura Theophilo

Resumo

O autor procede a um estudo das principais alterações trazidas pela Lei 8.383/91, especialmente no que se refere à tributação do imposto de renda-pessoa jurídica, esclarecendo que esse diploma legal trouxe para essas pessoas a chamada "tributação em bases correntes", a indexação de sua base de cálculo e, por conseqüência, a indexação do próprio tributo.

Aplicando os ensinamentos de autorizada doutrina, entende que houve modificação na hipótese de incidência do citado tributo, em especial quanto ao seu aspecto temporal já que o momento da ocorrência do fato imponível passou a ser o último dia de cada mês.

Partindo do pressuposto de que a hipótese de incidência tributária é ente jurídico unitário, o autor conclui que a modificação de um dos seus aspectos (no caso, o temporal) implica a eleição de fatos imponíveis diferentes dos anteriores e também a alteração da base imponível.

Estudando o papel da lei complementar tributária na Constituição de 1988, o autor extrai a conseqüência de que as alterações no aspecto temporal e na base imponível do IRPJ não poderiam ter sido feitas por lei ordinária, já que seria matéria reservada a lei complementar, por força do artigo 146, III, "a", da Constituição Federal.

A obrigação tributária do IR teria deixado de constituir *dívida de dinheiro* para ser *dívida de valor*, com a indexação operada pela lei em comento, passando a corresponder a aumento de tributo. Tratando-se de elevação de carga tributária, somente poderia entrar em vigor 01 de janeiro de 1992, não podendo alcançar fatos pretéritos, o que torna inválidos os artigos 78, 79, 86, I, "b", e 87, I da indigitada Lei 8.383/91.

Principais conclusões

1. A introdução, pela Lei 8.383/91, do regime de tributação em bases correntes para alcançar a renda das pessoas jurídicas por meio do imposto de renda não poderia ter sido levada a efeito por lei ordinária, já que importou modificação de elementos essenciais da hipótese de incidência daquele tributo.

2. É inválida a tentativa de indexação do imposto de renda do ano-base de 1991, uma vez que atinge fatos imponíveis pretéritos.

3. Os dispositivos legais que promovem essas alterações ferem os comandos constitucionais asseguradores dos direitos e garantias individuais e limitadores do poder de tributar, os quais gravitam em torno do princípio maior da segurança jurídica.

Tese n. 10: Da incidência de ICMS sobre a comercialização de fitas de vídeo-cassete
Autor: Dr. Adelmo Fioranelli Júnior

Resumo

O cerne da controvérsia estudada no trabalho reside na fixação do sentido da expressão "distribuição de filmes e *vídeo tapes*", constante do item 63 da lista de serviços anexa ao Decreto-lei 406/68.

O autor passa em revista noções sobre a linguagem das normas jurídicas e a jurisprudência sobre a matéria.

Distingue, posteriormente, atividade mista e operação mista. A primeira delas pressupõe a ocorrência de dois ou mais fatos imponíveis autônomos, enquanto que a segunda satisfaz-se com o acontecimento de um único fato imponível.

Conclui que a comercialização de fitas de vídeo-cassete, à luz do sistema tributário nacional, não é operação mista, havendo tão-só a circulação de mercadorias. Assim, sobre ela incidiria somente o ICMS.

Principais conclusões

1. A distribuição de filmes e vídeo-teipes consiste na prestação de serviços que as empresas distribuidoras realizam em benefício dos produtores dos filmes e vídeo-teipes, mediante a colocação destes no mercado cinematográfico para exibição pública.

2. A distribuição de filmes e vídeo-teipes, embora implique concomitantemente fornecimento de mercadorias (películas ou fitas de vídeos), sujeita-se exclusivamente ao ISS, por força do item 63 da Lista de Serviços anexa ao Decreto-lei 406/68.

3. A comercialização de fitas de vídeo-cassete não se inclui no conceito de distri-

buição de filmes e video-tapes, apresentando-se como simples operação de circulação de mercadorias, sujeita ao ICMS por força do art. 155, I, "b", da Constituição Federal.

Tese n. 11: Revogação das isenções heterônomas na Constituição Federal de 1988 — A cobrança do ISS nas obras públicas
Autor: Dr. Fernando Facury Scaff

Resumo

O trabalho tem como objeto principal, segundo seu autor, tratar da situação da passagem do sistema constitucional anterior que previa as chamadas isenções heterônomas e o atual, onde estas só existem como exceção. Indaga sobre a existência do direito adquirido em relação àquelas pessoas que receberam este tipo de isenção antes da modificação do sistema.

O autor examina as regras constantes do artigo 41 do Ato das Disposições Constitucionais Transitórias da Constituição Federal e o artigo 11 do Decreto-lei 406/68.

Após discorrer sobre a interpretação constitucional, fundado em ensinamentos de doutrina de porte indiscutível, conclui que somente depois da *reavaliação* prevista no *caput* do art. 41 do ADCT, e após a *propositura* das medidas cabíveis e da *promulgação* das leis que houverem confirmado os incentivos que forem pertinentes à política pública econômica de então, é que poderia haver a revogação dos demais incentivos (não confirmados por lei) por decurso de prazo.

Assim, as isenções heterônomas de ISS que tiverem sido concedidas na forma do disposto no art. 11 do Decreto-lei 406/68 permanecem em vigor.

Principais conclusões

1. O art. 41 do ADCT somente terá plena eficácia após o cumprimento das condições previstas em seu *caput* e no parágrafo primeiro.

2. Enquanto o Estado (*lato sensu*) não cumprir as condições estabelecidas no art. 41 do ADCT, a revogação tácita prevista no § 1º não se operará, seja para o ISS, seja para qualquer outro "incentivo fiscal de natureza setorial", cujo conceito deverá vir a ser determinado legalmente.

3. Uma vez incorporado o preceito do art. 11 do Decreto-lei 406/68 à legislação municipal, a isenção não mais será decorrente de norma federal, mas de norma municipal. Somente após a modificação desta e da implementação das condições previstas no art. 41 do ADCT é que se poderá perquirir acerca da revogação da isenção.

VI CONGRESSO BRASILEIRO DE DIREITO TRIBUTÁRIO

REALIZADO EM 16, 17 E 18 DE SETEMBRO DE 1992

(Notas taquigráficas das conferências, Mesas de Debate, Sessões de Abertura e Encerramento)

SESSÃO DE ABERTURA

PROF. GERALDO ATALIBA — Estão abertos os trabalhos do VI Congresso Brasileiro de Direito Tributário. Quero registrar em nome do IDEPE — Instituto Internacional de Direito Público e Empresarial, a imensa honra que temos com a presença nesta sessão de abertura, do ilustre Presidente do Tribunal Regional Federal, Dr. Homar Cais, do ilustre Presidente do Tribunal de Alçada Civil de São Paulo, Dr. Oswaldo Caron, do ilustre Vice-Presidente do Tribunal Regional Federal, Prof. Américo Lacombe, da Juíza Diva Malerbi, membro do IDEPE e Juíza do Tribunal Regional Federal, do ilustre Prof. Paulo de Barros Carvalho, Presidente do IBET — Instituto Brasileiro de Estudos Tributários, do ilustre Prof. Aires Barreto, Diretor Científico do IDEPE, do Prof. Eduardo Bottallo, Vice-Presidente da Associação dos Advogados de São Paulo, do ilustre Prof. Alcides Jorge Costa, que nos vai brindar hoje com a sua palavra, e a visita sempre amiga e querida do Prof. Souto Maior Borges. Ao meu lado tenho Dona Helena Sampaio Dória, viúva do nosso querido e pranteado Prof. Antônio Roberto Sampaio Dória, a cuja memória é dedicado todo este Congresso.

Antes de darmos início aos nossos trabalhos nós vamos ouvir e cantar o Hino Nacional.

PROF. GERALDO ATALIBA — Quero ter a honra de convidar o ilustre Juiz Sebastião Oliveira Lima a integrar a mesa. Os Conselheiros do IDEPE aqui presentes — Professores Carlos Ari Sundfeld, José Artur Lima Gonçalves, Pedro Luciano Marrey Júnior, Fernando Albino de Oliveira, Roque Antônio Carrazza, Pérsio de Oliveira Lima, José Eduardo Soares de Mello, Eugênio Doin Vieira — e a sua Diretoria, aqui representada pelos Profs. Aires Barreto e Rosoléa Folgosi.

Decidimos homenagear a cultura e a inteligência brasileira na pessoa do ex-Presidente do IDEPE, Prof. Antônio Roberto Sampaio Dória, que presidiu ao nosso último congresso do ano passado, que conosco estudou, partilhou dos nossos trabalhos, das nossas discussões, e que hoje nos falta. Por isso este congresso é dedicado a ele, não só como ex-Presidente do IDEPE, mas como mestre, cuja obra e cuja personalidade merecem ser por nós celebradas e lembradas, o que melhor cabe, vindo da palavra de alguém que tem autoridade científica para falar de sua obra, e autoridade decorrente da afetuosa amizade que sempre gozou da parte do Prof. Antônio Roberto Sampaio Dória. Começamos os nossos trabalhos tendo a satisfação de ouvir a palavra do ilustre professor titular de direito tributário da Faculdade de Direito de São Paulo, Prof. Alcides Jorge Costa, que expressará os nossos sentimentos a esse respeito.

Tem a palavra o ilustre Prof. Alcides Jorge Costa.

PROF. ALCIDES JORGE COSTA — Senhores membros da Mesa, eu iria dizer Dona Helena Sampaio Dória, mas prefiro falar "minha querida Helena". Senhoras e senhores, cabe-me proferir as palavras iniciais neste VI Congresso Brasileiro de Direito Tributário, patrocinado pelo IDEPE, e que homenageia a memória do prof. Antônio Roberto Sampaio Dória. Eu o faço com orgulho por ter a oportunidade de manifestar-me sobre o grande jurista, o grande professor e o grande amigo que foi Antônio Roberto. Mas faço-o também com desprazer: realmente preferia não estar prestando esta homenagem; preferia tê-lo aqui entre nós, emprestando a este congresso o brilho da sua inteligência, a profundidade de seus conhecimentos e a elegância discreta de sua atuação.

Antônio Roberto Sampaio Dória — ou o Dória, como todos o chamavam nos meios profissionais e acadêmicos — tinha a vocação do jurista e a tinha até por tradição familiar, diria mesmo tradição genética. Era ele neto do emérito Prof. Antônio de Sampaio Dória, grande educador, grande mestre de Direito, grande constitucionalista e grande jurista. O Dória fez os seus estudos secundários no tradicional Colégio São Luiz; terminando-os, prestou exame vestibular na Faculdade de Direito da Universidade de São Paulo, obtendo o primeiro lugar, indicação segura de sua educação, e mostra certa da profundidade dos seus conhecimentos já àquela altura da vida. Durante o curso de Direito dizia (e isto confidenciou-me a Helena) que iria dedicar-se ao Direito Tributário quando se formasse. Ele o fez. Formado, e após o seu casamento, foi para os EUA continuar os seus estudos na Faculdade de Direito da Universidade de Nova York, onde obteve o título de *Master of Comparative Jurisprudence*. De volta ao Brasil, dedicou-se às atividades profissionais e à carreira acadêmica na Universidade de São Paulo. Com apenas 26 anos de idade obteve o título de Livre-Docente em concurso onde demonstrou todas as suas qualidades. Mais tarde, em 1972, atingiu o grau máximo da carreira universitária em concurso em que teve competidores do mais elevado nível.

Mas não estou aqui para traçar a biografia pura e simples de Antônio Roberto Sampaio Dória. Prefiro, num Congresso de Direito Tributário, prestar-lhe uma homenagem falando da obra que nos legou e através da qual continua a nos proporcionar lições atuais e de grande profundidade em temas que se caracterizam pela sua complexidade.

A sua estréia como autor foi já um golpe de mestre: seu concurso de Livre-Docência deu-lhe a oportunidade de apresentar-se com a esplêndida monografia *Princípios Constitucionais Tributários e a cláusula "due process of law"* depois publicada em 1964, com uma segunda edição em 1986. Esta obra foi na maior parte escrita enquanto ele fazia o seu curso na Universidade de Nova York, e nela enfrentam-se problemas extremamente difíceis. Depois de estudar a origem da cláusula *due process of law* impressa na quinta emenda à Constituição dos EUA — *No person shall be deprived of life, liberty or property without due process of law* —, examina a sua evolução na jurisprudência norte-americana em páginas de brilhante síntese. A seguir lança-se ao exame da finalidade última da arrecadação dos tributos e dá ao capítulo o título de "Teoria do Benefício e Destinação Pública da Receita Tributária", estudando matéria de capital importância com destaque, a meu ver, ao tratamento dispensado ao conceito de fins públicos, com rica exemplificação, e aos tributos com finalidades particulares. Os capítulos restantes "Limites à Competência Territorial do Poder Tributante", "O Princípio da Igualdade Tributária" e por último "Tributação, Poder de Polícia e Confisco", não são menos ricos. Destaco em particular as páginas dedicadas ao conceito de imposto confiscatório, onde matéria que tem sido ultimamente tão debatida é tratada por mão de mestre. De fato, como diz ele, não se deve confinar a pesquisa da intensidade confiscatória dos impostos a esquemas apriorísticos, nascidos em condições normais para contrastar uma tributação instituída em situações anômalas, nem se deve esquecer o problema das finalidades extrafiscais de certos impostos. São páginas atualíssimas e que não podem deixar de ser lidas e meditadas por quem quer que cuide do caráter confiscatório dos impostos. A obra não surpreende tanto pelo vigor — e o autor era então um jovem de 25 anos quando escreveu —, mas pela maturidade que revela; nela se mostram todos os traços característicos presentes nos trabalhos de Antônio Roberto Sampaio Dória: estilo claro, objetivo e conciso, linguagem fluente, português escorreito, pesquisa completa do tema e sobretudo revelação clara de que nenhum ponto havia sido colocado no papel sem meditação.

A obra seguinte em nada perde para a primeira. Refiro-me ao livro da *Lei Tributária no Tempo*, de 1968, originalmente escrito como tese de concurso à Cadeira de Direito Tributário da Faculdade de Ciências Econômicas e Administrativas da Universidade de São Paulo. Esse concurso jamais foi realizado por circunstâncias alheias à vontade de Sampaio Dória. Diria mesmo, sem medo de errar, que o concurso deixou de realizar-se contra a sua vontade. O assunto — A Lei Tributária no tempo — muito espinhoso, foi tratado com a maestria habitual, e o livro, decorrido um quarto de século da sua publicação (isto ocorrerá no ano que vem), nada perdeu de sua atualidade. Não se pode tratar dos problemas ligados ao Direito Tributário Intertemporal sem levar em conta as lições nele contidas. Não caberia fazer aqui uma análise ou mesmo uma descrição do conteúdo deste livro, mas não posso deixar de mencionar as lúcidas páginas a respeito da data em que ocorre o fato gerador do imposto de renda e sobre a tese que, lançada pela primeira vez na década de 20, renasce periodicamente: a de que a lei aplicável na determinação do imposto de renda devido no regime de declaração é a vigente durante a fase de formação do respectivo fato gerador, isto é, por interesse à lógica necessária, a lei vigente durante o período ou ano-base e não a lei vigente no exercício financeiro em que o imposto se torna devido. Não posso deixar também de mencionar o capítulo dedicado aos atos jurídicos perfeitos e à coisa julgada em matéria tributária, especialmente as páginas que tratam da revogabilidade e do cancelamento das isenções.

Discriminação da Competência Impositiva é o título da tese com que venceu o concurso para Professor catedrático da Cadeira de Direito Financeiro em 1972, como já referi. O estudo é completo e creio de leitura indispensável num momento como o atual, em que uma reforma tributária tornou-se assunto de conversas correntes, fora do círculo dos especialistas. Nesta obra, como nas outras, Antônio Roberto Sampaio Dória não se limita à exegese de textos legais nem a um normativismo puro; não foge ao exame dos fatores políticos e sociais que influenciavam a discriminação constitucional da competência impositiva. Este tipo de preocupação revelou-o também em tese apresentada à IV Conferência Nacional da Ordem dos Advogados do Brasil, realizada em São Paulo em 1970, quando tratou do tema Política Tributária e Desenvolvimento Nacional.

Em 1971 havia Antônio Roberto Sampaio Dória publicado outro livro cuja edição é de 1977, sob o título *Elisão e Evasão Fiscal*, e que é a ampliação de tese apresentada na IV Jornada de Direito Luso-Hispano-Americano realizada no Estoril. Nele se cuida de um tema difícil: o da evasão e da elisão. A classificação dos tipos de evasão, *lato sensu*, elaborada por Antônio Roberto Sampaio Dória tornou-se moeda corrente e já agora pode dizer-se clássica. O que foi dito neste livro sobre a legitimidade jurídica da elisão é extremamente atual, é uma lição também aqui de grande profundidade.

Não quero alongar-me em demasia na inauguração de um congresso que homenageia a memória de Antônio Roberto Sampaio Dória. Respeito-lhe a memória e o homenageio sendo breve como ele o foi, na medida exata que espero alcançar. No entanto, não me furto também a citar o seu trabalho "Distribuição Disfarçada de Lucros — Imposto de Renda", publicado inicialmente na *Revista de Direito Público* em número dedicado à memória de Rubens Gomes de Sousa, e depois editado separadamente e já agora em segunda edição. Ao lado do autor eu devo destacar também o papel do professor, o professor claro, o professor que era um guia seguro para os seus alunos, o professor a quem os seus alunos estimavam. E a ação de Sampaio Dória na cátedra que lhe cabia na Faculdade de Direito na Universidade de São Paulo revela-se, por exemplo, numa publicação denominada *Incentivos Fiscais e Desenvolvimento* que engloba trabalhos de seus alunos de um curso de pós-graduação que deu a certa altura. Tratava-se de um professor interessado, um professor que estimulava os seus alunos, um professor que promovia a publicação de seus trabalhos.

É esta a homenagem que posso prestar ao querido amigo que foi Antônio Roberto Sampaio Dória, com quem eu tinha tantas afinidades intelectuais e de outra natureza. É uma figura que nos faz falta, é uma figura — repito — que gostaria muito de ter presente neste congresso. Muito obrigado. (PALMAS)

SRA. HELENA SAMPAIO DÓRIA — Muito obrigada Prof. Alcides, meu amigo Alcides; obrigada Geraldo Ataliba. Eu estou aqui numa posição que me permite receber e agradecer as homenagens, mas ao mesmo tempo eu também posso homenagear o Antônio Roberto. Fui a maior testemunha da determinação e da dedicação dele ao estudo do Direito Tributário. Como exemplo dessa determinação eu me lembro da época em que moramos em Nova York — como o Alcides falou: nós éramos tão jovens e a cidade de Nova York, como todos vocês sabem, oferece tantas opções de lazer, tantas opções de entretenimento cultural. Ele não se deixou seduzir por esses encantos e realmente se dedicou ao estudo, à leitura, à pesquisa; leu tudo o que pôde na biblioteca da Faculdade de Direito da Universidade de Nova York e depois ele reuniu o material e as informações para escrever a tese *Princípios Constitucionais Tributários e a Cláusula "due process of law"*, que publicou aos 26 anos, como disse o Alcides.

Então eu tive sempre a maior admiração pela determinação dele. Por isso eu estou aqui para receber essa homenagem, mas também estou aqui para homenageá-lo junto com vocês. Muito obrigada. (PALMAS)

PROF. GERALDO ATALIBA — Meus senhores, o Presidente deste congresso é o Ministro Carlos Mário Velloso, do Supremo Tribunal Federal, eminente mestre de Direito Público, admirado e querido por todos nós e um velho e intenso colaborador do IDEPE, amigo do Antônio Roberto Sampaio Dória. Por razões óbvias hoje não pode estar aqui o ilustre ministro. Eu como Presidente do IDEPE o substituo presidindo este congresso, até o instante em que ele possa chegar de Brasília, dos trabalhos do Supremo Tribunal Federal.

Registro a chegada do ilustre Prof. Alberto Xavier, um dos mais brilhantes, competentes, sérios, disciplinados e exemplares professores de Direito Tributário da língua portuguesa, que nos irá dirigir a palavra hoje às cinco horas da tarde. Registro a chegada do ilustre Presidente da brilhante, da prestigiosa Associação dos Advogados de São Paulo, Dr. Antônio Correia Meyer, cuja presença agradeço. Registro a presença do Prof. Marçal Justen Filho, uma das glórias da cultura e da inteligência do Estado do Paraná.

Registro a chegada do ilustre Prof. Ormezindo Paiva, antigo colaborador do IDEPE, seu conselheiro, e uma respeitabilíssima autoridade do Ministério da Economia nos últimos 30 anos.

Meus senhores, ao que foi dito por Alcides Jorge Costa e por Helena Dória quero acrescentar uma palavra pessoal minha. Fiz, juntamente com Antônio Roberto Sampaio Dória, em 1963, concurso para Livre-Docente de Direito Tributário na mais velha, mais tradicional e mais prestigiosa faculdade de Direito do Brasil, da qual me orgulho de também ter sido aluno:

a Faculdade de Direito da USP, do Largo de São Francisco.

Nunca deixamos, todos os que assistiram a isso, de reconhecer o mérito, a justiça do julgamento e os méritos desse notável professor, cuja nobreza de comportamento na atividade de professor, na atividade de jurista e na atividade de advogado sempre impressionou e serviu de exemplo a todos.

Prosseguimos na atividade docente, como livres-docentes, ambos ainda muito jovens, e em 1972 concorremos juntos à Cátedra de Direito Financeiro desta nossa querida faculdade. Na véspera do início do concurso fomos só nós dois comer uma pizza juntos e tivemos a fraternal alegria de erguer um copo de cerveja, um desejando a felicidade do outro. Terminado o concurso, tendo obtido o primeiro lugar, o Prof. Antônio Roberto Sampaio Dória, diante de uma das bancas mais dignas e categorizadas deste país, conquistou a cátedra. Eu tive o prazer de ser a primeira pessoa a levantar para saudá-lo. Saudando Antônio Roberto Sampaio Dória eu homenageava as qualidades humanas e morais de dignidade, de retidão e de superioridade de caráter que o fizeram tão admirado e querido por todos nós.

Quando Alcides lembra essas coisas eu lembro de um testemunho que quero dar e que posso gostosamente dar, de ter visto tudo isto muito de perto, na condição de companheiro e na belíssima condição de competidor acadêmico que perdeu duas vezes, reconhecendo a justiça das decisões que foram adotadas.

Esta é a homenagem que eu tenho gosto e satisfação em prestar ao Dória, neste instante na pessoa de seu filho Eduardo, aqui presente, na pessoa de sua querida e extremada esposa. Meus senhores, o ex-Presidente do IDEPE, Prof. Sampaio Dória, nos ensinou a trabalhar com seriedade, com dedicação, com amor. Vamos seguir o seu exemplo, dando prosseguimento ao nosso congresso. Agradecendo a presença das autoridades à mesa, dos ilustres membros do congresso, à Dona Helena Dória, ao Prof. Alcides Jorge Costa por suas belíssimas palavras, eu exorto-os a trabalharmos, seguindo o exemplo de Antônio Roberto Sampaio Dória.

Está encerrada a sessão. Muito obrigado. (PALMAS)

MESA DE DEBATES

INDEXAÇÃO

PROF. AIRES BARRETO — A indexação pode expressar-se através de uma multiplicidade de índices. Isto significa que o país tem várias inflações, várias desvalorizações da moeda, diferentes aqui, lá e acolá.

À vista da generalização da correção monetária em todos os campos, são corrigíveis os créditos de ICMS precipuamente pela circunstância de que sempre são corrigidos os débitos dos contribuintes para com o Fisco? Fundamentalmente estas serão as questões que, direta ou indiretamente, resultarão respondidas, seja pela participação dos debatedores, seja eventualmente pela participação dos senhores que comparecem a este congresso, de molde a que tenhamos a oportunidade de desvendar ou pelo menos indicar os caminhos para que sejam desvendadas essas questões que angustiam não só aqueles que militam no campo do Direito Tributário, mas genericamente a todos aqueles que se colocam, seja na posição de administradores, seja na posição de julgadores, seja na posição mais ampla da grande massa de contribuintes.

É com esse espírito, com esse escopo de tentar desvendar essas questões de ordem prática, sempre à luz dos princípios constitucionais, sempre à luz do subsistema constitucional tributário, é que se desenvolverão essas mesas de debates.

Sem mais delongas, vamos iniciar tendo o privilégio e a oportunidade de, por cinco minutos, ouvir os professores que têm assento nesta oportunidade à mesa. Eventuais novas participações dos mesmos professores se seguirão após a manifestação de cada qual. E, por fim, teremos a oportunidade de ouvir também questões postas pelos ilustres participantes deste VI Congresso Brasileiro de Direito Tributário.

Nós queremos convidar para abrir esta primeira fase dos debates o Prof. Marçal Justen Filho, da Universidade Federal do Paraná. Tem a palavra o Prof. Marçal Justen Filho.

PROF. MARÇAL JUSTEN FILHO — Excelentíssimos integrantes da mesa, caros amigos e colegas, o princípio fundamental de que parte a abordagem que preparei para o tema é o de que há um defeito tradicional no tratamento da indexação, a meu ver, consistente em simplesmente importar alguns conceitos de economia ou de ciências de finanças para tratamento da indexação. Ou seja, partindo da conceituação fundamental de que indexação é um fenômeno relacionado à perda de valor real da moeda, em suma, basicamente a idéia que se põe é de que indexação seria uma espécie de um remédio para contrapor-se aos efeitos maléficos da inflação. Essa abordagem tem usualmente sido reiterada e utilizada como fundamento para abordagem no plano jurídico do tema da indexação.

A consideração fundamental é de que o exame do Direito Positivo brasileiro e da própria orientação jurisprudencial evidencia que perante o Direito brasileiro essa consideração não é suficiente para descrever como a indexação é tratada. Se nós partíssemos pura e simples da economia, de que indexação corresponde à recomposição do valor real da moeda, nós teríamos de assumir como decorrência lógica a desnecessidade de qualquer regra jurídica prevendo ou impondo a indexação. O princípio da vedação ao enriquecimento sem causa etc., que usualmente é invocado como solução para os litígios em matéria de indexação, esse princípio seria suficiente para acarretar a incidência automática da correção monetária, por exemplo, em todas as hipóteses. Porém, desde que surgiu o instituto da correção monetária tem-se reconhecido que (a princípio essa era a orientação) somente se admitia a incidência da correção monetária mediante prévia e expressa previsão legislativa. A dissociação entre os conceitos de dívida de valor e dívida de dinheiro acarretou a negativa de incidência da correção monetária às dívidas de dinheiro, pelo menos até a Lei 6.899/81, quando então até se condicionou a incidência da correção monetária ao ingresso em juízo quando inexistisse título executivo, título que autorizasse o processo de execução.

Portanto, ao decidir o tema e inclusive ao apreciar originalmente as questões sobre incidência de correção monetária em concordata, por exemplo, os tribunais estaduais claramente negavam o princípio de que os conceitos econômicos eram suficientes para a aplicação automática da indexação como uma decorrência inevitável.

Em suma, o que tem acontecido usualmente é que nós praticamos um discurso acerca da indexação que é o discurso da economia, e esquecemos de verificar perante o Direito brasileiro o que é a correção monetária, o que é a indexação. Perante o Direito brasileiro a tradição faz com que nós possamos distinguir diversas hipóteses, inclusive a indexação quando inexista o vencimento da obrigação ou inexista a ilicitude. Nós podemos constatar, pela análise do Direito Positivo brasileiro e especialmente da jurisprudência dos tribunais, que os tribunais têm tratado a indexação como um plus; muito embora digam que a correção monetária não se destina a ampliar a prestação em termos de conteúdo, não se destina a ampliar a prestação devida, o fato é que o acréscimo da correção monetária representa sempre uma ampliação qualitativa dos deveres impostos às partes.

Assim, fundamentalmente a observação que deriva disso tudo, em termos sintéticos essa primeira participação, é a de que a indexação subordina-se ao princípio da legalidade, representa um acréscimo qualitativo à amplitude dos deveres impostos ao sujeito passivo tributário, e que portanto está abrangida na regra da anterioridade e deve, porém, estar sujeita a uma disciplina em termos de isonomia. Ou seja, não é admissível estabelecer-se um tratamento em termos de indexação, que beneficie o fisco e que prejudique o sujeito passivo.

A partir desses princípios genéricos parece-me que é possível uma solução para as dúvidas e as questões que foram propostas pelos ilustres organizadores do congresso.

Obrigado.

PROF. AIRES BARRETO — Depois da manifestação do Prof. Marçal Justen Filho vamos ter a oportunidade de ouvir o Prof. Eduardo Bottallo, da Pontifícia Universidade Católica de São Paulo, e da Universidade de São Paulo.

PROF. EDUARDO BOTTALLO — Professor Geraldo Ataliba, Prof. Aires Barreto, Prof. Marçal, Prof. Fernando Albino, meus colegas, quero inicialmente manifestar a grande honra, o orgulho e a satisfação que tenho em participar da mesa que inaugura este VI Congresso, e também aproveitar a oportunidade, para associar, em caráter pessoal, a minha homenagem ao patrono deste congresso, Prof. Sampaio Dória, que foi meu colega de turma, um querido amigo durante o tempo de faculdade e com quem eu trabalhei durante muitos anos na cadeira de Direito Financeiro da Faculdade de Direito da Universidade de São Paulo. Aliás, comecei a minha carreira docente naquela faculdade pela mão amiga do Prof. Geraldo Ataliba aqui presente e pela mão também amiga do Prof. Sampaio Dória. De modo que quero deixar consignado esse meu preito de saudade e de respeito àquele grande colega, grande amigo e grande professor de Direito Tributário.

Com relação ao assunto desta mesa, eu acredito que não teria sido mais feliz a sua escolha, porque acho que essa é uma oportunidade ímpar para que possamos rever a temática da indexação de forma um pouco mais ampla do que aquela que estamos acostumados a encontrar nos livros de doutrina e, mesmo, na jurisprudência. A meu ver, talvez ficará mais simples compreender esta problemática se nós levarmos em conta que, por trás de toda a discussão em torno da questão da indexação, existem dois grandes princípios constitucionais que precisam ser preservados. Na utilização adequada desses princípios está a chave para a solução dos principais problemas relacionados com o tema.

Um deles é o princípio da discriminação das competências tributárias que, no seu sentido mais amplo, assegura em termos constitucionais, às pessoas jurídicas de Direito Público Interno — a União, Estados, o Distrito Federal e Municípios — o direito de, nos limites em que a Constituição estabelece, receber as suas receitas segundo critérios de integridade substancial. Isso olhando o problema do lado da Fazenda Pública.

Olhando o problema do lado do contribuinte, me parece que o grande princípio a ser considerado é o princípio que assegura o direito de propriedade, porque na verdade quando pensamos neste princípio dentro de uma economia inflacionária, impõe-se a idéia de que precisa ser preservado por mecanismos específicos, quando consideramos que, se a correção não é adequadamente utilizada ou se ela o é através de manipulações que não atendam ao seu objetivo tal como refletido a partir desse princípio, em última análise o que estará acontecendo é que a própria propriedade, o próprio patrimônio do particular está sendo violado, está sendo atingido.

Então me parece que esse deve ser o material de debate, os dois grandes balizamentos a serem considerados.

Eu acredito que se tivéssemos a felicidade de chamar para o nosso país um David Copperfield da vida, um desses mágicos cheios de talento e conseguir dele uma fórmula que acabasse com a nossa inflação, talvez ele merecesse não apenas uma estátua, mas duas: uma por ter acabado com a inflação e a outra por ter resolvido o problema do congestionamento do Poder Judiciário no Brasil, porque, na verdade, para um país que não tivesse inflação, o nosso aparelho judiciário a essa altura estaria até superdimensionado. Tanto nos tribunais cuja competência se volta para a especialização em matéria fiscal como naqueles de outras áreas, hoje em dia, grande parte da energia, do esforço, e da concentração do trabalho que apresentam se volta direta ou indiretamente, para o problema da inflação. Isso diz respeito à locação, diz respeito às obrigações de natureza privada, diz respeito às mensalidades escolares, diz respeito ao tratamento dos contratos de um modo geral e obviamente diz respeito ao problema tributário com grande intensidade.

Na verdade o que nós estamos discutindo aqui é problema fundamental que hoje ocupa a atenção, eu não digo já dos advogados, dos especialistas em Direito Tributário, mas da classe jurídica em geral, porque a inflação acabou se tornando realmente, até por esse aspecto, um segmento da maior importância no mercado de trabalho por onde os profissionais de Direito têm que transitar em todas as especialidades.

Quando foi distribuído o questionário de temas pelos organizadores do congresso eu procurei colocar a minha opinião a respeito de determinadas questões ligadas a isso — e depois eventualmente terei a oportunidade de voltar a esse assunto —, mas o que eu gostaria de trazer aqui, até pela curiosidade, mais como um elemento também de desafio à reflexão de todos nós a esse propósito, é um acórdão recentíssimo do Tribunal de Justiça de São Paulo que eu, como Vice-Presidente da Associação dos Advogados de São Paulo, fiz questão de publicar no boletim daquela entidade. Esse acórdão mostra um dos aspectos patológicos dessa discussão, especialmente em torno dos índices das correções monetárias que também deve merecer, por parte deste Congresso, consideração muito especial. Em última análise se tratava de discussão em torno da aplicação do índice de 70.28% do "Plano Verão" que foi objeto de um desses sucessivos expurgos que vêm se mutiplicando. A Fazenda do Estado de São Paulo impugnou a inclusão desse índice numa determinada conta em processo onde ela figurava como devedora.

Eu passo a ler um pequeno trecho desse acórdão para mostrar aos senhores até que ponto já está indo a reação dos tribunais brasileiros no que diz respeito a certas dimensões do problema da indexação: "Nega-se provimento a recurso, etc., pelos motivos da sentença que ficam adotados, como também o recurso demonstra a desfaçatez com que se comporta a Fazenda do Estado por sua Procuradoria, uma vez que nesta data como revisor da apelação número tal de São Paulo em que a apelante, ao exercitar o seu direito de recebimento do ICMS, está exigindo do contribuinte dito percentual, *aquele expurgado*, e o faz, além de outros argumentos legais, com a invocação da resolução número tal da Secretaria da Fazenda. Ora, quando se trata de exigir os tributos a apelante argumenta: "Os índices estaduais de correção monetária, entre os quais o da UFESP, são legítimos segundo orientação do Excelso Pretório". Para prosseguir: "Na verdade houve a substituição de um índice (OTN) por outro (UFESP), tendo em vista que aquele estava sendo medido pelos responsáveis pelo cálculo de maneira errada, gerando distorções, tanto assim que a inflação do IPC resultou no percentual de 70.28% no mencionado processo". Portanto, há de perguntar-se por que a divergência de comportamento em uma ou outra situação, valendo, quando lhe favorecem, as decisões judiciais e negando quando ao contrário. Ou será que se trata da aplicação da pecha de litigante de má fé, porquanto o art. 14 do Código de Processo Civil diz que constitui dever das partes e de seus procuradores agirem dentro do espírito de honestidade e de boa fé. Impõe-se portanto a multa de 1% pela litigância de má fé, art. 17 do Código de Processo Civil, e determina-se a extração de cópia do presente e sua remessa à Douta Procuradoria Geral do Estado para orientação e providências que entender cabíveis."

Eu acho que esse acórdão do Tribunal de Justiça de São Paulo, que é muito recente, contém importante material de reflexão para orientar a discussão certamente profícua que este congresso terá a respeito do tema.

Era isso o que eu queria dizer inicialmente. Muito obrigado a todos. (PALMAS)

PROF. AIRES BARRETO — Tenho a satisfação, a honra e o privilégio de passar a palavra ao Prof. da PUC de São Paulo, Fernando Albino de Oliveira.

PROF. FERNANDO ALBINO DE OLIVEIRA — Prezados companheiros da mesa, meus colegas, eu queria antes de mais nada também fazer minhas as palavras do Prof. Alcides Jorge Costa, do Prof. Geraldo Ataliba e do Prof. Eduardo Bottallo na homenagem a este que foi um grande mestre, Antônio Roberto Sampaio Dória, com quem tive também a honra — junto com Eduardo Bottallo — de ser assistente durante dois anos, no início da minha carreira profissional na Faculdade de Direito da Universidade de São Paulo. Apesar de não ter continuado nessa assistência, a convivência com o Prof. Dória sempre foi estreita e dele sempre tivemos os exemplos mais caros e mais altos de honestidade intelectual, de profundidade científica e também inúmeras qualidades humanas.

Talvez tentando imitar o mestre naquilo que nos é possível eu procuraria uma certa síntese com relação a este assunto da indexação. A indexação só ocorre, ela só é preocupação jurídica em função de um fenômeno que lógica e cronologicamente lhe é anterior, que é o problema da inflação. Ou seja, se economicamente não houver inflação juridicamente não há que se falar em indexação. Eu acho que a percepção deste pressuposto de raciocínio é fundamental para tudo aquilo que juridicamente nós venhamos a refletir.

Quando nós regulamos juridicamente uma realidade que originariamente é econômica, nós estamos — usando a palavra insubstituível de Pontes de Miranda — jurisdicizando essa realidade econômica, da mesma forma como nós jurisdicizamos o fenômeno econômico da renda ao desenhar num texto constitucional a matriz constitucional do imposto sobre a renda.

Acho que esta é a grande pergunta desta mesa de debates e sobre a qual acho que nós devemos tentar laborar: como nós podemos jurisdicizar o fenômeno econômico da inflação?

Parece-me que a indexação desde o início no Brasil, quer através da construção jurisprudencial que antecedeu a lei, quer através da primeira lei que regulou o assunto, que data ainda de 1964, quer as leis posteriores, sempre entenderam a indexação como algo de um certo caráter punitivo. É nítido nestas leis a coibição daquilo que se considera um abuso, quer de um particular contra outro particular, quer do poder público contra o particular.

No início, antes da lei, na construção jurisprudencial, através da diferenciação de dívidas de dinheiro e dívidas de valor, quis-se coibir o abuso dos inadimplentes que ganhavam tempo e portanto faziam com que as suas dívidas perdessem valor. Com a lei de 1964 quis-se coibir o abuso do poder público que lançava títulos no mercado e que não os remunerava adequadamente, era também inadimplente, e que portanto deveria responder por essa inadimplência.

Depois, na lei que corrige os débitos ou créditos judiciais, quer-se também coibir o abuso daqueles que se utilizam do instrumento — o Poder Judiciário — para delongar determinadas dívidas que deveriam pagar prontamente.

Ora, o que me parece é que esta visão ou esta jurisdicização pela via do abuso é feita, no meu entender, na tentativa de restabelecer o equilíbrio entre as partes, quer o equilíbrio das partes numa relação de natureza contratual, quer o equilíbrio das partes numa relação de sujeição coativa como é a relação entre poder tributante e contribuinte.

Se nós formos analisar a indexação como recomposição, como reequilíbrio de uma relação jurídica desequilibrada por um fenômeno econômico e não jurídico, nós estaremos talvez transformando a indexação naquilo que ela deve ser, isto é, num instrumento absolutamente neutro, isto é, num instrumento que restaura na sua essência, na sua materialidade, o princípio da igualdade.

Relembrando-me aqui de alguns ensinamentos de outro grande mestre do Direito, Celso Antônio Bandeira de Mello, quando diz a respeito do princípio da igualdade ele procura exatamente demonstrar que o princípio da igualdade tem um núcleo, tem uma substância, tem uma essência que é exatamente de manter as partes em situações iguais diante de determinadas circunstâncias fáticas.

Se nós formos ver desta forma a indexação, poderemos chegar até a ponto de admiti-la independente da existência de lei, como forma de restabelecer o equilíbrio das partes. E a jurisprudência de certa maneira estava neste caminho quando se sucederam as leis. Por outro lado, se nós a entendermos assim, nós teremos que coibir, considerando inconstitucionais, as leis que primeiro suprimam a indexação quando deveriam admiti-la, proíbam a indexação quando deveriam permiti-la, ou simplesmente que estabeleçam critérios de indexação que não são adequados à boa técnica da economia, isto é, que distorcem os índices aferidores da perda do poder aquisitivo da moeda.

Quero crer que através desta ótica da neutralidade em contraposição à ótica do abuso, nós estaremos quem sabe resolvendo, pelo menos a plano teórico, boa parte das perguntas que aqui foram colocadas, lembrando sempre a frase lapidar do Prof. Geraldo Ataliba de que para resolver um problema prático nada melhor do que uma boa teoria.

Era isso o que eu gostaria de adicionar a essa primeira parte. (PALMAS)

PROF. AIRES BARRETO — A moeda foi criada e existe para atuar com duas funções: uma primeira função de meio de pagamento e uma segunda função de medida de valor. Entre nós esta segunda função, mercê do processo inflacionário sempre presente, recrudescendo a cada instante — a não ser quando interrompido por choques sem resultados —, vem exercendo apenas a função de meio de pagamento. Essa segunda função de medida de valor, que lhe é essencial, acaba praticamente desaparecendo entre nós por força desse ritmo acelerado do processo inflacionário.

Cabia, portanto, ao Direito criar um instrumento, um mecanismo por força do qual se restabelecesse direta ou indiretamente, imediata ou obliquamente, essa segunda função do valor da moeda, a moeda como medida de valor e não apenas como meio de pagamento. Instituiu, então, a chamada cláusula de correção monetária. O objetivo precípuo era o de evitar o enriquecimento de devedores e o empobrecimento de credores, porque o processo inflacionário, à míngua de correção, aniquila os credores de quantias fixas.

Tão disseminado ficou esse processo que se pode dizer que correção monetária hoje tem *status* constitucional. Se nós formos ao art. 47 do Ato das Disposições Constitucionais Transitórias vamos verificar que num caso excepcional não se admite a utilização de correção monetária. É dizer, a contrario senso, que em todos e quaisquer outros casos ela haverá de estar presente. Ao excluir naquele caso específico impõe seja aplicada em todos os demais.

Ora, se assim é, o que justificaria a não adoção da correção monetária relativamente aos créditos de ICMS e de IPI? Todos nós sabemos que as atividades negociais são diversas entre si. Algumas permitem um giro rápido dos negócios, as operações se realizam com celeridade e conseqüentemente os créditos podem ser tomados praticamente de imediato. Outras, todavia, decorrem da realização de um giro de negócios extremamente lento, moroso, demorado, inviabilizando a utilização rápida dos créditos.

A recusa sistemática por parte das Fazendas implica a não-utilização do valor real do crédito. A conseqüência inexorável afronta a compensação prevista constitucionalmente porque para haver real compensação é preciso sempre a utilização de termos homogêneos. Não se pode confrontar cebolas com batatas; é preciso que haja uma homogeneidade. Se eu utilizo valor real de um lado quando cuido do valor da operação, eu haverei de tomar relativamente aos créditos a que o contribuinte tem jus, inafastavelmente também um valor real e não pura e simplesmente um valor nominal. Conseqüentemente a utilização do crédito no valor nominal implica prejuízo ao contribuinte e enriquecimento sem causa do Estado, como já fora salientado aqui pelo Prof. Marçal Justen Filho.

Implica, penso eu, mais que isso: implica exigência, quer dizer, aumento de imposto não previsto em lei, porque maior desembolso em termos reais significa um *plus* não autorizado pela lei. Se o ICMS incide sobre o valor da operação e se eu só posso valer-me de créditos pelo valor nominal, este diferencial, este delta existente entre valor nominal e valor real na verdade significa exigência, aumento de imposto sem lei. Além disso, penso, resulta ferido o princípio da isonomia porque pela simples circunstância de alguns se dedicarem a atividades cujo giro é mais lento, é mais moroso e nada obstante se encontrem em situações iguais, são tratados de forma diferente, o que não é tolerado pela Constituição.

Fere, portanto, o princípio da compensação, fere o princípio da não-cumulatividade porque nesse caso se eu tenho o valor da operação considerando valores reais e valor de crédito considerando apenas valores nominais, a compensação é pura e simplesmente parcial, e se a compensação é parcial está ferido o princípio da não-cumulatividade. Na verdade o ICMS passaria a ser um tributo parcialmente cumulativo.

E fere por fim, à luz de tudo isso, segundo penso, o princípio da segurança jurídica. Não há como afastar-se, penso eu, da inexorável aplicação aos créditos — seja de IPI, seja de ICMS — da correção monetária. Pena que é um ponto de agressão a todos esses princípios a que me reportei.

O Prof. Geraldo Ataliba aditará algumas considerações, mas neste instante ainda não respondendo a nenhuma das questões formuladas. Num segundo momento fa-lo-á, mas neste exato momento pretende tecer considerações adicionais à sua participação, até porque nós não tivemos o privilégio de ouvi-lo com mais vagar; a sua primeira intervenção foi muito sóbria.

Tem a palavra o Prof. Geraldo Ataliba.

Prof. Geraldo Ataliba — Os membros desta mesa, não fizemos nenhuma combinação de "vamos dizer a mesma coisa". Aconteceu que todos, felizmente, apreciamos imensamente a Constituição e tomando-a como ponto de partida, aplicando rudimentos e noções elementares de Direito, tivemos que chegar à mesma conclusão. Só lamentamos que nem sempre os nossos tribunais partam do mesmo ponto, e às vezes, quando o fazem, não chegam ao mesmo ponto de chegada.

Falando por último, inevitável dizer alguma coisa que já foi dito.

O art. 1º da Constituição, além de afirmar o valor fundamental da Federação, afirma que o Brasil é Estado de Direito. Eu gosto de lembrar lição do Professor de Direito Constitucional da Universidade de Milão, Biscaretti di Ruffia, um gênio, um dos grandes talentos do século XX, que reproduz o prof. Balladore Pallieri: "Estado de Direito é o Estado que se submete à lei e à jurisdição". Não basta submeter-se à lei; os Estados totalitários fazem a lei que querem e se submetem à lei. É imperioso, para que se reconheça o Estado de Direito, que o Estado se submeta à jurisdição. O que quer dizer isto? Quer dizer que a Constituição deve prever a existência de um Poder Judiciário autônomo, absolutamente independente, imparcial, sem compromisso com nenhuma das partes, e que responda àquela proposta já da mitologia grega, da deusa da Justiça, Temis, tendo os olhos vendados, exatamente para não saber se está agradando ou desagradando aos poderosos: aos poderosos políticos, aos poderosos militares, aos poderosos econômicos, a todos os poderosos. A deusa da Justiça tem os olhos vendados porque ignora a quem está agradando ou desagradando; ela cumpre aquilo que a balança do Direito lhe impõe. No Estado de Direito, o Estado, quando envolvido numa relação jurídica concreta, é parte (em juízo), em igualdade de condições com qualquer outra parte, e a Justiça de olhos vendados não sabe, não quer saber — isto é institucional — se é o Estado todo poderoso ou se é o cidadão, ainda que o mais destituído, o mais pobre, o mais desamparado. A justiça será feita com uma balança absolutamente equilibrada, onde o Estado possa ser chamado por qualquer cidadão, perante o Judiciário, como "parte" e submeta-se a regime de igualdade com a outra parte. Aí haverá Estado de Direito.

Está dito no art. 1º da Constituição que o Brasil é um Estado de Direito e o correr d'olhos sobre o texto da Constituição confirma esta afirmação do art. 1º, que não é meramente retórica, é uma afirmação sólida e consistente: temos um Poder Judiciário dotado de autonomia e de independência, temos integrantes do Poder Judiciário, os magistrados, dotados pessoalmente de predicamentos que permitem que eles sejam absolutamente isentos, portanto, imparciais. O Brasil é um Estado de Direito.

Vamos nos lembrar de um autor que é celebrado, reconhecido e acatado em todo o mundo, no mundo da nossa cultura: um alemão chamado Albert Hensel, que escreveu sobre Direito Tributário entre 1920 e 1940, que foi inclusive perseguido pelo nazismo, teve que sair da Alemanha e radicar-se na Itália, na Universidade de Pavia, até o predomínio do fascismo na Itália. Deixou lições notáveis que são reverenciadas e reconhecidas em toda parte.

Num livro clássico traduzido para o italiano (pelo Prof. Dino Jarach), Hensel faz questão de gastar páginas de seu livro para dizer que a relação jurídico-tributária é uma relação jurídica; depois de nascida, as duas partes, os dois sujeitos — ativo e passivo — são partes iguais, desfrutando de direitos e deveres dentro da relação jurídica estabelecidos por uma lei prévia, de acordo com a Constituição. Não há a menor dúvida de que esta é uma relação jurídica.

Ele insiste muito nisso, e durante esta fase de 1930 até 1950, portanto, passando até pela Guerra, os autores — principalmente os italianos e os alemães — fazem questão de dizer: a relação tributária é uma relação jurídica. Por quê? Porque ao mesmo tempo em que na Alemanha se desenvolvia a ciência do Direito Tributário, a partir de 1919, fim da primeira guerra, ao mesmo tempo crescia a ideologia nazista num país que tem o espírito jurídico tão admirável como a Alemanha. Desenvolvia-se na Itália, padrão de ciência do Direito para nós, o espírito fascista, quer dizer, supervalorização do Estado: o Estado é formidável, o Estado é onisciente, o Estado sabe tudo, o Estado determina tudo. Então era preciso cortar a tendência do legislador, do administrador e do Judiciário, de entender que a relação tributária é uma relação de poder, que a relação tributária coloca o credor — o Estado — em superioridade sobre o devedor. Daí a validade até hoje, sem dúvida, da insistência de Albert Hensel e de seus seguidores.

No Brasil o Prof. Rubens Gomes de Sousa, no seu precioso "Compêndio", tem um capítulo para dizer "a relação tributária é uma relação jurídica", exatamente para nos ensinar a todos, aos legisladores, aos aplicadores, à administração e aos juízes que a relação tributária é uma relação jurídica igualitária. Hoje já não se insiste tanto nisso porque parece que esse preconceito está vencido e retoricamente todos dirão (não conheço hoje quem diga o contrário): a relação tributária é uma relação jurídica.

Entretanto, no fundo, infelizmente, na nossa cultura ainda há autoritarismo, ainda há um pouco de fascismo, de espírito de supremacia do Estado e, portanto, de repressão da cidadania. Então, quando surgem problemas novos — em 1964, já era aguda a inflação, passa a parecer como um problema novo no mundo do Direito — a reação da administração é totalitária, de prevalência do Estado. Infelizmente tal é a reação de muitos que não querem se comportar como juristas, seguindo essa cultura autoritária com reflexos, infelizmente, no Poder Judiciário.

Por isso, tem-se admitido, erradamente, que o crédito (na relação jurídico-tributária) do fisco é corrigido e os nossos possíveis créditos não são. Portanto, os nossos débitos são corrigidos e aquilo que o Estado nos deve não é corrigido. E sempre houve brilhantes e talentosas inteligências, especialmente de economistas, para explicar por que era assim: porque o Estado precisa fazer educação, saúde e outros investimentos. Precisa daquele dinheiro e não pode se submeter à correção. Foi uma quebra do princípio que é básico, do Estado de Direito e desta premissa do Direito Tributário. O Direito Tributário engendra uma relação jurídica equilibrada, que não admite um tratamento desigual aos direitos.

Vamos rapidamente aplicar isto: nós temos (o Prof. Aires mencionou) o caso do IPI e do ICM, em que o contribuinte tem créditos contra o Estado, e na medida em que ele pratica operações tem débitos para com o Estado. A Constituição, parece que ouvindo as lições do saudoso jurista, do lúcido cientista Cleber Giardino, aperfeiçoou a sua linguagem e, no IPI e no ICM, disse: haverá "compensação" do crédito com o débito que tem o contribuinte; assim, compensação dos créditos do Estado com os débitos do Estado. E Cleber Giardino mostrou que a União, no caso do IPI, e o Estado federado, no caso do ICM, são devedores do contribuinte, no que respeita aos créditos que o contribuinte tem na sua contabilidade.

Quando a Constituição fala em compensação (disse o Aires Barreto muito bem) fez referência a um mecanismo — que já existia, que já era do sistema e que, agora, se tornou inquestionável, explícito — que é conhecido pelo nome de "compensação" e que decorre de um princípio, geral do Direito. Isso não é do Direito Privado, é do Direito! A compensação aplica-se em todas as searas, em todos os campos do Direito, e é justamente a extinção de uma obrigação, quando credor e devedor são reciprocamente credores e devedores. Extingue-se a obrigação, na medida da menor importância, seja do débito, seja do crédito. Isto os romanos, há dois mil e tantos anos, já elaboraram, e isto foi aplicado a todos os setores do Direito. Quando a Constituição fala em "compensação" está precisamente referindo a isto.

Então, no clima inflacionário, em que o legislador se vê obrigado a corrigir os débitos dos contribuintes, nem precisaria expressamente dizer: são corrigidos também seus créditos. Não precisaria, é óbvio! Se isto é Estado de Direito, se a relação jurídico-tributária é uma relação jurídica, se as partes são iguais na relação jurídica, óbvia e evidentemente a correção de qualquer dos termos da compensação implica correção de ambos os termos. O legislador, entretanto, tem-se negado a explicitá-lo claramente e só agora os tribunais começam a despertar para este ângulo do problema. Justiça seja feita, tudo o que se elaborou em matéria de correção monetária no Brasil foi o Judiciário que fez em primeiro lugar. As intervenções do Legislador equilibrando as situações de correção monetária vieram sempre depois das decisões judiciais, mas ainda há — como é o caso do ICM, como é o caso do IPI e como é o caso do imposto de renda — áreas em que, ou o Judiciário não foi provocado por nós, ou quando provocado não deu a resposta que o espírito e a consciência jurídica ditariam.

Termino lembrando o caso do imposto de renda: a tabela do imposto de renda, que decorre da lei, é uma mera aplicação administrativa de critérios que estão na lei, estabelece o mínimo não tributável, enganosamente designado isenção. Isto não é uma isenção. Porque quem ganha somente aquela quantia necessária para sobreviver, para realizar o que o art. 7º da Constituição qualifica como condições vitais (de vida) não está recebendo *renda* nenhuma; portanto, está fora da tributação em qualquer hipótese. Mas a lei estabelece um índice presuntivo e as tabelas expedidas pela administração são mera aplicação dessa lei. Ora, é absoluto imperativo constitucional que essas tabelas sejam corrigidas religiosamente de acordo com a evolução da inflação.

Quando a administração — por má fé, porque outra explicação não há — deixa de corrigir uma tabela, por esta omissão provoca a seguinte conseqüência: aqueles que estavam na faixa de exclusão, chamada isenção, passam a ser contribuintes. Então, cria-se um tributo que não estava previsto na lei e que nem podia ser previsto na lei porque vai contra a Constituição. E num segundo instante, nesta escandalosamente inconstitucional tabela que está sendo aplicada, onde só há duas alíquotas — portanto, desacatando o imperativo claro da Constituição da progressividade dos impostos, especialmente do imposto de renda, portanto, postulando a existência de muitas alíquotas, para que a progressividade se faça real — na medida em que não se corrigem as tabelas, quem estava numa faixa, por exemplo, de 10%, passa para a faixa de 25% pela simples omissão da administração expedir essas tabelas.

Qual é o remédio? É o Poder Judiciário reconhecer que isto é um imperativo constitucional e que ninguém, nem mesmo o legislador pode obstar, resistir, desacatar a Constituição, nem mesmo por omissão. E o Judiciário devia dar, de tal forma que a administração acabasse se convencendo: *"como há um Poder Judiciário autônomo neste país e que vai providenciar isto, é melhor eu já fazer direitinho, "antes"*.

Muito obrigado. (PALMAS)

PROF. AIRES BARRETO — O Prof. Geraldo Ataliba tem uma personalidade tão marcante, é um jurista tão acatado, seja no Brasil, seja fora dele, que antes mesmo que ele fizesse a sua exposição inaugural já pretendia eu que ele fizesse sua segunda intervenção. É que o Prof. Geraldo Ataliba ensina quando fala e ensina quando cala. Ele ensina sempre, até pela sua presença silenciosa.

Enfim, reparado esse equívoco (... não se atreva o discípulo a falar antes do mestre) passo agora à fase das respostas às perguntas que foram formuladas, sem prejuízo de — se assim desejarem os expositores — tecerem considerações adicionais outras independentemente das perguntas que tenham sido remetidas.

Debates

PROF. EDUARDO BOTTALLO — O Prof. Ataliba separou aqui algumas questões e eu vou pela ordem responder. A primeira que chegou às minhas mãos é formulada pelo colega Luiz Cláudio dos Reis: "A suspensão da exigibilidade do crédito tributário importa na prorrogação da data do vencimento da obrigação tributária ou apenas proíbe a administração pública de propor a execução fiscal? Quais os efeitos da revogação ou cassação da liminar no que tange aos acréscimos moratórios? Incide correção monetária, juros e multas?"

Eu acho que ambas as questões estão praticamente respondidas pelo direito posto. O Código Tributário nos dá orientação bastante segura sobre o tratamento dessas duas perguntas. Nos termos do art. 151, do Código Tributário Nacional, a suspensão da exigibilidade do crédito simplesmente impede que esse crédito seja cobrado, já que ele perde um dos seus atributos essenciais que é exatamente aquele de ser exigido: existe, está constituído, mas é como se fosse — usando a imagem antiga e muito didática do Prof. Baleeiro — uma espingarda sem gatilho, algo que não pode ser acionado, uma vez que a exigibilidade pressupõe exatamente essa possibilidade de formulação concreta da pretensão contra o contribuinte. Isso não significa a prorrogação do prazo nos termos em que a lei a prevê mas, do ponto de vista puramente temporal, obviamente, enquanto essa exigibilidade estiver suspensa, o prazo do vencimento da obrigação não ocorre.

Quanto aos efeitos da revogação ou cassação da liminar eu imagino aqui que seja em mandado de segurança, que é uma das hipóteses que o art. 151 do Código

Tributário prevê como fator de suspensão da exigibilidade do crédito. Pelo efeito processual da cassação das liminares há uma reversão da situação para o exato momento em que essa liminar foi concedida e conseqüentemente, a partir de então, o beneficiário responde pelas conseqüências moratórias decorrentes dessa cassação, o que significa que ele fica sujeito ao pagamento do crédito acrescido da correção monetária (se nós virmos nela algum tipo de acréscimo) e mais dos juros moratórios. Eu entendo que a conseqüência moratória se caracteriza, mas não abre campo à imposição de penalidade, porque, beneficiado que foi pela liminar, ele teve a exigibilidade suspensa e portanto não pode ser apenado em decorrência da cassação ou da revogação da liminar.

Prof. Aires Barreto — O Prof. Fernando Albino de Oliveira também responderá a uma das questões que lhe foram formuladas.

Prof. Fernando Albino de Oliveira — Existem aqui duas questões que são conexas. Uma delas é a seguinte: "A competência para legislar sobre correção monetária está naquela para legislar sobre sistema monetário ou naquela para legislar sobre o Direito Financeiro?". E uma outra dizendo: "Os estados e os municípios estão atrelados aos índices fixados pela União para efeitos de indexação dos seus respectivos tributos ou, por outras palavras, podem os estados e os municípios estabelecer os seus próprios indexadores?"

Eu acho que esta matéria relativa à indexação não se refere propriamente à moeda. Ainda que economicamente a inflação gere a perda do poder aquisitivo da moeda, sob o ponto de vista jurídico me parece que a indexação visa restaurar o princípio da igualdade entre as partes, quer no âmbito público, quer no âmbito privado. Portanto, ela não estaria na competência para legislar sobre moeda. Ou seja, a lei que indexa ou a lei que admite a correção não é uma lei que tem a ver com a moeda; ela simplesmente tem a ver com um fato que o legislador constata, que é a perda do poder aquisitivo da moeda — que é um fato, não tem nada de legal nisto, é um fenômeno —, e em função disto, em cumprimento do princípio da igualdade procura restaurar a igualdade entre as partes.

Se formos seguir este raciocínio, então a competência estaria no âmbito do Direito Financeiro e não no âmbito da competência para legislar sobre moeda. E em assim sendo estados e municípios poderiam estabelecer os seus próprios indexadores e até, sob o ponto de vista não estritamente jurídico mas sob o ponto de vista político-jurídico, é interessante que o estabeleçam, porque um dos erros que se faz a respeito do assunto é se imaginar que a perda do poder aquisitivo da moeda — que é um fato, não tem nada a ver com o Direito — seja um fato uniformemente observável em todo o território nacional. Então, se nós admitimos a autonomia dos municípios para legislar em matéria do seu próprio interesse e se admitimos a autonomia dos Estados-membros como membros de uma federação, e se ambos podem legislar concorrentemente sobre matéria de Direito Financeiro, ambos, me parece, podem estabelecer através de lei medidas de correção de débitos e créditos tributários que procurem restabelecer o equilíbrio entre as partes, em cumprimento ao princípio maior da igualdade.

Seria essa a forma pela qual eu responderia a essas duas perguntas que me parecem conexas.

Prof. Aires Barreto — Debates em que todos os participantes da mesa estão de pleno acordo ficam muito frios. Por isso, gostaria de expressar a minha posição em sentido diverso daquela que foi expendida pelo Prof. Fernando Albino.

O que são esses índices de correção monetária? Eles expressam moeda sobre moeda, são novas definições, é o restabelecimento daquela segunda função da moeda a que me referi há pouco, a moeda como medida de valor. Não tem outro propósito a fixação desses índices senão o de definir qual é efetivamente o valor real da moeda: é aquele número expresso, multiplicado por um certo fator.

Pois bem. Se assim é, legislar sobre índice de correção monetária seria legislar sobre sistema monetário, e nessa matéria a competência da União é privativa (art. 22-VI da Constituição de 1988). Conseqüentemente somente a União poderá dispor sobre o estabelecimento desses índices, devendo Estados e Municípios atrelarem-se a esses indicadores, sem poder criar os próprios indexadores.

Não é facultado a Estados e Municípios o estabelecimento desses índices, pena de invasão da competência privativa da União. Todavia, se por absurdo esse entendimento não for correto, no mínimo seria de admitir-se que a fixação de índice no nível estadual e municipal não pudesse extrapassar a variação dos índices estabelecidos no nível federal, no exercício da competência que foi deferida à União.

É como penso sobre a matéria, data vênia do entendimento do Prof. Fernando Albino de Oliveira, e sobre essa questão também vamos ouvir as luzes do Prof. Marçal Justen Filho.

Prof. Marçal Justen Filho — Meu prezadíssimo Prof. Aires, peço-lhe vênia para discordar e me manifestar, até porque é tema específico de indagação do Congresso, sobre essa questão nos moldes do pensamento do Prof. José Eduardo.

Se nós considerássemos que correção monetária tem a ver com matéria de moeda, nós teríamos diante de nós uma afirmativa excessiva que produziria um resultado a meu ver inadmissível, inclusive porque vedaria aos particulares a previsão à possibilidade de convencionalmente disporem sobre o tema. Ou seja, já que a matéria correção monetária é privativa da regulamentação da União sob o fundamento de se tratar de matéria atinente à moeda, logo nem mesmo os particulares poderiam, por pactos em apartado, dispor sobre o tema, já que eles estariam frustrando a regra que determina que o curso forçado da moeda envolve no caso o cruzeiro. Por decorrência, os estados e municípios não poderiam prever regra alguma sobre correção monetária ou indexação, nem os particulares, e seriam inválidas e nulas todas as cláusulas previstas em instrumentos particulares sobre o tema.

A mim parece que a matéria de correção monetária ou indexação não tem a ver com moeda propriamente dita, mas tem a ver, sim, com, certamente, a imprevisão ou a possibilidade de o futuro acarretar a perda do valor real da moeda. Nessa medida compete ao Estado, seja através da União, dos Estados, Distrito Federal ou Municípios, dispor sobre isso no seu âmbito, como também cabe aos particulares disciplinar o tema.

Prof. Aires Barreto — O Prof. Eduardo Bottallo também quer intervir nessa questão.

Prof. Eduardo Bottallo — O Prof. Geraldo Ataliba chega numa hora muito oportuna aqui, porque, na verdade vai ficar para ele o voto de desempate. Está dois a um e vai ficar dois a dois. A respeito desse assunto, aproveito até para responder uma pergunta que me foi destinada e que versa exatamente esse tema. Quero manifestar, até escrevi no trabalho que foi divulgado aos participantes, a minha total concordância com o ponto de vista que o Prof. Aires Barreto acabou de manifestar, exatamente pelos motivos que ele mencionou.

O Prof. Marçal levantou um argumento que me parece bastante importante, bastante denso, que é aquele que propõe uma comparação entre a correção das obrigações de natureza tributária e as obrigações de natureza privada, dizendo que, a prevalecer o entendimento de que se tratasse de legislação sobre moeda, então os particulares ficariam privados de convencionar outros índices.

Eu lembraria, apenas, que, no caso das relações de natureza privada, a legislação federal, consistente com a natureza destas, declara simplesmente quais os índices que não podem ser usados; ela age por negativa: não pode ser usado como índice de correção o salário mínimo; não pode ser usada como índice de correção a variação cambial. A partir daí, fica a critério das partes convencionar o índice.

Agora, me parece que esse modelo não se aplica ao caso das obrigações fiscais porque, então, estar-se-ia permitindo que cada um dos 5.000 municípios — como disse bem o Prof. Aires — e os 23 estados estivessem autorizados a criar a sua própria moeda fiscal, que a meu ver seria algo dificilmente administrável.

A pergunta do colega Nelson de Freitas, da Procuradoria do Estado, versa sobre isso, se a indexação pode ser estabelecida universalmente, sem ferir-se o princípio da igualdade. A meu ver, segundo o ponto de vista que sustento, não só pode como isso é um imperativo constitucional, em função da natureza da matéria.

O que me parece — e também aqui eu concordo inteiramente com o Prof. Aires — é que os municípios e os estados, dentro da liberdade que têm, e que não se contesta, poderiam ter o índice federal como parâmetro. Eu, por exemplo, entendo que se a União adota um índice expurgado, porque ela própria o fez em função do Plano Verão, do Plano Collor I e do Plano Collor II, se vincula àquele índice expurgado com relação aos seus créditos. Portanto, ela gera, para o contribuinte, o direito de pagar aqueles débitos corrigidos com aqueles expurgos que ela própria instituiu.

Agora, essa vinculação, que a lei impõe à administração, a meu ver não obriga o contribuinte. Neste caso, volto a dizer: a correção dos créditos do contribuinte contra a Fazenda não é mera conseqüência da lei, mas sim de todos esses princípios que nós discutimos aqui: o da isonomia, o do enriquecimento sem causa e o que assegura o direito de propriedade.

Acho que o Prof. Geraldo Ataliba deve dar o voto de desempate aqui nesta questão.

Prof. Geraldo Ataliba — Acho que se orquestrou uma pergunta para ser respondida antes, e eu acho que quem respondeu isso — posso evidentemente convencer-me de outra coisa — foi Cleber Giardino, esse luminoso jurista que perdemos há quatro anos atrás, que foi um dos espíritos mais ricos, mais sóbrios e inteligentes que tivemos. Ele dizia o seguinte: correção monetária de aluguel é aluguel, correção monetária de juro é juro, correção monetária de multa é multa, correção monetária de tributo é tributo. Ou alguém imagina que está recebendo o aluguel e depois, separadamente, recebe a correção monetária? Não! Recebe o aluguel corrigido. Se é verdadeira esta afirmação, e eu a tenho como verdadeira — posso ser convencido do contrário, mas por enquanto acho assim — que correção monetária de tributo é tributo e se o município legisla sobre o seu tributo e se o estado legisla sobre o seu tributo, o município estabelece a correção monetária do seu tributo e o estado estabelece a correção monetária do seu tributo.

Essa é a primeira colocação, mas eu queria só ponderar o seguinte (aliás, foi o Ministro Moreira Alves que o disse no Plenário do Supremo há um tempo atrás): A inflação não é uma só? A perda do poder aquisitivo da moeda não é uma só? Então, como explicar diversos índices?

Os administrativistas que estudam muito o problema de correção de contratos com a administração pública — está aqui o Prof. Carlos Ari Sundfeld, autoridade no assunto — justificam que se adote, por exemplo, para corrigir um pagamento a prazo muito longo para a construção de uma obra, um índice diferente do pagamento para alguma coisa que dependa muito das importações e portanto dependa do câmbio, e que é diferente, por sua vez, da simples correção monetária da moeda. Estas distinções que os administrativistas elaboram, e muito bem, podem nos ajudar a meditar um pouco. Se se trata realmente de uma área onde a evolução dos preços é específica, como é o caso de obras — custo do cimento, custo de matéria-prima etc. —, então é muito mais correto corrigir pelos índices específicos daquele setor do que pela inflação geral. Às vezes um setor tem uma inflação setorial maior do que a geral, às vezes menor. Isto justifica que alguns contratos se guiem por índices específicos, mas a partir do que diz o Cleber, que me convence cabalmente, se correção monetária de tributo é tributo, não vejo como obstar a que os municípios legislem.

O Prof. Souto Maior Borges está aí e não sei se me censurará, mas se o fizer, Professor, estou aqui para ouvir e aprender.

Não me parece que legislar sobre correção monetária seja legislar sobre moeda, o que é privativo da União. Se me convencerem de que é, então eu teria que render-me integralmente a isso. Vêem os senhores que pensando em voz alta podemos aumentar os ângulos do problema e complicá-lo.

Prof. Aires Barreto — Quer dizer que se amanhã o município disser que aqui no Município de São Paulo o índice de correção monetária equivale a 300%, cujo resultado — para não ficar no campo da matéria — implique multiplicar por três todos os impostos municipais, é válido?

Prof. Geraldo Ataliba — A circunstância de eu afirmar, com base na Constituição, que o Município tem competência para legislar sobre os seus tributos e sobre a obrigação tributária não significa que eu entenda que quaisquer legisladores — municipais, estaduais ou federais — ou administradores tenham arbítrio. Há uma coisa chamada abuso de direito e o abuso de direito deve ser controlado pelo Poder Judiciário. Mas o risco do abuso de direito não pode ser critério para inibir autonomias, porque risco de abuso de direito há em todos os setores — público e privado — e em todas as situações, e nem por isso nós vamos amarrar as mãos de todas as pessoas, porque podem abusar. Não, as pessoas que abusarem responderão em juízo pelo seu abuso e terão decisões judiciais que digam: isso é um abuso.

Prof. Aires Barreto — Como vocês viram, se eu não tivesse feito a provocação ao Prof. Fernando Albino, estavam todos absolutamente conformes, concordando com todas as posições, com todas as posturas. O Prof. Fernando Albino de Oliveira não se conforma, ele quer também fazer uma nova intervenção para reforçar a sua posição.

Tem a palavra o Prof. Fernando Albino de Oliveira.

Prof. Fernando Albino de Oliveira — O que eu queria era propor um exercício de lógica. Imaginemos que não haja nenhuma lei sobre correção monetária, simplesmente essa lei não existe; imaginemos que não haja uma tomada regular, científica — e se é que podemos dizer assim — de variação de preços na economia; e imaginemos que duas partes contendendo — pode ser o Poder Público e o particular ou dois particulares — se apresentem ao Poder Judiciário, uma dizendo que houve enriquecimento ilícito da outra ou o contribuinte dizendo que foi ferido o princípio da legalidade por ter havido no primeiro caso um desbalanceamento em função da perda do poder aquisitivo da moeda e no segundo caso por estar pagando mais tributo do que deveria. O que este Poder Judiciário faria para restabelecer o equilíbrio das partes? Iria, através de provas periciais, aferir se houve ou se não houve o fenômeno a que as partes se referem.

Portanto, quando se introduz no ordenamento jurídico uma lei regulatória de correção monetária se está a aceitar juridicamente, através da consagração legal, um determinado índice aferidor da perda do poder aquisitivo da moeda. Isto, a rigor, pode ser absolutamente teórico diante de casos concretos. Por exemplo, a correção monetária nas concordatas, independente se isto deve ou não haver, pode haver perfeitamente uma perda do valor de mercado dos bens do concordatário e paralelamente a correção monetária dos seus débitos, de tal maneira a transformar aquilo que era uma concordata em uma falência. Isto está a indicar que a tomada pura e simplesmente destes indicadores teóricos e fazer deles verdades absolutas está a violar aquele raciocínio jurídico prévio de que a correção monetária deve simplesmente restabelecer o equilíbrio das partes. Se nós admitirmos esta flexibilização lógica ao encararmos o problema e se nós temos na Constituição a possibilidade de outorgar competência a estados e municípios, por que não fazê-lo ao invés de nos atrelarmos a um índice único do Estado federal?

É uma pergunta que eu deixo à reflexão de cada um.

PROF. AIRES BARRETO — O Prof. Marçal também deseja tecer considerações a respeito e subseqüentemente responder a uma das perguntas formuladas.

PROF. MARÇAL JUSTEN FILHO — Eu estava tão de acordo com o Prof. José Eduardo até essa última manifestação, que deriva de uma distinção que eu acho interessante ser feita a propósito da questão.

Primeiro eu gostaria de reafirmar que o princípio da autonomia dos municípios e dos estados assegura-lhes um resultado que praticamente pode ser desconfortável, ou seja: a existência de milhares de regras distintas, cada qual peculiar, cada qual avaliada segundo o peculiar interesse do município etc. Assim, a simples afirmativa de que há possibilidade prática de uma disparidade de legislações concretamente num dado espaço, isso não é suficiente para rebater o princípio da autonomia; isso é conseqüência do princípio da autonomia, o que evidentemente não autoriza o Estado, o Município ou a União a adotar índices que não reflitam efetivamente a inflação verificada.

A observação que eu gostaria de fazer para concluir a minha atuação nesse ponto no tocante à participação do Prof. José Eduardo é de que a meu ver a indexação no Brasil depende necessariamente de um dispositivo legal. O simples exemplo teórico de ausência de previsão normativa de correção monetária ou de indexação, a meu ver somente poderia ser aplicado num campo específico, que é o do Direito Administrativo, tendo em vista uma garantia fundamental que é a manutenção da equação econômico-financeira dos contratos administrativos. Fora daí não há simplesmente cabimento de se exigir a alteração do montante de prestações, tendo em vista o simples evento da inflação. Isto, embora desejável em termos de justiça, em termos de princípios eventualmente valorativos, o nosso ordenamento não admite e isso tem sido tradicionalmente decidido: a correção monetária depende de lei. Isso foi decidido inclusive pelo Superior Tribunal de Justiça no tocante a problema de concordatas.

Fundamentalmente reconhecida a natureza da TRD como uma taxa de juros, isso desnatura a sua natureza enquanto índice de correção monetária, porquanto ter-se-ia diante de nós uma situação de remuneração pela aplicação do dinheiro. É claro que o tema foi levantado já inúmeras vezes, inclusive a propósito da discussão sobre os juros reais de 1% ao mês. Ou seja, poderia ser ventilada na discussão a parte da TRD que corresponderia à perda do valor monetário e a parte que corresponderia à remuneração do capital, a natureza propriamente de juros. Essa questão, porém, parece-me afastada na medida em que se reconheceu a natureza de taxa de juros praticada no mercado. Assim a meu ver, tendo em vista essa situação há uma impossibilidade da utilização da TRD para qualquer fim de indexação. Na inexistência de um indexador devido no período de 1991 não haveria a possibilidade concreta de ser utilizada a exigência de correção monetária.

Prof. Aires Barreto — Nesse particular eu concordo com o Prof. Marçal Justen Filho e isto responde uma das questões que me foi formulada que tinha o mesmo teor. O único aspecto que eu adicionaria é que a pergunta faz referência a que a exclusão da correção monetária no período corresponderia a uma anistia. Não me parece que se possa falar em anistia. Anistia é perdão da penalidade ou da infração que lhe deu causa. Quando muito, se fosse o caso poderíamos falar de revisão, jamais de anistia.

Passo a palavra ao Prof. Geraldo Ataliba para responder a uma das questões.

Prof. Geraldo Ataliba — "Uma relação jurídica tributária aplica-se à isonomia constitucional a favor do Estado?"

Vamos olhar de novo para a Constituição. O art. 5º, que estabelece o princípio da isonomia e diz que todos temos que ser tratados igualmente pela lei e diante da lei, portanto isonomia *na* lei e isonomia *perante a* lei, dá um direito a todos os cidadãos diante do Estado, mas não coloca o Estado em igualdade de condições com o cidadão. O Estado estará em condições de igualdade com o cidadão depois de feita a lei. Esta lei deve ser isônoma, tratando a todos os cidadãos igualmente. Portanto, não há igualdade entre nós e o Estado porque não há igualdade de funções. O Estado tem a função de legislar e nós não. Nós somos submetidos à lei. O Estado é submetido à lei, depois que ele faz a lei, se a lei for conforme com a Constituição. Então não cabe invocar nenhum dos direitos individuais a favor do Estado; os direitos individuais são a nosso favor. Essa tábua que está no art. 5º, longa tábua de direitos, é prerrogativa do cidadão contra o Estado. Não há, portanto, no plano teórico, igualdade entre o cidadão e o Estado. O Estado só será igual ao cidadão depois de fazer a lei (constitucional) e desde que esta lei coloque o Estado em relação jurídica com o cidadão; daí a igualdade e daí a possibilidade de o cidadão levar o Estado a juízo, como parte.

Como a correção monetária deve estar em lei, os critérios para a correção monetária devem ser adotados por lei e essa lei deve ser constitucional; ou seja, o legislador deve realmente dar como critério elementos que correspondam à efetiva perda de valor do poder aquisitivo da moeda. No instante em que o legislador faz a lei, se essa lei for constitucional, se atender a este requisito ele está fazendo lei, exercendo a função de legislador. Depois de feita a lei é que todos, inclusive o Estado, são submetidos à ela.

Outra pergunta mais ou menos no mesmo sentido: "A correção monetária prevista em lei tem aplicação imediata ou deve aguardar o exercício seguinte?"

Se correção monetária de aluguel é aluguel, se correção monetária de multa é multa, se correção monetária de tributo é tributo, a correção monetária de um tributo em princípio deveria estar sujeita ao princípio da anterioridade, ou seja, estabelecida hoje só é aplicável no exercício seguinte. Entretanto, como a correção monetária embora seja tributo não é aumento de tributo, então a adoção da correção monetária pela lei pode ser imediata. Em outros termos, a lei que estabelece correção monetária pode ter aplicação imediata porque não se está aumentando o tributo. Veja-se bem, a consideração isolada de uma lei sem a consideração do concerto do sistema jurídico pode levar à agressão a direito individual. A adoção de correção monetária pelo legislador implica o estabelecimento de todo o estatuto de correção monetária para todas as relações que estão envolvidas. Então, se a lei do imposto de renda prevê correção monetária do imposto de renda, evidente prevê a correção monetária dos créditos que o fisco tem e correção monetária de todos os direitos que o contribuinte tem no contexto das demonstrações financeiras pessoais ou empresariais.

Inconstitucional seria estabelecer correção monetária — isto já foi dito aqui — só em favor do Estado. A introdução da correção monetária, exatamente porque a correção monetária não é aumento de tributo, é atualização dos valores, todos os valores, quer beneficie, quer não beneficie o fisco.

Uma pergunta muito interessante: "Por que o Poder Judiciário se furta a se utilizar do mandado de injunção no caso, por exemplo, da omissão da correção da tabela do imposto de renda?"

Assim que saiu a Constituição prevendo o mandado de injunção o Supremo Tribunal Federal, liderado pelo Ministro Moreira Alves, começou dizendo: "O mandado de injunção não existe, a Constituinte neste ponto não valeu e nós nos negamos a reconhecer." Mas depois que entrou o Ministro Pertence para o Supremo Tribunal Federal, e logo depois o Ministro Velloso, tem se desenvolvido uma belíssima luta, uma batalha no Supremo Tribunal Federal que se renova a cada vez que é levada a plenário uma questão de mandado de injunção. E esses dois soldados do Direito, que são os Ministros Pertence e Velloso, têm conseguido derrotar o lado contrário, aos pouquinhos. É possível que breve (breve — eu não sei se será um ano ou cinco anos) os defensores do verdadeiro Direito e da Constituição terminem vencendo a batalha e fazendo do mandado de injunção o que a Constituição previu que ele seja.

Os senhores leiam os acórdãos e os debates que o Supremo tem tido a esse respeito e verão que eu não sou infiel nem injusto quando faço esse sintético relato.

Mas vamos ver aqui o problema da correção da tabela do imposto de renda. Em 1990, por uma omissão absolutamente inconstitucional, o Ministério da Economia e Fazenda do Brasil não corrigiu as tabelas do imposto de renda da pessoa física durante um prazo prolongadíssimo, com efeito nas declarações de 1991. Quando ia terminando o ano foi acontecendo isso, cada vez era menor a faixa dos que não deviam pagar imposto de renda, exatamente pela ausência desta correção, o que era flagrantemente inconstitucional. Por outro lado, as pessoas que estavam na faixa de alíquota mais baixa passavam a cair em faixas de alíquota mais alta, como se estivessem ganhando mais, quando na verdade estavam ganhando a mesma coisa, com correção. A Associação de Procuradores do Estado de São Paulo me deu a honra de me adotar como patrocinador; eu entrei em juízo, já em novembro, e quero fazer essa homenagem à Justiça Federal de São Paulo, que imediatamente deu a correção monetária sem lei e sem coisa nenhuma; deu a correção monetária, e à falta de um índice que eu não podia dar porque havia a omissão do legislador, eu apontei o INPC como o critério que me parecia que atualizaria melhor os números. Tivemos liminar, depois tivemos sentença e esse caso está agora em apelação no Tribunal Regional Federal. Tão sólida foi a sentença, que eu acredito vá prevalecer. Mas digo mais, quando começou este exercício, os procuradores do Estado deviam fazer as suas declarações de renda. Então surgia esse problema. Não tiveram aos olhos do fisco federal o desconto na fonte que deviam ter tido no ano passado e evidentemente que o fisco federal iria rejeitar, neste ano, as declarações baseadas nessa decisão judicial que dizia "o índice é o INPC".

Então pedi, no começo do ano, ao juiz que expediu a sentença: não lhe peço que mude a sentença, isto é impossível; mas o que eu lhe peço é que deixe declarado que o efeito da sua sentença não é só para aqueles meses que o desconto na fonte foi corrigido. O efeito da sua sentença, naturalmente, projeta-se à declaração que vai ser feita no exercício de 92 a respeito do exercício de 91. O juiz não teve dúvida em, num embargo de declaração, deixar isto expressamente esclarecido. E eu acredito que tão sólida ficou essa armação pela lucidez desse juiz, que acredito que o fisco federal não irá impugnar. Mas tenho certeza de que se impugnar, a Justiça coarctará.

A quem fez a pergunta, digo: o Judiciário, se adequadamente provocado, felizmente, tem dado, de modo geral, excelentes respostas. O que nós precisamos é aparelhar-nos para provocá-lo no momento oportuno, da forma adequada.

PROF. AIRES BARRETO — Vamos ouvir em seguida o Prof. Eduardo Bottallo. O Prof. Fernando Albino estava aqui dizendo que ao responder essa pergunta o Prof. Ataliba revelou a sua verdadeira vocação de economista, porque ele escolheu o INPC após uma acurada comparação com o IPC medido pelo IBGE e com o IGPM também. Dessa acurada comparação é que ele convenceu o juiz a aceitar o INPC.

PROF. EDUARDO BOTTALLO — Há duas perguntas aqui, muito próximas uma da outra, e eu gostaria de tentar respondê-las de uma vez só. Uma delas é do colega, Dr. Roberto Rocha, em que ele indaga se a correção monetária deveria ser diária, também sob a ótica do contribuinte. Estende a pergunta dizendo que isso não se aplicaria apenas aos tributos, mas também às obrigações de natureza privada. Em suma, questiona sobre a possibilidade de haver a correção diária dos créditos que eventualmente o contribuinte tenha perante a Fazenda.

Mais ou menos nessa linha, recebo uma carta (não é uma pergunta, e sim uma carta da Dra. Eliana Maria Bertachini, da Procuradoria Geral do Estado). Veja bem, não fui eu quem disse que a Fazenda age de má fé, foi o Tribunal de Justiça de São Paulo. Eu só li o que o Tribunal de Justiça disse, e li fielmente, não acrescentei nada. Dedico o maior respeito à Procuradoria, tenho ali muitos amigos, ex-alunos e, sou sempre convidado para participar de eventos. Além disso, a Procuradoria tem à sua testa hoje um eminente constitucionalista que é o Dr. Michel Temer, a quem todos nós respeitamos como professor, como jurista e como cidadão. De modo que quero deixar bem claro que apenas trouxe uma informação que me pareceu interessante dentro do tema que estamos discutindo: questões referentes à indexação pró e contra o fisco.

Também quero prestar outra homenagem à Procuradoria porque sei como é difícil o cliente que o procurador do Estado tem. Eu reconheço isso. Defender os interesses desse cliente não é fácil. São uns verdadeiros heróis os procuradores do Estado.

A Dra. Eliana, depois de fazer as considerações a respeito do tema, lembra que existem dificuldades de ordem mecânica no que diz respeito à possível correção dos créditos de ICMS, que são favoráveis aos contribuintes, quando confrontados com os débitos. Eu começaria por aí a resposta para dizer que essas dificuldades, como a doutora bem salientou, são mecânicas, e que precisam ser resolvidas nesse nível. Não me parece que essas dificuldades sejam tão intransponíveis a ponto de comprometer a questão no plano em que se coloca, que é o plano dos princípios constitucionais. Se a legislação ordinária estabelece obstáculos gráficos ou contábeis a possibilitar esse mecanismo de compensação, então que se removam esses obstáculos; esse é um problema da legislação. Eu acho que aí não há nenhuma consideração de maior profundidade científica que mereça ser colocada.

Quanto à questão do Dr. Roberto Rocha a respeito da conversão diária, eu vou dar uma resposta sobre como tenho agido como advogado. Tenho conseguido na Justiça Estadual algumas decisões que permitem a contribuintes corrigir os seus créditos. E, ao formular o pedido, peço a aplicação, por analogia, das regras da legislação do Estado que falam sobre a correção dos débitos fiscais do contribuinte. A analogia tem sido sempre um princípio muito lembrado nesse campo, os colegas se recordam que quando os tribunais começaram a reconhecer a correção monetária em ações de repetição do indébito fiscal, fizeram-no pela aplicação do princípio de analogia do art. 108 do Código Tributário Nacional. Então eu tenho solicitado que, por analogia às regras de correção dos débitos estaduais, sejam admitidas as regras de correção dos créditos do contribuinte perante o fisco.

Prof. Aires Barreto — Eu gostaria, antes de passar ao Prof. Fernando Albino, de responder também uma questão.

A questão diz: "Quem paga o ICM e o IPI não é o consumidor final? Valor agregado a empresa apenas encaixa e transfere o ICM e IPI. Nesse caso a firma seria mero posto de arrecadação do governo."

Lastimo discrepar dessa posição. O contribuinte do ICMS é aquele que realiza a operação mercantil. O contribuinte do IPI é aquele que realiza a operação industrial. O consumidor final não é contribuinte nem de ICM, nem de IPI. É bem verdade que, certa doutrina criou a terminologia "contribuinte de direito" e "contribuinte de fato", a significar que perante a lei contribuinte do ICMS é o realizador da operação, mas quem suporta a carga, o ônus, é o consumidor final. De toda sorte, perante o Direito Tributário, nós temos que nos ater ao contribuinte. Há até uma contradição nos termos, ao falar em contribuinte de direito. Também não me parece que possamos falar, no nosso sistema constitucional tributário, em valor agregado. O ICMS incide sobre o valor da operação, não se há falar em valor agregado utilizado em outros sistemas, diversos do nosso, como o sistema do Mercado Comum Europeu. O ICMS incide sobre o valor da operação; contra esse débito serão contrapostos os créditos do contribuinte em virtude da existência de operações anteriores. A empresa nessa conformidade não pode ser vista como posto de arrecadação. O comerciante ou o industrial (quer se pense em IPI ou em ICM), na verdade é o contribuinte do imposto; quem atua como posto de arrecadação são as agências bancárias e não aqueles que realizam operações mercantis ou industrializam produtos, de sorte que não me parece que nós possamos falar, como diz a pergunta, em contas da firma e em contas do governo. Na verdade nós temos como contribuinte do IPI e do ICM os realizadores da operação mercantil ou da operação industrial, nada obstante esses impostos se incorporem ao preço a ser suportado por aqueles que acabam consumindo esses produtos ou mercadorias.

Prof. Fernando Albino de Oliveira.

Prof. Fernando Albino de Oliveira — Existem aqui duas perguntas que também são conexas. Uma delas é a seguinte: "A legislação de quase todos os estados estabelece a correção monetária dos valores devidos a título de ICMS antes dos respectivos vencimentos. Por outro lado não se assegura aos contribuintes a correção do saldo credor verificado em certo período fiscal. Esse tratamento violaria o princípio da isonomia?" A outra pergunta é: "Com relação aos créditos lançados nos livros fiscais com relação a IPI e ICMS não há autorização para a sua indexação. De outra parte, os débitos que o contribuinte recolhe ao erário são indexados. Não há, então, inconstitucionalidade com violação dos princípios que informam o ordenamento tributário?"

Bem, me parece que resulta claro das

intervenções até aqui feitas e dos debates que as sucederam que se os créditos são corrigidos, os débitos também devem sê-lo. Acho que a essa altura não há dúvida de que todos os participantes dessa mesa entendem da mesma forma, de que os débitos devem ser objeto de correção, sob pena de não se obedecer ao princípio da igualdade e nos respectivos tributos, sob pena de se ofender os princípios constitucionais a eles aplicáveis.

É a minha opinião. Não sei se alguém quer fazer alguma adição.

PROF. AIRES BARRETO — Encerrando a parte de resposta às perguntas, porque o adiantado da hora não permite continuemos a responder às questões, falará o Prof. Eduardo Bottallo. Desde logo eu os convido para o reinício dos trabalhos às 14 horas, lembrando que nós estaremos tendo a oportunidade de várias teses nas salas indicadas no material que receberam.

Tem a palavra o Prof. Eduardo Bottallo.

PROF. EDUARDO BOTTALLO — Vou ser muito breve, mas eu fiz questão de responder esta pergunta porque foge um pouco da discussão que nos ocupou durante quase todo esse painel. É uma pergunta muito interessante do colega Lino Malta Lobo, sobre se, em caso de operação anterior isenta do IPI, pode o contribuinte creditar o valor na operação subseqüente.

Eu entendo que pode, e rapidamente mencionaria como fundamento dessa minha resposta, trabalho que foi publicado pelos Profs. Geraldo Ataliba, Cleber Giardino e Aires Barreto, ainda na vigência da Constituição anterior, logo depois que foi introduzida a emenda que limitou, para o ICM, o crédito nos casos de operações anteriores isentas ou não incidentes. Naquela ocasião os Professores Ataliba, Aires e Cleber demonstraram que essa limitação ao princípio da não-cumulatividade deveria ser objeto de interpretação restrita, estritamente normativa e portanto só aplicável ao ICM.

Também em abono da tese eu gostaria de lembrar que existe um estudo muito bonito, muito importante a respeito do IPI, de autoria do Prof. José Eduardo Soares de Mello, aqui presente participando dos trabalhos, em que ele aborda com muita propriedade esse tema, na linha que eu acabei de rapidamente esclarecer.

PROF. GERALDO ATALIBA — A esse respeito vou dar uma dica para quem advoga. O atual Procurador Geral da Fazenda Nacional, o Prof. Tércio Sampaio Ferraz, aquele brilhante jurista, catedrático de Filosofia do Direito da Faculdade de Direito da Universidade de São Paulo, escreveu um trabalho que publicamos na *Revista de Direito Tributário* (agora não lembro se é número 47 ou 48, é por aí) sobre este tema, dizendo que é inequívoco, inquestionável, indiscutível o direito de crédito dos contribuintes. Como o fisco, pela organização do Ministério da Economia e Fazenda, deve obedecer a orientação da Procuradoria Geral da Fazenda, e o Procurador Geral da Fazenda já disse isso, eu penso que estamos com 95% do caminho andado; agora é só questão da máquina cumprir o seu dever e dos advogados provocarem-na oportuna e adequadamente.

PROF. AIRES BARRETO — Estão encerrados os debates desta primeira parte, mas o tema da indexação será ainda objeto de outra mesa de debates, de sorte que questões que eventualmente não foram respondidas sê-lo-ão nessa oportunidade. Obrigado a todos. (PALMAS)

CONFERÊNCIA

DIREITO INTERNACIONAL TRIBUTÁRIO

PROFESSOR ALBERTO XAVIER

PROF. GERALDO ATALIBA — Vamos ouvir a conferência do Prof. Alberto Xavier. Registro com grande honra a presença à mesa, abrilhantando este congresso, da Profª. Malvina Corujo de Azevedo Lopes; Prof. Sacha Calmon Navarro Coelho, professor titular de Direito Tributário da Faculdade de Direito da Universidade Federal de Minas Gerais, ilustre juiz federal autor e autoridade doutrinária reconhecida; do Dr. Esdras Dantas, Presidente da Ordem dos Advogados Seção de Brasília e Delegado do IDEPE em Brasília; Prof. Aires Barreto, Diretor Científico do IDEPE; do ilustre Prof. Eduardo Domingos Bottallo, da Faculdade de Direito da Universidade de São Paulo e Vice-Presidente da Associação dos Advogados de São Paulo, entidade que prestigia e apóia este acontecimento.

Vamos ouvir agora a palavra do Prof. Alberto Xavier. Não vou apresentá-lo, porque não há quem não conheça a sua vasta e belíssima obra, da qual eu gostaria de salientar com todo o respeito um livro, não porque tenha sido dedicado a mim, na generosidade de Alberto Xavier, mas porque é obra fundamental, é daqueles livros cuja leitura e aproveitamento suprem dezenas, quiçá centenas de outros livros; um livro cuja leitura é fundamental, fixa grandes diretrizes porque cuida das bases, dos alicerces, dos princípios básicos, sem os quais todo e qualquer trabalho, dedicação e esforço correm o risco de ser ou inúteis ou equivocados. Quero referir-me ao livro *Princípios da Tipicidade e Legalidade do Direito Tributário*, o primeiro filho de Alberto Xavier no Brasil, português, aluno e depois professor da Universidade de Lisboa, Doutor pela Universidade de Lisboa, no estilo mais tradicional do rigor acadêmico da Europa. Veio para o Brasil há 20 anos e se fez brasileiro em toda a extensão da palavra. É um orgulho do Brasil que Alberto Xavier seja brasileiro e tenha trazido o talento — que os senhores vão, mais uma vez, testemunhar agora — a sua ilustração, a sua concepção científica sistemática, a sua visão global, tão esclarecedora e iluminadora para todos nós, que estudamos o Direito Tributário e o Direito Público de um modo geral. O Alberto Xavier não é um tributarista. É um jurista de mancheia, que estuda e conhece o Direito Tributário. Sua vasta obra é de todos nós conhecida, reverenciada e citada. É acatada pelo Supremo Tribunal Federal, pelos maiores tribunais do país.

Vamos ter a honra de ouvir Alberto Xavier, que é professor — porque esse título ele não perdeu e nós não permitimos que perca, embora more no Rio, já há 10 anos — professor da Faculdade de Direito da Universidade Católica de São Paulo integrando conosco a mesma equipe docente, ao lado de Paulo de Barros Carvalho, Roque Carrazza, Aires Barreto, Elizabeth Carrazza, Eduardo Bottallo, Fernando Albino de Oliveira, todos os que lecionam Direito Tributário na PUC de São Paulo. Quero ter o prazer de pedir ao Presidente da Associação dos Advogados de São Paulo, Dr. Antônio Meyer, que integre esta mesa.

Tem a palavra o Prof. Alberto Xavier.

PROF. ALBERTO XAVIER — O tema que escolhi para a conferência desta tarde subordina-se ao título Direito Tributário Internacional e Direito Internacional Privado. Com este mesmo título em 1960 o grande jurista Büller escreveu um ensaio magistral, no qual procurou demonstrar as diferenças essenciais entre os dois ramos de Direito — o Direito Tributário Internacional e o Direito Internacional Privado —, sustentando na sua essência que é impossível aplicar a construção científica do Direito Tributário Internacional, os grandes princípios que regem o Direito Internacional Privado, na medida em que neste último as regras de conflitos permitem a aplicação de leis estrangeiras, enquanto tal é absolutamente vedado no Direito Público Internacional.

Com isto Büller afastou-se da tese sustentada cerca de 40 anos antes por um dos cérebros mais brilhantes da doutrina jurídica, o Prof. Ernest Hisaiha, que em 1926, num ensaio infelizmente pouco conhecido sob o título "O Direito Internacional Privado e o Direito Administrativo Internacional", sustentava que é tão funda a analogia destes ramos do Direito que o Direito Tributário Internacional teria tudo a ganhar se se socorresse do portentoso arsenal dogmático, teórico e científico que há muitos anos inspirou a teoria dos conflitos de leis na esfera privada.

Efetivamente o Direito Tributário Internacional tem nos nossos dias revelado uma grande vitalidade. Só para citar uma doutrina mais recente, só nos anos de 1990 até hoje, 1992, foram publicadas obras monumentais de grande relevo científico, das quais cumpre salientar as do Prof. Klaus Vogel, o estudo sobre a dupla tributação que já vai na segunda edição e na primeira em língua inglesa, também na Alemanha uma obra coletiva de grande peso organizada por Nasner, na Inglaterra publicado também um tratado do Advogado Baker sobre dupla tributação, na França o livro de Goutier, *Les Impôts dans les Affaires Internationaux*; na Itália Garbarinno publica um volume de grande interesse, *La Tassazione del Credito Internacionale*.

Apesar da importância destas obras, força é reconhecer que elas se ressentem na análise dos grandes problemas de fundo, da ausência do recurso às grandes categorias do Direito Internacional Privado como Direito comum dos conflitos, incorrendo nas fraquezas e nos defeitos que Ernesto Isaiha já apontava.

O objeto da minha conferência de hoje é precisamente o de refutar frontalmente a tese de Büller e demonstrar que o Direito Tributário Internacional tem a natureza de um Direito de conflitos e que os grandes problemas desta área do Direito podem e devem ser resolvidos com recurso às categorias dogmáticas do Direito Internacional Privado.

Büller nesse ponto não está sozinho; ele é acompanhado na Itália por Berlire e Sacchetto, na Alemanha por Klaus Vogel, que entendem que as normas do Direito Tributário Internacional, as normas que definem o âmbito de aplicação no espaço das regras tributárias e internas não teriam a natureza de verdadeiras normas de conflitos, mas seriam regras materiais que em nada se distinguiriam das demais regras que integram a hipótese de incidência dos tributos.

A hipótese de incidência dos tributos analisada por esses autores se decompõe em diversos aspectos ou critérios: o aspecto material, que exprime a própria substância ou natureza do fato tributável em si mesmo considerado; o aspecto quantitativo, o aspecto temporal e o aspecto espacial. Ora, dizem esses autores, os problemas da localização dos fatos tributáveis, de sua imputação ou localização a um certo tributário, mais não seriam que aspectos da hipótese de incidência, dela não destacando ou resistindo natureza diversa.

Assim sendo, não haveria que falar-se em regras de conflito. Regra, por exemplo, que diz que às pessoas físicas residentes no Brasil são tributáveis os rendimentos auferidos tanto no território do Brasil quanto no exterior, ou a regra que diz que os lucros das pessoas jurídicas domiciliadas no Brasil são apenas tributáveis se e quando produzidas em território nacional; não seriam na verdade regras de conflitos, mas regras que definiriam o aspecto especial da hipótese de incidência.

A verdade, porém, é que dois juristas brasileiros, Geraldo Ataliba e Paulo de Barros Carvalho, tiveram a nítida percepção de que uma coisa significa a adequação dos fatos, a localização, as regras que definem onde os fatos se localizam. Outra coisa completamente diferente são as regras que definem qual o âmbito de incidência das leis no espaço. Até onde as leis internas se pretendem aplicar nas relações internacionais é um problema autônomo, é um problema de natureza diversa do das regras que definem onde se devem localizar os fatos tributários.

Embora Ataliba e Paulo de Barros Carvalho não tenham tomado expressamente posição quanto ao problema de saber se as normas referidas têm ou não a natureza das normas de conflitos, na verdade aqui eles apresentaram uma crítica certeira à confusão que se tinha instalado na teoria de Büller e de seus seguidores.

Pois bem, posta essa distinção fundamental entre regras que definem a localização dos fatos e regras que definem o âmbito de aplicação das leis no espaço, importa concluir que estas últimas têm uma natureza de normas de conflito porque o seu objeto não está a ditar a disciplina tributária concreta de determinada situação, mas apenas a indicar em que casos determinadas leis são aplicadas. Neste ponto têm uma natureza igual às regras do Direito Internacional Privado, que também não dizem qual é o regime jurídico de instituições subjetivas em causa; elas dizem, sim, qual é a lei competente para disciplinar. Da mesma forma as regras do tipo "as pessoas físicas domiciliadas no Brasil são tributadas, não só pelos rendimentos de fonte interna mas também externa", trata-se de uma lei que define até onde, qual é o âmbito de aplicação no espaço da legislação brasileira de imposto de renda, ela não diz como essas pessoas físicas devem ser tributadas.

São regras de conexão, são regras indiretas, são regras de remissão, não são regras materiais. Da mesma maneira como existe um Direito Penal Internacional que diz os casos em que uma situação é punível, até onde as leis penais internas podem ser aplicadas, da mesma maneira como existe um Direito Antitruste Internacional, como existe um Direito Administrativo Internacional, existe um Direito Tributário Internacional que é, tal como o Direito Internacional Privado, um sub-ramo do Direito de conflitos comuns, isto é, do Direito que versa sobre o problema dos limites das leis no espaço.

Todavia, essa discussão não teria interesse maior se ela fosse uma discussão estritamente acadêmica, ou seja, uma discussão entre professores de Direito preocupados com a elegância da construção jurídica e despreocupados da realidade prática. Veremos em seguida que assim não é, e assim não é porque é precisamente da concepção de que o Direito Tributário Internacional é um Direito de conflitos que podemos tirar várias conseqüências de grande relevância.

A primeira delas é de que caducou a concessão ou caducou o princípio da territorialidade; não é mais possível cientificamente aludir-se, como se dizia tradicionalmente, a um princípio de territorialidade das leis do Direito Público. O que é territorialidade? Se a territorialidade é afirmação segundo a qual as leis de Direito Público de um país apenas se aplicam a coisas, fatos ou situações ocorridas dentro desse país, então é falso esse princípio, porque as leis de imposto de renda brasileiras se aplicam em rendimentos auferidos no exterior, bastando que o contribuinte seja domiciliado no Brasil. Mas se o princípio da territorialidade se contenta com a conexão com o território brasileiro do domicílio de uma pessoa, então o princípio perdeu completamente o seu significado perceptivo e limita-se a dizer, o que é muito pouco, que para que uma lei se aplique é preciso que a situação em causa tenha um mínimo de conexão com o território. Qual é essa conexão? Um lugar de produção do rendimento? um lugar do exercício da atividade? um lugar onde está registrada a entidade internacional? o lugar onde está sediado o Conselho de Administração de um sociedade? o lugar da nacionalidade da pessoa jurídica que opera os lucros? Mas dizer-se isso, o que nós estamos dizendo? Que nós temos de estudar a aplicação das leis tributárias no espaço de harmonia com a teoria geral dos elementos de conexão e não mais com essa frase hoje vazia de sentido que é a afirmação de uma territorialidade das leis.

Então esqueçamos a frase porque ela é ambígua, é multifacetada e induz em erro. Esqueçamos o princípio de territorialidade e nos perguntemos: qual é a conexão relevante com o território de uma dada ordem jurídica para que esta se possa aplicar? E isto é verdade, não apenas no que concerne ao princípio de territorialidade em sentido substancial, ou seja, no que tange à lei de incidência das leis, mas também ao princípio de territorialidade. Até onde que as autoridades públicas de um determinado país podem praticar atos de império no outro país? Elas não podem efetivamente, uma autoridade fiscal de um determinado país ir ao outro e aí proceder vistorias, notificações, lançamentos. Mas essa é a forma mais simplória de encarar o problema. Pergunto: pode o fisco brasileiro pedir informações à sucursal de um banco brasileiro instalado em Nova York? Pode pedir a uma subsidiária de um banco brasileiro instalado nas Bahamas que revele informações referentes a operações bancárias por ela realizadas? Qual é a conexão relevante com a ordem jurídica? Pode a autoridade fiscal brasileira exigir de uma sucursal ou de uma subsidiária de uma associada estrangeira instalada no Brasil a exibição de documentos que se encontram no exterior?

Tal é a complexidade dessas questões que a invocação do princípio da territorialidade das leis não é suficiente para resolver. Trata-se, isso sim, de examinar caso a caso quais são os elementos de conexão objetivos ou subjetivos arvorados para o direito de conflitos do país, de modo a que determine a aplicação no espaço.

Essa é a primeira conseqüência do recurso às grandes categorias gerais do Direito Internacional Privado, e é revelada a insuficiência ou fragilidade de um princípio que não passa de uma frase feita e leva-nos a construir o problema à luz da teoria dos elementos de conexão.

A segunda conseqüência, os estudos sobre elisão fiscal internacional tantas vezes referidos, sobre a palavra evasão fiscal internacional, não foram feitos sob a ótica que precisavam ser, e essa ótica não é outra que da teoria da fraude à lei. O que nos diz a teoria da fraude à lei no Direito Internacional Privado? É saber quais são os limites da relevância da vontade das partes em localizar ou deslocalizar um elemento de conexão. Em que medida é legítimo uma pessoa mudar de nacionalidade apenas para se poder invocar um determinado ordenamento jurídico? Em que medida é legítimo uma pessoa transferir seu domicílio de um determinado território para outro, apenas para que se lhe proporcione realizar uma operação mercantil que, inicialmente, no domicílio não seria permitida?

Pois bem, essa é a problemática do Direito Fiscal Internacional, de elisão fiscal internacional: em que medida é livre uma das partes de constituir em Portugal uma determinada sociedade mercantil apenas para o efeito de se beneficiar do tratado de dupla tributação entre Brasil e Portugal;

em que medida é legítimo que a sede de uma empresa seja transferida dos EUA para a Alemanha apenas para se beneficiar de um regime eventualmente mais favorável no que concerne a retenções de impostos em juros das debêntures por ela emitidas? Em que medida é legítima a interposição de uma sociedade *holding* num paraíso fiscal? Para aí acumular rendimentos que de outra forma seriam distribuídos diretamente à sociedade matriz instalada num país de alta fiscalidade.

Estas são apenas colocações do problema que revelam como no Direito Tributário não foi ainda aprofundada a verdadeira dimensão de elisão fiscal exatamente por ouvir os tributaristas, não se terem socorrido dos grandes princípios que governam a teoria da *fraus legis* no Direito Internacional Privado.

Terceiro exemplo, este o mais importante: é o problema da interpretação e da qualificação no Direito Tributário Internacional. Em todos os manuais estrangeiros publicados sobre a matéria V. Sas. depararão com a afirmação acatada por todos de que o problema da qualificação não passa de um subproblema de interpretação dos tratados quando estes não designam expressamente os conceitos aplicados. V. Sas. decerto têm contato com a técnica dos tratados de dupla tributação. Estes definem com precisão e rigor a maior parte dos conceitos que visam aplicar: o que é pessoa jurídica, o que é estabelecimento da debênture, o que é juro, o que é dividendo, o que é uma pensão ou uma anuidade? Pois bem, quando os tratados não contêm uma definição específica desses conceitos, via de regra é seguido o modelo da OCDE; eles dispõem que o intérprete deve recorrer aos conceitos do seu próprio direito interno para preencher os conceitos não definidos.

Diz-se que é nesta possibilidade de reenvio ao direito interno para integrar conceitos não definidos que consiste a teoria da qualificação do Direito Tributário Internacional. Esta é notadamente a posição de Klaus Vogel, que sustenta em conseqüência que a qualificação no Direito Tributário Internacional é sempre feita *lex fori*. Vou demonstrar que essa tese é falsa.

Primeiro essa tese confunde lamentavelmente fenômenos jurídicos de natureza completamente distinta, como é o caso da interpretação e da qualificação. Uma coisa na verdade é interpretação da lei, é interpretação do conceito, que consiste em determinar o seu significado de alcance. Outra é muito diferente, é a aplicação da lei, que se traduz na subsunção desse conceito, numa dada situação concreta, embora a distinção entre questão de direito e questão de fato seja das mais controversas.

A qualificação é uma operação jurídica intermédia, que se situa na fase da aplicação do direito e não da interpretação. Qualificar significa subsumir um conceito jurídico noutro conceito jurídico, onde o problema da autonomia é exatamente quando os conceitos jurídicos pertencem a grupos de normas heterogêneas. Isso pode dar-se no próprio direito interno e notadamente é o que se passa no clássico problema da relevância dos conceitos de Direito Civil pelo Direito Tributário.

Saber se o arrendamento, se uma conferência de bens para integralizar o capital tal como definido no Direito Privado tem o mesmo significado para o Direito Tributário é um problema de qualificação. Mas o problema de qualificação ganha um relevo muito maior no âmbito internacional, quando se trata de saber se o conceito jurídico elaborado numa determinada ordem interna de um país é enquadrável no conceito que dele define uma convenção contra a dupla tributação. Um exemplo ajudará a esclarecer.

O exemplo passa-se com um célebre compositor e maestro, residente na Alemanha, que vai aos EUA realizar uma sucessão de concertos. O fisco alemão considera que sua remuneração deve ser qualificada como *royalties* e o tributa na Alemanha, sendo que por força do tratado entre a Alemanha e os EUA, os *royalties* não seriam tributados nos EUA. Mas o fisco norte-americano qualificou as remunerações do maestro não como *royalties*, mas como prestação de serviços independente, como trabalho de autônomo, trabalho independente. E como trabalho autônomo é tributado nos EUA se aí forem exercidas as atividades, o fisco norte-americano tributou-o também. Ou seja, houve aqui um conflito de qualificações.

Então, vejam bem, o problema da qualificação surge exatamente quando uma determinada situação caracterizada em face de uma norma jurídica, deve ser apreciada face a uma outra norma jurídica, em cujo conceito se procura saber se ela se subsume.

Há alguma dúvida do ponto de vista do fisco, sobre a interpretação do conceito de *royalty*? Nenhuma. Não se trata de interpretar o conceito de *royalty*. Trata-se, isso sim, de saber se o pagamento feito ao maestro tem, no caso concreto, a natureza do *royalty* face ao direito interno alemão e uma vez dada a resposta afirmativa saber se o conceito de *royalty* do direito alemão se ajusta ou não ao conceito de *royalty* da convenção de dupla tributação. Este sim é o cerne do problema da qualificação que os autores confundiram com o da interpretação dos tratados. Não se trata aqui de interpretar, não há dúvidas sobre a interpretação; o que há dúvidas, isso sim, é sobre a qualificação como uma fase intelectualmente intermédia no processo subsuntivo.

Agora, vejam bem: o que diz Klauss Vogel? Ele diz o seguinte: que a qualificação é da competência do Estado que aplica o tratado, seja ele o Estado da fonte ou da residência. Qualquer dos dois países vinculados por esse tratado teria competência cumulativa para qualificar, com liberdade absoluta ... Donde essa chamada teoria da *lex fori*: o fisco norte-americano teria nessa concepção a prerrogativa soberana de qualificar aquelas remunerações pagas ao maestro como serviço autônomo e o fisco não teria a prerrogativa também inalienável de qualificar os mesmos pagamentos como *royalties* tributáveis na Alemanha.

Também contesto essa doutrina, e contesto-a desde logo por interpretação do próprio tratado. Qual é a regra básica de interpretação dos tratados internacionais segundo a Convenção de Viena? É que os tratados devem ser interpretados dentro de uma forma que atenda ao seu escopo e objeto. E qual é o escopo de um tratado contra a dupla tributação? Evitar a dupla tributação. Logo eu tenho que interpretar as regras referentes à qualificação de maneira que elas não possam jamais conduzir a um conflito de qualificações, porque eu posso ter regras que eliminem a dupla tributação e eu voltar a cair na dupla tributação por um conflito positivo de qualificação. Eu tenho que evitar que uma debênture com participação nos lucros seja qualificada num país como juro e noutro como lucro. Eu tenho que evitar que o juro de valor superior ao valor de mercado seja caracterizado num país como juro e em outro como ganho de capital, por hipótese.

Como eu posso eliminar, reconhecendo competências qualificatórias exclusivas? O Estado da fonte do rendimento é o único competente para qualificar o bem. É o que dizem as convenções de dupla tributação em matéria de dividendos. Dizem que o dividendo deve ser caracterizado à luz da lei do Estado onde está domiciliada a sociedade que os distribui. É o que diz o tratado em matéria de rendimentos imobiliários: saber se determinado bem é imobiliário ou não é matéria da competência privativa do Estado da localização do bem. Temos que generalizar e concluir que é então competência para qualificar exclusivamente se uma realidade é juro ou *royalty* ou rendimento, é o Estado da fonte de produção. O outro Estado onde reside o titular desse rendimento deve detectar a qualificação dada pelo Estado da fonte sem discutir, sob pena de se o fizer estar infringindo o tratado.

Mas há mais: digo que a competência qualificatória é exclusiva do Estado com vocação natural para regular certas situações que aparecem consideradas como pressupostos. Eu vou dar um exemplo: discute-se se é aplicável o Tratado Brasil-Holanda ao pagamento de um rendimento a alguém que se diz domiciliado na Holanda. Suscitam-se dúvidas sobre se essa pessoa é ou não domiciliada na Holanda. Quem deve qualificar a situação? Eu penso que exclusivamente a Holanda como Estado do domicílio em causa. O Estado brasileiro que aplica a convenção, para saber se essa pessoa é domiciliada ou não na Holanda, não pode aplicar os critérios brasileiros, ele tem que aplicar a lei holandesa que diz se e quando a pessoa é considerada domiciliada na Holanda. Se faço um pagamento de uma remuneração a um *trust* do Canadá e os tratados dizem que só se aplicam em entidades com personalidade jurídica, quem tem competência para qualificar o *truste*? Obviamente a lei do Canadá. Tanto que o Brasil nem conhece essa figura jurídica. É a lei do Canadá que tem que dizer se o *truste* é ou não uma pessoa, se o *truste* tem ou não personalidade jurídica.

Se faço um pagamento de dividendos a uma sociedade espanhola e pretendo saber se há sociedades sem personalidade jurídica, ou se têm personalidade jurídica, obviamente que eu tenho que recorrer à lei espanhola. Então o mesmo se diga, se se discute, se se invoca uma não discriminação num tribunal brasileiro, entre uma empresa belga que diz ser objeto no Brasil de um tratamento discriminatório e se se discute se realmente a sociedade em si tem ou não a nacionalidade belga para efeito do tratado; essa qualificação da nacionalidade deve pertencer exclusivamente à Bélgica e não ao Brasil.

Em suma, a essência da minha tese é a seguinte: interpretação é um problema logicamente anterior ao da qualificação. A qualificação consiste na subsunção de conceitos jurídicos de um dado ordenamento ou conceito utilizado por tratados de dupla tributação. E finalmente não é válida a teoria da competência qualificatória como medida. Antes devemos reconhecer competências qualificatórias exclusivas. É do Estado da fonte, quanto aos rendimentos que dele provêm, e é do Estado mais próximo à situação quanto aos pressupostos.

Mas vejam bem que dessas considerações que eu formulei resulta uma outra, que é a destruição de um dogma tradicional, a idéia de que em Direito Público não se aplicam leis estrangeiras. É falso, acabamos de ver. Um jurista espanhol em obra magnífica e recente, Peres Royo, em *La Aplicación del Derecho Público Extranjero*, mostra que a todo momento na aplicação do Direito Público Interno a análise dos pressupostos da aplicação das regras internas pode conduzir à aplicação do Direito estrangeiro.

Para saber de determinada situação referente a uma pessoa residente na Alemanha, eu terei que aplicar a lei alemã, para saber se a pessoa é ou não brasileira na Alemanha. Se eu tenho uma regra que me dita imunidades e privilégios a chefe de Estado estrangeiro, para saber se alguém é chefe de Estado eu vou ter que recorrer ao Direito Constitucional estrangeiro, não ao Direito Constitucional brasileiro. Se eu pretendo aplicar ou reconhecer no Brasil para efeitos de uma execução forçada o ato administrativo estrangeiro, para saber se esse ato é definitivo, se transitou em julgado, eu vou aplicar o Direito Público estrangeiro.

Dizem alguns autores que nesse caso não se trataria de uma verdadeira aplicação do Direito, mas de uma tomada de consideração. Mas como diz muito bem Peres Royo, as leis não foram feitas para serem tomadas em consideração; elas foram feitas para ser aplicadas.

Então, com esta tese de que na verdade o Direito Tributário Internacional, como as demais regras do Direito Público Internacional, reconhece a legitimidade da aplicação de leis estrangeiras, cai definitivamente por terra o princípio da territorialidade, do qual a conseqüência fundamental era a recusa da aplicação no território de leis públicas estrangeiras.

Não queria alongar-me mais nesta exposição que teve apenas o intuito de levantar problemas, mais do que resolvê-los. Penso, no entanto, que doravante teremos todo o interesse de, nos nossos estudos do Direito Tributário Internacional, do Direito Tributário ligado a situações de vida, conexas com mais de um ordenamento, nos socorrermos do Direito Internacional Privado, não no sentido de aplicar cegamente regras e princípios que são próprios da vida privada e são intransponíveis para o domínio do Direito Público, mas socorrê-los das reflexões do arsenal teórico e dogmático acumulado há tantos anos.

Em conclusão, prestaria homenagem a esse grande jurista Ernest Isaiha, que em 1926, em páginas admiráveis, antevia a evolução do que seria o futuro da nossa ciência. (PALMAS)

Prof. Geraldo Ataliba — Que delícia ouvir um exercício intelectual tão culto, fecundo, rigorosamente elaborado, primorosamente exposto. Que saudade temos nós, os professores de Direito Tributário aqui de São Paulo, da nossa intensa e fecundíssima convivência com Alberto Xavier, nos anos em que ele exerceu a docência em São Paulo. Que satisfação para o IDEPE ter podido, uma vez mais, trazer a presença fulgurante deste notável intelectual e expositor. Muito obrigado Prof. Alberto Xavier. A sensação que em todos nós se reafirma é a que aos que o conheciam pessoalmente despertaram suas aulas; é a que a leitura dos seus livros causa em todos. Fico muito feliz para, em nome do IDEPE, dizer que estamos muito contentes de ter trazido aos senhores mais uma vez este mestre brasileiro do Direito Tributário que é Alberto Xavier.

Está encerrada esta sessão. Muito obrigado. (PALMAS)

MESA DE DEBATES

IMPOSTOS ESTADUAIS E MUNICIPAIS (ICMS - IPTU - ISS)

PROF. AIRES BARRETO — Compõem a mesa o Prof. José Eduardo Soares de Melo, professor da Fundação Getúlio Vargas, Juiz do Tribunal de Impostos e Taxas e Diretor do Instituto dos Advogados de São Paulo, ao seu lado o Prof. Edgard Neves da Silva, professor e mestre pela Universidade de São Paulo, gerente de tributos do CEPAM — Centro de Estudos e Pesquisas da Administração Municipal, à minha direita e ao meu lado o Prof. Edvaldo Brito. Sem qualquer conotação política, por óbvio, à minha esquerda o Prof. Alcides Jorge Costa, com que já conviveram ontem na abertura deste congresso, professor titular da Faculdade de Direito da Universidade de São Paulo e, inegavelmente, dentre tantas matérias que conhece profundamente no campo do Direito, um especialista de primeiríssima linha do imposto sobre operações relativas à circulação de mercadorias, hoje ICMS. Se não fraudo suas palavras, certa feita ouvi do mestre Alcides Jorge Costa o seguinte: o ICM é novo só no S. Ao seu lado o Prof. José José Souto Maior Borges, esse nome de proa que dignifica o Brasil no campo do Direito e que põe Pernambuco numa posição de elevadíssimo destaque no campo do Direito, mestre de todos nós — meu mestre de modo particular —, cuja contribuição para o estudo do Direito é valiosíssima. Eu disse certa feita e torno a repetir: se tivéssemos que contar quais são os maiores juristas do Brasil que se dedicaram ao campo do Direito Tributário e se tivéssemos que fazê-lo com os dedos de uma mão, haveríamos de arrolar entre esses cinco nomes, obrigatoriamente, o de José Souto Maior Borges.

Vejam quanta satisfação, quanta alegria e quanta honra para este modesto estudioso do Direito presidir mesa na qual despontam juristas de tão grande significação. Vamos apreciar algumas questões envolvendo os tributos estaduais e municipais.

PROF. AIRES BARRETO — Tenho a satisfação de passar a palavra ao Prof. José Eduardo Soares de Mello, que abordará algumas das questões vinculadas ao tema "Tributos Estaduais e Municipais".

Tem a palavra o Prof. José Eduardo Soares de Melo.

PROF. JOSÉ EDUARDO SOARES DE MELO — O ICM não é novo, o tema não é novo, como eu também não sou muito novo e fico à vontade para tratar sobre esse assunto, não só sob o aspecto eminentemente jurídico, o aspecto formal que é muito bonito, mas que nem sempre pode conduzir a nossa vida profissional, mas no aspecto também prático e objetivo.

O tema que eu escolhi diz respeito à vedação dos créditos de ICMS e IPI face à declaração de inidoneidade de outra empresa. Esse tema envolve considerações de caráter constitucional, evidentemente, donde nós devemos retirar o fundamento de validade das outras normas, como colocou o Prof. Edvaldo Brito a questão kelseniana, mas também o aspecto prático e objetivo das legislações estaduais.

Eu entendo, dissentindo de boa parte da doutrina, que a não-cumulatividade que está prevista na Constituição Federal, seja no tocante ao ICMS, seja no que diz respeito ao IPI, é uma norma categórica oponível à Fazenda, é o direito público subjetivo concedido ao contribuinte, mas eu vejo mais, eu entendo que não é uma mera recomendação, ela não tem um caráter programático, ela compele, ela impõe ao contribuinte que realize o comando da não-cumulatividade.

Evidentemente não vou explicar aqui como é que funciona a cumulatividade porque creio que todos, ou quase todos, conhecem essa sistemática da compensação dos créditos e débitos, mas apenas enfocar a questão da não-cumulatividade no que diz respeito ao contribuinte e sua operacionalidade.

Vejo em primeiro lugar como uma questão que deve ser colocada à reflexão de vocês, no nosso dia-a-dia, o fato de a Constituição estipular que é necessária a edição de uma lei complementar para disciplinar o regime de compensação de impostos, isso apenas no que diz respeito ao ICMS, e nada fala com relação ao IPI.

Uma primeira indagação que existe — eu também não tenho a resposta, certamente o Prof. Alcides Jorge Costa terá — é a seguinte: será necessária uma lei complementar para o IPI ou este comando da não-cumulatividade seria automático para o legislador federal?

Eu vejo que a não-cumulatividade emprega uma expressão que deve ser devidamente examinada: é aquela que fala que se pode abater o montante cobrado. Nós sabemos que essa expressão "cobrado" não tem a significação de cobrança, o ato da administração fazendária, ou seja, eu adquirente de uma mercadoria, como industrial ou comerciante, só poderia apropriar o meu crédito se tivesse ocorrido uma efetiva cobrança.

A teoria da linguagem, nem sempre o legislador constituinte a emprega no seu sentido técnico. Ontem eu estava lendo um trabalho muito antigo do Prof. Lacombe e achei muito oportuno (está aqui o Prof. Sacha também na minha frente que eu sei que aborda magistralmente o assunto): que o legislador constitucional emprega as palavras nem sempre no seu sentido técnico e sim no seu sentido vulgar, cabendo ao jurista então desvendar, conhecer os segredos da norma.

Voltando à expressão "cobrança", nós sabemos que não é necessário esse ato de cobrança, muito menos o ato de pagamento. Ou seja, a mecânica de créditos e débitos que vai ter uma implicação nessa vedação ou não do crédito pelo adquirente diz respeito — aí seguindo as linhas do saudoso Cleber Giardino e do Prof. Geraldo Ataliba — e basta haver uma incidência, ou seja, uma operação relativa à circulação de mercadoria — e agora com o S da prestação de serviços — a um negócio jurídico-mercantil ou atividades civis, um negócio que realmente tenha sido concretizado, e que para que se possa aplicar devidamente a norma da não-cumulatividade, esteja corporificado numa nota fiscal.

Essa expressão cobrança e o seu delineamento com a expressão pagamento-incidência tem um peculiar efeito na questão da vedação do crédito, e aí — procurando também não tomar muito tempo e chegar aos 10 minutos — o item que diz respeito à cobrança é aquele que fala da situação do contribuinte originário. Esse é o ponto principal do nosso exame aqui.

Nós verificamos que a legislação é muito singela, não vou dizer tímida, mas ela dá as linhas gerais, os grandes quadros, apenas cogita da não-cumulatividade e nada mais. Acontece que o nosso legislador estadual muitas vezes, e até imbuído dos bons propósitos, extravasa esse conceito constitucional. E o faz de que forma? Ele impede que esse crédito seja fruído em toda a sua plenitude, exigindo determinados comportamentos dos contribuintes totalmente difíceis de serem realizados. Como é que isso se opera? Diz o seguinte: que só pode ser apropriado o crédito, ou seja, não haverá vedação de crédito se na operação anterior (além, é claro, de um negócio jurídico-mercantil de prestação de serviços) a nota fiscal contiver uma série de requisitos, a placa do caminhão ... isso evidentemente no nível prático, e principalmente se decorrer de uma operação regular, podendo o fisco até desconsiderar a nota fiscal, decretar a inidoneidade daquele documento e impedir o crédito.

Compele o conhecimento da situação do contribuinte originário. São as famosas inidoneidades documentais, ineficácia de documento. Nós sabemos que o contribuinte poderá apropriar o crédito desde que tenha praticado o ato jurídico-mercantil ou prestação de serviços e que deve haver uma nota fiscal porque é a forma de retratar aquela operação. Agora, evidentemente ele não tem conhecimento e seria muito difícil saber qual a situação do contribuinte originário, mesmo porque aqui em São Paulo apenas se exige uma ficha de inscrição cadastral — eu não conheço as outras legislações estaduais. Com uma ficha de inscrição cadastral é realizado operacionalmente o negócio, a mercadoria entregue, feito um pagamento, e também não se diz que esse pagamento pode ser com um cheque fantasma e outros documentos de tal jaez, ou que tem de ser um cheque nominal. É verdade que facilitará muito a vida do contribuinte se ele provar que houve o transporte da mercadoria, que aquela operação jurídica está devidamente formalizada, instrumentalizada. Mas eu repito: a obrigação dele ou o direito dele está consolidado na medida em que prove que houve a aquisição daquele bem ou daquele serviço, sendo de todo irrelevante o pagamento do preço. Nós sabemos disso e voltamos para a expressão "cobrado". Não tem o adquirente das mercadorias o direito, ou pior, a competência constitucional para exercer o poder de polícia; ele não pode em hipótese alguma ter conhecimento da situação do contribuinte originário, porque as operações são negócios privados de que terceiros não têm conhecimento, e mais, a competência é da fiscalização.

Vamos a um outro ponto. Aqui na Secretaria da Fazenda de São Paulo há 10 ou 15 anos eram expedidos comunicados fazendários, até com os melhores propósitos, comunicando as firmas que estariam nessa situação de inidoneidade, seja porque nunca existiram (apenas no papel) ou porque deixaram de exercer as suas atividades. Então os contribuintes que não quisessem ter a glosa dos seus créditos tomavam conhecimento desses atos. De muito tempo para cá esses comunicados deixaram de ser expedidos e muitas vezes a glosa é efetuada sem que o tomador de crédito tenha conhecimento.

Há um outro aspecto também relevante: a questão da teoria da aparência que eu já verifiquei em alguns acórdãos do Tribunal de Justiça do Rio de Janeiro (não sei se existem aqui em São Paulo): se o contribuinte, no caso da mercadoria, provar o negócio jurídico-mercantil, existe a entrada de mercadoria em seu estabelecimento, ou seja, aquela aparência, aquela formalização está perfeita, adequada e conveniente, não vejo se possa entender tenha frustrado aquele desígnio constitucional. Também tanto a Constituição Federal como a Constituição Estadual, prestigiam expressamente o princípio da publicidade dos atos administrativos. Não sou versado em Direito Administrativo, não sei qual é o alcance que ele possui nessa dicção constitucional, mas evidentemente é uma matéria de competência estrita do Estado verificar a situação daqueles que estejam agindo irregularmente, e deve dar a notícia para que terceiros de boa-fé não sejam apanhados. E aí também vale aplicar os princípios da lealdade, da evitação da surpresa, enfim, do prestígio da segurança e certeza do direito.

Para complementar, e não esgotar os 10 minutos, gostaria de abordar a questão do conluio. Não que eu esteja aqui defendendo, na qualidade até de advogado como um exercício diário, a posição de que a Fazenda esteja totalmente errada, que todos os contribuintes tenham direito aos créditos. Longe disso; sabemos que se o nosso dinheiro é pago via tributos, estes têm que ser bem aplicados, e devemos até ser zelosos por isso, como a Fazenda deve ser. Não se está aqui criticando, pelo contrário, elogiando até a Fazenda; que promova toda essa fiscalização e evite a prática sonegatória. Mas eu entendo — opinião pessoal minha, é claro, espero que não seja isolada — que para que ocorra essa vedação de crédito, para que a Fazenda tenha o legítimo direito em glosar os créditos é necessário que exista a prova da fraude e do conluio, ou seja, que as partes intervenientes tenham se valido unicamente daqueles papéis, daqueles documentos para traficar e para transferir créditos de ICMS. Não basta apenas dizer que o contribuinte deveria ter tido conhecimento de uma idoneidade, de uma inexistência documental.

Em conclusão, a minha opinião é a seguinte: o princípio da não-cumulatividade longe de ser uma faculdade ao contribuinte, é dogmático, é imperativo, e deve ser exercido, pode e deve ser exercido na medida em que exista um negócio jurídico subjacente corporificado numa nota fiscal, que pode até conter algumas falhas de natureza formal que nem sempre são essenciais, e que não competem ao contribuinte para poder validar o crédito, pesquisas outras que estejam fora do seu alcance, e que esse crédito só deverá ser glosado na medida em que exista a prática, e não apenas a presunção ou indício do conluio, da fraude, da simulação, e que se não houver esta prova insofismável por parte da Fazenda, esta deveria procurar o seu crédito tributário de terceiros, porque os atos existiram, embora nem tão bem corporificados. E esses terceiros muitas vezes são localizados pela Fazenda, embora a prática demonstre que a cobrança seja um tanto difícil.

Espero que nesses 10 minutos tenha podido levantar algumas questões objeto de debate posteriormente. (PALMAS)

PROF. AIRES BARRETO — Como viram, o Prof. José Eduardo Soares de Mello, a par dos seus conhecimentos jurídicos no campo teórico, pôde incursionar por uma série de aspectos de natureza prática, ele que vive essas questões com freqüência na qualidade de Juiz do Tribunal de Impostos e Taxas. Sabe ele que nós perfilhamos a mesma tese e temos nos referido com freqüência, a um estudo notável do Prof. Celso Antônio Bandeira de Mello, onde ele diz que o contribuinte que exige aqueles documentos que constam da legislação estadual, ficha de inscrição, que recebe uma nota fiscal revestida das formalidades legais necessárias, cumpre suas obrigações. Diz ele: não cabe ao tomador de crédito uma posição policialesca, ele não é detetive e nem tem título jurídico para investigar quem lhe vende as mercadorias.

Agradecendo ao Prof. José Eduardo Soares de Mello tenho a satisfação de passar a palavra ao Prof. Edgard Neves da Silva, que estou certo abordará temas relativos aos tributos municipais, vez que ele tem dedicado toda a sua vida ao estudo desses tributos. Espero não ser surpreendido com relação a isso.

Tem a palavra o Prof. Edgard Neves da Silva.

PROF. EDGARD NEVES DA SILVA — Como o Professor Aires Fernandino Barreto falou, realmente tinha escolhido, dentro dos temas propostos, alguns assuntos cuja discussão está mais voltada aos tributos municipais, esperando, com isto, não decepcioná-lo, até porque é ele um *expert* na área.

Pela importância do assunto, tinha alinhavado algumas idéias sobre o tema "Progressividade do IPTU", mas depois de antecipada minha posição pelo Prof. Edvaldo Brito e tomando conhecimento do excelente trabalho apresentado pelo Prof. Souto Maior Borges, acho que estaria repetindo os mesmos argumentos.

Mas, gostaria de lembrar, rapidamente, como diz o Prof. Geraldo Ataliba, que todos os impostos podem ser progressivos e esta progressividade pode ser utilizada sob dois prismas: o da capacidade contributiva e o da extrafiscalidade. É certo que por vezes é muito tênue a diferença entre a fiscalidade e a extrafiscalidade e para corroborar, citamos Amilcar de Araujo Falcão, para quem todo o tributo tem um sentido extrafiscal, isto porque a própria tributação já é uma das formas de dirigir condutas. Porém, no caso do IPTU, especialmente após a Constituição Federal de 1988, esta distinção me parece ter ficado bem marcada, inclusive expressamente no texto constitucional — art. 156, parág. 1º combinado com o art. 182, e art. 145, parág. 1º. E para arrematar, gostaria de apontar no próprio texto constitucional a existência da progressividade fiscal e extrafiscal. Por exemplo: o imposto de renda me parece ser um imposto cuja estrutura enseja, basicamente, a aplicação do princípio da capacidade contributiva, aliás, é um princípio expresso no parág. 2º, do art. 153 da C.F.: "O imposto de renda será informado pelos critérios da generalidade, da universalidade e da progressividade na forma da lei". Em outro artigo, ao tratar o ITR, utiliza a Constituição a progressividade também como princípio, a ser obedecido pelo legislador ao instituir o imposto, mas neste caso enfocando a sua extrafiscalidade: "O imposto, previsto no inciso IV (que é o ITR) terá suas alíquotas fixadas de forma a desestimular a manutenção da propriedade improdutiva".

Portanto, o legislador ordinário, obedecida a Constiuição, é que dará ao IPTU o sentido arrecadatório simplesmente ou a finalidade de impor determinadas condutas aos contribuintes. Mais precisamente quanto ao imposto municipal sobre a propriedade a própria Constituição nova é que também expressamente impôs a progressividade como forma da extrafiscalidade — a anterior era silente sobre a questão —, já que, se não o fizesse, a extrafiscalidade estaria aberta ao legislador municipal nos dois sentidos como permitia a antiga Constituição.

Algumas perguntas formuladas pela direção do Congresso foram por mim escolhidas para colocá-las em debate.

A primeira se refere ao conceito de venda a varejo como exposto no artigo 156, inciso III, da Constituição Federal, e se o álcool, querosene, água-raz etc., vendidos em lojas de ferragens ensejam a incidência do IVV.

Iniciamos, lembrando o disposto nos arts. 109 e 110 do C.T.N.; aquele estabelece que toda vez que os conceitos de direito privado forem adotados para a caracterização do fato gerador do tributo, terão eles que ser interpretados de acordo com os princípios de direito privado e o segundo reza que, quando estes conceitos forem tomados pela Constituição para fixar competência tributária, que é o nosso caso por ter a Constituição adotado a figura da venda a varejo para definir a competência municipal, não pode o legislador tributário alterá-los. Lógico, pois ensejaria ao legislador infraconstitucional que agisse contrariando a discriminação de rendas feita pelo legislador constitucional, o único competente para tal.

Portanto, necessariamente temos que buscar subsídios no direito comercial para verificar a interpretação correta do fenômeno.

Neste ramo do direito o que vamos encontrar é uma insegurança muito grande, e para expô-la, trouxe aos senhores uma citação do comercialista renomado Rubens Requião, que citando Basílio Machado, frise-se: o primeiro um autor recente e o segundo um autor bem antigo, afirma: "o estudo do ato de comércio é um problema insolúvel para a doutrina, um martírio para o legislador e um enigma para a jurisprudência."

Em sendo difícil para os comercialistas solverem esta questão, aptos que são na especialização, que dirá para nós tributaristas?

Basicamente a dificuldade se coloca na subjetividade dos critérios adotados para a diferenciação entre venda a varejo e venda a atacado, venda a retalho ou a grosso. Esta diferenciação em princípio, constante do Código Comercial, seria feita em termos de quantidade, no sentido de que no atacado pressupõe-se uma venda em grande quantidade e a retalho, em pequena quantidade.

Na evolução da doutrina, os comercialistas encontraram outro critério, que nos parece mais adequado, embora também tenha aquele vício da subjetividade, mas com características jurídicas, digamos, mais precisas. Assim, até o presente não há critério preciso e objetivo para a resposta à questão formulada.

Esta posição afirma que venda no atacado é aquela realizada a comerciante, ou seja, aquela venda feita a esta pessoa, que pela natureza de sua atividade, efetiva a compra com a intenção de revender a mercadoria comprada. Neste ponto, ressaltamos o conceito de mercadoria em seu aspecto jurídico. Venda a varejo seria aquela feita ao consumidor final, aquele que compra o bem, não mercadoria, com o intuito de utilizá-lo ou seja, para não revendê-lo. Para ele seria material e não mercadoria.

Percebem, então, que foi deixado pelo direito comercial um critério impreciso, quantidade, e adotado outro tão impreciso quanto, intenção do comprador.

Aliás, o Prof. Aires já há algum tempo, levantou a imprecisão deste critério distintivo, por seu conteúdo subjetivo.

Acredito que todos nós temos nossa opinião sobre o conceito de venda a varejo, mas, não há dúvida, que em última instância, será a decisão da Suprema Corte que resolverá este dilema.

Poderia o legislador complementar determinar as características básicas da venda a varejo, com respaldo no texto constitucional e nos supra citados artigos do CTN, porém, aqui já informo, que entendo que sua manifestação não é indispensável para que os Municípios instituam e arrecadem o IVV, com fundamento na garantia constitucional da autonomia municipal, embora fosse interessante para evitar possível conflito de competência entre Municípios, inclusive em termos de normas gerais. Mas, não existe tal veículo legislativo e assim os Municípios passaram a legislar diretamente, extraindo o fundamento de validade exclusivamente da própria Constituição. Adotaram, na sua maioria, o conceito de venda a varejo como sendo aquela efetivada ao consumidor final.

Completando a pergunta, cabe enfrentar a situação dos produtos, álcool, querosene e água-raz, vendidos em lojas de ferragens e por que não dizer em outros estabelecimentos, como farmácias, supermercados, etc.

Temos que lembrar que estes produtos somente serão tributados se tiverem a natureza de combustível quer líquido ou gasoso. Qual o conceito de combustível? Numa pesquisa, fui encontrá-lo numa publicação do Instituto Brasileiro de Petróleo, para quem combustível é a substância suscetível de ao se combinar quimicamente com outra, gerar uma reação esotérmica, isto é uma reação de calor. Este é o conceito científico de combustível.

Simplificando eu diria, deixando os detalhes para os debates, que em sendo aquelas subtâncias utilizadas — vejam a intenção — como combustível, sua venda a varejo seria hipótese de incidência do imposto municipal. Não sendo, não ocorrerá o fato imponível.

O exemplo fica por conta do álcool. Todos os senhores sabem que podemos abastecer nossos veículos com o álcool que no caso terá a natureza de combustível. Porém, se o álcool for comprado por produtores de vinho não terá esta qualidade mas como matéria-prima para a feitura do vinho.

Vejam que a distinção não seria fácil, visto que encontraríamos grandes dificuldades por depender da utilização a ser futuramente dada.

Neste ponto me permito, para auxiliar uma resposta mais razoável, ler um trecho dos ensinamentos da Profª. Misabel Derzi, que retirei de seu livro *Direito Tributário, Direito Penal e Tipo*, que inclusive em congresso anterior promovido pelo IDEPE, desenvolveu a idéia do princípio da praticabilidade, vinculado ao princípio da legalidade. Estas são as suas palavras: "O objetivo é evitar a investigação exaustiva do caso isolado, como se reduzem os custos na aplicação da lei, dispensar a coleta de provas difíceis ou mesmo impossível em cada caso concreto ou aquelas que representem ingerência indevida na esfera privada do cidadão e com isso assegurar a satisfação do mandamento normativo." Como exemplo aponta as ficções, as presunções por parte do Legislativo e a administração em massa, as plantas de valores, as pautas, etc., por parte do Executivo.

Assim, o importante seria levar em conta o conhecimento médio das coisas. Por exemplo, quem compra álcool em um posto de abastecimento, em tese, estaria comprando combustível. Também seria ciência média de que quem compra álcool em uma farmácia ou querosene em loja de ferragem, estaria comprando o produto não com a finalidade de combustão, portanto, não com a natureza de combustível.

Lógico que poderia quem comprar querosene na loja utilizá-lo como combustível. Mas, isto demonstra que seria necessário provar a destinação para se saber se haveria ou não a incidência do IVV. E, no caso, caberia àquele que pagou o tributo, isto é, o contribuinte de direito, o vendedor a varejo, pretender realizar tal prova, o que não acredito que vá acontecer, pela possibilidade da repercussão do ônus do imposto. A Prefeitura também poderia ter interesse na prova, mas seria muito difícil, daí por que a melhor solução seria aplicar na prática os ensinamentos da Profª. Misabel Derzi.

Finalizando, entendo não ter resolvido a questão formulada, mas pelo menos, apontando minha opinião, dar um rumo para os debates, pois, nestes eventos, o que interessa precipuamente não é a solução definitiva, aliás, na nossa área quase sempre muito difícil, mas a troca de conhecimentos.

A outra questão é a seguinte: Se lançados num mesmo instrumento vários tributos e exigido o pagamento integral no seu vencimento seria legal?

É muito comum as Prefeituras efetuarem junto com o lançamento do IPTU o lançamento de diversas taxas. Os valores são distintos logicamente, mas com as mesmas datas de vencimentos.

Seria legal a exigência do pagamento integral dos valores lançados, ou poderia o contribuinte deixar de pagar um ou mais de um dos créditos tributários? Esta é a questão.

Respondo, de início, pela ilegalidade. Vejamos o porquê.

Interessante, mesmo que rapidamente, argüir a teoria dualista da obrigação tributáira. Por esta teoria a obrigação nascerá com a ocorrência do fato gerador e se aperfeiçoará com o lançamento, com a constituição do crédito tributário. No primeiro momento haverá a dívida e, no segundo momento, a responsabilidade. Somente após o lançamento, a obrigação tronar-se-á exigível. O lançamento será representado por um instrumento, um documento, que tão só materializará a atividade privativa da administração pública, como quer o CTN.

Entendo que não há nenhum óbice para que este instrumento materialize vários créditos tributários, devendo salientar que embora emglobados materialmente, cada um terá vida própria, valerá por si, até porque representam obrigações tributárias distintas, decorrentes de fatos imponíveis diversos.

A ilegalidade da exigência global dos valores vai encontrar fundamento no próprio CTN. O art. 164, ao tratar da forma de extinção do crédito tributário pela sentença trânsita em julgado em ação de consignação em pagamento, reza lhe dar fundamento a "recusa de recebimento, ou subordinação deste ao pagamento de outro tributo ou de penalidade, ou ao cumprimento de obrigação acessória".

Por outro lado, o art. 163 do CTN dispõe que: "Existindo simultaneamente dois ou mais débitos vencidos do mesmo sujeito passivo para com a mesma pessoa jurídica de direito público relativos ao mesmo ou a diferentes tributos ou provenientes de penalidade pecuniária ou juros de mora, a autoridade administrativa competente para receber o pagamento determinará a respectiva imputação obedecidas as seguintes regras, na ordem em que enumeradas:

I — em primeiro lugar, aos débitos por obrigação própria, e em segundo lugar os decorrentes de responsabilidade tributária;

II — primeiramente, às contribuições de melhoria, depois às taxas e por fim aos impostos;

III — na ordem decrescente dos prazos de prescrição;

IV — na ordem decrescente dos montantes."

Decorre, portanto, que a regra desta determinação demonstra que seria ilegal a exigência integral dos créditos tributários, até mesmo pela própria Prefeitura, no futuro, quando não extintos os créditos tributários pelo pagamento pelo sujeito passivo.

Posto isto, os debates que se seguirão poderão levantar outras razões e apreciadas estas.

As demais questões que havia preparado para submeter aos senhores ficam para um próximo encontro.

Muito obrigado. (PALMAS)

PROF. AIRES BARRETO — Agradecendo ao Prof. Edgard Neves da Silva eu tenho a grata satisfação e o privilégio de passar a palavra ao emérito Prof. Alcides Jorge Costa, por quem pessoalmente devoto grande apreço, quer como discípulo, quer na condição de ser humano.

Tem a palavra o Prof. Alcides Jorge Costa.

PROF. ALCIDES JORGE COSTA — Eu vou falar-lhes de um assunto não muito usual que é o adicional do imposto de renda estadual. Mas antes de entrar no assunto eu quero manifestar a minha esperança de que numa próxima reforma tributária esse adicional seja extinto.

Colocada esta posição e pedindo um pouco a Constituição emprestada ao Prof. Souto, eu lembraria que cabe aos estados instituir um adicional de até 5% do quer for pago à União por pessoas físicas ou jurídicas domiciliadas nos respectivos territórios, a título do imposto previsto no art. 153 inciso III — que é o imposto de renda — incidente sobre lucros, ganhos e rendimentos de capital.

Vou transmitir-lhes umas certas idéias a respeito do que na minha opinião é o conteúdo deste dispositivo constitucional e do seu alcance.

Primeiro (está escrito aqui) trata-se de um imposto adicional. Eu saliento que a doutrina nacional tem estudado os adicionais sempre, como se os adicionais fossem um acréscimo cobrado pela entidade tributante que tem competência para aquele imposto. Então nós não vamos achar na doutrina nacional (pelo menos até agora) estudos sobre adicionais que o ente tributante cobra sobre imposto de competência de outro. E aí é bom recorrermos, neste caso, à doutrina italiana. Sabemos que a Itália é um país unitário mas existem impostos adicionais cobrados pelos chamados entes autárquicos territoriais sobre os impostos cobrados pelo Estado italiano. Nesse sentido o adicional constitui uma obrigação de natureza diversa, evidentemente porque diversos são os atores da obrigação, mas ao mesmo tempo fica jungido à legislação do imposto ao qual se adiciona. Ou seja, a entidade titular do adicional pode instituir adicional mas não pode mexer na legislação do imposto a que se refere o adicional, não tem o poder de legislar sobre aquele imposto; cabe-lhe apenas instituir este adicional. É a partir disto que eu quero fazer uma breve análise deste dispositivo constitucional, passo a passo.

Primeiro diz aqui "adicional do que for pago à União". O que isto significa? As legislações estaduais têm interpretado isso de maneira diferente. A maior parte das legislações institui o pagamento à União, senão como a hipótese de incidência ou fato gerador desse adicional, pelo menos como o momento em que ele se torna devido. Portanto, se não há o pagamento feito à União não há também adicional a ser exigido, ainda que o pagamento à União seja feito com atraso. Três estados discrepam desta orientação, que são São Paulo, Bahia e Santa Catarina, que dizem que a hipótese de incidência tradicional é exatamente a mesma do imposto de renda e dizem também que esse imposto pode ser cobrado ainda que o imposto federal não seja pago.

A Constituição é muito clara e diz: "Imposto que for pago à União". À parte isto, nós temos que ver que existe uma evidente impropriedade onírica em dizer que a hipótese de incidência é a mesma e que um pode ser cobrado independentemente do outro. Eu digo onírica porque para fazer isso os estados precisariam montar uma máquina para fiscalizar e arrecadar o imposto de renda, o que certamente os levaria a gastar quase a mesma coisa do que poderiam arrecadar. Além disso não poderiam nunca ter uma interpretação da lei do imposto de renda diferente daquela que lhe é dada pelo Governo Federal. De modo que o mais sensato é entender que se o pagamento não é hipótese de incidência, pelo menos o momento em que este adicional se torna devido, sendo portanto inexigível antes do pagamento.

O segundo problema diz respeito aqui "do que for pago à União por pessoas físicas ou jurídicas domiciliadas nos respectivos territórios a título de imposto de renda sobre lucros, ganhos e rendimentos de capital". Eu quero passar um pouco adiante e dizer o seguinte: que na interpretação, lucros, ganhos e rendimentos de capital têm naturalmente o sentido que lhes é dado habitualmente e que resultou, na opinião comum, da legislação do imposto de renda. Vejam bem, eu não estou postulando que aí a Constituição deva ser interpretada segundo uma lei ordinária preexistente; o que eu estou dizendo é que quando se fala num adicional do imposto de renda incidente sobre lucros, ganhos e rendimentos de capital, eu estou afirmando que lucros, ganhos e rendimentos de capital devem ter exatamente o mesmo sentido que lhes vai ser dado pela lei do imposto de renda, ou seja, o legislador elegeu algumas matérias tributáveis pelo adicional condicionando-as naturalmente à legislação do imposto de renda, dado que é esta legislação que vai definir estes conceitos. É claro, também, que cabe ao legislador federal determinar as isenções, as não-incidências e assim por diante, não podendo o legislador estadual interferir nisto.

Então lucro, no sentido habitual, trata-se sempre de lucro auferido por pessoa jurídica. Ganhos de capital nós sabemos e não vamos discutir aqui o que são, são os acréscimos patrimoniais etc., e rendimentos de capital. Ou seja, estão excluídos daqui os rendimentos do trabalho. É muito fácil isto, exceto em um ponto: há sociedades chamadas uniprofissionais, que se constituem por profissionais de uma mesma profissão, por exemplo uma sociedade de médicos, uma sociedade de contadores, que realizam um balanço e apuram um lucro. Seria este lucro tributável, embora resulte exclusivamente do trabalho? Eu diria que não, mas por uma outra razão. Não que não se trata de lucro, é porque a legislação do imposto de renda dá a essas sociedades um tratamento diferente do que dispensa às demais. Elas na verdade não são tributadas pelo lucro. Por quê? Porque o lucro considera-se imediatamente distribuído aos sócios na proporção do capital de cada um. Portanto, neste caso a própria legislação do imposto de renda quando fala nessas sociedades uniprofissionais dedicadas ao trabalho, e cria esta forma de tributação, a própria legislação do imposto de renda está tributando na verdade rendimentos de trabalho e não um lucro propriamente dito.

Seria impossível, por outro lado, como eu já vi ser sustentado, que numa sociedade qualquer que não as desta categoria, se tentasse fazer uma distinção dentro do lucro daquilo que resulta do trabalho e daquilo que resulta do capital. Nós devemos levar em conta que o único capital que sozinho é capaz de produzir rendimento é aquele praticado no mercado financeiro. Toda empresa industrial ou comercial exige também trabalho, mas as coisas são indissociáveis, e isso no imposto de renda vem classificado como lucro. Portanto, já temos aí a segunda parte desta tributação, excluídos sempre os rendimentos do trabalho com esta qualificação que eu fiz.

Finalmente (e aqui é que vem a coisa mais complicada) "do que for pago à União por pessoas físicas ou jurídicas domiciliadas nos respectivos territórios estaduais". Aqui trata-se de um problema de competência. O que é este "domiciliadas"? Será que temos de tomar o domicílio civil ou o domicílio do imposto de renda? Não devemos nos esquecer que o domicílio do imposto de renda pode ser eletivo e muitas vezes é. Uma pessoa pode, por exemplo, morar em São Paulo, exercer as suas atividades no Rio e ter o seu domicílio fiscal no Rio de Janeiro. Nada impede. Mais ainda, uma pessoa jurídica pode ter a sua sede e pode ter *n* filiais. Isto é muito vivo com os bancos que têm um número muito grande de agências.

Onde será devido o adicional? O adicional será devido no local do domicílio da pessoa física ou jurídica, mas domicílio para imposto de renda. Então se uma sociedade, por exemplo, tem sede no Recife, ela vai pagar o imposto de renda lá e o adicional será devido ao Estado de Pernambuco, ainda que ela tenha *n* filiais espalhadas pelo Brasil afora. E eu entendo que os estados onde estão essas filiais não podem postular a cobrança deste adicional porque o domicílio daquela sociedade, daquela pessoa jurídica para efeito do imposto de renda não é no território daquele estado, mas, no exemplo dado, no Estado de Pernambuco.

O problema torna-se um pouco mais agudo com o imposto de fonte. Aí entraríamos numa discussão absolutamente infindável, que não caberia aqui, mas a fonte é o sujeito passivo da obrigação — vamos assumir isso sem maiores discussões — e a lei do imposto de renda diz que o imposto de fonte deverá ser recolhido no local do estabelecimento que efetuou o pagamento do rendimento ao beneficiário. Então aqui nós já temos um primeiro indicador, o adicional pode ser cobrado sobre o imposto de fonte no local onde este imposto de fonte deva ser arrecadado para efeito de imposto de renda, segundo consta do regulamento. Mas há uma pequena dificuldade adicional: isso é o que está no regulamento, mas por ato administrativo posterior já há bastante tempo as autoridades federais permitiram que o imposto de renda de fonte tivesse a sua arrecadação centralizada. Isto cria dificuldades, eu creio, que um ato administrativo não pode sobrepor-se ao que está na lei e que para efeito do adicional o domicílio continua sendo aquele mesmo.

Ainda existe o caso da compensação. Vamos supor que alguém tenha pago o imposto de renda, que tenha recebido rendimentos tributáveis na fonte, que isso tenha sido tributado e que depois no fim a pessoa tenha direito à compensação, tenha direito a uma restituição do imposto de renda porque pagou a mais. Aqui cria-se uma grande dificuldade, que é a seguinte: esta pessoa, por exemplo, que foi tributada por rendimentos de capital, pode ter uma devolução em virtude da soma de rendimentos de capital ou da tributação sobre rendimentos do capital e rendimentos do trabalho acumulados. Isto cria um problema quase que insolúvel. Então aquela devolução, dado que a declaração do imposto de renda engloba tudo, resulta do quê? Do rendimento do capital ou do rendimento do trabalho?

É um ponto complicado, mas eu creio que aqui as duas soluções seriam viáveis, mas eu creio que a única solução de bom senso, até de aplicação prática é a de dizer que quando há direito a devolução do imposto de renda, há direito também à devolução proporcional de adicional que tenha sido pago a mais, porque senão as discussões serão absolutamente infindas.

Mas ainda há um outro problema: suponha uma pessoa que tem domicílio em São Paulo e que teve imposto de renda de fonte cobrado em Salvador. Quem vai devolver esse adicional? É claro que a devolução tem de ser feita, na minha opinião, pelo estado que recebeu o adicional. Não teria o menor cabimento fazer com que um estado devolvesse o imposto ou o adicional, que é o verdadeiro imposto, que foi arrecadado pelo outro estado.

Acredito que o meu tempo já está se esgotando e quero obedecer rigorosamente ao tempo. Nessas brevíssimas palavras eu creio ter colocado todos os problemas emergentes deste simples adicional, renovando a esperança de que esses problemas desapareçam junto com o próprio adicional na primeira reforma tributária que houver, e até mais, até seria muito saudável que se fizesse uma reforminha só para isso.

Muito obrigado. (PALMAS)

PROF. AIRES BARRETO — Como os senhores puderam sentir, o Prof. Alcides Jorge Costa sempre nos delicia com as suas exposições, profundas quanto ao conteúdo e extremamente leves quanto à forma de apresentação.

Eu deveria passar de imediato a palavra ao Prof. Souto Borges. Porém, esta mesa está muito morna. É preciso motivá-la um pouco mais. E para isso o presidente precisa bancar o advogado do diabo. Depois de lembrar aos senhores que, por gentileza, podem ir encaminhando as questões que desejem formular à mesa, vou tocar no tema da progressividade do IPTU. E o faço porque isso vai permitir que o Prof. Souto Borges, a par de considerações sobre outras questões, sobre outros temas, possa, com a sua candência, com a sua cultura jurídica inexcedível, reforçar a sua postura já exposta, em suas linhas mestras, no livro que receberam.

A exigência de os impostos serem progressivos reside no princípio da capacidade contributiva. Realmente, o princípio da capacidade contributiva haverá de nortear todo o subsistema constitucional tributário. Nada obstante, quer me parecer que o princípio da capacidade contributiva já está balizado pelo próprio texto constitucional. Os limites da sua extensão — o seu sentido, conteúdo e alcance — já estão prefixados pelo texto constitucional. Extraio da Constituição a conclusão no sentido de que o princípio da capacidade contributiva não se compadece com nenhum tributo fixo, o que haveria de pôr por terra, desde logo — nada obstante pudesse atingir de modo mais gravoso o bolso de cada um de nós — o ISS dos profissionais liberais e das chamadas sociedades uniprofissionais. Deveras, fosse caso, nem sequer sabemos se o imposto é sobre serviços, à míngua de base de cálculo e de alíquota. Não há sim base de cálculo como verificar se ela afirma ou infirma uma determinada materialidade de uma hipótese de incidência.

O princípio da capacidade contributiva, afasta a existência de tributos fixos. Não é por outra razão, que o texto constitucional em mais de uma passagem valoriza a entidade base de cálculo. Não me parece que seja outra a razão de, por exemplo, impedir que a União, no exercício da sua competência residual, crie outros impostos que tenham mesma hipótese de incidência ou mesma base de cálculo daquele já discriminado na Constituição. Não me parece seja outra a razão para a vedação à utilização, como base de cálculo das taxas, daquela própria de impostos.

Mas daí a dizer que o princípio da capacidade contributiva obriga, exige, que todos os impostos devam ser progressivos, vai uma grande distância. Penso que o princípio da capacidade contributiva exige, isso sim, que os impostos sejam proporcionais, isto é, que se aplique uma alíquota única que motivará a determinação de um *quantum* de um débito tributário diferente à medida que crescem as bases de cálculo, mas que não exige concomitante que sobre essas variadas bases de cálculo se apliquem alíquotas crescentes caracterizadoras da progressividade.

Por que penso nessa conformidade? Porque o princípio da capacidade contributiva é determinado em preceitos outros do texto constitucional, inclusive aquele citado aqui pelo Prof. Edgard Neves da Silva, relativo ao imposto sobre a renda: o imposto sobre a renda "será informado pelos critérios da generalidade, da universalidade e da progressividade". Ora, se o princípio da capacidade contributiva, em si mesmo, já exige que os impostos sejam progressivos, esta expressão "o imposto sobre a renda será progressivo" seria absolutamente inócua, inútil, vazia de significação.

Na mesma linha, o texto constitucional quando versa o imposto sobre a propriedade territorial rural, diz que as alíquotas do imposto deverão ser mais gravosas em função da má utilização da propriedade, ou da sua não utilização. Eu estou falando sem consulta rigorosa ao texto da Constituição, mas em linhas gerais é isso o que diz o texto constitucional.

Ora, se tudo isto fosse desnecessário porque a progressividade seria uma decorrência lógica e natural do princípio da capacidade contributiva, esses preceitos constitucionais todos poderiam ser jogados fora porque não teriam utilidade nenhuma. Daí por que penso que a única progressividade autorizada no caso do imposto sobre a propriedade predial e territorial urbana é a que visa a assegurar o cumprimento da função social da propriedade. Vejamos, agora, o que é função social da propriedade.

A Constituição poderia adotar um de dois caminhos: 1º) deixar às normas infraconstitucionais conceituar quando os imóveis cumprem sua função social; 2º) a própria Constituição definir quando os imóveis cumprem sua função social. Ora, quem perlustrar o § 2º do art. 182 do texto constitucional verificará que a Constituição diz: "A propriedade urbana cumpre a sua função social quando atende às exigências fundamentais de ordenação da cidade expressas no Plano Diretor".

Ora, como então gravar com a progressividade (tirante as hipóteses do art. 182) situações outras em que a propriedade cumpre sua função social? Um argumento utilizado é que existiriam duas autorizações: uma para uma progressão de natureza fiscal e outra para uma progressão de natureza extrafiscal, de caráter regulatório.

Lembro-me de que no VI Curso de Especialização em Direito Tributário, presente o Prof. José Souto Maior Borges, o Prof. Paulo de Barros Carvalho disse, sem contestação: "A classificação dos tributos em fiscais e extrafiscais é pré-jurídica." Criar um imposto para atingir aquele, este ou aquele objetivo é alguma coisa pré-jurídica, isso está na intenção do legislador.

Vejo aqui muitos diletos companheiros do Município de São Paulo, e eles sabem que se criou em certa época a pretexto de criar uma tributação extrafiscal, um acréscimo na alíquota de 200 % para os imóveis que não tivessem habite-se. De lá para cá o número de construções clandestinas aumentou significativamente. De sorte que aquela intenção do legislador além de ser um dado pré-jurídico, não culminou também com a obtenção do resultado pretendido.

E faço essas colocações precisamente para provocar não só a enorme cultura jurídica do Prof. Souto Borges, como a sua candência na defesa dos seus pontos de vista. Tanto isso é certo que eu quase já decorei o início do seu trabalho, quando ele diz: o cavalo de batalha criado nas cidadelas do IPTU.

Tem a palavra o Prof. José Souto Maior Borges.

PROF. JOSÉ SOUTO MAIOR BORGES — Meu caro Prof. Aires, meu amigo — e essa circunstância tem de ser bem realçada nessa oportunidade, até para atenuar a maior ênfase na crítica —, eu quero dizer-lhe que a minha intervenção pretende inicialmente, restaurar o mais eminente dos princípios constitucionais que é o da isonomia. Eu fui o único expositor brindado com uma crítica — e que crítica! — antes de começar a exposição. De maneira que eu não posso respondê-la e ao mesmo tempo tratar da minha exposição sem uma quebra do princípio da isonomia, ou seja, a redução do meu tempo praticamente pela metade.

Então eu me reservaria, se me fosse permitido, para responder as suas observações, ou tentar respondê-las, após lançar alguns pressupostos da minha própria exposição.

Tema aberto, tempo disponível reduzido, limitações da capacidade expositiva do próprio expositor. Resultado: compromisso com a superficialidade. Por isso eu me antecipo pedindo desculpas, porque não tenho como contornar isso. Vou ter que tratar essa matéria, em termos de exposição teórica, em doses homeopáticas.

Não vou trilhar senão o mesmo tema, mas por outros caminhos. Os meus são os caminhos que elegi para abordar essa matéria. Seguramente eles não são excludentes de outros caminhos, porque no final das contas tudo é percurso intelectual e não podemos pretender esgotá-lo a partir de considerações sobretudo tópicas a respeito de determinados problemas. Então vamos tocar direto nesses assuntos que me parecem fundamentais.

Não é possível, ficou bem claro aqui de toda essa exposição antecedente, tratar dos problemas tributários sem uma imersão desses problemas num contexto mais amplo. Nós não podemos nos limitar à análise simplesmente daquela região material da Constituição constituída pelas normas que integram o sistema constitucional tributário, porque logo se interpõe a projeção dos grandes princípios constitucionais, sem os quais não é possível interpretarmos coisa nenhuma em matéria de Direito Tributário.

Então eu me permitiria primeiro fazer uma análise da função social da propriedade, que é essencial para a caracterização jurídica do IPTU, como ele está disciplinado na Constituição Federal. Tentar algumas observações sobre a função social da propriedade. E aí que eu vou centrar minha exposição.

Primeiro art. 5º, inciso XXII. Esse artigo dispõe precisamente que é garantido o direito constitucional de propriedade. Deve-se distinguir entre o direito em si, o direito de propriedade, e a sua garantia constitucional. Isso é uma lição que já nos vem de Rui Barbosa, quando ele ensinava, a respeito da Constituição de 1891, que o elenco dos direitos e garantias individuais postulava uma distinção, que era basilar, na Constituição, entre o direito propriamente dito e a sua garantia. Essa proposta teórica persiste atualíssima, porque a vigente Constituição trata precisamente no art. 5º, título II, precisamente "Dos Direitos e Garantias Fundamentais". Suponho que a Constituição não usa uma nomenclatura tão solene apenas em homenagem à beleza do estilo no discurso normativo, mas sim para caracterizar uma realidade normativa subjacente: é que esses princípios como e sobretudo a isonomia são até muito mais importantes do que outros princípios constitucionais.

Muito bem: que diz a Constituição em matéria de direito de propriedade? O item XXII prescreve: "É garantido o direito de propriedade". Ao enunciá-lo já diz "o direito está garantido". E o item XXIII o que é que preceitua, logo em seguida? Textualmente: "A propriedade exercerá função social".

Tendemos a uma análise equivocada e superficial ao entender a função social da propriedade como uma limitação ao próprio direito de propriedade, ou, se se prefira, à propriedade, quando na realidade o Título II — dos Direitos e Garantias Fundamentais não trata de limitação alguma a direito senão de asseguramento desses direitos e das suas garantias.

Portanto, a função social da propriedade numa exposição que me parece de maior dignidade expositiva, tem que ser entendida e há de ser compreendida como uma garantia ao próprio direito de propriedade. Por outro lado, o art. 5º da Constituição prescreve no § 1º que as normas definidoras dos direitos e garantias fundamentais têm aplicação imediata. Aplicação imediata é expressão que sinaliza para duas características fundamentais: a primeira é não apenas a prescindência de integração legislativa, ou para se usar a linguagem tradicional, a regulamentação há de ser dispensada; em segundo é que a sua aplicação não tem que ficar condicionada a evento futuro algum. Sempre que possível e para logo o dispositivo será aplicado. Esse é que me parece um entendimento razoável do texto constitucional. Por outro lado, o art. 60 da Constituição também nos dá preciosa indicação da eminência sintática dos direitos e garantias individuais e portanto da função social da propriedade, ao prescrever, no § 4º, que não será objeto de deliberação a proposta de emenda tendente a abolir os direitos e garantias individuais.

Abolir não significa necessariamente suprimir de todo o direito, mas a simples tendência para a sua supressão, o seu amesquinhamento por via indireta que seja, é inteiramente incompatível com o significado objetivo do texto constitucional. Portanto, não é preciso que eu suprima o dispositivo; é bastante para incidir em incompossibilidade diante do texto constitucional um processo que por portas transversas venha a de certa forma amesquinhar a eficácia do próprio preceito.

Quando se trata da competência do Município para instituir o imposto territorial rural, diz-se no art. 156 item I que esse imposto será progressivo de forma a assegurar a função social da propriedade. Não considero necessário que se venha a definir o que se há de entender por função social da propriedade. Esse método essencialista das definições, criticado por Popper, não levaria a coisíssima nenhuma, porque o que é fundamental para a interpretação e para a exegese do texto constitucional é, ao contrário, que se venha a definir o regime jurídico constitucional dessa função social da propriedade. A respeito eu observaria não apenas que ele tem caráter de princípio auto-executório por força do art. 5º da Constituição Federal, mas também que o princípio da função social da propriedade coloca ou desloca a discussão da matéria para uma dimensão problemática que transcende o campo da simples estrutura do imposto. Por isso afirmei: "A propriedade exercerá função social". Analisando o texto constitucional, não vejo, ao longo do desdobramento da matéria, nenhuma conclusão a ser extraída senão a de que sob esse ângulo de análise não há propriedade na Constituição Federal sem a sua consideração ou contemplação normativa da sua função social. Isso depois do art. 5º, do art. 60 e do art. 182 § 4º sobre o qual eu voltarei, e ainda no 184, *caput*, da Constituição, que faculta à União a desapropriação, por interesse social, para fins de reforma agrária de imóvel rural que não esteja cumprindo a sua função social. Quer dizer, em termos constitucionais, propriedade só com função social. Não há propriedade que não esteja atrelada, vinculada, jungida à sua função eminentemente social.

Isso me autoriza até a deslocar a análise, antecipando um pouco a resposta à crítica, do problema da capacidade contributiva. Quero examinar o IPTU com fulcro na função social da propriedade. Suponho também que não haverá contestação alguma se eu afirmar que o tributo ainda hoje é um instrumental da autonomia municipal; autonomia que tem precisamente o mesmo regime com que ela era estruturada ao longo das constituições antecedentes. As diversidades hoje são meramente formais. A Constituição no art. 18 diz que o município é entidade intra-estatal autônoma — é só ler o texto do dispositivo — e dá topicamente o conteúdo material dessa competência nos seus artigos 29 e 30: competência para editar a lei orgânica e competência para editar a legislação municipal privativa.

Matéria tributária, ontem como hoje, instrumental de autonomia municipal. Eu não posso interpretar uma competência tributária tópica, como é a para instituir o IPTU, apartada das suas a vinculações com o princípio da autonomia municipal, e muito menos dos direitos e garantias individuais fundamentais. Ora, quando digo que, com relação ao IPTU (está expresso no meu trabalho) o cavalo de batalha que os opositores da progressividade pretendem introduzir nas suas tabelas progressivas é o art. 182 § 4º da Constituição Federal, não há exagero nenhum, todo o mundo sabe disso. E o Prof. Aires sabe mais do que ninguém.

O que é que diz o art. 182? O art. 182 da Constituição Federal determina: "A política de desenvolvimento urbano executada pelo Poder Público Municipal conforme diretrizes gerais fixadas em lei tem por objetivo ordenar o pleno desenvolvimento das funções sociais da cidade e garantir o bem-estar de seus habitantes".

Primeiro, esta é uma consideração ligada à política de desenvolvimento urbano. Segundo, na realidade esse dispositivo, por sua natureza jurídica, trata de uma função que dir-se-ia promocional do direito, indicada por Bobbio na atualidade, e que se contrapõe à tradicional função repressiva do direito. Sem a contemplação da função técnica que esse dispositivo exerce no ordenamento constitucional brasileiro, seguramente vamos ser levados a descaminhos no tocante ao exame da progressividade.

Em que consiste esta função promocional do direito a que se refere o Prof. Bobbio? Sua lição tem um alcance teórico fundamentalíssimo. "Consiste basicamente (diz ele) em tornar difícil, desvantajosa ou impossível a função oposta à função promocional que o ordenamento exerce e, pois, fácil, vantajosa e possível a função que corresponda completamente à previsão em norma que institui a função promocional." O que é que faz o § 4º do art. 182? Corroborar essa hipótese teórica que tinha formulado e que até então estava no vazio, como que — para usar uma linguagem que eu já utilizei naquela exposição anterior perante mestrandos aqui da PUC — lançando a rede e não sabendo se realmente iria desse "lançamento" colher algum resultado.

Levo essa proposta teórica para o § 4º do art. 182, que prescreve, como todos vocês sabem: "É facultado ao Poder Público Municipal, mediante lei específica para a área incluída no Plano Diretor, exigir, nos termos da lei federal, do proprietário do solo urbano não edificado, subutilizado ou não utilizado, que promova seu adequado aproveitamento sob pena sucessivamente de parcelamento, de edificação compulsória, imposto sobre a propriedade predial e territorial urbana progressivo no tempo e desapropriação com pagamento em título da dívida pública."

Vejam vocês, parcelamento ou edificação compulsória é expediente que torna difícil a manutenção da propriedade urbana em desconformidade com a função que o ordenamento pretende exercer; imposto sobre a propriedade predial e territorial urbana torna difícil a manutenção da propriedade territorial urbana em condições de desconformidade com aquela função promocional que o ordenamento pretende preservar, ou seja, a função social da propriedade. O imposto sobre a propriedade predial e territorial urbana e a desapropriação. Esta última inviabiliza a manutenção da propriedade; torna impossível, na análise de Bobbio, a manutenção do direito de propriedade, porque há uma expropriação fundamentada exatamente nesse preceito.

O que eu pretendo significar é simplesmente o seguinte: nós temos um vezo de reducionismo muito grande na análise dos termos normativos e sobretudo um preconceito que consiste em pensar que só a função estruturalista sistemática pode dar uma compreensão adequada do preceito. Se eu dissesse aqui por exemplo que tributo é pena, seguramente haveria uma restrição generalizada a esse meu enunciado. Por quê? Porque sob o ponto de vista de uma concepção estruturalista do direito, contemplada no Código Tributário Nacional, tributo não constitui sanção de ato ilícito, todo o mundo conhece o preceito. Então, dentro dessa concepção, não haveria campo para a sanção de ato ilícito amplo na definição jurídica do tributo. Mas se eu desloco essa análise para um campo inteiramente diferente, como Bobbio (o mais fiel seguidor de Kelsen na modernidade, o livro dele intitula-se: *Da estrutura à função*) para o campo das funções, não mais da estrutura, o tributo pode muito bem exercer uma função sancionatória. A linguagem do texto constitucional é clara: "sob pena de". Numa perspectiva estruturalista ninguém vai entender um dispositivo desses; tem que modificar o seu ângulo de análise, porque, como dizia Vieweg, o sistema é um seletor de problemas, se o meu problema não cabe dentro do meu sistema eu simplesmente o expulso como falso problema. Mas se o problema sobre uma perspectiva problemática e pois funcionalista não cabe dentro do meu sistema eu abandono o meu sistema e vou examiná-lo à luz de um sistema diferente. Este é que é o questionamento basilar da análise da progressividade tal como ele está no texto constitucional hoje. Ele tem que ser analisado à luz de uma função promocional do ordenamento jurídico, e sob essa perspectiva não me consta que ele tenha sido até hoje enfrentado.

Gostaria de fazer apenas umas pequenas observações complementares. Em uma atribuição positiva de competência não é possível jamais — seria uma agressão à lógica — extrair uma regra negativa de competência. Isso significa aplicar ao campo da exegese normativa uma interpretação que desconsidere o princípio da aplicação *a contrario sensu*. Somente é possível a interpretação *a contrario sensu* quando existe uma norma expressa dizendo só naquela hipótese, exclusivamente naquela hipótese, só em casos que tais e exclusivamente em casos que tais, aplicar-se-á esse regime jurídico. Fora disso a atribuição positiva de uma competência não pode jamais autorizar, sem um salto lógico indesculpável, a conclusão pela negativa de um regime jurídico igual ou semelhante em casos que não são opostos. Isso já dizia Carnelutti, no início do nosso século, de casos que não são "contrários" ou "opostos" senão "diferentes", é possível aplicar perfeitamente a interpretação extensiva.

O que é que o dispositivo diz? Que é necessária uma área incluída para plano diretor — isso não tem importância para mim —, e o proprietário do solo urbano não edificado ou não utilizado ou subutilizado deve promover o seu adequado aproveitamento sob as cominações da lei, inclusive o IPTU progressivo. Esse é o IPTU que exerce função sancionatória, nesse outro sentido a que me referi. Esse é o IPTU que se refere exclusivamente, no tocante à progressividade, a imóvel, a solo urbano não edificado. Essa observação foi feita com muita argúcia aqui muito antes de mim pelo Prof. Alcides Jorge Costa: só imóvel não-utilizado, subutilizado e não-edificado: O preceito se aplica, inclusive, aos casos de imóveis edificados.

Ora, o que se diz é que o imposto será progressivo no tempo. Há outras formas de progressividade. Prof. Aires, eu fiquei muito honrado pela companhia intelectual de V.Exa., porque na realidade no meu trabalho eu trancrevo a sua posição dizendo que a progressividade no tempo não é a única forma de progressividade do IPTU: há a progressividade em função da localização do imóvel, em função do valor do imóvel e outros critérios que a lei pode adotar — a progressividade do tempo é só um deles.

O problema que remanesce é o seguinte: o Município tem que aguardar a emissão da lei federal para poder adotar o IPTU progressivo no tempo? Fora do "tempo" eu acho que até a interpretação literal do texto infirma qualquer tentativa de responder incisivamente. Não cabe, nesse território extratemporal, aplicar o art. 182. Só no progressivo no tempo é que se coloca a minha questão: é dentro portanto, do território do adversário. O progressivo no tempo não tem essa especificação, que deixa o exercício da competência municipal na dependência da edição de uma lei federal que pode vir ou não a ser editada. E nesse caso, no tocante à progressividade, o IPTU fica com um dos seus campos amesquinhado.

E pergunto: sem agressão ao art. 5º, itens XXII e XXIII, da Constituição, é possível uma exegese dessa? A resposta dentro da minha compreensão pessoal, e admito poder estar equivocado, é no sentido contrário. Acho que não é possível, e acho que é pior. Aquilo que se veda ao Congresso Nacional, propostas de emendas tendentes a amesquinhar direitos e garantias fundamentais, nós vamos conseguir ladear pela via distorcida da interpretação, ou seja, da metalinguagem doutrinária. É possível? A resposta para mim é não!

Então não vejo como possa uma interpretação dessa prosperar. Isso sem entrar na questão da capacidade contributiva que tem a maior relevância, e eu gostaria de voltar a ter a oportunidade de falar sobre isso para colocar as minhas despretensiosas observações, agradecendo a atenção de todos e sobretudo a oportunidade que o Prof. Aires me deu de colocar o problema sob essa perspectiva já dinâmica. (PALMAS)

PROF. AIRES BARRETO — O Prof. Souto faz sempre exposições brilhantes. Mas eu estou certo de que ele não faria com tanta ênfase, com tanta veemência, não fora a minha provocação.

Rapidamente vamos passar para os debates e peço que cada qual procure responder uma pergunta ou no máximo duas desde que os temas estejam afinados, a fim de que haja uma dinâmica na participação da mesa em resposta às perguntas formuladas.

Vamos começar pelo Prof. José Eduardo Soares de Mello.

PROF. JOSÉ EDUARDO SOARES DE MELLO — Há três perguntas, mas que a rigor podem se fundir em duas.

A primeira é de Mauro Cunha, Gerente do Departamento de Processos Administrativos Tributários da Procuradoria da Fazenda Estadual de Pernambuco. Diz o seguinte: "É sabida a força da nota fiscal como prova pré-constituída da realização de determinado negócio jurídico que lhe corresponda." Disse que eu falei na vedação do crédito que deve ocorrer e deverá o ônus da prova da causa da vedação caber à Fazenda e tratei também sobre conluio.

Entende que a legislação pode inverter o ônus da prova e o que se constituiria em presunção legal admitindo-se doutrina em que há um comando legal a esse respeito. Ele gostaria de ter a minha apreciação quanto a esse aspecto.

A pergunta envolve alguns aspectos: primeiro o problema do ônus da prova. Evidentemente é uma matéria processual e eu entendo que não obstante exista um princípio de Direito Administrativo dispondo sobre a presunção da legitimidade dos atos da administração, não entendo ser um dogma, que não se oponha nada em contrário. E ademais, como o lançamento é um ato vinculado e que deva ser observado e cumprido consoante o fato gerador da obrigação tributária, eu entendo que o ônus da prova não fica ao bel-talante do legislador. A quem compete? Creio que à Fazenda compete provar a ocorrência do fato gerador e ao contribuinte se opor com os documentos que existem. Se houver conluio ou se houver fraude o crédito é ilegítimo, caso contrário o crédito será perfeito.

Outra pergunta, de Adelmo Fioranelli Junior, diz o seguinte: "O creditamento, no meu ver, é um dever do contribuinte. Gostaria de saber sobre a atribuição do creditamento à natureza jurídica do ônus e como conseqüência considero que os créditos decorrentes do creditamento não podem ser objeto de correção." Pergunta a minha opinião.

Já expressei na minha exposição que boa parte da doutrina entende que não é um direito imperativo, é uma faculdade. Eu entendo que é um imperativo, que o contribuinte está obrigado a fazer o crédito, se bem que não se conhece legislação tributária que imponha multa pela falta de creditamento.

Com relação à correção monetária eu vejo o seguinte: há um trabalho excelente do Prof. Alcides Jorge Costa já de longa data que tratou da impossibilidade na juridicidade do creditamento do ICMS que não foi feito a tempo pelo contribuinte. Eu noto que existem normas estaduais que vedam. É uma matéria ampla, complexa. Não estou estou me escusando à resposta, depois se for o caso voltarei ao assunto.

A última questão tem a redação seguinte: "Podem os estados condicionar a utilização do crédito de ICM à existência de carimbos de postos fiscais nas notas que acobertam operações interestaduais?"

Eu entendo que se trata de uma obrigação acessória, como o Prof. Paulo de Barros há muito tempo falou, é um dever administrativo que pode constar da legislação, como controle por parte da administração fazendária. Mas nunca constituirão óbice ao crédito.

Eu vou tentar juntar quatro perguntas feitas por Marcos André, Eduardo Pinto, Gilson Rasadon e Marcos Brando, que mais ou menos têm a mesma colocação; inclusive uma delas faz referência a um julgado do Tribunal de Justiça do Amazonas sobre a decisão a que chegou o Superior Tribunal de Justiça que entendeu ser incompetente para apreciar, por ser matéria constitucional, e portanto remeteu ao Supremo Tribunal Federal a apreciação do assunto. A colocação é no sentido de que as empresas como consumidoras de incombustível normalmente o utilizam como insumo, e como seria caracterizada essa venda do fornecedor ou da distribuidora para essas empresas.

Inicialmente o que eu teria de colocar é o seguinte: o contribuinte do imposto é aquele que vende a varejo. Logicamente que sendo aquele produto destinado ao consumo de quem compra e no caso entendido em princípio que a empresa ao adquirir o combustível o utiliza como insumo, mas não revende este mesmo produto, mas um terceiro, no caso estaria dando uma destinação final ao produto, que seria a utilização como insumo na sua produção. Por isto eu consideraria como sendo venda ao consumidor final. Agora, o problema de compensação de crédito ou coisa assim eventualmente não se pensa em termos de IVV. A repercussão, inclusive, é um problema que afeta o mercado e se for possível a repercussão, aquele valor do insumo será repercutido no preço da mercadoria final daquele comprador.

Então no meu entender essas empresas seriam consumidores finais, por isso a venda a elas, que é justamente quem a vende é que seria o sujeito passivo de direito, que é o dono do posto ou a revendedora que vende, mas nunca aquele que compra. Ela apenas teria a possibilidade da caracterização como consumidor final. Mas não há dúvida de que é discutível. Quem sabe se amanhã, na edição de uma lei complementar possa se enfrentar esse assunto melhor caracterizando.

A outra colocação, apenas como se refere também ao IVV, bem lembrado, até eu fiz essa ressalva, dizendo que a venda de álcool para um churrasco no caso seria combustível, e ele é comprado na farmácia, na loja de ferragens. Então veja a dificuldade de se perguntar sempre àquele que vai comprar na loja de ferragem: esse álcool se destina a quê? Ah, é churrasco? Então precisa pagar o IVV. Não, é para limpeza. Então não precisa pagar o IVV.

Então veja a dificuldade administrativa de se chegar a essa colocação. Por isso é que eu fui buscar o princípio da praticabilidade da Profa. Mizabel no sentido de justificar uma forma não tão exaustiva de prova para saber a destinação do produto.

PROF. AIRES BARRETO — Vamos ouvir o Prof. Alcides Jorge Costa.

PROF. ALCIDES JORGE COSTA — Eu queria fazer só, antes das perguntas, duas ligeiríssimas considerações.

A primeira é que essa discussão da função social da propriedade, amarrando-a exclusivamente ao cumprimento do plano urbanístico, me parece um pouco fora do bom senso, porque a mim até hoje pareceu que a primeira função social da casa é a gente morar nela. Então fica se discutindo se obedeceu ou não obedeceu ao plano urbanístico. E o resto? Aí eu pergunto: e uma casa que foi feita exatamente de acordo com o plano urbanístico e é utilizada para refinar cocaína, por exemplo? Ela está cumprindo a função social? De modo que está faltando um pouco de bom senso daquele bem elementar em certo tipo de discussão.

Em segundo lugar, em matéria de imposto progressivo e de capacidade contributiva é preciso não esquecer que a progressividade de um imposto está intimamente ligada ao tipo de despesa que vá ser feita. Isto é clássico, isto é claro, e eu dou sempre aos alunos um exemplo muito singelo: não adianta, por exemplo, a Prefeitura dizer que a cidade inteira não paga IPTU, que o IPTU é pago só pelos imóveis do Morumbi, dos Jardins etc., se depois ela gasta todo o dinheiro lá. Não há progressividade nenhuma aí. A progressividade é uma função do imposto e da despesa, e é preciso não esquecer disto.

Com estas duas notações, eu passo a responder. Não há tempo de responder tudo, infelizmente, porque as perguntas são muitas. Eu passo a responder também de maneira englobada as perguntas a respeito do adicional, e peço até perdão para não ler cada uma mas elas serão respondidas a seguir.

O imposto pode ser criado, na minha opinião, independentemente de lei complementar. Por quê? Porque a própria Constituição já tem mecanismo para isso. O art. 24 da Constituição diz que é competência concorrente expedir legislação sobre Direito Tributário. Diz num dos parágrafos que a União nesse campo, afora os impostos dela pode expedir normas complementares. Se as normas complementares não forem expedidas os estados têm competência plena. Se posteriormente for expedida norma complementar então os estados deverão adequar a sua legislação a esta norma complementar. Então a mecânica já está na Constituição e eu não vejo necessidade de uma lei complementar que preceda a criação dos impostos. Além disso, afirmar essa necessidade seria acabar com o princípio federativo. Bastaria que o Congresso não fizesse as leis complementares ou as revogasse para que estados e municípios não cobrassem mais nada.

Em segundo lugar, a lei complementar aqui no caso específico do adicional seria uma espécie de contradição, e nem sei como vai ser possível fazê-la. Por quê? Se é um adicional do imposto de renda, na minha opinião tudo está regulado na legislação do imposto de renda. Se viesse uma lei adicional dispondo a mesma coisa ela seria perfeitamente inútil. Se ela dispusesse de maneira diferente da legislação do imposto de renda ela estaria na realidade modificando a legislação do imposto de renda e se dissesse que aquelas modificações seriam só para a cobrança do adicional, ela seria inconstitucional porque o adicional é daquele imposto de renda e não de imposto de renda *ad hoc*.

Em segundo lugar o fato de se cobrar o problema de ganhos, lucros e rendimentos de capital entendidos apenas originados pelo capital, eu estou de inteiro acordo com esta afirmação. Apenas a colocação que eu faço é a seguinte: é que quando há capital envolvido numa sociedade, a legislação do imposto de renda considera aquilo como derivado do capital, deixando de parte o problema do trabalho envolvido. Partindo disto e como a Constituição diz que é um adicional do imposto de renda, eu digo que salvo naquelas sociedades uniprofissionais que têm um tratamento diferente por parte do imposto de renda, nas outras o que se tributa é o lucro e, portanto, de acordo com a concepção do imposto de renda, um produto do capital.

Levada a discussão um pouco mais longe, eu diria que podemos discutir esse princípio e exigir que a legislação do imposto de renda dê um tratamento diferente ao lucro daquelas empresas que dependem sobretudo do trabalho e não tanto do capital empregado. Agora, em linha de princípio eu estou de acordo com essa afirmação de que são sempre os lucros, rendimentos e ganhos de capital.

Todas as perguntas envolvem as sociedades, mas uma é interessante. Diz o seguinte: se o fato gerador na hipótese de incidência é o pagamento, nós não estaríamos elegendo o fato gerador tradicional no exato momento em que o suporte material que o ensejaria não mais existe?

Eu faria duas considerações: a primeira é que se há o pagamento, ele extingue a obrigação anterior mas não se extingue a si mesmo. O pagamento, se fosse considerado o fato gerador, precisaria existir para justificar a cobrança do adicional. Mas de qualquer forma pode-se ver isso, como eu afirmei, sob um outro aspecto, dizendo que o pagamento elege o momento em que a obrigação relativa ao adicional se aperfeiçoa, no momento em que ela se torna exigível.

Existe ainda uma outra pergunta que algumas fazendas estaduais entendem que o percentual de 3% do imposto de renda na fonte que incide sobre o pagamento de pessoas jurídicas ou sociedades profissionais constitui fato gerador do adicional. Se se trata de sociedades uniprofissionais evidentemente não, o adicional é acessório. O acessório segue claramente o principal. As sociedades uniprofissionais que optam pelo pagamento do imposto de renda com base no lucro presumido têm o mesmo tratamento. O fato de calcular o rendimento desta ou daquela maneira a meu ver não altera a solução final.

Pergunta se cabe retenção do adicional quando houver retenção mesmo que se trate de sociedade uniprofissional. Eu já respondi que não.

Há outras perguntas que não são relativas ao adicional, e eu vou passar a palavra adiante. Dado o adiantado da hora, se houver tempo voltamos a elas, senão teríamos que tratar disso em outra ocasião, infelizmente.

PROF. AIRES BARRETO — Tem a palavra o Prof. José Souto Maior Borges.

PROF. JOSÉ JOSÉ SOUTO MAIOR BORGES — Restabelecida a isonomia pelo Prof. Soares, eu vou colocar algumas questões a respeito dos problemas vinculados às objeções com que fui honrado pela sua exposição.

Primeiro a seguinte observação: eu ponderei aqui que eu não ia dizer coisa nova; apenas o meu caminho é que pretendia ser novo, um caminho diferente daquele que até então vinha sendo trilhado na análise dessa matéria. Então todo o mundo deve ter notado aqui que, em momento algum, atrelei a questão da progressividade do IPTU ao problema da capacidade contributiva, embora ele tenha vinculações com o problema da capacidade contributiva. Tem (é evidente) mas a minha colocação até então não tocou nisso. Agora eu vou tocar.

A questão da progressividade e da capacidade contributiva; aí se acena logo para o problema dos chamados tributos fixos e a cláusula constitucional do parág. 1º do art. 145. Vou procurar ser o mais possível fiel à dicção constitucional. "Sempre que possível os impostos terão caráter pessoal e serão graduados segundo a capacidade econômica do contribuinte". Esta cláusula, também ela, pode ser interpretada por mais de uma via ou mais de uma perspectiva. Uma é a perspectiva sistemática estruturalista, que é aquela a que eu venho me referindo e sob outra perspectiva que eu pretendo ver qual é.

Sob a primeira perspectiva, vamos ver como é que a gente faz a análise com um modelo teórico desses. "Sempre que possível": essa cláusula é absolutamente inócua. Por quê? Evidente que só as condutas *possíveis* podem ser objeto de regulação jurídica, e se nós fizermos uma tripartição das condutas humanas vamos encontrar as condutas possíveis, as condutas impossíveis e as condutas necessárias. Por exemplo: uma conduta necessária é o ato de respirar. Não tem sentido regra jurídica que diga é permitido respirar e muito menos a que prescreve é proibido respirar. As condutas impossíveis tampouco podem ser objeto de regulação jurídica, não tem sentido nenhum dizer-se por exemplo, é permitido ir até a lua; isso é uma conduta impossível, então fica fora do Direito. Mas no rol das condutas possíveis há as necessárias, mas há também as *contingentes*. E é nesse campo que se situa a possibilidade total de regulação jurídica, a conduta além de possível, contingente. E a crítica pressupõe necessariamente situar essa discussão no campo da análise das condutas possíveis e impossíveis, para se afirmar que o dispositivo é inócuo na medida que ressalva o impossível. Não pode ser objeto de regulação jurídica nenhuma, a conduta impossível. Portanto esse dispositivo decorreria de uma espécie de — para usar a linguagem algo irreverente do Prof. Ataliba — apoteose mental do legislador constituinte.

Nada obstante, temos que desconfiar um pouco dessas coisas que parecem claras. Dizia Ferrara, seguido por Maximiliano: "desconfiar das normas aparentemente claras é o primeiro dever do intérprete". Se desloco a minha análise para outra perspectiva, essa norma pode ter uma função muito importante dentro do ordenamento. Qual é? A de indicar a vinculação da progressividade à idoneidade técnica do tributo para utilizar esse tipo de instrumento fiscal. E aí eu estou inteiramente de acordo com o Prof. Aires Barreto: a progressividade e a capacidade contributiva têm de ser entendidas em termos constitucionais, não são coisas absolutas, elas têm limites constitucionais, por mais eminentes que sejam.

Ora, sob essa outra perspectiva — eu não estou me referindo a condutas possíveis ou impossíveis, estou me referindo à idoneidade do tributo para assegurar essa progressividade ou essa capacidade contributiva, se se preferir — a questão se desloca inteiramente e a cláusula passa a ter operatividade. Essa é que é a realidade das coisas. Capacidade contributiva, sempre que possível, é algo ligado à arte e à técnica de aplicação do Direito. Nós tínhamos no sistema anterior, como era o caso do ICM, tributos informados pela regra da uniformidade da alíquota. Portanto, num campo desses funcionava um critério de demarcação da capacidade contributiva, ela não entrava em linha de conta nessas hipóteses. E poderia até eventualmente entrar em caso concreto porque o Direito é feito para aquilo que normalmente acontece — essa é uma regra vetusta de interpretação jurídica.

Vejam vocês o seguinte: assaca-se contra a progressividade, por exemplo (vamos ser claros e dar nome aos bois): a progressividade do IPTU na cidade de São Paulo. Ah, mas nós temos as pobres viúvas pensionistas da previdência social, e essas eventualmente herdeiras de imóveis faustosos, luxuosos, mas sem renda bastante para pagar tanto dinheiro ao erário municipal. Eu repito: Direito é feito para aquilo que normalmente acontece. Seguramente essa é uma situação mais que excepcional; é excepcionalíssima no universo dos contribuintes do IPTU. Portanto, no caso concreto de aplicação do Direito é que irá se indicar que eventualmente o exercício da pretensão tributária é inconstitucional. Não confundir pretensão tributária inconstitucional com lei tributária inconstitucional, coisas inteiramente diferentes uma da outra, coisas inteiramente distintas.

Portanto, uma lei inconstitucional pode ser objeto de uma aplicação inconstitucional na medida em que desconsidere a ausência de capacidade contributiva num caso individual isolado. Isso é questão de fato, não há que ser apreciada *a priori* com critérios que pretendam generalizar um abuso de indução exatamente num caso particular que é absolutamente excepcional.

Dir-se-á em contraposição: mas se é assim, a Constituição Federal, quando se refere ao imposto de renda escreve que esse imposto será informado pelo critério da progressividade (art. 153, § 2º, I). Então no particular ela é inócua. Eu estou até disposto a conceder que ela se torne inócua, mas jamais estarei disposto a concordar com o argumento que venha a dizer que, por causa disso, unicamente se aplica a progressividade no campo restrito do imposto de renda, com exclusão do imposto sobre a propriedade predial e territorial urbana. Não vejo razão para isso. É mais uma aplicação indevida do argumento *a contrario sensu* a qual denunciei aqui. Não tem sentido isso. E além do mais o argumento não prova, ele peca pela sua base — com a devida vênia do Prof. Aires.

Vamos supor esta hipótese, apenas para efeito de clarear o raciocínio: art. 5º, item I: "todos são iguais perante a lei". Igualdade perante a lei no sentido kelseniano, igualdade formal. Homens e mulheres são iguais em direitos e obrigações, nos termos dessa Constituição. Igualdade na lei, igualdade de conteúdo — ou contenudística, como dizia Pontes de Miranda, igualdade material. Isonomia é um princípio que condiciona todo o elenco dos direitos e garantias individuais. Tirou-se a isonomia, matou-se simplesmente o art. 5º. Não é simplemente suprimir um dispositivo qualquer, como por exemplo aconteceria se tirasse o *habeas data*, o *habeas corpus* ou *mandado de segurança*; sentir-se-ia muita falta desses direitos mas os outros dispositivos permaneceriam intactos. Agora, tirar a isonomia matou o resto!

Lição que eu, o Prof. Ataliba e todos nós aprendemos, a de que o princípio implícito tem o mesmo grau de positividade do princípio expresso e eventualmente até a mesma eficácia. Portanto, não haveria necessidade alguma, a partir da isonomia constitucional, de reiterar-se no art. 145 do texto constitucional a graduação do imposto conforme a capacidade contributiva. É reiteração supérflua, no âmbito fiscal, do princípio da isonomia. Não haveria necessidade de se falar em proibição de instituir tratamento desigual tributário entre contribuintes que se encontram em situação equivalente. A cláusula é a repetição do princípio de isonomia projetado no campo tributário.

Mas é pouco, para a tendência reinante à pormenorização constitucional, falar genericamente em capacidade contributiva. Vem um dispositivo que trata da competência da União e diz que o imposto de renda será informado pelo critério da progressividade. Nenhum deles é inútil, mas todos eles são redundantes, eles provocam problemas que decorrem exatamente do excesso de pormenorização constitucional. Só isso! Agora, seguramente desse critério eu não posso extrair conclusão a favor da progressividade restrita ao imposto de renda e da negação de progressividade no tocante ao imposto predial urbano, sem violentar tudo! Estou disposto a conceder que toda essa argumentação venha a ser literalmente arrasada. Agora, é preciso que ela efetivamente o seja...

Quanto a essa questão da classificação fiscal e extrafiscal, mais uma vez eu estou em divergência aqui com o pensamento generalizado. Eu disse: tudo depende da perspectiva de análise. Vou dar um exemplo para se entender bem a coisa: se se analisar sob uma perspectiva estritamente fiscal, ou seja, mais precisamente estruturalista, verificar-se-á que a estrutura de uma isenção extrafiscal é dada não para fins de assegurar a prevalência da capacidade contributiva ou por razões de ausência de capacidade contributiva, mas em função de considerações ligadas à promoção do desenvolvimento econômico. Numa perspectiva estruturalista, verifica-se o seguinte: uma isenção extrafiscal e uma isenção fiscal têm um sujeito ativo, têm um sujeito passivo, têm um objeto, têm um fato jurídico tributário, têm um vínculo obrigacional, têm todas as características — uma em relação à outra — que servem para estruturar a existência do tributo e da obrigação respectiva. Então a conclusão é: isenção extrafiscal é um falso problema (exatamente o que eu denunciava aqui). Como a minha visão sistemática não contempla um campo para essa perspectiva problemática que é diversa, expulsa-se o problema como um falso problema: isenção extrafiscal não é questão jurídica, é pré-jurídica. Digo eu: se se desvia a análise para a perspectiva funcionalista ela será plenamente autorizada em termos normativos. E seguramente a isenção extrafiscal passará a ganhar dignidade normativa e teórica da maior relevância.

Eu fui buscar inspiração para essas considerações em Bobbio, um dos maiores teóricos da ciência jurídica contemporânea. O que fez Bobbio a vida inteira? Aplicar um sistema estruturalista kelseniano. E depois? Partindo daquela proposta de Cossio: "ir além de Kelsen sem sair de Kelsen", permaneceu fiel ao sistema kelseniano, mas passou a examinar o problema sob a perspectiva funcionalista. E é incrível que eu tenho encontrado exatamente exemplo de isenções extrafiscais em Bobbio, que não é seguramente o autor de Direito Tributário. Quer dizer, para mim essa questão não é metajurídica, ela é intrajurídica, é uma questão apenas de perspectiva na análise do fenômeno. Só isso. (PALMAS)

PROF. ALCIDES JORGE COSTA — Eu só quero acrescentar uma pequena coisa a isso que o Prof. Souto falou. Eu fico muito satisfeito com o que ele fala porque eu também tenho o ponto de vista dele e vejo o meu ponto de vista extremamente reforçado. O que eu quero dizer é que se olharmos bem, funcionalmente qualquer imposto tem um efeito extrafiscal; não há imposto que não tenha um certo efeito econômico que não a mera arrecadação. O imposto é um fato que está na vida econômica. Então ele tem um efeito econômico que não é só aquele de pegar o dinheirinho e entregar aos cofres públicos. Não há imposto que não tenha alguns efeitos ditos extrafiscais. Na verdade, quando se fala em extrafiscalidade, fala-se exatamente em função, ou seja, o imposto estruturalmente é igualzinho, é tudo a mesma coisa, isso já foi dito por *n* autores, mas o legislador procurou uma função que ele imaginou e que espera conseguir com aquele imposto. Outras vezes a função extrafiscal não é desejada explicitamente mas está embutida no imposto. E não há — repito — imposto que não tenha uma determinada função extrafiscal. Há outros em que essa função estrafiscal é desejada pelo contribuinte, e até eu acho que ficaria mais claro se usássemos um tipo de terminologia diferente, passássemos a falar em efeitos extrafiscais que existem para todos os impostos, e impostos ditos dirigistas, quando o legislador quis obter uma determinada finalidade. Talvez mudando um pouco a terminologia a compreensão ficasse mais clara.

Eu só queria aditar essas pequenas considerações.

PROF. AIRES BARRETO — A pergunta é: "A Prefeitura de Florianópolis cobra o ISS sobre transporte e também sobre comunicação por telefone. Esse lançamento é correto ou não, uma vez que o ICMS incide sobre comunicação?"

O texto constitucional é muito claro quanto a isso. Art. 155: Compete aos Estados instituir ICMS sobre os serviços de transporte intermunicipal e interestadual (hipótese de outorga de competência nº 1) e sobre serviços de comunicação (hipótese de outorga de competência nº 2). É dizer: a tributação de qualquer serviço de *comunicação* é de competência exclusiva do Estado-membro; logo, qualquer exigência feita nesse sentido pelo Município de Florianópolis é inconstitucional.

Segunda questão: "Embora o IPVA não tenha sido abordado, sendo um imposto estadual, gostaria de saber a opinião da mesa sobre a possibilidade de lei criadora de imposto dispor sobre valores de veículos."

Os fiscos estaduais, por ato infralegal, estimam os valores que devem ter os veículos, elaborando tabela segundo o ano de fabricação etc. Vamos relembrar o caso das pautas mínimas de ICM, tão reiteradamente declaradas inconstitucionais. Não pode ter outro destino o IPVA exigido nessa conformidade.

Última questão: "No caso de sociedades uniprofissionais o ISS deve ser recolhido tão-somente com base em quantias mensais fixas, conforme o número de profissionais, sócios ou não, que prestem serviços em nome da sociedade, ou seria dado optar pelo recolhimento mensal tendo como base de cálculo o valor do serviço?" A pergunta continua dizendo: "Certos Municípios cobram uma importância fixa que extrapassa em muito o valor do próprio serviço."

Nós dissemos aqui que a Constituição não se compadece com a criação de tributos fixos e parece que pelo menos nesse particular o Prof. Souto concorda comigo. Então esses tributos são inconstitucionais, eles não estão afinados com a Constituição. Qualquer tributação fixa está em descompasso com a Constituição. O que nós poderíamos analisar é se, relativamente às chamadas sociedades uniprofissionais se cuida de uma tributação fixa. Se conjugarmos o § 1º do Decreto-lei 406, com o § 3º do mesmo Decreto-lei 406 (redação do Decreto-lei 834) vamos verificar que no caso de sociedade o imposto será calculado por meio de *alíquotas* fixas ou variáveis (o que é "chover no molhado") tomando em consideração a natureza do serviço e outros fatores pertinentes (base de cálculo), desconsiderando a remuneração do próprio trabalho. Ora, se a norma prevê a utilização de uma alíquota e a conjugação dessa alíquota com base de conteúdo, segundo a natureza do serviço e outros fatores pertinentes, não podemos mais falar em tributação fixa. O que ocorreu foi que os Municípios deixaram de parte esta regra do § 3º do Decreto-lei 406 e, pura e simplesmente, por comodismo, criaram uma tributação por importância fixa, que reputo inconstitucional.

O mecanismo de solução se encontra na legislação infraconstitucional. Basta obedecer o § 3º do Decreto-lei 406, que por sua vez remete ao § 1º do mesmo diploma. Penso, modestamente, que esse preceitos estão afinados, foram recepcionados pela Constituição de 88.

Agradecendo a todos pela paciência incansável, convido-os para participar das atividades no período da tarde. Muito obrigado. (PALMAS)

MESA DE DEBATES

IMPOSTOS FEDERAIS (IR - IPI - IOF)

PROF. PAULO DE BARROS CARVALHO — Dou por instalada esta sessão com a mesa de debates que é constituída pelo Prof. Estevão Horvath, o Prof. Alberto Xavier, o Prof. Osiris de Azevedo Lopes Filho e o Prof. Roque Antônio Carrazza. Os temas os senhores já sabem: é o Imposto sobre a Renda, I.P.I e I.O.F.

Tem a palavra o Prof. Estevão Horvath.

PROF. ESTEVÃO HORVATH — Senhor Presidente e demais membros desta mesa, senhores congressistas. Em primeiro lugar devo dizer que é uma honra poder estar presente numa mesa de tão luminares expoentes do Direito brasileiro e a minha responsabilidade se agrava exatamente por isso. Mas como eu vou dar só uma repassada em duas perguntas que foram objeto do temário geral do congresso, me permitirei respondê-las de acordo com o que eu entendo seja a forma mais correta, até que outra me seja mostrada, com relação a isso.

Sobre o imposto de renda põem-se, resumidamente, as seguintes perguntas: se as alíquotas do imposto de renda devem ser realmente progressivas, isso supõe que sejam muitas, dada a grande disparidade entre os contribuintes? A segunda delas: as deduções do imposto de renda não podem ser reduzidas pelo legislador, mesmo que a pretexto de simplificação, mas, pelo contrário, devem ser multiplicadas para dar eficácia à regra do art. 150 inciso II da Constituição de 88.

Começaria dizendo algumas coisas óbvias, mas como já se disse, às vezes é bom insistir no óbvio para que as coisas fiquem cada vez mais claras e sedimentadas. E talvez até para alguns possa não parecer tão óbvio assim.

Começaria pela noção de princípio, porque a minha resposta a essas questões vai partir justamente dos princípios, que no caso seriam princípios constitucionais. Em primeiro lugar devo dizer que eu entendo que não existem, se é que algum dia existiram, princípios meramente programáticos na Constituição Federal. Partindo desse pressuposto não posso admitir que quando a Constituição se reporte a algum princípio ela esteja simplesmente recomendando ao legislador infraconstitucional que aja de um determinado modo ou que não aja de acordo com seus critérios de conveniência e oportunidade política.

Dizendo isto eu quero significar que existe um conteúdo, ainda que seja difícil de ser precisado, com relação aos princípios, por exemplo, no caso que nós vamos tratar, da igualdade e da capacidade contributiva. Por mais difícil que seja a conceituação, o campo de aplicação e o limite de aplicação desses princípios, eles existem e devem ser respeitados.

Quanto ao imposto de renda os senhores participaram dos debates na parte da manhã onde muito se discutiu quanto à progressividade ou não imperatividade da progressividade com relação ao IPTU. Evidentemente aqui não vamos voltar a falar sobre o IPTU, mas partiremos daquela opinião jurídica segundo a qual todos os impostos podem e devem ser progressivos, cada um à sua maneira. Isso simplesmente para cumprir o postulado, a meu ver irrefutável, da capacidade contributiva.

Uma primeira noção que talvez se possa dar desse princípio da capacidade contributiva é aquela que vem esculpida mais ou menos com essas palavras nas Constituições Italiana e Espanhola, que desde logo me parece de possível aplicação no nosso Direito também, sem muito distanciamento, que é a noção vinda do seguinte princípio: "todos devem suportar os gastos públicos na medida de suas possibilidades". É simplesmente isso o que para mim quer dizer o princípio da capacidade contributiva. É simples para enunciar, porém muito difícil de ser aplicado na prática em certos casos. De qualquer forma ele existe e deve ser aplicado sempre que isto for possível.

Seguindo as lições do Prof. Paulo de Barros Carvalho, hoje também referendadas na parte da manhã, como os senhores puderam perceber, pelo Prof. Souto Maior Borges, essa expressão "sempre que possível" do texto constitucional, eu não diria que fosse inócua, mas ela seria uma redundância já que o Direito, como foi dito e repisado, só trabalha no campo do possível. Então a mim me parece claro que o princípio da capacidade contributiva ainda que não estivesse expressamente previsto no texto constitucional, poderia ser extraído tranqüilamente do princípio maior da isonomia que ilumina todo o nosso ordenamento jurídico.

Ainda que assim não se entendesse, para simplificarmos a discussão com relação ao imposto de renda, no caso deste imposto é claríssima a extração que se faz, dentro do princípio da capacidade contributiva, da sua progressividade.

Resumindo, extraio o princípio da capacidade contributiva do princípio maior da igualdade. Por sua vez, uma das formas de atuação desse princípio da capacidade contributiva seria a aplicação da progressividade nos tributos, para que eles possam atingir justamente a capacidade de contribuir. Ou, em outras palavras: um dos instrumentos de atuação do princípio da capacidade contributiva é a progressividade dos impostos, por isso os senhores já devem ter percebido que entendo que a progressividade deve ser aplicada a todos os tipos de impostos.

No caso do imposto de renda, como eu já dizia, não precisaríamos ter feito todo esse apanhado inicial já que a Constituição foi expressa, dizendo que ele tem de ser informado pelos critérios da generalidade, da universalidade e da progressividade. Então, se ele tem que ser progressivo surge aquela história: quando ele será progressivo e quando não será progressivo? Vou tentar basear meu raciocínio, para facilitar inclusive a compreensão minha e talvez de quem me estiver escutando, me referindo basicamente ao imposto de renda da pessoa física.

Quando se pode dizer que o imposto de renda está sendo progressivo ou não está sendo progressivo? É um limite que é difícil de ser estabelecido, como eu já disse. Numa lição claríssima, não me lembro das palavras exatas, mas o Prof. Genaro Carrió, ilustre jusfilósofo argentino, dava exemplos deste tipo que vou mencionar. É muito difícil saber-se a zona cinzenta, a parte intermediária dos chamados por alguns "conceitos indeterminados". Mas esses conceitos indeterminados existem em todo o Direito e de alguma forma tem-se que extrair deles algum conteúdo, ainda que seja difícil essa determinação. Ele diz mais ou menos o seguinte, quanto à questão de peso de uma pessoa: uma pessoa com 200 quilos será considerada pela maioria dos seres humanos uma pessoa gorda, provavelmente, pelo homem médio será reputado uma pessoa gorda. Um adulto com 40 quilos provavelmente será considerado pela maioria uma pessoa magra. Agora, uma pessoa com 65 ou 70 quilos será uma pessoa gorda ou uma pessoa magra? Essa é a zona cinzenta, que no Direito se estampa nos chamados conceitos indeterminados. Poderia dizer que essa progressividade dos impostos no caso específico do imposto de renda estaria dentro dessa zona cinzenta.

Então até onde o legislador tem que ir para obedecer ao princípio da progressividade? Não sei, não saberia dizer. O que eu posso assegurar segundo o meu modo de ver — e eu tenho isso claríssimo — duas alíquotas do imposto de renda não é progressividade; se l0 seriam? provavelmente sim; se nenhuma, não seria? provavelmente não. Agora, duas alíquotas certamente não significa que o imposto é progressivo.

O que eu quero dizer é o seguinte, em outras palavras: a legislação brasileira sobre o imposto de renda de pessoa física com certeza é inconstitucional, por não ter obedecido a progressividade. E daí, fica por isso mesmo? Simplesmente: o legislador podia ter obedecido a progressividade, que era um comando constitucional seguindo a orientação tradicionalmente aceita até há uns anos atrás, um simples princípio programático? Agora, se não aceitamos a programaticidade total de alguns princípios que seriam simplesmente indicativos, recomendáveis, temos que dar algum conteúdo a eles. Quem vai decidir isso? O Poder Judiciário, a quem cabe no Brasil, pelo menos, a interpretação do Direito e a sua aplicação aos casos concretos.

Em primeiro lugar, este comando da Constituição quanto à progressividade do imposto é destinado, no meu modo de ver, imediatamente ao legislador infraconstitucional, ao legislador ordinário, que dele não se poderia furtar. E, se o legislador não tiver obedecido isso, o Poder Judiciário pode *e deve* — por dever de ofício constitucionalmente atribuído a ele — contrastar esta inconstitucionalidade e declará-la se for o caso.

Depois, quanto à segunda questão indaga-se se as deduções não poderiam ser reduzidas mesmo que a pretexto de simplificação, mas, pelo contrário, deveriam ser multiplicadas. A própria pergunta, colocada na forma afirmativa, já está respondida, já contém em si a resposta. Se é decorrência do princípio da capacidade contributiva que as alíquotas têm que ser progressivas e se por intermédio dessa progressividade se atingiria a igualdade, a capacidade contributiva mais propriamente dita, então o que se faz em relação ao imposto de renda para que essa progressividade seja alcançada, para que a capacidade contributiva seja realmente levada em consideração? Não vejo outro modo, ou pelo menos o modo mais fácil de se fazer isso é mediante o sistema de abatimentos e deduções. Então o legislador, ao reduzir deduções possíveis no imposto de renda está violando, ainda que de forma indireta, o princípio da capacidade contributiva, e ao eliminá-las por completo evidentemente, flagrantemente, também o violou. Por outro lado, se não quisermos nos valer do princípio da capacidade contributiva, basta voltarmos ao princípio simples e importantíssimo: o princípio da igualdade. Seria suficiente a simples enunciação do art. 5º da Constituição para que o princípio da igualdade fosse aplicado em matéria tributária também.

Mas, não contente com isso, o constituinte resolveu inseri-lo também expressamente na parte tributária, onde previu num dos incisos do art. 150 que é proibido instituir tratamento igual para contribuintes que estejam em situações desiguais e vice-versa, eu diria, porque dá exatamente no mesmo. E, ao não permitir deduções, ou ao reduzi-las a patamares inaceitáveis, é exatamente isso que está fazendo a legislação do imposto de renda, afrontando a capacidade contributiva, violando a igualdade. Está atribuindo tratamento tributário igual a situações fáticas absolutamente desiguais, como é o exemplo que eu procuro mostrar aqui. Uma pessoa que recebe um x de rendimentos por mês e tem uma família para sustentar, tem financiamento de casa para pagar ou aluguel, despesa com filho etc. e tal, e outra pessoa, que ganha esse mesmo x numericamente, mas que não tem nenhuma despesa desse tipo e está sendo tributada de forma praticamente igual àquela outra. Então flagrantemente está sendo violado o princípio da isonomia e também por via indireta — para quem entenda diferentemente — está violado o princípio da capacidade contributiva.

Em resumo o que eu queria frisar aqui é que os princípios explícitos ou implícitos, valem da mesma forma e são cogentes da mesma maneira. A Constituição não recomenda, ela determina que se faça num dado sentido, no sentido que ela mesma escolheu, examinada sistematicamente.

Portanto, esse princípio deve ser observado pelo legislador ordinário e, se não tiver sido observado, obrigatoriamente o Judiciário deve se manifestar e declarar a inconstitucionalidade dessas normas que não respeitam.

Era a mensagem que eu teria para suscitar os debates. (PALMAS)

PROF. PAULO DE BARROS CARVALHO — Eu agradeço ao Prof. Estevão Horvath e passo a palavra ao Prof. Alberto Xavier.

PROF. ALBERTO XAVIER — Minha intervenção não é uma exposição sobre esta matéria, mas a sua intervenção muito interessante suscita-me algumas observações que podem até ser polêmicas mas que teriam apenas o alcance de aprofundarmos um debate sobre este tema.

Número um: eu não posso concordar com a sua tese de que o imposto de renda das pessoas físicas no Brasil não é progressivo, eu entendo que ele é violentamente progressivo, porque se você verificar, nós temos na realidade três alíquotas de imposto de renda: alíquota zero, alíquota 15 e alíquota 25. Ora, exatamente o que sucede é que há saltos gigantescos de alíquota, de uma alíquota de zero para uma alíquota de 15, e depois numa outra subida vertiginosa de 10 pontos, de 15 para 25, em função de margens ínfimas de rendimentos. Depois você tem até uma faixa que eu diria na ordem dos 18 mil dólares por ano (foi essa conta que eu me recordo ter feito há algum tempo) a contribuintes que estão na faixa zero em função de pequenas variações de rendimento. Passam rapidamente para 15 e de 15 em variações ínfimas para 25. E a partir de 18 mil dólares por ano, ou seja, de uma remuneração na ordem dos mil e poucos dólares por mês o imposto passa a ser proporcional.

Há uma perversidade, é uma progressividade violentíssima nos baixos rendimentos para depois se atingir uma proporcionalidade permanente para escalões mais elevados. A primeira observação a conferir é que na realidade o imposto atinge um limite muito baixo de rendimento e é violentamente progressivo e deixa de o ser nos níveis mais elevados.

Mas há também duas afirmações suas que me deixam em séria dúvida. Uma, em que medida é possível dizer que o princípio da capacidade contributiva, na minha opinião como um corolário lógico do princípio da igualdade em matéria tributária, como você disse muito bem, em que medida é possível sustentar que o princípio da capacidade contributiva corresponde necessariamente à progressividade. Por que que a idéia de proporção, a idéia mais perfeita, mais lógica, que aritmeticamente extrai do patrimônio ou da renda de cada um é a mesma para a ação, porque essa regra de proporcionalidade não corresponde melhor à idéia de igualdade de capacidade contributiva do que da progressividade.

Eu penso, e com isso não vai nenhuma crítica à sua exposição, mas uma crítica à tese dominante e eu penso que é um lugar-comum. Gostaria que nos interrogássemos cientificamente se idéia de proporcionalidade não é mais adequada à idéia de igualdade tal como ela vem no pensamento filosófico, inclusive na raiz da nossa cultura.

PROF. ESTEVÃO HORVATH — Se a idéia de progressividade não derivar apenas da capacidade contributiva, ela decorre também da isonomia, de tratar diversamente situações distintas, e também da utilidade, principalmente da progressividade derivar da utilidade marginal de determinados patamares de renda, nós chegaríamos à conclusão de que a progressividade corresponde melhor ao objetivo de justiça fiscal ínsito no art. 3º como um dos objetivos da federação brasileira, do que a idéia de proporcionalidade. Há determinados tributos em que a sua formulação deve sempre ter como princípio básico a personalização e a capacidade contributiva e o tributo típico disso é o imposto de renda, da mesma forma que o seria, se existisse aqui no Brasil, o imposto sobre grandes fortunas e também o imposto sobre heranças, doações e sucessão.

PROF. ALBERTO XAVIER — O seu argumento se desenha no conceito de utilidade marginal de renda. Essa é uma concepção filosófica, uma concepção da teoria econômica que está longe de ter esse alcance geral. Por outro lado, a idéia de progressividade conduz ao arbítrio absurdo do legislador na medida em que o conceito de progressividade é insuscetível de ser determinado. Então podemos incorrer num risco muito mais sério, que é, em nome de um princípio válido, cujos fundamentos são difusos, atribuir ao legislador a faculdade de utilizar escalões de renda, escalas de alíquotas a seu livre alvedrio, para cairmos numa situação que temos hoje, que é sob inspiração desse princípio progressivo termos criado variações brutais nas faixas mais baixas de renda e manter a proporcionalidade nas faixas mais elevadas.

Não vejo na Constituição uma única frase que aponte no sentido da progressividade dos impostos. Eu vejo na Constituição uma expressão no sentido de que os impostos terão um caráter pessoal e serão graduados segundo a capacidade econômica do contribuinte. A graduação segundo a capacidade econômica é perfeitamente compatível com o princípio proporcional, só que ela conduz evidentemente ao reconhecimento da variação das situações pessoais em função notadamente de despesas familiares, da natureza da atividade profissional de cada um; há uma necessidade de adaptar a estrutura do imposto à capacidade econômica. Mas isto não significa, na minha opinião, que as alíquotas tenham que variar mais do que proporcionalmente do que o volume do rendimento.

Então eu penso: primeiro é discutível que progressividade seja um corolário da igualdade da capacidade contributiva e é discutível que a Constituição brasileira tenha consagrado o princípio da progressividade.

PROF. OSIRIS AZEVEDO LOPES FILHO — A graduação é baseada na capacidade contributiva, não na capacidade econômica. A capacidade econômica é relativa à solvência, que é uma coisa muito limitada.

PROF. ALBERTO XAVIER — O que falo é "graduado segundo a capacidade econômica", é expressão da Constituição.

PROF. OSIRIS AZEVEDO LOPES FILHO — Mas a capacidade contributiva vai ser encontrada entre a capacidade econômica, que é muito modesta, porque vamos imaginar pagar tributo com solvência é levar ao impasse que se paga tributo com liquidez, que é outra coisa, com dinheiro existente na mão. Agora, o conceito de capacidade contributiva surge na mediação entre a capacidade econômica do § 1º e a idéia de confisco. Então eu acho que o Prof. Estevão tem razão quando ele diz que se gradua pela capacidade contributiva e tem como limite total da progressividade o confisco, que é o uso imoderado da tributação.

PROF. PAULO DE BARROS CARVALHO — Pela ordem eu passo agora a palavra por 10 minutos ao Prof. Osiris Azevedo Lopes

Filho, que então expenderá melhor suas idéias.

PROF. OSIRIS AZEVEDO LOPES FILHO — Vou falar sobre o imposto de renda que acho que está na contramão constitucional. Mas eu diria, antes de chegar no imposto de renda, eu vejo o imposto de renda decorrente de um processo legislativo que inicia-se por volta de 1968 e que tem como instrumento inicial o uso imoderado dos decretos-leis, depois a utilização das medidas provisórias e finalmente as leis de conversão aprovadas com a complacência do Congresso e que resultaram num sistema em que paga imposto quem não tem como fugir do imposto. Só paga tributo no Brasil hoje quem não tem como fugir. Quer dizer, a nossa carga tributária corresponde às forças que existem sobre uma ponte: as duas cabeças — rendas altas e rendas baixas — estão sofrendo pouca pressão; os segmentos médios, seja a classe média, seja a média empresa brasileira, estão sofrendo uma carga insuportável. De forma que eu divido os contribuintes em três segmentos: os que pagam imposto e não têm como fugir a isso — basicamente os assalariados —, os que pagam imposto porque almejam a santidade e os que pagam imposto pela idiotia.

Quer dizer, o sistema chegou a um emaranhado total, e parece que em matéria tributária a Constituição não é levada em consideração, principalmente em relação ao imposto de renda. E com relação ao imposto de renda, na minha opinião houve a influência de cópia do sistema americano, como há com relação ao ICMS uma tendência de copiar a TVA francesa. Então esses dois modelos estão influenciando. Graças a Deus não chegou aqui a TVA ou o IVA ainda, ainda que esteja nessa proposta da constituinte.

Em relação ao imposto de renda: ele não é um imposto sobre renda, quer dizer, o resultado da aplicação do capital e do trabalho ou da combinação de ambos. Como está na nossa legislação positiva ele é um imposto que incide sobre rendimentos brutos, mas não sobre o conceito de renda, porque no conceito de renda, seja na pessoa física seja na jurídica, aquelas despesas necessárias que antigamente se chamavam dedução e hoje confundiram os dois conceitos tradicionais do Direito brasileiro, abatimento e dedução numa só coisa, que foi um atraso fantástico, e no de pessoas jurídicas você tem a despesa operacional. Quer dizer, o conceito de renda é de um resíduo em que o que foi necessário à percepção é considerado para determinar a base de cálculo.

Houve uma lei editada menos de dois meses depois da Constituição, Lei 7.713 de 22 de dezembro de 1988, que chegou à desfaçatez de dizer o seguinte: que a base de cálculo do imposto de renda era a renda bruta, consideradas algumas deduções. Quer dizer, então o imposto de renda está na contramão constitucional.

Ao contrário do Prof. Alberto Xavier, ainda que concorde com alguns argumentos dele, eu acho que não há progressividade no nosso imposto. Eu estava conferindo na *Folha* a tabela progressiva mensal do imposto de renda na fonte: ela inicia-se com três milhões, cento e trinta e cinco e frações de cruzeiros, com alíquota de 15%. Ora, isso é um contra-senso, não se respeita a capacidade contributiva. Esse intervalo de renda vai até seis milhões, cento e catorze mil e quinhentos cruzeiros. Então na realidade, principalmente em relação às rendas elevadas nós temos uma tributação proporcional. Tendo em vista que as duas faixas de rendimento se comprimem em seis milhões, cento e catorze mil, a tendência da nossa tabela — e eu estou falando da tabela da fonte, mas ela seria uma atualização da tabela de ajuste final — termina consagrando o imposto proporcional, e na primeira faixa de rendimentos ela ofende brutalmente a capacidade contributiva.

Dentre as várias idéias que consagram o conceito de justiça fiscal temos a progressividade, a personalização do tributo, quer dizer, a adaptação do tributo às características individuais de cada contribuinte, de forma que ele seja como uma vestimenta. O sujeito é gordo (em termos de renda) ele tem uma vestimenta especial; é magro outra vestimenta especial. Isso é que é personalização do tributo, que é um dos ideais do tributo moderno.

O que acho mais importante com relação ao imposto de renda, principalmente de uma originalidade de um modelo brasileiro em relação aos dos países mais desenvolvidos, é que se consagrou aqui no Brasil, sob a denominação de imposto de renda, o imposto de renda da pessoa física, que é uma denominação universal. Quando se fala em imposto de renda nos países do Primeiro Mundo se pensa em tributação da pessoa natural, da pessoa física. Quando se quer tributar a empresa há o imposto de sociedade. Aqui no Brasil se fez a aglutinação, o que leva a determinados problemas em relação à disciplinação constitucional existente.

Em função do princípio da isonomia que influencia decisivamente o imposto de renda não apenas na capacidade contributiva, surgem dois outros princípios, ambos explícitos, mas um como decorrência do outro, principalmente a generalidade da tributação. Todas as pessoas que têm renda devem sofrer tributação, e na medida que as rendas sejam equivalentes a mesma tributação. E vem aí o princípio da vedação do confisco, art. 145, I, que proíbe a distinção entre os contribuintes em função da sua ocupação, empresa etc. Mas o mais importante é que pela primeira vez constou da Constituição a progressividade.

O Prof. Paulo de Barros Carvalho deu uma entrevista no *Jornal do Brasil* que achei muito interessante. Ele disse o seguinte: quando pela primeira vez constou da Constituição a progressividade, que antes era legal, o legislador renunciou à progressividade. Agora vêm três princípios juntos: o princípio da generalidade da tributação, que na minha opinião é dirigida às pessoas que têm renda, todas as pessoas que têm renda, como estabelecido na legislação têm que sofrer a incidência do imposto; a universalidade já não se refere às pessoas, todas as rendas têm que ser tributadas pelo imposto de renda; e finalmente o princípio da progressividade.

Entretanto, não vejo como se possa examinar esses três princípios sem que haja uma implicação dialética entre eles, isto é, como primeira conclusão: não pode haver, dada a configuração constitucional do imposto de renda, tributação exclusiva na fonte; todas as rendas obtidas, seja pessoa física, seja pessoa jurídica, têm que ir para a tabela progressiva. Segundo, não pode existir alíquota única proporcional na pessoa jurídica; ela tem que estar submetida também à progressividade, ainda que haja alguns laivos de progressividade para as empresas que têm lucro acima de determinado valor. O legislador brasileiro ainda entende que esses princípios relativos ao imposto de renda se aplicam apenas às pessoas físicas. No meu entender eles se aplicam a todas as pessoas. E finalmente essa tabela atual do imposto de renda é uma tabela que agride a idéia de progressividade.

Sintetizando a minha explanação, eu diria: imposto de renda atual é um imposto sobre rendimentos brutos e não sobre renda. Segundo, todos os rendimentos obtidos, seja pela pessoa física, seja a pessoa jurídica, têm que ir para o progressivo. Por conseqüência não pode existir tributação exclusiva na fonte. E finalmente que a tabela do imposto de renda da pessoa física não é uma tabela progressiva; pelo contrário, em relação às rendas acima de seis milhões ela é uma tabela meramente proporcional. De forma que, concluindo, eu considero que o imposto de renda no Brasil está em desconformidade com a Constituição e portanto na contramão constitucional. Só isso. (PALMAS)

PROF. PAULO DE BARROS CARVALHO — Agradeço ao Prof. Osiris e passo a palavra ao Prof. Roque Antônio Carrazza.

PROF. ROQUE ANTÔNIO CARRAZZA — Dentro do tema central, vou, nessa minha primeira intervenção, tecer algumas considerações sobre o imposto de renda.

O imposto de renda — como, de resto, a maciça maioria dos tributos — deve obedecer ao *princípio da anterioridade*.

Só para nos situarmos no assunto, o princípio da anterioridade vem genericamente previsto no art. 150, III, "b", da Constituição, que estabelece: "Sem prejuízo de outras garantias asseguradas ao contribuinte, é vedado à União, aos Estados, ao Distrito Federal e aos Municípios cobrar tributos no mesmo exercício financeiro em que haja sido publicada a lei que os instituiu ou aumentou". Portanto, no Brasil — essa é a regra geral —, a lei que cria ou aumenta um tributo, ao entrar em vigor, fica com sua eficácia paralisada, até o início do próximo exercício financeiro, quando, aí sim, incidirá, isto é, produzirá todos os efeitos, no mundo do Direito.

Assim, por exemplo, se uma lei criar um tributo agora, em setembro de 1992, ela só poderá incidir sobre fatos que vierem a ocorrer a partir do dia 1º de janeiro de 1993. Estamos, portanto, percebendo que, em nosso País, a lei que cria ou aumenta um tributo, entra em vigor num exercício financeiro, mas só se torna eficaz no próximo. Nós, contribuintes, temos o direito constitucional subjetivo de sermos sempre tributados de acordo com as leis que vigoravam no dia 31 de dezembro do ano imediatamente anterior. De modo que, agora, em 1992, estamos sendo tributados de acordo com as leis que vigoravam no dia 31 de dezembro de 1991; em 1993, seremos tributados de acordo com as leis que estiverem vigorando no dia 31 de dezembro de 1992; e assim por diante.

Há exceções, é certo, ao princípio da anterioridade, mas só aquelas expressamente previstas no texto constitucional (basicamente, em seu art. 150, § 1º). A regra geral, no entanto, repito, é no sentido de que a lei que cria ou aumenta um tributo, só vai incidir sobre fatos que vierem a ocorrer no exercício financeiro seguinte ao de sua publicação.

Perdoem-me os colegas se digo uma obviedade, mas, no Brasil, o exercício financeiro começa no dia 1º de janeiro e termina no dia 31 de dezembro. Portanto, entre nós, há uma perfeita coincidência entre o *ano civil* e o *ano fiscal*.

Retomando a idéia, para que ela não se perca, o imposto de renda é um dos tributos que devem necessariamente obedecer ao princípio da anterioridade. Aqui chegado, não posso deixar de deplorar a prática, cada vez mais corriqueira, de aplicar-se a legislação que aumenta o imposto de renda, sobre fatos ocorridos no *mesmo* exercício financeiro em que ela entrou em vigor. Melhor explicitanto, é muito comum uma lei aumentar o imposto de renda em dezembro de um dado ano-base e ser aplicada nesse mesmo ano-base. Assim não deveria ser ao lume da Constituição. Ora, todos nós sabemos que o *fato imponível* (o fato gerador *in concreto*) do imposto sobre a renda ocorre ao longo do exercício financeiro e encontra seu termo *ad quem* no dia 31 de dezembro. Seu lançamento, que é uma mera providência administrativa — como bem o demonstrou o Prof. Alberto Xavier, no melhor livro já escrito no mundo, no meu entender, sobre esse tema (e vejam que eu não desconheço a obra de Enrico Allorio, também clássica) — limita-se a fazer, no exercício financeiro seguinte, a aplicação da lei tributária material, ao caso concreto. Em suma, o lançamento do imposto de renda ocorre no exercício financeiro seguinte ao ano-base, mas a lei aplicável é a que vigorava no dia 31 de dezembro do exercício imediatamente anterior a este mesmo ano-base. Exemplificando para melhor esclarecer, se os rendimentos foram obtidos em 1991, a lei aplicável, para fins de tributação por meio de imposto sobre a renda, é a que estava vigorando no dia 31 de dezembro de 1990. Se, por hipótese, foi decretado um aumento em dezembro de 1991, esse aumento só poderá fazer sentir seus efeitos sobre o ano-base de 1992, e não sobre o próprio ano-base de 1991, como, na prática, infelizmente vem acontecendo, até com o beneplácito de um segmento da doutrina, mas ao arrepio, a meu ver, não só do princípio da anterioridade, senão também, do princípio da irretroatividade das leis tributárias.

PROF. OSIRIS AZEVEDO LOPES FILHO — É tão ridícula essa aplicação prática que é a desmoralização do princípio da anterioridade, que torna-se mais benigna a regra especial com relação à contribuição da seguridade. Se lembrarmos que essa lei 8.383 datada do dia 31 foi publicada no *Diário Oficial* do dia 3 ou 4 de 1992, portanto não mais em 1991, veremos que os três meses entre a edição da lei majorativa da contribuição da seguridade e a sua cobrança são mais generosos do que o princípio da anterioridade, que é um princípio da não-surpresa, da segurança jurídica. Quer dizer, há uma "esculhambação" total desse princípio da anterioridade.

PROF. ALBERTO XAVIER — Professor Carrazza. Gostaria só de um minuto para felicitá-lo pela sua exposição tão brilhante e ressaltar que é de tal maneira importante, de tal ordem relevante o que o Prof. Carrazza acaba de dizer, que eu sugeriria que este congresso se pronunciasse solenemente pela reafirmação do conteúdo verdadeiro do princípio da anterioridade. Não é mais possível assistirmos ao atropelo permanente que é a legislação de imposto de renda pretender alterar as regras do jogo no curso do próprio ano-base.

O Prof. Luciano da Silva Amaro teve uma contribuição precursora e meritória ao sustentar já o alcance deste princípio ao abrigo da Constituição anterior. Hoje não é mais possível a existência de qualquer dúvida. A palavra "cobrar" que está usada na Constituição não pode ser entendida no sentido de um ato de arrecadação física de dinheiro ou no sentido da providência administrativa do lançamento. Ela só pode ser interpretada no sentido de inserir, e por razão muito simples: é que como a Constituição dá ordens ao legislador e como o legislador não cobra, não arrecada, mas sim o administrador, é óbvio que o texto constitucional quando proíbe cobrar está a proibir o legislador de fazer incidir. É de tal ordem grave a reincidência do legislador em desrespeitar esse princípio que eu proporia que este congresso votasse essa proposição do esclarecimento que o Prof. Carrazza acaba de formular em termos de raro brilhantismo.

PROF. OSIRIS AZEVEDO LOPES FILHO — Eu diria em termos de legislação ordinária que se tornou praticamente impossível, em face da própria legislação ordinária, essa aplicação retroativa das elevações de tributo, por uma questão simples: foi introduzido pela Lei 8.383, agora, o sistema de bases correntes, em que os impostos e o fato gerador (para mim está muito claro isso) se manifestam mensalmente. Então a lei de 31 de dezembro não vulnerará apenas o princípio da anterioridade, mas também o princípio irmão dele, que é o princípio da irretroatividade da lei. Quer dizer, ficou impossível essa mágica perversa praticada pelo legislador brasileiro, *ad exemplo*, em cada ano, porque agora o fato imponível ocorre mensalmente, tanto para a pessoa física como para a pessoa jurídica. Quer dizer, não há mais essa possibilidade do ponto de vista constitucional, mas a impossibilidade pela própria dicção da norma legislativa.

PROF. PAULO DE BARROS CARVALHO — Peço ao Prof. Roque que continue.

PROF. ROQUE ANTÔNIO CARRAZZA — Agradeço a colaboração tanto do Prof. Osiris, quanto do Prof. Alberto Xavier.

Ainda a respeito do princípio da anterioridade, penso que ele impede que, em meio a um exercício financeiro, se alterem, com reflexos negativos para o patrimônio do contribuinte, a forma e o prazo de pagamento do imposto sobre a renda. O princípio da anterioridade já está ferido quando se antecipa, no meio do exercício financeiro, a data de vencimento da obrigação tributária.

Do mesmo modo, o princípio da anterioridade já está ferido, quando se alteram, em meio ao exercício financeiro, os índices de correção do tributo. Digamos que o índice estipulado na lei do ano anterior era o Bônus do Tesouro Nacional e, de repente, o legislador transforma esse índice em INPC (Índice Nacional de Preços ao Consumidor). Isso fere, a meu ver, além de outros, o princípio da anterioridade. Aliás, há decisões magníficas a esse respeito, da Justiça Federal aqui de São Paulo, confirmadas pelo Tribunal Regional Federal da Terceira Região. Pena que os tribunais superiores não enveredaram pela mesma trilha, que me parece a melhor, porque desbravada pela Constituição.

Mas, sempre dentro do tema "Imposto sobre a Renda", permito-me dizer — e agora passo a responder algumas das questões que estão formuladas nessa edição especial da *Revista de Direito Tributário* — que indenizações não são rendimentos, e, por isso mesmo, refogem à tributação por meio de imposto sobre a renda.

Com efeito, o imposto de renda, como todos nós sabemos, incide sobre *acréscimos patrimoniais*, isto é, sobre a aquisição de disponibilidade de riqueza nova; não sobre a mera transformação de riqueza. Faço essas afirmações estribado na Constituição, ou melhor, na *regra-matriz constitucional* do imposto sobre a renda, que vincula o legislador ordinário (inclusive o legislador ordinário da União).

Todos nós sabemos que a Constituição brasileira foi extremamente pródiga no disciplinar a tributação. Ela contém centenas de princípios e de normas que pautam, regem e disciplinam a ação estatal de exigir tributos. Tanto isso é verdade que o legislador ordinário da União, dos Estados, dos Municípios e, agora também, do Distrito Federal, enquanto tributa, isto é, enquanto cria *in abstracto* tributos, vê-se a braços com o seguinte dilema: ou praticamente reproduz a Constituição — e, ao fazê-lo, apenas aumenta o grau de concreção dos dispositivos constitucionais — ou, na ânsia de ser original, acaba resvalando para o campo da inconstitucionalidade.

Muito bem, a Constituição não criou nenhum tributo. Essa é uma verdade cediça. Mas, a Constituição apontou a *regra-matriz* (o *arquétipo genérico*, a *norma-padrão de incidência*) de todo e qualquer tributo (de qualquer imposto, de qualquer taxa, de qualquer contribuição). Noutro falar, a Constituição indicou a *hipótese de incidência possível*, o *sujeito ativo possível*, o *sujeito passivo possível*, a *base de cálculo possível* e a *alíquota possível* de cada tributo (inclusive do imposto sobre a renda). Esses arquétipos constitucionais são balizas intransponíveis para o legislador ordinário.

A Constituição, no que concerne ao imposto sobre a renda, estabeleceu que ele só pode incidir sobre *acréscimos patrimoniais*, ou seja, sobre aquisição de disponibilidade de riqueza nova. Ora, nas indenizações, não há geração de rendas, não há acréscimos patrimoniais, não há proventos. O que há nas indenizações? Nas indenizações há reparações em pecúnia, por perdas de direito. Nas indenizações, há compensações em dinheiro, por danos sofridos; não há, em absoluto, rendimentos.

Em suma, na indenização — e essa é uma idéia que submeto à douta apreciação do plenário —, inexiste *riqueza nova*. Vai daí, que o recebimento de indenizações refoge à tributação por meio de imposto sobre a renda.

Eu tinha ainda alinhavados dois pontos importantes: o problema das deduções do

I.R., que me parece mal resolvido pela legislação, e o problema da mera existência de duas alíquotas desse imposto (para as pessoas físicas), que fere uma série de princípios, especialmente o da capacidade contributiva. Mas, diante do que já foi dito por meus ilustres predecessores, vou encerrando por aqui minha fala inaugural, reservando-me o direito de, depois, durante os debates, melhor explicitar tudo aquilo que foi dito por mim e, especialmente, tudo aquilo que ficou implícito, em minhas palavras.

Obrigado pela gentileza de me terem ouvido. (PALMAS)

Prof. Paulo de Barros Carvalho — Agradeço a participação do Prof. Roque e gostaria também de dizer alguma coisa aos senhores a respeito do tema, enfatizando que a problemática da capacidade contributiva sempre atormentou os tributaristas de um modo geral, mesmo na doutrina continental européia e na doutrina sul-americana. No Brasil nós vimos sempre com grande intensidade os autores tratando do problema da capacidade contributiva. Agora, eu questiono se este problema deva ser pensado da forma como vem sendo pela doutrina atual. Por quê?

Há um autor espanhol, Fernando Vicente A. Domingo, que tratou muito bem do tema "capacidade contributiva", mostrando que existiriam dois tipos de capacidade contributiva: a que ele chama absoluta, qual seja o legislador sendo compelido a escolher fatos presuntivos de riqueza econômica para sobre eles fazer incidir a carga tributária, esta a capacidade contributiva absoluta como matéria pré-legislativa, e depois o que ele chama de capacidade contributiva relativa, que seria a aplicação isônoma, com a observância do princípio da igualdade na dosagem da carga tributária entre os vários contribuintes. Num determinado instante Fernando Vicente A. Domingo pára e pergunta: "Bom, mas se é assim, a chamada capacidade contributiva relativa é a aplicação do princípio da igualdade." Parece que foi uma observação nesse sentido feita pelo Prof. Osiris. Nada mais é do que aplicar a lei tributária com a observância do princípio da igualdade.

E a chamada capacidade contributiva absoluta? Bem, esta como um dado pré-jurídico ficaria fora de uma visão dogmática do Direito Positivo. Sendo assim, estudando o princípio da igualdade nós já estaríamos sabendo como aplicar o princípio da capacidade contributiva. Esta é uma observação que fica à meditação dos senhores, porque esse princípio sabem muito bem que esteve ausente dos textos do Direito positivo brasileiro. Se eu não me engano a última Constituição que consagrou a necessidade de observância da capacidade contributiva foi a de 1946; de lá para cá ela esteve ausente e voltou com a Constituição de 1988. Nem por isso a sistemática tributária deixou de ter efetividade no Brasil, nem por isso o sistema tributário deixou de funcionar adequadamente. Além disso, já foi falado aqui pelo Prof. Estevão, no art. 145, I, o legislador constitucional diz "sempre que possível, os impostos terão caráter pessoal e serão graduados segundo a capacidade econômica do contribuinte".

Sem entrar propriamente no problema semântico de saber se capacidade econômica e capacidade contributiva significariam a mesma coisa, eu gostaria de dizer que esse "sempre que possível" — como foi salientado — é uma demonstração de que o legislador laborou no vazio, porque é uma cláusula que há de estar implícita sempre que houver um preceito jurídico. A regulação da conduta segundo os modais deônticos permitidos, permitido e obrigatório só se dá no campo do possível, onde o comportamento for necessário; onde o comportamento for impossível não há que se cogitar de regulação da conduta.

De modo que se o legislador tivesse apenas dito "os impostos terão caráter pessoal e serão graduados segundo a capacidade econômica do contribuinte" já teria dito exatamente o que disse. É uma observação porque muitos discutem o conteúdo do "sempre que possível". O Prof. Hugo Brito Machado tem argumentos fortes e volta e meia discutimos sobre essa temática. Ele acha que esse "sempre que possível" tem uma função porque se não estivesse presente a cláusula o legislador não poderia instituir certos tributos em que não é possível a observância ou qualquer atinência ao princípio da capacidade econômica do contribuinte. Isto eu creio que efetivamente não se dê. Tive a oportunidade de perguntar e sempre renovo essa pergunta ao Prof. Hugo, com todo o brilho do seu talento, mas ele não consegue me dar um exemplo de um imposto, de uma taxa, de uma contribuição de melhoria ou da figura que seja, mas que tenha a natureza jurídica de imposto e que não possa ser acrescida de um tipo de providência que diga respeito à observância do princípio da capacidade econômica do contribuinte. Eu aguardo ansiosamente um exemplo desse tipo, de alguma taxa, por mais objetiva que seja, e que não possa receber esse tratamento.

Por fim, gostaria de chamar a atenção dos senhores também para o princípio que reaparece na Constituição brasileira, o do não-confisco (alguns chamam princípio do confisco, mas é o princípio do não-confisco), que proíbe exatamente o confisco. Eu andei procurando e já o fiz de muitas maneiras. Jamais encontrei um conteúdo semântico firme, determinado, para essa palavra confisco. Confisco é um termo que suscita em nós, como todo o termo, uma significação, uma imagem mental. E essa imagem mental é de uma indeterminação gritante. Nós saberemos dizer quando está havendo confisco. Digamos assim: IPTU cobrado à base de 20% do valor real do imóvel. Todos dirão: confisco, em cinco anos a prefeitura toma a minha propriedade. Muito bem, e se eu disser 5%? Para alguns será confisco, para outros não será confisco, mas de qualquer maneira a prefeitura estará tomando a minha propriedade, mas num espaço de tempo maior.

Então qual é esse limite? Nós sabemos que vários direitos positivos procuraram determinar o conceito de confisco, ou, numa linguagem mais rigorosa, definir o conceito de confisco, e não conseguiram. O próprio Direito argentino fez uma experiência em termos de Poder Judiciário, sem obter bons resultados. É um princípio que fica solto ao talante do intérprete, mas isso faz parte da própria interpretação do Direito, que é sempre suscetível das mais variadas conotações, em função da ideologia de quem interpreta.

Eu gostaria de terminar confirmando aquela observação que o Prof. Osiris fez a respeito da progressividade, que me causou muito espanto porque as Constituições anteriores não traziam um preceito compelindo o legislador da União a fazer do imposto sobre a renda um imposto progressivo. Pela primeira vez a de 1988 trouxe. Um ou dois meses depois sai uma lei diminuindo substancialmente a extensão da progressividade do imposto, o que me pareceu um contra-senso: sai a determinação constitucional num sentido e o legislador, como se não tivesse levado em conta nada daquilo, estabelece uma diminuta progressividade no que tange ao tratamento jurídico do imposto sobre a renda.

Eu admito as ponderações do Prof. Alberto Xavier e realmente acima da alíquota de 25% as pessoas que obtiverem rendas altas vão sendo beneficiadas com a proporcionalidade, ao passo que abaixo disso sofrerão.

Com isso eu encerro essas observações que foram apenas introdutórias no sentido de agora podermos então responder as questões que foram dirigidas à mesa e que serão respondidas pelos ilustres participantes aqui presentes.

PROF. OSIRIS AZEVEDO LOPES FILHO — Só uma observação. Nós na realidade copiamos a experiência americana em relação a essas duas alíquotas do imposto de renda, porque lá foi mais gradativa. Mas uma das campanhas que começaram na Califórnia, até que permitiram a ascensão do Reagan como Governador da Califórnia, foi exatamente o protesto contra esse exagero fiscal. Ele dizia o seguinte: havia tantos furos na legislação que a progressividade era apenas nominal, tendo em vista a pletora de isenções e de incentivos fiscais. Então, uma das maneiras de realmente introduzir a progressividade é a eliminação dos incentivos e das isenções, para que a tabela progressiva realmente se aplique a todo mundo.

Eu estava verificando, por exemplo, um dos pressupostos foi alcançado pela Constituição no art. 41, § 1º, das Disposições Transitórias: "Considerar-se-ão revogados após dois anos a partir da data de promulgação da Constituição, os incentivos que não forem confirmados por lei". No *caput* diz: "Os Poderes Executivos da União, dos Estados, do Distrito Federal e dos Municípios reavaliarão todos os incentivos fiscais de natureza setorial ora em vigor, propondo aos Poderes Legislativos respectivos as medidas cabíveis." O que significa isso? Que um dos pressupostos, ainda que timidamente, porque ele só fala em incentivo, não desce à isenção, para a introdução efetiva da progressividade, quer dizer, alcançando todo mundo, foi assegurado pela Constituição. Mas o mesmo legislador que fez a Constituição, na hora de transplantar os princípios constitucionais para a legislação ordinária negou tudo isso ao estabelecer uma tabela com apenas duas faixas de rendimento, que é realmente antagônica à idéia de progressividade.

Prof. Roque Antônio Carrazza — E o que é pior, Prof. Osiris, com um sistema de deduções muito falho, porque eu figuro a seguinte hipótese: dois médicos trabalham em um hospital, ambos ganham cinco milhões de cruzeiros (talvez eu esteja sendo até otimista) por mês, só que um é solteiro e não tem dependentes, o outro é casado, tem três filhos em idade escolar e o pai inválido mora em sua companhia. Com esse sistema de deduções muito falho praticamente os dois vão pagar o mesmo imposto sobre a renda. Com isso o imposto deixa de ser na realidade um imposto sobre a renda para se transformar num imposto sobre rendimentos, o que é inconstitucional, porque a Constituição dá à União competência para criar o imposto sobre a renda e não sobre rendimentos pura e simplesmente. É um argumento que eu acrescento aos que V. Exa. acaba de exibir muito bem.

Prof. Paulo de Barros Carvalho — As perguntas chegaram à mesa e eu gostaria então, alternando os participantes, de pedir ao Prof. Osiris que respondesse essas que lhe foram encaminhadas.

Prof. Osiris Azevedo Lopes Filho — De Amaral, da Associação Brasileira de Defesa do Contribuinte: "Imposto de renda pessoa física — a Lei 8.383/91 estabeleceu o imposto de renda mensal também para as pessoas físicas, pois determina a apuração mensal em UFIR. Com referência ao imposto de renda na fonte a citada lei permite que se deduzam de sua base de cálculo somente alguns itens, como dependentes e previdência social. Só permite a utilização dos abatimentos em despesas médicas, doações e despesas com instrução na declaração de ajuste anual. Isso se constitui numa espécie de empréstimo compulsório?"

Acho que não. Aqui foi um problema de factibilidade. Eu acho que a declaração de ajuste, como o próprio nome está indicando, é para ao final do ano se fazer os ajustamentos necessários. Se as despesas médicas, doações e despesas com instrução entrassem na base de cálculo mensal eu tenho a impressão que se trabalharia contra a simplificação do tributo. Como está tudo indexado, acho que não há prejuízo do contribuinte ao fazer essas deduções ao final do ano tendo em vista que quando o governo lhe restituir da aplicação dessas despesas médicas, doações e despesas com instrução (se resultar imposto pago a maior), lhe restituirá corrigido monetariamente.

O único caso que eu considero já existente mas superado, absurdo, foi uma prática realizada no ano passado de a Fazenda não reajustar mensalmente a tabela da fonte. O que ocorria? Como nós vivemos numa economia inflacionária de cerca de 20% ao mês e que os ajustamentos de renda são meramente nominais, a estagnação da tabela por médio prazo, diríamos seis meses, levaria a considerar contribuindo na primeira faixa pessoas que não têm a menor capacidade contributiva, e a longo prazo jogar todos os contribuintes na alíquota maior, portanto tornando o sistema regressivo. Isso foi corrigido nessa lei 8.383 e acho que foi um progresso razoável na legislação.

Mas realmente eu não entendo a inclusão nos ajustamentos das despesas médicas, doações e despesas com instrução como um empréstimo compulsório, mas apenas uma técnica de apuração de tributo.

Prof. Paulo de Barros Carvalho — O Prof. Estevão vai responder uma questão que lhe foi formulada.

Prof. Estevão Horvath — É uma questão da minha colega, Dra. Eliana Barbieri: "Considerando o princípio geral da capacidade contributiva do § 1º do art. 145, a progressividade instalada para o inciso I, o art. 2º o inciso 152 do imposto de renda não deveria ser estabelecida a partir do resultado da equação renda/encargos de cada contribuinte? Isso atenderia ou infringiria o princípio da igualdade?" Aí ela exemplifica a questão: "Considerando 1) salário de 10 milhões só para o sustento próprio e os mesmos 10 milhões para o sustento de quatro dependentes; 2) o lucro de empresa de 10 bilhões para firma de pequeno porte e mesmo lucro para empresa que exige infra-estrutura de grande porte."

Eu aproveito dando a minha opinião sobre a questão, também respondendo à crítica do Prof. Alberto Xavier. Talvez eu não tenha sido claro. Acho que não disse e não penso assim, que a progressividade seja a única forma de se atingir a capacidade contributiva. Ela é um dos instrumentos para atingir a capacidade contributiva. Pelo menos no imposto de renda me parece que ela seria a forma mais atuante desse princípio. E acho perfeitamente que deveria ser baseado nesse critério proposto pela Dra. Eliana, justamente essa fórmula de rendas e encargos, tanto na pessoa física quanto na pessoa jurídica, que é justamente onde parece que seria aplicado esse princípio de capacidade contributiva, que nada mais é, no meu modo de ver, do que uma expressão jurídica daquele princípio que todo o mundo almeja, o princípio da justiça fiscal.

Essa relação renda/encargos seria justamente o critério a ser utilizado pelo legislador, tanto à pessoa física quanto à pessoa jurídica, para fazer valer esse princípio em concreto.

Prof. Paulo de Barros Carvalho — Perguntas ao Prof. Alberto Xavier.

Prof. Alberto Xavier — "Se o fato gerador mensal do imposto de renda pessoa jurídica é compatível ao princípio comercialista da apuração anual dos resultados decorrentes da Lei 6.404." Pergunta ainda: "Teremos no futuro fatos geradores dos balancetes diários?"

Na verdade hoje no nosso Direito Positivo o período de incidência do imposto passou a ser mensal. Isto evidentemente é uma decorrência do fato de que o tempo no Brasil tem um significado diferente do tempo em país de moeda estável. Evidentemente que o mês com a inflação como o Prof. Osiris referiu, uma inflação mensal da ordem de 20%, não é exatamente o mesmo mês da Suíça ou da Holanda. Então evidentemente ... inflacionário que conduz a esta redução do período de incidência do imposto. E esse período de incidência do imposto tem finalidades exclusivamente tributárias, o que não me afigura incompatível com o princípio da apuração anual, da mesma forma, como já foi preconizado em outras épocas, que os orçamentos e os balanços devessem ser feitos pelo período do ciclo econômico, em função das flutuações da conjuntura; poderia fazer de cinco em cinco anos. Tudo é uma questão do significado que o tempo tem para a economia.

Aproveitando a oportunidade, gostaria de me reportar a uma outra contribuição importante que deu o Prof. Roque Carrazza, que é salientar que hoje o problema da aplicação retroativa das leis que governam o imposto de renda das pessoas jurídicas tem que ter presente este dado: o período do imposto encerra-se mensalmente, de tal modo que leis, ainda que publicadas no curso do mesmo exercício financeiro, não podem, sob pena de ferir o princípio da não-retroatividade, atingir períodos de imposto mensais já completos, perfeitos e acabados.

Uma observação final: ainda na seqüência das considerações tão lúcidas do Prof. Roque Carrazza, quero salientar que hoje em face da formulação precisa do princípio da anterioridade o princípio da irretroatividade das leis em matéria de imposto de renda passou a ser totalmente absorvido ou consumido pelo princípio da anterioridade, ele não tem mais autonomia em matéria de imposto de renda — não que em outros tributos onde não se aplique o princípio da anterioridade ele não tenha autonomia conceitual plena, mas em matéria de imposto de renda o princípio da anterioridade acabou por absorver inteiramente o princípio da não-retroatividade.

Prof. Paulo de Barros Carvalho — Prof. Roque, por favor.

Prof. Roque Carrazza — O colega Fernando Castro honra-me com a seguinte e interessante pergunta: "Incide o imposto de renda sobre o pagamento de férias em pecúnia?"

Não, porque o pagamento de férias em pecúnia, a meu ver, é uma indenização. Serei mais explícito: o funcionário — e esse é até um problema específico dos servidores públicos, aqui no Estado de São Paulo — tem o direito constitucional a férias, como qualquer trabalhador. Mas, às vezes, por absoluta necessidade de serviço, o funcionário vê adiadas para gozo oportuno, essas férias.

Ele não perde o direito às férias, evidentemente, porque isso contrariaria a Constituição; mas, entra ano sai ano, elas vão se acumulando, havendo casos de juízes e promotores que têm oito, dez, doze períodos de férias a gozar em época oportuna, época oportuna que na prática nunca surge.

Então, o que tem acontecido? O Tribunal, na esfera do Poder Judiciário, o Ministério Público, no âmbito dessa Instituição (junto aos promotores) e o Governo do Estado, para os funcionários em geral, estão começando a autorizar a conversão das férias em pecúnia, ou seja, o pagamento de quantia equivalente a um mês de salário, para cada mês de férias não gozadas. Esta foi a maneira encontrada de se compensar o não-gozo de férias, por absoluta necessidade de serviço. Aí surge a dúvida: sobre essa quantia incide ou não incide imposto de renda? Eu estou convencido de que não incide, porque essa quantia é uma mera indenização. A Fazenda Pública contra-argumenta: "A única indenização que está a salvo da incidência do imposto sobre a renda é a indenização decorrente de acidente do trabalho. Há um dispositivo na legislação do imposto de renda expresso nesse sentido. Ora, se a lei só isentou esse tipo de indenização, evidentemente as outras indenizações devem ser tributadas."

Eu respondo, olhos fitos na Constituição: o imposto não é sobre indenizações, é sobre rendimentos. Indenizações não são rendimentos, são meras recomposições patrimoniais por danos sofridos. Qual é o dano que o servidor experimentou? O dano de, por absoluto interesse público, não ter gozado as férias no momento oportuno, isto é, de ter sido obrigado a trabalhar, por absoluto interesse público, que se sobrepõe ao interesse privado. O fato de a legislação só haver declarado que a indenização decorrente de acidente do trabalho está a salvo do imposto sobre a renda não significa que outras indenizações (como a expropriatória) também não estejam. Aliás, ainda que a lei silenciasse acerca desse assunto, é óbvio que as indenizações decorrentes de acidente do trabalho não poderiam ser tributadas por via de imposto sobre a renda, simplesmente porque este tributo não pode alcançar as indenizações; só os rendimentos, vale dizer, as aquisições de disponibilidade de riquezas novas.

Ainda um contra-argumento da Fazenda: "Não, mas aí a legislação criou um rendimento por ficção legal". Ora, este é um argumento que não resiste a uma análise mais acurada. Se, amanhã, a lei puder transformar em renda o que não é renda, em operação mercantil o que não é operação mercantil, em serviço o que não é serviço, não teremos mais mãos a medir. De fato, todo o "estatuto constitucional do contribuinte" cairá por terra; a Constituição terá sido inócua, ao criar essa verdadeira "fortaleza", protegendo o contribuinte contra os assaltos fazendários. O conceito de "renda"(como o de "serviço" ou o de "operação mercantil") não pode ser manipulado pelo legislador ordinário, de modo a anular os desígnios constitucionais.

De modo que concluo a resposta: no pagamento de férias em pecúnia não incide e nem pode incidir o imposto sobre a renda.

PROF. PAULO DE BARROS CARVALHO — Eu agradeço ao Prof. Roque.

Gostaria de responder a essa pergunta, feita por Carmem Citrin. Ela não me foi diretamente formulada, mas eu me permito respondê-la: "Segundo o CTN, a lei aplica-se imediatamente aos fatos geradores futuros e aos pendentes. Como fica esta regra em face do princípio da anterioridade do imposto de renda?"

Eu gostaria de dizer que já me demorei sobre a pesquisa do sentido de fatos geradores pendentes. Fatos geradores pendentes são considerados aqueles que estão em curso de formação e presume-se que venham a ocorrer. Se nós pararmos para pensar um pouquinho nesses fatos, um rapaz e uma moça se conhecem, eu diria: eis um matrimônio pendente. Há um político, por exemplo, o vice-presidente está na iminência de assumir a presidência e eu diria: há um grupo de políticos que são ministros pendentes, que são embaixadores pendentes, que são líderes no Senado ou na Câmara pendentes ...

PROF. ROQUE CARRAZZA — Há altos funcionários, que são presidiários pendentes... (RISOS)

PROF. PAULO DE BARROS CARVALHO — Também! O Prof. Roque sempre oportuno com seu humor agudo.

Vejam, o fato gerador pendente é aquele que não aconteceu. E tanto assim que o próprio Código Tributário Nacional ao dar o regime jurídico dos fatos geradores pendentes ele disse (e nem poderia furtar-se de fazê-lo): "têm o mesmo tratamento dos fatos geradores futuros, aplicam-se aos fatos geradores futuros e pendentes." É óbvio, porque os fatos geradores pendentes não ocorreram ainda, e fato gerador é aquele que reúne os traços fundamentais essenciais à sua ocorrência. De modo que fato gerador pendente e fato gerador futuro é absolutamente a mesma coisa. O vezo que o legislador no Brasil e em outros países também tem, de tentar contornar princípios e obstáculos constitucionais é criando palavras, criando nomes diferentes, como já ocorreu com vários tributos que eram impostos mas o legislador chamava de taxa, chamava de empréstimo compulsório, chamava disso, chamava daquilo, procurando burlar os obstáculos constitucionais.

Eu pediria ao Prof. Roque que respondesse a uma outra questão.

PROF. ROQUE CARRAZZA — Vou responder a três perguntas que são semelhantes e que me foram formuladas pelos colegas José Carlos Picolli, José A. Frazão e Maristela Ferreira de Souza.

Lerei a questão tal como formulada pelo colega José Carlos Picolli: "Segundo certidões fornecidas pela imprensa nacional, a Lei nº 8.383/91 (que é a lei que majorou as alíquotas da contribuição social sobre o lucro) foi publicada em 31 de dezembro de 1991 através de caderno especial que ficou pronto somente às 20h45 daquele dia. Esses mesmos documentos informam que a efetiva distribuição desse Diário Oficial somente se deu a partir do dia 2 de janeiro de 1992. Entendendo que a lei somente tem sua vigência a partir de sua efetiva publicação, pergunta-se: como ficaria a aplicação da Lei 8.383/91 perante o princípio da anterioridade?"

É uma questão muito interessante, porque a lei foi ultimada ainda em 1991, com a sua promulgação, mas sua publicação só se deu, em vigor, em 1992. Deveras, o que houve aí foi o artifício de retardar-se a edição do Diário Oficial; mas a publicação efetiva da lei deu-se em 1992. Ora, a lei vale a partir de sua publicação no Diário Oficial (ou em periódico que lhe faça as vezes à falta de Diário Oficial). Com isso, a lei não foi trazida à publicidade, em 1991, mas em 1992.

Que é publicação? Publicação é um ato de conhecimento da lei, é um requisito de eficácia da própria lei. A falta de publicação ou a publicação irregular implicam na inexistência jurídica da lei. Sem a publicação, a lei não tem como produzir seus regulares efeitos. Recordemo-nos que a publicação tem efeito certificatório: proclama, *erga omnes*, que a ordem jurídica foi inovada.

Muito bem, no caso em consulta, publicação houve, mas, a meu ver, apenas em 92, conforme certidão dada pelo próprio Poder Público. Sendo assim, por força do princípio da anterioridade a lei só entrou efetivamente em vigor em 1992 e só poderá se tornar eficaz, só poderá incidir, a partir de 1º de janeiro de 1993. Isto, evidentemente, na parte da Lei 8.383/91, que trata do imposto sobre a renda.

Na parte concernente à contribuição social sobre o lucro (estou diante do Prof. Wagner Balera que é um especialista nesse assunto) há que se respeitar a "vacatio legis" de 90 dias, mas contados a partir de 2 de janeiro de 1992, data da efetiva publicação da Lei 8.383/91.

É o que penso, acerca desse assunto.

PROF. PAULO DE BARROS CARVALHO — Tem a palavra o Prof. Osiris.

PROF. OSIRIS AZEVEDO LOPES FILHO — Intervenção do Dr. José Geraldo Jardim Munhoz, Promotor de Justiça: "O imposto sobre a renda tal como está disciplinado na legislação infraconstitucional está agravando os rendimentos e não a renda, expressão de acréscimo patrimonial, e por isso fere os princípios da isonomia e da capacidade contributiva, da generalidade da tributação e da progressividade? Daí a sua manifesta inconstitucionalidade?"

É isso.

PROF. PAULO DE BARROS CARVALHO — O Dr. Nelson Porfírio, Procurador do Estado, faz a seguinte pergunta: "A hipótese de incidência do imposto sobre a renda segundo o inciso III do art. 153 da Constituição é "renda e provento de qualquer natureza". Pergunta-se: de onde se extrai dentro da Constituição a noção de que renda significa necessariamente acréscimo patrimonial? Não seria correto se afirmar que o conceito de renda, bem como o de progressividade foram deixados ao alvedrio do legislador ou do legislador complementar?"

Essa é uma questão que suscita algumas considerações. Os senhores sabem que os modelos teóricos estão aí à nossa disposição e nós deles nos utilizamos segundo o nosso interesse, segundo a empatia que venhamos a ter com esses modelos. Eu devo confessar que a despeito de toda a admiração que tenho pela obra e pela pessoa do Prof. Roque, eu divirjo desse ilustre professor quando ele afirma que a regra matriz de todos os impostos estaria contida no texto constitucional. O texto constitucional fala pura e simplesmente em renda; ora, como a Constituição é uma parte do Direito Positivo — não há dúvida, parte fundante do Direito Positivo, mas o Direito Positivo é muito maior do que isso —, muitas das noções utilizadas na Constituição hão de ser encontradas em patamares menos elevados da ordem positiva brasileira. Por exemplo, quando se pergunta a uma pessoa o que é renda ela dirá pura e simplesmente: é o produto do capital, trabalho ou da combinação de ambos — isso está posto no Código Tributário Nacional. Eu não ousaria jamais dizer que se pode interpretar a Constituição a partir do Código Tributário Nacional, não há dúvida, como de legislação infraconstitucional qualquer que seja, mas o que eu quero dizer é que a Constituição usa certas palavras que têm um determinado valor semântico e esse valor semântico só poderá ser obtido se nós descermos ao Código Civil. Por exemplo, propriedades: quem quiser conhecer a propriedade tem que fazer uma incursão pelo Código Civil brasileiro, senão não vai compreender certas regras do texto constitucional. Isso prestigia, inclusive, uma interpretação unitária do Direito, isto mostra que o Direito não é apenas uma norma, não é apenas um setor do Direito e não é apenas também o texto constitucional, ainda que seja aquilo que há de mais importante no nosso Direito Positivo.

De modo que eu concordaria que em muitos casos nós temos que procurar fora da Constituição esses conceitos, essas idéias e esses valores.

PROF. ROQUE CARRAZZA — De qualquer modo, sem querer polemizar, dentro desse espírito científico que preside os trabalhos desta mesa, a Constituição sempre dá um conteúdo mínimo para as suas palavras. Então ela no caso específico alude à renda e aos proventos de qualquer natureza. Ainda que se possa titubear um pouco sobre o alcance da palavra renda, aquela palavra indeterminada à qual o Prof. Estevão há pouco aludia, há uma idéia mínima de renda que não se compadece com a noção de indenização. Se amanhã se pretender, por exemplo, cobrar imposto de renda sobre venda de mercadorias, equiparando a operação mercantil aos rendimentos, estar-se-á ferindo a regra matriz constitucional. Posso chamá-la de outra maneira, mas o que eu quero significar é que há um conteúdo mínimo na Constituição, senão não teria sentido a Constituição ter estabelecido que compete ao Estado cobrar tributo *x*, se dentro desse *x* a legislação infraconstitucional pudesse inserir o que desejasse. Mas eu vejo que a nossa discordância é apenas em relação à expressão regra matriz.

PROF. PAULO DE BARROS CARVALHO — Inclusive, arrematando, a própria norma que institui a competência da União para decretar o imposto sobre produtos industrializados fala apenas na expressão imposto sobre produtos industrializados. Aí vem o legislador da União e cria como hipótese de incidência industrializar produtos, outra importar produtos industrializados no exterior, e outra que não está ativada atualmente mas que já esteve, arrematar produtos industrializados em leilão.

De qualquer maneria eu gostaria de agradecer a participação de todos os integrantes da mesa. Os senhores sabem que haverá agora uma nova mesa de debates, uma nova reunião como esta sobre o mesmo tema. Duas ou três perguntas não foram respondidas. Essas perguntas serão encaminhadas aos integrantes que comporão a nova mesa.

Eu agradeço imensamente a participação dos ilustres professores e a todos os senhores e declaro encerrada esta sessão. Obrigado. (PALMAS)

MESA SE DEBATES

IMPOSTO SOBRE A RENDA

PROF. GERALDO ATALIBA — Ocupa o lugar à minha direita o Prof. Gilberto de Ulhoa Canto, Presidente da Associação Brasileira de Direito Financeiro, lider, pioneiro e mestre nos estudos do Direito Tributário no Brasil. À minha esquerda o Prof. Luciano da Silva Amaro. E o Prof. Sidney Saraiva Apocalipse, que desenvolve intensa atividade no campo do Direito Tributário.

Acredito que a solução das grandes questões está na simplicidade com que se possa colocá-las. Para atender à proposta maiêutica, eu pediria que todos esquecessem tudo o que sabem sobre imposto de renda e todos fingíssemos que somos especialistas em Direito Internacional ou em Direito do Trabalho, ninguém sabe nada de Direito Tributário. Assim vou tentar comportar-me. Se conseguirmos fazer este esforço intelectual, que é um esforço de abstração que exatamente diferencia os homens (quando a gente diz "fulano é inteligente", em outras palavras estamos dizendo "fulano sabe fazer abstrações"). Vamos tentar fazer abstração de tudo que nós sabemos, deixar de lado todos os conceitos e "preconceitos" que temos e raciocinar simplesmente, objetivamente.

A Constituição, muito minuciosa, tratando dos recursos públicos, claramente deixou como fonte principal, predominante e decisiva dos recursos públicos os impostos. A Constituição não fecha as portas a outros recursos financeiros ao Estado, mas na verdade deu tal tratamento ao problema das finanças públicas que indica que todo ou quase todo recurso do Estado será tributário. Esta mesma Constituição estabeleceu que estes recursos são arrecadados pelo Tesouro de acordo com um plano de arrecadação que consta, em primeiro lugar, da Lei Orçamentária e depois das Leis Tributárias, e um plano de despesas que está no Orçamento, aprovado pelo Congresso Nacional, onde também se prevêem todas as despesas que deverão ser feitas.

Esta mesma Constituição — vejam, é o mesmo documento básico a que faço referência — estabelece que este orçamento é feito *anualmente*, para vigorar no ano seguinte e que tem validade anual, assim a previsão de receitas como a autorização de despesas. Quando se vai ainda na Constituição buscar alguma intimidade ou alguma minúcia dentro desta grande atividade financeira do Estado, verificamos que tudo é cadenciado, constitucionalmente previsto, regulado, disciplinado, de tal forma a assegurar e dar eficácia a esta cadência, esta periodicidade anual das entradas e das saídas. Isto não só obedece ao ano geográfico, ao ano solar, ao ano agrícola que decorre dos calendários universais, mas também a algo que, pelas mesmas razões, traduziu-se no chamado ano civil e toda a disciplina jurídica, seja de Direito Administrativo, seja de Direito Comercial, seja de qualquer ramo do Direito, termina por adotar esta mesma cadência e a consagrar o ano civil.

Assim, uma idéia de anualidade, como período constitucional, não só no referente às atividades privadas, mas também no que diz respeito aos dinheiros públicos, inclusive aos seus ingressos, essa cadência anual é algo constitucionalmente consagrado no Brasil, de modo mais do que explícito, minucioso, mais ainda, assegurada na sua eficácia pública, por uma série de preceitos, que tratam da elaboração orçamentária, da execução orçamentária, do controle e fiscalização da execução orçamentária, da legislação, dos principais ingressos que são os tributários; enfim, bastaria reler a Constituição com este fito e iria descobrindo as afirmações, reafirmações, reiterações e sublinhações que o texto constitucional põe na anualidade.

A despeito da absoluta evidência, clareza e objetividade desse dado, e, além disto, a respeito de todos os tributos, o capítulo do Sistema Tributário da Constituição reforça, reitera, sublinha, salienta que haverá uma anualidade também dos impostos. Ou seja, haverá quase que, como já se chegou a afirmar, um princípio constitucional, e Flávio Bauer Novelli, respeitável cientista afirma ainda vigente como princípio constitucional no Brasil, o princípio da anualidade, significando "autorização anual que o Congresso dá ao Executivo para que realize as suas receitas".

Se isto tudo é verdade, afirmaria que qualquer imposto que dependa da noção de período necessariamente (necessidade constitucional) não pode deixar de adotar um período anual. Qualquer alteração nesta periodicidade, a meu ver, implicaria a necessidade de não uma, mas diversas alterações constitucionais, não só na catadura ou na afirmação do princípio, mas também nas regras que asseguram a eficácia deste princípio.

Logo, quando por conveniência — ou até por razões muito respeitáveis que Alberto Xavier com tanta clareza expôs, porque a combinação do fator tempo com os fatores financeiros e econômicos num clima inflacionário como nós vivemos engendra uma nova mentalidade, uma nova visão etc., por uma série de razões, inclusive por esta — o governo quis tornar mensal a exigibilidade, e, portanto, o cálculo do imposto de renda, o governo quis algo que pode ser inteligente, lógico, administrativamente conveniente, cômodo, mas que não poderia ser obtido sem modificação constitucional.

Em outras palavras é, a meu ver, com todo o respeito — e estou aberto para me convencer do contrário — inconstitucional toda norma que, tratando do imposto de renda venha a prescrever período inferior a 12 meses. E digo mais: tal foi a vedação que a Constituição deu para essa matéria, que esses 12 meses começam no dia 1º de janeiro e terminam no dia 31 de dezembro. A Constituição nem sequer deu liberdade para que essa variação de 12 meses pudesse optar por outra alternativa.

Não há tempo para fazer uma minuciosa demonstração disso. Sugiro que a partir desta provocação os senhores, cada qual, confira fazendo uma releitura da Constituição atento a esta sugestão.

Se é assim, lembraria que todos os autores que definiram renda — O Prof. Cleber Giardino e eu começamos um trabalho, que ainda está pela metade, há muitos anos, em que tivemos a pachorra de fichar autores, sérios, conseqüentes, capazes, responsáveis, de trabalho de fundamentação com conclusões respeitáveis, autores italianos, alemães, espanhóis, americanos e brasileiros, muitos dos quais presentes a esta sala, inclusive Alberto Xavier, Gilberto Ulhoa Canto, Luciano da Silva Amaro, Roque Carrazza, Américo Lacombe — e destes autores verificamos que *todos*, ao definir renda, colocam o conceito de "período" como essencial. Não há quem afirme que renda é um acréscimo, é um *plus*, é um ganho, sem dizer *num período, dentro de um período, relacionado a um período*. Não há um autor que deixe de fazê-lo.

E vejam bem, tivemos — Cleber e eu — inclusive a paciência de separar os autores que deram tratamento exclusivamente jurídico à matéria, dos que deram tratamento econômico, porque o fato renda pode ser estudado pela economia também. Todos, inclusive os economistas, puseram a noção de período. E é muito simples entender por quê: exatamente porque se entende, no plano pré-jurídico, que há um fluxo constante de entradas que vai permitindo configurar uma situação que afinal ensejará a renda. Por isso que há até idéias, a meu ver superadas, superadas por exemplo pelas demonstrações, a meus olhos, irrefutáveis que Paulo de Barros Carvalho faz, mas ainda corre como moeda corrente, que esse é um imposto que tem um fato imponível que se vai fazendo ao longo do tempo — eu não acho muito preciso isso, não é jurídico, mas enfim até isso se diz, exatamente porque isso deve se circunscrever dentro de um determinado período. Por isso que digo "deixar os preconceitos de lado". Se alguém diz assim: tenho uma fábrica de sapatos e fabrico 500 sapatos, os senhores acham grande ou pequena a minha fábrica? Qualquer pessoa, a mais simples das pessoas perguntará: "Quinhentos sapatos por dia?" Se for por dia uma boa fábrica; se for por ano, desculpem, é uma oficininha muito insignificante. Dizer 500 sapatos não é dizer nada, se eu não disser que esta quantidade está relacionada a um período determinado. Um governante pode dizer: "Inaugurei uma usina que produz tantos mil quilowatts." A gente diz: "Que beleza! Por dia, por mês ou por ano?" Porque se for não sei quantos mil quilowatts por dia, uma bela usina! Porém, se aquela usina produz um milhão de quilowatts em 10 anos, uma insignificância, porque quem sabe o gerador de qualquer automóvel produz esses mesmos quilowatts em 10 anos.

Senhores, falar em acréscimo, aumento, incremento, e em bases em dinheiro, montantes e volumes sem associar isto a um "período" é ridicularizar as noções mais básicas, não digo do Direito, mas da Lógica. Quando é o governo que faz isso, considero um desaforo. Quando alguém aceita isso, digo: é alguém que ou não parou para pensar ou está com vontade de agradar o governo. O período do imposto de renda é anual: para o jurista, esse fenômeno (vou ignorar os economistas, porque não entendo nada, graças a Deus, de economia) inicia-se dia 1º de janeiro; começa um período. Então, a cada dia, cada semana ou cada mês vão entrando quantias de dinheiro no meu patrimônio. Entram honorários, como dou aulas na Faculdade, entram os meus salários de professor; recebo um pouquinho de direitos autorais, recebo um dinheiro de um cliente para eu pagar custas dele o mês que vem, ou para pagar uma dívida dele daqui a três meses; entra o dinheiro de um primo que me pediu " eu vou viajar, me guarda este dinheiro". Enfim, durante o período vai entrando dinheiro e diariamente, ou semanalmente, vão saindo dinheiros — estou falando a coisa mais elementar, entrar e sair, não estou qualificando —, pago as contas do escritório, telefone etc., pago taxi, pago comida, pago escola de filho, pago tratamento dentário, vou fazendo despesas. Só posso, seriamente e com respeito a mim mesmo, querer considerar estes fatos, se puder encaixá-los dentro de um período, e eu só posso confrontar o que entrou do que saiu terminado um período de um mês, de seis meses, de um ano. Para dizer: "Desde o dia em que comecei, confronto a soma do que entrou, a soma do que saiu, e se o saldo for positivo está sobrando dinheiro, se o saldo for negativo está me faltando dinheiro — isto é lógica elementar, é consenso, é senso comum.

Muito bem; que deve fazer a lei do imposto de renda? A todas essas entradas, qualificá-las para produzirem o efeito de virem a integrar a minha renda como um conceito constitucional, porque é a Constituição que diz o que é renda, não é a lei! É um engano pensar que a lei diz o que é renda. Diz, sim, na Alemanha, na Itália, na França. Não no Brasil; isso está demonstradíssimo pela boa doutrina. É a Constituição que diz o que é renda, no Brasil.

Então: esta entrada aqui é o dinheiro que o cliente depositou comigo para tirar no dia seguinte, ou o dinheiro que o cliente me entregou para pagar custas; isto não é renda, isto não vai entrar no cálculo. O salário que recebi vai entrar no cálculo. Enfim, cada entrada é qualificada. Antes do período, uma norma jurídica qualificou cada entrada, para dizer se integra ou não o cálculo. Assim nas saídas; a lei deve dizer: pessoa física, saída para tratamento médico é despesas; saída para despesas elementares do escritório, para manter a fonte etc. deve ser computada; saída porque foi passear na Europa é excluída da coluna de saídas. De tal forma que, terminado o período — e agora estamos tratando do imposto de renda, portanto já não posso escolher o período, é aquele que a Constituição pôs como anual — somo todas as entradas qualificadas juridicamente (portanto, há algumas entradas que não entram aí), somo, e somo todas as saídas qualificadas juridicamente para esse efeito. Vou ver se tenho saldo ou não; se tiver saldo, tive renda; se não tiver saldo não tive renda. E é sobre esta renda, que é o saldo positivo, no confronto entre as entradas e saídas constitucionalmente qualificadas, que haverá então a tributação. Houve o fato renda, que só pode ser apurado depois de terminado o período.

Peço que considerem o seguinte: se no mês de janeiro, recebo uma quantia qualquer de dinheiro e há uma lei em vigor — e acredito na segurança do Direito, acredito na Constituição, na previsibilidade da ação estatal, na lealdade do Estado Republicano que foi criado por mim, para mim — tenho que dizer: esta lei é o critério que vou adotar para decidir sobre as minhas entradas e saídas. Então, não quero esse dinheiro, porque isto aqui vai me dar mais imposto; não quero saber, não faço esse negócio. Vou comprar aqueles títulos, vou fazer tal investimento, vou gastar nisto ou naquilo, porque eu sei que esta é a lei que regerá o cálculo final, é a lei que dá o critério para o cálculo meu e o fisco é obrigado a também fazer o mesmo cálculo; e eu sei antes o que vai acontecer comigo, com segurança.

Senhores, se esta lei que qualifica os fatos, cada fato dos que, no seu conjunto, vão formar a coluna da receita, das entradas, e cada fato que, ao final do período, vai qualificar os que entram ou não entram na coluna da despesa, se eu não confiar nesta lei, se esta lei puder ser mudada, tudo o mais é brincadeira. A Constituição deixa de ser Republicana, não há mais princípio nenhum. Fica sendo uma balela que meus representantes no Congresso autorizem as receitas públicas orçamentariamente. Fica sendo uma balela o princípio do consentimento dos tributos, desaparece a segurança das relações jurídicas, a previsibilidade da ação estatal. A República evapora-se, e nós nos igualamos a qualquer estado totalitário do qual, infelizmente, muitas facetas nós conhecemos, até recentemente, neste País.

Então, meus senhores, este valor *confiar na ordem jurídica* vale muito mais do que qualquer outro valor, tanto que os estados que assim se comportam têm a sua Constituição, respeitam a sua Constituição, confiam na sua Constituição e confiam no seu Poder Judiciário. São os estados que têm investimentos nacionais e ainda recebem investimento estrangeiro; alguns estados que estão na Europa e na América do Norte. Esses têm investimentos próprios e do resto do mundo. Todos os demais Estados do mundo têm o comportamento primário, primitivo, rudimentar, tribal de não confiar nem em norma jurídica, nem em Judiciário, nem em Constituição. Estes não têm investimento estrangeiro e nem nacional, porque o nacional vai investir onde haja segurança jurídica, e segurança jurídica quem dá é o Direito, não é a Economia.

Muito obrigado. (PALMAS)

Tem a palavra o Prof. Gilberto Ulhoa Canto.

PROF. GILBERTO ULHOA CANTO — Meu tema é "Indexação em Matéria de Tributos".

Esse tema teve algumas fixações e controvérsias importantes, como no famoso caso da interpretação do art. 18 do Decreto-lei 2.323 de 1977, depois uma recorrência com algumas peculiaridades sobre a Lei 7.730 em 1988, e vem tendo em outros recantos que não o do imposto sobre a renda, como em matéria de ICMS e volta e meia em matéria de IPTU.

Trata-se de saber se o fisco pode prever determinada indexação em matéria tributária e de que, do montante da base de cálculo ou da base de incidência do imposto, ou o montante do crédito, e mesmo quanto a este se o montante do crédito desde que ele nasce ou apenas o montante do crédito que deixou de ser solvido no momento em que a lei previu.

Há uma decisão muito interessante do Ministro Moreira Alves exatamente no *leading case* que é jurisprudência do Supremo Tribunal Federal a propósito dos programas criados pelo art. 18 do Decreto-lei 2.323. O Ministro Moreira Alves a uma certa altura do seu voto disse que o crédito tributário é um crédito de valor, a obrigação tributária é uma obrigação de valor. Ele não diz isso de maneira categórica, mas de passagem pelo menos o menciona. E depois ele modula essa afirmativa. Não me parece que fosse responder de modo tranqüilo e pleno, ao invocar o ilustre jurista português que aqui viveu durante alguns anos e ao que me consta voltou para Portugal, Oliveira Assenção, que vê a obrigação do dinheiro como passível de assumir as duas seguintes características: obrigação de dinheiro de soma nominalizada e obrigação de dinheiro de soma sujeita a atualização de valor.

Eu prefiro não considerar que obrigação tributária seja uma obrigação de valor, pelo menos com a concepção clássica ortodoxa, penso eu, do que se deve entender por obrigação de valor. Obrigação de valor para mim se tipifica bem na hipótese de obrigação de indenizar ato ilícito causado pelo atropelamento ou pelo assassínio de uma pessoa cujos herdeiros ou dependentes, ou viúva, eventualmente pleitearão em juízo uma indenização que inclua o montante de dinheiro suficiente para que essa possa, ao longo da vida provável do seu falecido marido e dela, que ela consiga obter aquelas utilidades básicas de que ela necessita e que comporiam os encargos que o cabeça do casal teria que enfrentar. Isto pode valer cinco, dez, quinze, oitenta ... Exemplo: se eu disse que uma determinada pessoa que foi acometida de uma invalidez não pode trabalhar mais e que essa pessoa sofre de diabete já muito acentuado e que portanto precisa tomar tantas doses de insulina por dia, e que essas doses de insulina custam 100 hoje, isso não significa que na condenação o réu — o sujeito passivo da obrigação — vai se desincumbir do encargo simplesmente entregando a essa pessoa ou a sua sucessora 100 unidades de uma moeda qualquer ao longo do tempo útil da sua vida.

Dir-se-á: isso não é exatamente o que a indexação procura corrigir?

Eu diria que é, a indexação é uma forma relativa e parcial de converter a dívida em dinheiro, em dívida de valor atualizado. Mas dívida de valor na minha opinião é algo mais do que isso; a dívida de valor pode ter de ser considerada uma abstração do valor do poder de compra da moeda. Pode-se dizer que a dívida de valor consiste na obrigação de dar aquela coisa que uma quantidade *x* de unidade de moeda que ou a vítima ou os seus sucessores podiam produzir, não permitem mais sequer saber se é possível que ela produza ou não, porque essa pessoa não existe mais. Então, se não houver insulina, por exemplo, no mercado nacional, e se houver no Paraguai custando 300, na dívida de valor o réu tem que suprir o autor vencedor da demanda daquele *quantum*. Na dívida de valor o que importa é a disponibilidade daquilo que a pessoa que foi inabilitada teria supostamente condições de adquirir gastando o que fosse.

Então a dívida de valor parece-me que não é rigorosamente a mesma coisa que a dívida de dinheiro não quantificada em termos nominais, mas sujeita à indexação. Um exemplo que me ocorre é: o pão de trigo, digamos, no ano 1 custa 5, no ano 2 custa 8; o pão de milho no ano 1 custa 4, no ano 2 custa 5. Por quê? Porque houve uma inflação do ano 1 para o ano 2? É verdade. Mas os insumos empregados para a fabricação do pão de milho não são os insumos empregados para a fabricação do pão de trigo. Pão de trigo é mais caro, o trigo é mais caro, o Brasil não tem produção de trigo suficiente para o seu consumo. Então eu diria que a simples atualização monetária da perda de valor de poder de compra da moeda não é suficiente para justificar aumentos de preços. Esses aumentos de preços de utilidades nem sempre têm tudo a ver com a variação do poder aquisitivo da moeda, e é por isso que nos regimes em que há congelamento de preços não é lógico, não é racional tratar todos os serviços segundo o padrão de atualização monetária.

Mas o grande problema que na prática ocorreu foi o de saber se a indexação da base de cálculo é simples matéria monetária que a União pode regular a qualquer momento com a característica que é própria das normas monetárias de terem aplicação imediata, ou se na verdade trata-se de uma modificação da própria base de incidência do tributo, o que levaria a matéria a não ser suscetível de disciplina, pelo menos sempre depois da ocorrência do fato gerador do tributo que se trata.

Esse foi o problema que se suscitou na ocasião da interpretação da aplicação do art. 18 do Decreto-lei 2.323. O Supremo Tribunal Federal decidiu — e decidiu muito bem, penso eu — que a indexação da obrigação tributária é parte da definição da sua base de cálculo. Então, se a base de cálculo tem que ser definida por lei vigente antes da ocorrência do fato gerador, não é possível a modificação da base de cálculo, ainda que sob a forma de indexação. A indexação permitida é a indexação do crédito, o crédito sim, este pode ser indexado na medida em que se trata de uma decorrência da obrigação tributária já antes verificada e, portanto, não se está legislando retroativamente sobre a origem mesma da própria obrigação tributária.

Isso naturalmente traça bem a questão de saber se o crédito pode ser corrigido monetariamente, mesmo a partir da data da obrigação tributária. Por exemplo, os senhores sabem que em matéria de ICMS há um convênio entre os estados que criou uma situação esquisitíssima: o período de determinação de verificação de saldo positivo ou negativo do imposto terminaria no dia 10; o contribuinte que pagar até o dia 5 paga sem correção monetária, mas aquele que pagar entre o dia 5 e o dia 10 paga com correção monetária sem multa. O que pagar depois do dia 10 paga com correção monetária e as multas da mora. Eu acho isso um absurdo! Existe um prazo de exigibilidade, não tem sentido nenhum dizer que o contribuinte que pagar antes desse prazo mas até o dia 5 paga sem correção monetária, mas aquele que está dentro desse prazo e paga depois do dia 5 paga correção monetária, como se se tratasse de desconto pelo pagamento antecipado do imposto. Acho isso inteiramente sem sentido. Isso importa em desconhecer por completo a estrutura e a justificação em termos da indexação da correção monetária.

Eu lhes mencionei o fato de que também em 1988 houve um programa discutido, que ainda não foi resolvido pelo Supremo Tribunal Federal, em que algo parecido com o programa de 1987 se corporificou. Essa situação foi de existência de uma norma de indexação vigente no dia 31 de dezembro de 1988 e uma reindexação segundo um critério diferente em janeiro do ano seguinte. Também a esse respeito considerou-se que a reindexação da correção monetária, feita anteriormente segundo um critério, se importasse em aumento da carga do contribuinte, seria uma intervenção indevida da lei posterior sobre uma situação do fato gerador aperfeiçoada antes dela.

Para concluir eu gostaria de mencionar um outro programa que tem sido muito discutido — até o Aires conversou comigo um pouco antes do início dos trabalhos e externou uma opinião coincidente com a minha, para a minha alegria. Eu acho inteiramente inadmissível que os estados e os municípios estabeleçam regras, índices ou siglas representativas de correção monetária que não sejam exatamente iguais às correções monetárias estabelecidas por lei federal. Aí sim trata-se de matéria monetária. Eu disse que a indexação feita da base de incidência não é uma simples questão monetária, é uma nova forma monetária de exprimir um valor que já está adquirido pelo contribuinte segundo a regra monetária do tempo do fato gerador, o que exclui a sua aplicação ... Agora, eu acho que não podem os estados e municípios — e muitos deles o têm feito — começar no tempo estabelecendo unidades definidas por diversas siglas para o cálculo da atualização dos seus créditos tributários rigorosamente iguais às estabelecidas pela lei federal para todos os efeitos que fossem. E depois eles paulatinamente foram modificando essas unidades, apartando-se dos índices da União, simplesmente redefinindo. Eles começaram fixando um índice de correção certo e coincidente com o índice federal e depois eles foram simplesmente modificando. Digamos no Estado do Rio de Janeiro: a UFERJ, que seria o imposto; disse a lei a um certo tempo: "A UFERJ é dez cruzeiros". Então a partir daí a UFERJ passou a substituir o valor do cruzeiro. Mas de repente simplesmente eles passaram o que era, digamos, de 10 UFERJs, para 20 UFERJs, sem que a lei que tinha fixado em 10 aquele imposto tivesse sido modificada. Então eles fizeram uma indexação própria diferente da indexação feita pela lei federal. Isso me parece inteiramente inconstitucional, uma vez que se trata, aí sim, de norma de direito monetário. Como também não me parece admissível que a lei tributária defina unidades de indexação diferentes para cobrança de seus créditos para restituição do imposto indevidamente pago. (PALMAS)

PROF. GERALDO ATALIBA — Prof. Luciano da Silva Amaro.

PROF. LUCIANO DA SILVA AMARO — Vou tecer breves considerações sobre algumas questões que não integram este painel porque foram já discutidas na mesa anterior, mas integram o tema "Imposto de Renda", objeto desse painel.

Foi dito que o princípio da anterioridade talvez tenha perdido a sua importância hoje, em face de o tributo ser mensal. Eu ousaria discordar, porque, ainda que mensal seja, a própria legislação ordinária que o define como tal (e essa legislação pode ser mudada, também, de modo que amanhã podemos voltar à sistemática anterior e o problema continuaria tão grande quanto era), prevê a declaração de ajuste. Temos algumas deduções ou abatimentos que a pessoa física só faz na declaração anual e, portanto, em relação a esses ajustes feitos na declaração anual pode ainda o fisco pretender que por lei editada ao longo do período base, se modifiquem os critérios ou os valores ou as condições ou o rol dessas dedutibilidades. De modo que o problema permanece existente na esfera do imposto de renda, mesmo com o tributo em bases mensais, como posto na legislação ordinária atualmente em vigor.

A segunda consideração é sobre o problema da progressividade. Parece-me que a tabela com duas ou três alíquotas — eu acho que são duas, porque eu considero que a primeira é uma faixa de não-incidência — é progressiva, e não existem só duas alíquotas, existem *n* alíquotas, existe um número infinitamente grande de alíquotas, porque a alíquota que implementa a progressividade é a alíquota referida à renda de cada contribuinte e não aos pedaços da renda de cada contribuinte. Eu não posso falar em progressividade por escalões ou por faixas ou por intervalos, porque a progressividade deve ser medida em relação à renda tributável total de cada contribuinte, e se nós verificarmos o universo de contribuintes, vamos ver que ninguém, a não ser por uma enorme coincidência, vai pagar exatamente certa alíquota da tabela. Aliás, essa coincidência existe na faixa de não-incidência, onde todos pagam zero, porque a partir do momento em que alguém passa a pagar 15%, a sua alíquota não é 15, é um número menor do que 15, dependendo de qual o valor que ultrapassou o teto de não-incidência. A alíquota de cada pessoa é a resultante da divisão do seu imposto pela sua renda multiplicada por cem. Se eu tenho *x* de renda que pela aplicação da tabela deu *y* de imposto, o valor do imposto é *y*, mas as alíquotas aplicadas para apurar *y* não são zero, 15 ou 25. A resultante que é a alíquota efetivamente aplicada a esse dado contribuinte é o que *y* representar sobre *x*, que pode ser 1, 5, etc., vírgula alguma coisa, 18, 19, 20, 21, 22, 24,99 — nunca 25. Enfim, vai ser uma alíquota aplicada à renda daquele indivíduo. Isso é a progressividade, ou seja, cada contribuinte em função da sua renda terá uma alíquota, que só pode ser aferida quando se souber o imposto devido, e esse imposto dividido pela sua renda é que vai dar a alíquota daquele contribuinte.

A questão que se põe, portanto, não é se essa tabela é progressiva ou não. É se ela está tecnicamente formulada para atender aos princípios constitucionais da progressividade, da personalização do imposto e assim por diante. Progressiva ela é; o que realmente ocorre é que ela é muito rapidamente progressiva.

Na questão da tributação das férias o Prof. Roque Carrazza colocou um arrazoado bastante sugestivo e interessante, mas eu não consegui concordar com a conclusão. Se alguém trabalha durante este mês de setembro e recebe o fruto do seu trabalho diremos: "Bem, teve renda porque trabalhou e a renda é produto do trabalho ou do capital, então ele paga imposto." Mas se durante setembro ele não trabalha e recebe, não obstante, a sua remuneração, não se tem discutido que essa remuneração seja tributada, e não-obstante ela não seria, em setembro, fruto do trabalho mas fruto do descanso, porque o indivíduo não trabalhou, ganhou e pagou imposto. Dir-se-á: "É que ele trabalhou antes e por isso ele está recebendo. Ok, mas se durante este mês de setembro em que ele deveria descansar e receber ele trabalha, por exemplo, fazendo um bico em outra empresa, e lá recebe o produto do trabalho, ninguém dirá também que esse produto do trabalho não seja tributado. E se durante este mês de setembro, que seria o período de descanso, ele trabalhar na própria entidade que é sua empregadora nos demais meses do ano, então ele trabalha efetivamente, recebe porque trabalhou e nós dizemos: "Bem, ele teve uma indenização de férias e portanto essa indenização não é tributada." Parece-me que essa remuneração porque ele trabalhou efetivamente é mais tributável como fruto do trabalho do que o pagamento do mês de setembro se ele não tivesse trabalhado.

Realmente eu não me convenci de que as chamadas férias indenizadas não seriam tributadas.

O problema do fato gerador periódico, aqui a questão abrange tantos desdobramentos que eu ousaria dizer que não consigo me convencer de que os fatos geradores tenham que ser necessariamente instantâneos, todos eles. O fato gerador do imposto de renda não é o encerramento do período. Aliás, exatamente essa colocação foi a que serviu de mote, para que tradicionalmente o fisco sustentasse que a lei editada antes do término do período era uma lei que não feria o princípio da irretroatividade porque ela estava sendo editada "antes" do fato gerador.

Justamente a compreensão de que o fato gerador do imposto de renda — quando o imposto de renda incida sobre a renda de um período, o que nem sempre ocorre — quando ele incida sobre a renda periódica só pode ser um acontecimento histórico que se inicia no primeiro instante do período e termina no último instante. Esse é o acontecimento histórico posto ao longo do tempo que dá o suporte para a incidência do tributo. Em analogia que já fiz em trabalho há pouco referido pelo Prof. Alberto Xavier, é o que se dá com o jogo de futebol: ninguém ganha o jogo porque o juiz encerrou o jogo; ganha-se porque no primeiro minuto ou no 15º minuto alguém cometeu um penalti, a equipe adversária marcou o gol, depois o zagueiro fez um gol contra e empatou, mas depois o atacante fez mais um gol, e tudo isso acontece ao longo do tempo. Quando o juiz apita, terminou a partida, e então vai se fazer o "lançamento" do jogo e verificar-se que à vista de a partida ter se desenrolado ao longo do período legalmente fixado e de tais ou quais fatos positivos ou negativos — marcou gol, sofreu outro gol e tal —, ao final se tem o fato gerador da vitória (mas poderia dar empate ou derrota); enfim, ter-se-á o fato gerador da vitória de alguém ou o empate. Mas isso tudo é resultado daquilo que se pôs no tempo ao longo daquele período, e não o simples fato de a partida ter terminado.

O que se dá com o imposto de renda é a mesma coisa: eu marco um gol, eu ganhei renda, eu pago uma despesa então eu sofri um gol; quer dizer, ao final do período se computam algebricamente todos esses fatos *postos previamente* pela lei (isso é que é importante): a lei tem que ser prévia ao período porque o fato gerador se dá ao longo do período, ele é um acontecimento histórico que se põe ao longo do período, e por isso a lei tem que ser anterior ao período. O fato gerador é periódico, ele não acontece no apagar das luzes do período base, ele não acontece no *reveillon*, ele não acontece ao final de cada mês; ele acontece ao longo do tempo, como aliás sói acontecer com inúmeros fatos históricos.

A outra questão que se põe agora é: será que o imposto de renda tem que ser sempre periódico? Também não consigo ver — e aqui estou correndo o risco de sofrer um puxão de orelha do Prof. Ataliba — na Constituição onde esteja escrito que o fato gerador do imposto de renda ou de qualquer outro tributo tenha que ser anual. O que é anual é o período de realização de receita e despesa do Poder Público, esse está posto na Constituição que é anual, o Orçamento é anual. Quem define o período, diz a Constituição, será uma lei complementar. Atualmente não temos lei complementar, nós temos uma velha lei ordinária recepcionada que define como exercício financeiro o período que vai de 1º de janeiro a 31 de dezembro, como poderia ter definido de 1º de julho a 30 de junho do ano subseqüente. O período há de ser anual para o orçamento. Quem define o exercício financeiro é a lei complementar, segundo a Constituição vigente. Quem no Brasil definiu o exercício financeiro foi a Lei 4.320 que fez coincidir o exercício financeiro com o ano civil, que vai de 1º de janeiro a 31 de dezembro. Mas parece-me que se uma lei complementar amanhã determinar uma outra definição, essa definição seria legítima à luz da Constituição em vigor.

O que acontece é que ao longo do período em que o Poder Público realiza a sua receita, nós contribuintes podemos estar nos vinculando a fatos geradores de tributos com fato gerador instantâneo ou tributos com fatos geradores periódicos. Todos os fatos geradores que acontecerem no Direito hoje vigente de 1º de janeiro a 31 de dezembro terão que estar subordinados à lei que vigorava em 31 de dezembro do ano anterior, porque a lei é anterior ao exercício financeiro, e durante esse período acontecerão *n* fatos geradores e nascerão *n* obrigações tributárias, todas elas regidas pela lei que vigorava no dia 31 de dezembro do ano anterior, exceto se ao longo desse período for editada alguma lei para vigência imediata que reduza o tributo, porque reduzir não é proibido, o que é proibido é criar ou aumentar tributo ao longo do ano.

Ora, o que se dá com o fato gerador periódico que não coincide necessariamente com o ano civil, aliás tivemos até 1985 fatos geradores de imposto de renda da pessoa jurídica cujo período de apuração não coincidiu com o ano civil, terminava em qualquer dia do ano. Em 85 tivemos com a Lei 7.450 a regra de que o fato gerador do imposto de renda teria que ser semestral, assim entendido o período de 1º de janeiro a 30 de julho e de 1º de julho a 31 de dezembro. Isso logo foi revogado quando o governo percebeu que o fato gerador semestral duplicava o trabalho dele e do contribuinte e não aumentava a arrecadação. O curioso é que não aprenderam a lição, porque agora vieram com 12 balanços. O país realmente não tem memória.

O que se põe é: o fato gerador periódico do imposto de renda, quando ele seja periódico (porque haverá situações em que ele não o será) supõe, claro, a definição de um período. Eu sustento que esse período é em regra necessário, porque o imposto de renda, para que se implementem os princípios constitucionais da adequação à capacidade contributiva, da pessoalidade do imposto, há de ser medido em períodos de tempo, para que se possa levar em conta todas as condições pessoais de cada indivíduo. Se o tributo fosse cobrado a cada pagamento de algo que fosse legalmente definido como renda, seria muito difícil personalizar o imposto.

A definição do período para a apuração da renda é algo que decorre dos princípios constitucionais. Esse período não pode ser nem muito longo, nem muito curto. Se esse período for muito curto ele dificulta a personalização do imposto e se ele for muito longo ele prejudica o fluxo de receita do Poder Público.

Já houve no Direito estrangeiro modelos de fatos geradores com períodos de cinco anos, de seis anos, e se verificou que isso realmente criava uma série de complicadores. Chegou-se na legislação de vários países do mundo à idéia de que o ano seria um período adequado, e a legislação dos vários países tem trabalhado com esse período.

No Brasil já tivemos período trienal para o imposto de renda dito suplementar, sobre remessas de lucros ao exterior, e temos tido ao longo da história do nosso imposto de renda fatos geradores do imposto de renda instantâneos, como se dá, por exemplo, na tributação de rendimentos de residentes no exterior, em que a cada pagamento que se faça de renda há uma incidência, naquele instante há um fato gerador, surge uma obrigação tributária, há um sujeito passivo substituto que é a fonte, a fonte retém o imposto e o recolhe.

Tivemos fatos geradores instantâneos também na tributação de rendimentos de títulos ao portador, mesmo porque não há outro jeito; para tributar rendimentos de títulos ao portador não dá para adequar às características pessoais de cada indivíduo. Se o portador é alguém que não se identifica deve-se tributar o valor que está sendo pago e ponto. Não há como personalizar esse valor.

De modo que nós temos, à vista disso, fatos geradores periódicos e fatos geradores instantâneos do imposto de renda. O imposto de renda tem, regra geral, um fato gerador aprovado em períodos de tempo, mas não se pode dizer que sempre deva ser assim, sob pena de ser inconstitucional. Fosse assim, não poderíamos tributar o rendimento de residentes no exterior, não poderíamos tributar o rendimento de títulos ao portador, quando houve títulos ao portador, e assim por diante.

Eu teria talvez algumas outras observações a fazer, mas encerro por hora e estou à disposição para atender eventuais questionamentos. Muito obrigado. (PALMAS)

PROF. GERALDO ATALIBA — Muito obrigado ao Prof. Luciano Amaro.

Agora tem a palavra o Prof. Sidney Apocalipse.

PROF. SIDNEY APOCALIPSE — Senhores professores que compõem a mesa, é um prazer estar aqui mais uma vez e gostaria de iniciar recordando a exposição do Prof. Geraldo, e a despeito de eu ser o apocalipse foi ele quem me assombrou (risos). Estava eu aqui revendo ou meditando a respeito da necessidade de eu rever as últimas indicações que me são feitas, porquanto o tema que me foi apresentado para discorrer é exatamente quanto à definição de ser necessária ou não a fixação do período-base em termos anuais pela Constituição.

A minha posição é frontalmente contrária à do Prof. Geraldo Ataliba, o que me deixava extremamente preocupado, mas que após a exposição do Prof. Luciano da Silva Amaro me deixa realmente confortado.

Eu não tenho muito a acrescentar àquilo que foi dito pelo Prof. Luciano a respeito desse tema, mas certamente entendo também que a referência constitucional ao Orçamento como uma peça anual não é por si só fundamento suficiente para definir que o fato gerador do imposto de renda deva ser medido — para usar uma expressão até comum — em bases anuais. No meu modo de ver, assim como em outros fatos jurídicos que são tributáveis por impostos federais, como o IPI, que grava operações de industrialização, há um fato que é tributado no momento em que ele se realiza: esse fato é a industrialização, assim como a renda o é.

Não vejo na Constituição lindes para estabelecer o momento em que se deva aferir os fatos tributáveis dentro do conceito de renda.

É só isso. (PALMAS)

CONFERÊNCIA

TENDÊNCIAS DO DIREITO TRIBUTÁRIO

PROFESSORA MIZABEL DERZI

PROF. AIRES BARRETO — Os ilustres mestres Prof. Gilberto de Ulhoa Canto, o Prof. Sacha Calmon Navarro Coelho, o Prof. Eugênio Doin Vieira, o Prof. Estevão Horvath (logo mais nos honrará também com a sua presença o Prof. Geraldo Ataliba) aqui estão para ouvir esta pessoa de uma cultura jurídica extraordinária, de uma didática ímpar, de uma facilidade de expressão notável, de conhecimentos jurídicos sólidos, que seguramente vai encantar a todo o auditório; e vai encantar sobretudo porque falo da mulher brasileira. (Risos e palmas) Dentre as qualidades da Profa. Mizabel está a de ser extremamente modesta.

Sem mais delongas, ouçamos a conferência da professora e dileta amiga Mizabel Machado Derzi, da Faculdade de Direito da Universidade Federal de Minas Gerais que, entre tantas contribuições que deu ao do Direito, escreveu um livro notável denominado *Direito Tributário, Direito Penal e Tipo*.

Tem a palavra a Profa. Mizabel Derzi.

PROFA. MIZABEL DERZI — É uma honra para mim estar aqui neste VI Congresso Brasileiro de Direito Tributário a lhes falar sobre tendências do Direito Tributário. Quero agradecer as palavras do Prof. Aires Barreto, que são excessivamente elogiosas, vindas de um amigo, e desde logo dizer que trouxe algumas reflexões a respeito de temas novos, que têm também algum sabor de antigo pós-moderno.

A rigor, como o temário deste VI Congresso é muito amplo e diversificado, falar sobre tendências seria falar sobre quase tudo. Em verdade, nós pretendemos concentrar a nossa exposição em torno dos princípios que devem nortear os sistemas tributários na atualidade, como os princípios da neutralidade, da simplicidade e da justiça tributária.

Quero desde logo afastar o equívoco — como está sendo divulgado por muitos — de que haja uma tendência à neutralidade do Direito Tributário como um todo: quer dizer, ele deveria atuar de forma indiferente às distintas capacidades econômicas e contributivas. O princípio da neutralidade, efetivamente, é um princípio atual em relação aos chamados impostos indiretos, aqueles que oneram fundamentalmente a circulação e o consumo. Em relação aos sistemas tributários atuais, tcomo tais tributos, são sofisticados e neutros, isto é, não devem ser cumulativos, devem ser esses impostos seletivos e ao mesmo tempo não devem incorporar ao preço, tributos relativos a etapas anteriores da circulação, especialmente quando se destinam os serviços e as mercadorias à exportação. Neutros exatamente nesse sentido de que não devem esses impostos interferir na competitividade e concorrência.

Entretanto, os chamados impostos diretos que oneram a renda e o patrimônio, esses sim são longamente trabalhados nos sistemas atuais do ponto de vista da justiça tributária. Alguma coisa nesse sentido eu gostaria de lhes falar neste VI Congresso Brasileiro de Direito Tributário. Para isso é preciso trazer à colação aquilo que nós chamamos de novos saberes, como pressupostos; os chamados novos saberes, os chamados novos mitos, os chamados novos modismos inerentes ao Direito Público de modo o mais diversificado possível. Indagar: quais os efeitos desses novos modismos, desses novos saberes e desses novos mitos no Direito Público e no Direito Tributário?

Gomes Canotilho, no seu *Direito Constitucional*, edição de 1991, tem um capítulo introdutório exatamente sobre esses novos mitos, intitulado "Modernismo e Pós-Modernismo". O modernismo a rigor não é atual. Há um equívoco da mídia e dos líderes do nosso governo quando falam o tempo todo em modernização. O modernismo propriamente dito é alguma coisa tradicional: o pós-modernismo é que tem colocado em xeque, em crítica, em causa, conceitos fundamentais e centrais como Constituição, Lei, Estado e Território. Esses novos mitos e novos saberes têm tido efeitos no Direito Público de modo geral e no Direito Tributário.

Em primeiro lugar, qual é a concepção tradicional e moderna de Constituição, portanto, mais antiga de Constituição? É idéia de que a Constituição é um sistema normativo ordenatório, em documento escrito, da comunidade política, de um lado assegurando os direitos fundamentais e individuais, e de outro lado, com base no princípio da separação de poderes, organizando o Poder Político.

O Estado, desde o iluminismo, no dizer de Rui Cirne Lima, é identificado como um ente eminentemente político que concentrou o poder social, agrupou-o num ponto supremo, monopolizando-o e organizando-o por meio da ordem jurídica. Essa é a nossa concepção clássica de Estado: monopolização, concentração de todo o poder, de todas as formas de coerção social num ponto supremo e organização do uso da força dentro da comunidade política.

Pois bem, as idéias do pós-modernismo colocaram em crise esses conceitos. Na década de trinta, historiadores nos EUA, até a arquitetura com Jeiks, filósofos franceses, como Michel Foucault e Deleuse, lembraram que, na verdade, a Constituição, a Lei e o Direito não são centros ativos. As nossas idéias de Constituição, de Lei e de Direito partem sempre do pressuposto, que ainda adoto, de que Direito é norma: então, que o Direito pode preordenar comportamentos. Portanto, ele tem uma função diretiva, uma função de atingir metas, de atingir determinados fins. Portanto, uma função preordenadora da conduta humana.

Assim, a Constituição dá idéia de Constituição dirigente, socializante, e daí surgem os programas a serem implementados pós-Constituição. E o pós-modernismo não acredita nessa força diretiva do Direito, ele nega que o Direito tenha aptidão ou o homem tenha a aptidão de ordenar a realidade do ponto de vista racional, do ponto de vista lógico e do ponto de vista diretivo. Teubner diz que o Direito é um sistema de sistemas que têm suas próprias regras. Isto é, existem sistemas autônomos reguladores, que funcionam no mercado, dentro das leis econômicas, por efeito de corporações, de profissões, de institutos e instituições com suas regras próprias, e que o Direito apenas coordena esses vários sistemas os quais efetivamente fazem as regras de conduta.

Portanto, o Direito e a Norma Jurídica não são preordenação, mas são produto, efeito e reflexos desses sistemas com regras próprias, estranhas e auto-reveladores, autopoiéticos, como diriam os pós-modernos. Ao mesmo tempo o Estado, dizem os pós-modernos, não conseguiu efetivamente absorver toda a coerção social. Ao lado do Estado existem outras formas de exercício do poder: o poder dos médicos no manicômio, as regras dos presidiários, absolutamente estranhas que regem os presídios à margem das regras estatais.

Há toda uma reserva normativa da sociedade. E esta sociedade, dentro da sua reserva, também cria regras de conduta por meio de contratos, concertação social, negociações e leis econômicas. O Estado, portanto, não monopoliza o poder criador das regras de conduta, segundo a visão pós-moderna.

E finalmente a idéia de território, dizem, está abalada porque cessou, houve uma quebra da inércia territorial. Ao mesmo tempo nós temos transnacionalismos, novas comunidades — a Comunidade Econômica Européia, a Casa Européia — que transcendem o território ligado àquela idéia clássica de Estado: *Nação, População e Organização Política*. Em contraposição, surgem nacionalismos regionais.

O que fica por trás de tudo isso é que aquela idéia de território, fixando um povo em formação, está também em causa, porque quebra-se a inércia territorial. Essa fixação territorial está móvel na atualidade. São essas idéias de alguma coisa do antigo que surgem no novo, a crença de que o Direito então não pode mudar a realidade, gerando aquilo que nós chamamos de pós-modernismo e pós-intervencionismo.

Nos Direitos Tributários, reflexos, por exemplo, se apresentam do ponto de vista da Justiça Tributária: se diz, como o Direito efetivamente não teria força ordenadora, que as regras da realidade econômica são outras. Portanto, ele deve tributar de forma indiferente à distinta capacidade econômica da realidade e que a progressividade deve ser também questionada: se ela é útil, se ela tem alcançado os seus reais objetivos. O que se perde efetivamente é a fé no Direito, a fé no poder ordenador das normas, das regras de conduta e, por conseqüência, na efetiva atuação do Direito para a realização da justiça social. Então há uma contraposição a conceitos estruturais fundamentais, que têm uma profunda interferência com as nossas regras de interpretação.

Evidentemente nós não temos uma Constituição Federal pós-moderna; temos uma Constituição moderna, que acredita na força do Direito, dos programas, e que acredita efetivamente na realização da Justiça Tributária por meio de progressividade, por meio de redução das desigualdades econômicas e sociais.

Desde logo teremos, antes de nos colocarmos em relação aos temas propriamente ditos, de firmar a nossa posição de que, efetivamente, embora acolhendo essas críticas, embora reconhecendo que a realidade é muito mais complexa do que aparentemente se dizia, embora reconhecendo que há outras formas de regulação do Direito, embora reconhecendo as limitações graves do poder ordenatório do Direito, nós reafirmamos, de plano, inauguralmente, a nossa fé no Direito e no seu poder ordenatório, desde que sejamos o tempo todo críticos e tenhamos as instituições jurídicas como instrumento contínuo de revisão e correção da realidade.

Portanto, por que então falar de Justiça Tributária e efetivamente trabalhando, por meio da Justiça Tributária, os conceitos de renda, patrimônio ou capital? Porque a Justiça Tributária, nos sistemas modernos, tem sido perseguida ou realizada, na sua concepção mais profunda de se tributar distintas manifestações de capacidade econômica, na proporção dessas diferenças, por meio dos impostos diretos que podem atingir efetivamente a renda, que podem atingir efetivamente o patrimônio.

Por uma, portanto, imposição de Justiça Tributária, cada vez mais é importante distinguir esses conceitos. No caso do Direito Constitucional brasileiro, do Direito Positivo brasileiro, a distinção entre esses conceitos é tanto mais importante porque só essa distinção pode assegurar a atuação efetiva dos princípios constitucionais. Temos uma Constituição rígida, cujo funcionamento depende efetivamente da compreensão dessas distintas acepções. Nós sabemos que a União não tem competência para tributar faturamento por meio do imposto de renda; não tem competência para tributar receita, faturamento, preços de mercadorias e serviços. Nós sabemos que preços de mercadorias e serviços são base de cálculo de tributos de alheia competência, imposto sobre operação de circulação de mercadoria, imposto sobre serviços de qualquer natureza. Excepcionalmente a Constituição autorizou a tributação do faturamento por meio de contribuições, que entretanto estão afetadas ao custeio da seguridade social e estão submetidas a um regime constitucional peculiar, *sui generis*. Portanto, a título de imposto de renda, é vedado à União tributar preços de mercadorias e serviços, porque isso efetivamente não é renda.

Igualmente não pode a União tributar o patrimônio imobiliário urbano, porque tal competência é própria do município; e nem o rural, a título do imposto de renda, porque o patrimônio imobiliário rural é tributado por uma espécie própria, autônoma, que é o imposto sobre a propriedade territorial rural, o qual está afetado a finalidades não fiscais, mas extrafiscais, por norma expressa da Constituição. Então, com objetivos fiscais e a título de imposto de renda, para aumentar a arrecadação, não pode a União converter o patrimônio imobiliário rural em renda.

Da mesma forma nós podemos pensar num imposto misto, quer dizer, a União poderia criar um imposto de renda que fosse misto de patrimônio, ela poderia instituir um imposto sobre o patrimônio, sobre as grandes fortunas ou patrimônio das pessoas físicas ou jurídicas: mas para isso ela teria que editar lei complementar.

Então, para o funcionamento específico das normas e regras da Constituição, essa distinção é fundamental, e só ela também pode levar-nos à implementação da Justiça Tributária por diversificação da base de tributação. Portanto, esses conceitos voltam sempre, para que se dê o exercício legítimo da competência tributária federal.

Em primeiro lugar nós sabemos que o patrimônio é uma universalidade de direitos e obrigações — nós já tivemos mesas de debates sobre o tema — e que não pode, como acabamos de ver, por meio ou a título de imposto de renda, ser atingido pelo legislador federal. Este patrimônio de direitos e obrigações de bens de qualquer natureza hoje é concebido não só como reserva de riqueza, como também conjunto de fatores de produção, que geram riqueza. Temos uma distinção: quando se tributa, por exemplo, o fruto do trabalho como renda, e quando nós entendemos que aquele que apenas aufere renda por meio de trabalho, demonstra menor capacidade econômica do que aquele que além de auferir renda por meio do trabalho tem patrimônio próprio. O último tem reserva, estabilidade e crédito. Portanto, a acumulação de riqueza por meio do patrimônio é vista hoje como uma outra forma de manifestação de capacidade, autônoma, que não se confunde com a renda propriamente dita.

O que pode ser tributado por meio do imposto de renda todos nós sabemos, é apenas o acréscimo que ao patrimônio líquido das pessoas venha a ser feito por meio do capital, do trabalho ou da conjugação de ambos. O patrimônio, então, é visto como o conjunto de universalidade de bens, que pode efetivamente criar riqueza nova. Por isso é que o trabalho é considerado um bem patrimonial e o fruto do trabalho, efetivamente, a remuneração do trabalho, naquilo que ela exceda o seu custo, é considerada um excedente tributável por meio do imposto de renda. Então nós temos a idéia de patrimônio como o conjunto dos fatores de produção, conjunto que não pode ser atingido por meio do imposto sobre a renda.

Agora, a remuneração de todo este conjunto em si mesma não é renda ainda, pois o que é fundamental, o que é necessário, é que tenhamos criação de riqueza nova. É fundamental, assim, deduzirmos os gastos, as despesas necessárias para a manutenção desse patrimônio, para a auferição da renda, a formação deste acréscimo. Portanto, a idéia de renda se liga sempre à idéia de período: é essa uma idéia básica. Rendimento é remuneração de capital ou de trabalho, visto o patrimônio como fonte de produção. Então, todo o fator de produção — trabalho e capital — é remunerado: juros, salários, lucros, *royalties*, são remuneração de fatores de produção. Mas remuneração, se for considerada topicamente, em um determinado átimo, ela não espelhará a renda porque aí estará como mero fator; para que se obtenha a renda é necessário que deduzamos os custos e os gastos fundamentais para a aquisição da própria renda. Por isso o rendimento — não é aquilo que se tributa ou que a Constituição autoriza tributar — independe do tempo. Mas renda, fundamentalmente, está ligada à idéia de tempo e à idéia de período de tempo.

O que nós devemos questionar no momento é se o legislador ordinário pode, arbitrariamente ... fixar o período de tempo. Nós sabemos que esse período de tempo sempre foi, classicamente, entre nós de um ano. Se o legislador ordinário pode reduzir esse período de tempo para seis meses, para 30 dias, amanhã ele poderá reduzi-lo para l5 dias; e por que não um dia? Afinal, um dia é um período de 24 horas.

Então devemos meditar sobre qual é a margem de liberdade de criação do legislador, dada pela Constituição de 1988, pois o legislador federal pode, efetivamente, atingir o patrimônio, mas deve fazê-lo por meio de lei complementar, não por meio de lei ordinária, a título de imposto de renda.

Os nossos conceitos de renda sempre se ligam, no mundo inteiro, à idéia de período, e essa é a questão fundamental em relação à Lei 8.383/91, que tem sido discutida por todos os presentes. Além disso a renda é sempre pessoal, quer dizer, sempre se entende como sujeito ao imposto de renda aquele acréscimo que advenha do patrimônio da própria pessoa. Quer dizer, qualquer transferência de um patrimônio a outro não é renda. No Direito brasileiro isto foi destacado em espécie autônoma, por exemplo, heranças e doações. Por quê? Porque pelo critério da pessoalidade houve um acréscimo patrimonial, mas esse acréscimo não resultou do trabalho ou do patrimônio daquela pessoa e sim de transferência de um patrimônio a outro.

Igualmente, portanto, se exclui do conceito de renda qualquer pagamento de capital; o que se tributa é o acréscimo. Se alguém compra e vende alguma coisa e não há nenhum excedente, mas mera troca, não se pode tributar o que não corresponda a nenhum excesso. Se alguém aliena um bem do seu patrimônio mas recebe apenas o valor desse bem, em termos numericamente idênticos, não há excedente. A mesma coisa ocorre, se há uma perda anterior desse patrimônio e um reparo ou uma recomposição desse patrimônio por meio de uma indenização. Não há acréscimo patrimonial que possa ser recolhido pelo imposto de renda.

Classicamente nós temos dois critérios diferentes de aferição da renda: um critério para a pessoa física e um critério para a pessoa jurídica. Estas diferenças foram alcançadas por lutas corporativas e lutas profissionais. Daí a força ... dos pós-modernos. Desde o século passado, as pessoas jurídicas, especialmente comerciais e industriais, reivindicaram e obtiveram dos legisladores ordinários, o direito de apurar o seu excedente ou o seu acréscimo patrimonial, nos mesmos moldes do Direito Comercial, tal como se apura o lucro no Direito Comercial.

Portanto, em geral os sistemas legislativos — e o caso brasileiro não é exceção — respeitam essas diferenças, havendo critérios de apuração distintos para a pessoa física e para a pessoa jurídica. Ora, na pessoa física, funciona apenas a idéia de fluxo e se tributa apenas o excedente dos fluxos de rendimentos sobre os gastos, num determinado período. Quer dizer, satisfações e bens e seus custos, representados monetariamente, levam à apuração de um excedente: esse excedente é que é tributado na pessoa física. Entretanto, as perdas do patrimônio necessárias para se obter a renda, na pessoa física, não são consideradas, enquanto este fenômeno recebe tratamento diferente na pessoa jurídica. Quer dizer, contraditoriamente, quando uma pessoa física aliena um bem do seu patrimônio e aufere lucro ou um ganho de capital eventual, esse lucro é chamado à colação; entretanto, a descapitalização desse patrimônio, a perda de valor desses bens jamais é considerada. Então nós temos critérios de aferição distintos por razões de praticabilidade; nós teríamos que ter uma contabilidade da pessoa física como temos uma contabilidade da pessoa jurídica. Mas o que está é a realidade. Ao passo que na pessoa jurídica só apuramos o lucro ou a renda tributável após compararmos a situação do patrimônio líquido na abertura e no encerramento do balanço do período.

Portanto, neste patrimônio líquido, todas as perdas e depreciação desses bens são consideradas, pois nem todo lucro ou prejuízo advém do fluxo financeiro de entrada de receita ou saída por meio da despesa. Pode decorrer do aumento de valor por aquisição de novo bem do ativo ou de sua perda.

O legislador alemão de 1925 — porque não encontramos justificação mais profunda nas nossas leis — explicou a diferença de tratamento com o seguinte argumento: "em primeiro lugar as pessoas comerciais, empresariais e industriais estão sujeitas a um critério de aferição diferente, porque, evidentemente, estão expostas, com muito mais assento do que as pessoas naturais, às oscilações da economia; então o risco seria maior." Isso é muito relativo, pode ser discutido. "Mas para se exercer uma atividade empresarial qualquer, é necessário afetar determinados bens, determinado patrimônio, ao exercício daquela atividade. Enquanto isso não é necessário para a pessoa natural. Então, na pessoa empresarial se separam bens que são necessariamente afetados ao exercício, à exploração da atividade. Portanto esses bens, se corroídos, destroem a atividade econômica da pessoa jurídica e por isso esses bens merecem uma proteção especial" (V. K. Tipke. *Steverrecht*. 9. Köln. 1983. p. 212).

Bem observamos como é fundamental para que esses conceitos, efetivamente, funcionem na realidade, que tenhamos critérios, em economias instáveis como a nossa, para serem afastados os lucros fictícios. Sabemos que os bens e valores que compõem o ativo e o passivo patrimonial da empresa são representados em valores monetários no balanço. Ora, se essa moeda está sujeita à depreciação, e se, portanto, não há uma indexação correta das demonstrações financeiras, ao cabo de certo tempo, nós teremos a possível tributação dos lucros fictícios, tributação que levará ao atingimento pela lei do próprio patrimônio da pessoa comercial, empresarial ou industrial, impossibilitando, é claro, a sobrevivência da própria pessoa jurídica. Neste sentido é que as regras norteadoras da atualização monetária das demonstrações financeiras devem ser as mais claras possíveis, as mais corretas, e espelhar efetivamente a realidade inflacionária do país. Não podem ser manipuladas por índices episódicos eventuais, como temos presenciado, especialmente no ano de 1990, em que o governo fixou com uma defasagem de 100%. Entre a BTN que se pretendia ser o índice obrigatório de correção das demonstrações financeiras e o IPC, havia quase 100% de falseamento da realidade inflacionária, porcentual elevadíssimo, convertendo-se o imposto de renda, em larga espécie, no imposto sobre o patrimônio das pessoas jurídicas.

Queremos dizer que aqueles países industrializados que não têm correção monetária automática, como é o nosso caso, das demonstrações financeiras, têm sistemas, critérios ou métodos para se afastar da tributação, o lucro fictício. Existem fórmulas distintas. Não raramente países se utilizam de duas ou três regras diferentes. Em primeiro lugar usam uma tributação mais baixa para atingir a tributação dos ganhos de capital; eventualmente se uma empresa aliena um bem do seu ativo permanente, essa alienação não é sujeita à mesma tributação dos lucros gerais da empresa, porque pode ter havido uma inflação embutida no período, a alíquota incidente pode ser mais baixa. Em segundo lugar, muitos estados como a Alemanha, a Espanha, a Itália, a Bélgica e os próprios Estados Unidos da América do Norte concedem uma espécie de diferimento ou isenção num determinado momento. Só mais tarde a tributação vai colher o fenômeno, no caso dessas mesmas alienações. Se o lucro auferido com a alienação é reinvestido em novos bens do ativo ele está isento do imposto. Numa próxima alienação posterior, em que não houver o reinvestimento é que haverá a incidência do tributo.

Da mesma forma outros, a par de todos esses fenômenos, autorizam a reavaliação periódica dos bens do ativo fixo. Da mesma forma o capital circulante da empresa, os bens em estoque, para que o fluxo de entrada e saída de receita e despesa não seja falseado, são reavaliados ou por meio do método *lifo* ou por meio de provisões que as legislações consentem para exatamente enfrentar a alta inflacionária. (V. Jean-Marc Tirard. *La Fiscalité des Sociétés dans la CEE*. Paris. La Villeguerin. 1988).

Uma outra regra básica existente nos países industrializados e que o nosso Direito também autoriza até certo grau é o princípio da não-paridade de tratamento entre lucro e prejuízo. As regras de tratamento são diferentes. Em primeiro lugar o lucro só deve ser tributado quando ele é realizado, quando há uma efetiva incorporação desse acréscimo de riqueza ao patrimônio da pessoa, ao passo que o prejuízo sendo provável, sendo certo, embora não realizado, poderá ser deduzido. Vários sistemas jurídicos autorizam a precipitação de dedução. Sabe-se que poderá haver prejuízo naquele exercício ou no próximo exercício, e se autorizam provisões que já e de imediato, antecipando a realização do prejuízo, serão dedutíveis. Então no mundo inteiro as regras da não-paridade de tratamento entre lucro e prejuízo são imperantes.

Mas ninguém esconde que, de forma geral, no imposto de renda, os frutos do trabalho têm sido tributados com mais assento do que os frutos do capital, ou os frutos dos movimentos de circulação do capital. E há determinadas regras econômicas que muitas vezes são insuperáveis.

Na Comunidade Econômica Européia, apesar das tentativas, não se conseguirá tão cedo padronizar a tributação dos dividendos, da remessa de lucros. A Europa tem oscilado exatamente entre esses princípios, justiça e busca de capital para o desenvolvimento. Ela não quer se converter no paraíso fiscal, portanto ela combate a sonegação, combate a evasão ilícita dos tributos, ela está profundamente preocupada com a Justiça Tributária. Se os frutos do trabalho são tributados, com assento, deveria o capital também ser tributado.

Entretanto, existe do lado de lá uma outra regra: é que os países industrializados estão preocupados com a evasão do capital. Portanto, não podem tributar o capital com excessivo rigor, em razão de que todos os países querem repatriar capitais, ao contrário, não podendo permitir a evasão de capitais. Portanto, essas realidades ou regras econômicas devem ser ponderadas pelas notas jurídicas.

Quais seriam as alternativas de solução pensadas? Uma alternativa é exatamente essa: como diversificar nos impostos diretos?

É fundamental distinguir mais uma vez renda, de patrimônio e seus acréscimos. Em vez de se concentrar todo o sistema tributário no imposto de renda, que ficaria o único ou o imposto central direto, uma das soluções que se aventam nas novas tendências do Direito Tributário é também considerar outras manifestações de capacidade econômica, como a existência de patrimônio e seus acréscimos e, por meio dessa diversificação, atenuar o imposto de renda e, aí sim, implantar uma redução do imposto de renda relativa aos frutos do trabalho. É nesse sentido que se faz uma simplificação do imposto de renda da pessoa física, uma redução, tentando beneficiar explicitamente os frutos do trabalho e que se pensa então numa tributação do patrimônio como forma alternativa de capacidade econômica, de diversificação dos sistemas tributários e de combate à sonegação.

Igualmente para compensar as diferentes formas de aferição de renda da pessoa física e de renda da pessoa jurídica, as famílias e os gastos familiares têm sido altamente considerados, ao contrário do que se imagina. O imposto de renda é um tributo pessoal, complexo e difícil, que as regras de simplificação ainda não conseguiram transformar. Então o que se protege, efetivamente, é a comunidade familiar, como a comunidade responsável pela educação, pela formação e desenvolvimento da personalidade humana.

No sistema alemão e no sistema norte-americano, apesar de toda a redução e simplificação dos tributos, empreendidas nos últimos anos, na pessoa física funciona aquilo que se denomina de *splitting*. O que significa isso? Se alguém lhes disser que é necessário aumentar ou reduzir as alíquotas do imposto de renda no Brasil, lembrem-se que, em outros países, existe o que se chama de *splitting*, que o legislador brasileiro insiste em ignorar. O que significa isso? Os cônjuges podem escolher entre uma tributação conjunta ou uma tributação em separado, mas, se optam por uma tributação conjunta, devem oferecer à tributação, somados, todos os seus ganhos e todos os seus rendimentos, fruto do trabalho ou do capital, para posterior divisão. São somados, mas no momento de se submeterem à alíquota, na tabela progressiva, esses rendimentos são divididos ao meio — daí a expressão *splitting*, que quer dizer corte, divisão. Como a tabela é progressiva evidentemente há uma enorme vantagem para as pessoas casadas que vivem juntas, especialmente quando uma delas não aufere renda, porque se reduz a renda tributável à metade. Chegando-se à quota de cada um, cada um dos cônjuges paga o imposto de renda em separado.

É impressionante como isso acarreta uma queda fundamental da tributação para o Estado, e é impressionante como isso foi adotado desde o final da década de 50 e início da década de 60 nos Estados Unidos da América do Norte e na Alemanha. Mas tal não lhes é dito, nunca lhes é falado.

O que eu gostaria de trazer à sua consideração, é a idéia de que o nosso País, com tamanha diversificação econômica entre grupos e pessoas, está a trabalhar com alíquotas excessivamente reduzidas nos impostos sobre renda, heranças e doações e, portanto, implementando regras de simplificação que a meu ver são inconstitucionais. A objetividade legal tem desprezado a capacidade econômica pessoal e familiar, como manda a Constituição.

As diferenças econômicas entre nós são enormes, o legislador não pode ignorá-las, e, não podendo ignorá-las, ele deve, ao contrário, criar impostos sobre renda, patrimônio e seus acréscimos mais pessoais e muito mais trabalhados do que os atuais. Como os senhores vêem, em todos os países, mesmo industrializados, a simplificação tem cedido diante da Justiça Tributária. Ela é feita quando é possível, mas entre simplificação e justiça, valem as regras da justiça. E as regras da Justiça Tributária têm de se impor, evidentemente, às regras da tributação.

Uma outra tendência do Direito Tributário moderno se há de manifestar em relação aos princípios inerentes ao Direito Penal Tributário. O combate à sonegação e à evasão ilícita de tributos é meta de todos os sistemas tributários na atualidade. Entretanto, como a Fazenda Pública Federal, Estadual e Municipal iniciam uma nova política de combate à sonegação, é possível, e nós já temos tido a experiência (principalmente nos Estados do Rio Grande do Sul e Paraná) ocorrerem excessos nesse policiamento. Mais do que nunca nós vamos ter que rever e reestudar os nossos conceitos sobre elisão, evasão e delitos de fundo tributário.

Temos notícia de que, por exemplo, a Administração Fazendária dos Estados do Paraná e do Rio Grande do Sul vão perseguir, sem tréguas, a evasão ilícita. Têm confundido, não obstante, planejamento tributário e economia de imposto com delito, e têm obtido decretação de prisão preventiva de vários contribuintes de uma forma absolutamente injusta. É necessário combater a evasão tributária, é necessário combater a sonegação. E por isto mesmo, porque ela tem que ser combatida, é que nós temos de rever todos os nossos conceitos nesta matéria e reformarmos esses conceitos, sob pena de regredirmos no tempo e repetirmos as arbitrariedades que o Estado Fiscal fez em priscas eras. Arbitrariedades que nos trouxeram essa herança maldita, atávica, de terror de tributo e medo do fisco, nossa herança dos tempos de colônia.

De qualquer maneira, quero fazer coro aqui com Gilberto Ulhoa Canto, Sacha Calmon Navarro Coelho e tantos outros juristas que têm insistido no desenvolvimento, dentro do Direito Tributário, da doutrina e da nossa jurisprudência, dos conceitos distintos entre evasão lícita e evasão ilícita. Aquilo que seria economia de imposto propriamente dita, direito do contribuinte, e aquilo que seria ilicitude.

A posição tradicional nessa matéria de Sampaio Dória, Rubens Gomes de Souza e outros é de que a fraude e a ilicitude no Direito Tributário deveriam ser apanhadas se examinando primeiro a licitude ou ilicitude dos meios. Só a evasão ilícita se utiliza de meios não adequados ou fraude de documento ou falsidade.

E o momento da utilização desses meios? Antes ou depois do fato gerador? Antes da ocorrência do fato jurídico, se os meios são lícitos haveria mera elisão de tributos, mera redução de imposto, mas se a utilização desses meios é posterior à ocorrência do fato jurídico-tributário, tendo como objetivo escamotear a ocorrência desse fato, descaracterizá-lo, para enganar e ludibriar a Fazenda Pública, neste caso, teríamos fraude e evasão ilícita, que devem ser combatidas.

Entretanto, pautando-me nas lições de Sacha Calmon Navarro Coelho sobre este fenômeno quero lembrar que Alberto Xavier, em estudo sobre o negócio indireto, reclamou da nossa doutrina essa limitação: não é que ela esteja errada; ela está apenas incompleta ou é insuficiente. A rigor não se define o que é lícito ou o que é ilícito apenas em relação ao fato e ao momento em que esses meios são utilizados antes ou depois da ocorrência do fato jurídico. O contribuinte pode atuar em relação à conseqüência da norma, ele pode atuar efetivamente em relação a todos os critérios quantitativos que vão levar a uma redução de imposto e com isso obter licitamente redução de tributo a pagar. Por exemplo, ele pode fazer doações dedutíveis do imposto de renda, ele pode contrair dívidas que são absolutamente dedutíveis, trabalhando a conseqüência da norma e não apenas a existência ou não do fato gerador da obrigação tributária.

Finalmente nós temos que distinguir o campo de ilicitude no Direito Tributário que também evidentemente não é penal. Não é crime ainda, e espero que nunca o seja no Direito brasileiro, como em vários outros sistemas jurídicos, deixar de pagar tributo, pura e simplesmente deixar de pagar tributo, se o não pagamento não vem com fraude, não vem com documento falso, não vem com omissão de informações à Fazenda Pública. Se o contribuinte simplesmente resolve não pagar o imposto, não temos ainda entre nós prisão por dívida. Isso a Fazenda Pública tem que entender. Há, portanto, um ilícito tributário que não é ilícito penal, que tem que ser diferenciado do ilícito penal propriamente dito.

Pois bem, se vamos combater a sonegação, se vamos combater a evasão, se vamos combater especialmente a atitude criminosa, nós temos evidentemente que relembrar e reincorporar ao Direito Penal Tributário todas as regras e princípios inerentes ao Direito Penal. Isso será, na verdade, objeto talvez de um próximo congresso de Direito Tributário Brasileiro, pois a tendência é o combate à sonegação e, onde há essa tendência, evidentemente virão os abusos. Portanto, esses conceitos estarão cada vez mais relembrados e reincorporados no nosso dia-a-dia tributário.

Não podemos nos esquecer, nesta matéria, do primado do justo e da inexistência de autonomia em relação ao Direito Penal e ao Direito Tributário; isto é, os grandes juristas em Direito Penal sempre proclamaram que nós não podemos distinguir o ilícito penal do ilícito civil ou do ilícito administrativo. Fundamentalmente todo ilícito no campo penal tem de ser ou de configurar ilicitude para o restante do Direito; não existe essa contradição com outro ramo jurídico. Se alguém aparentemente pratica uma espécie penal, descrita em lei, mas, ao praticá-la, está autorizado por um outro ramo jurídico, ele goza de uma excludente, que se chama excludente da ilicitude e exercício regular do Direito.

Então a compreensão de qualquer regra de Direito Penal — e no caso nós estamos nos referindo ao Direito Penal Tributário — passa pela compreensão da totalidade da ordem jurídica. Esse fenômeno não é peculiar ao Direito Tributário. Como é que nós vamos entender um delito de apropriação indébita, de esbulho, de furto ou de roubo, se não entendermos o que é propriedade e posse no Direito Civil? Igualmente não podemos entender os delitos penais tributários, sonegação, apropriação indébita ou crimes contra a ordem tributária de um modo geral, se não compreendermos profundamente o Direito Tributário.

Por isso é que se diz, e alguns juristas o repetem, especialmente Tipke, que se alguém quer aplicar o Direito Penal Tributário, o juiz ou o advogado, esse alguém tem que ter profundos conhecimentos de Direito Tributário e evidentemente de Direito Penal, e incorporar ao Direito Penal Tributário todas as regras, todas as garantias constitucionais e toda a parte geral do Código Penal. (V. *Steuerrecht*, op. cit. p. 627).

Quero lembrar aqui especialmente a figura de Klaus Roxin (dos círculos concêntricos) porque os senhores devem estar imaginando uma grande contradição no meu discurso. Estamos defendendo a unidade do ilícito penal e tributário; ao mesmo tempo acabamos de dizer que alguma coisa pode ser ilícita dentro do Direito Tributário — exemplo, simplesmente não pagar tributo — sem ser crime, e efetivamente não é crime.

Como considero essa contradição? É que na verdade, dizem os grandes penalistas, o ilícito pode ser estruturado como dois círculos concêntricos, de mesmo centro, portanto, um círculo menor contido no maior. O círculo menor configura toda a ilicitude das espécies penais, de modo que nenhum delito pode ser ilícito e, portanto no campo da ilicitude penal, nenhum delito, será efetivamente delito se não contrariar o restante da ordem jurídica. Então todo ilícito penal é ilícito dentro da ordem jurídica como um todo. Mas se algum ato ou fato, ação ou omissão, estiver autorizado por um outro ramo jurídico não há ilicitude penal. É que fora desse círculo pequeno, há um outro círculo maior da ilicitude como um todo. Portanto, no círculo maior, alguma coisa pode ser ilícita ou contrariar um dever jurídico sem entretanto efetivamente configurar crime ou delito. Então nós temos a ilicitude vista com dois círculos diferentes: um maior englobando o círculo menor, de modo que nem toda conduta antijurídica é, necessariamente, penal. (V. nosso estudo em *Direito Tributário, Direito Penal e Tipo*. São Paulo. Ed. R.T. 1988).

Quero lembrar aos senhores que um dos princípios mais interessantes da parte geral do Código Penal, princípios incorporados pela nova reforma, refere-se ao erro escusável como isentante da pena. Já anteciparemos aos senhores que, não sendo aqueles casos clássicos de sonegação de imposto, a Fazenda Pública terá, no momento brasileiro, uma grande dificuldade de enquadramento, em razão do erro escusável. No mundo inteiro se diz que ninguém pode ser desculpado quando alega ignorância da lei. É o princípio que nos vem dos romanos. Mas o nosso Direito e o Direito Penal também distinguem entre Lei e Direito. Ignorar que existe a lei penal e que existe uma espécie penal prevista nessa lei, isso não é desculpável, não isenta de pena; mas o Direito vem da análise da totalidade do sistema jurídico, e isto leva à isenção de pena. Então o nosso Código Penal hoje distingue, na melhor doutrina, Lei, de Norma, Lei, de Direito, diz que o erro de Direito, quando relativo à espécie penal propriamente dita, aos elementos fáticos da espécie penal, isenta, ou, quando relativo à proibição, quer dizer, à interpretação jurídica daquelas normas penais e extrapenais.

Ora, acabamos de ver que o Direito Penal tem de ser complementado pelo Direito Tributário. O Direito Tributário é caótico, variável; portanto juristas como H. Villegas, Aftalión, Dino Jarach, Antônio Veiga, García Belsunce, F. Lapatza, Tipke e tantos outros dizem que o erro do desconhecimento das regras jurídicas do Direito Tributário, especialmente da interpretação do Direito, quando há discordâncias jurisprudenciais e legais ou administrativas, necessariamente este erro tem de escusar ou tem que isentar o contribuinte, ainda que faltoso, de pena.

Então cada vez mais no futuro, toda esta matéria, que na verdade é uma matéria penal, será chamada à colação dentro do Direito Penal Tributário, porque teremos evidentemente a tendência, na prática também brasileira, do combate à sonegação, da necessidade de ordenar essa prática aos conformes constitucionais e aos mais caros princípios do Direito Penal.

Para terminar gostaria apenas de relembrar a necessidade de que tenhamos e continuemos tendo fé no Direito e fé no poder ordenador do Direito e das Normas Jurídicas. Isto é: quando dizemos que o Direito Tributário não deve abandonar as suas veleidades da justiça, o fazemos, embora sabendo que sua implementação depende de uma série de outras medidas, como reformas estruturais de base, orientação dos gastos públicos, relação entre preços e salários. Enfim, a justiça depende da ordem jurídica como um todo e não apenas do Direito Tributário. Discordamos profundamente de alguém que não acredita no Direito, apenas diz que as regras dominantes vêm de outros sistemas reguladores, de outras normas que não são as jurídicas e portanto seriam intangíveis e intocáveis pelos princípios de justiça material, que o Poder Legislativo visa o tempo todo realizar. Simplesmente desistem, ou se entregam a um conveniente jogo de forças econômicas.

Aproveitando a presença de tão grandes juristas aqui, no momento, que sempre cultivaram essa crença no Direito, quero lembrar que a vida produtiva de qualquer um de nós será aquela de não gastar o nosso tempo na luta para a manutenção dos nossos próprios privilégios eventuais, ou dos privilégios da nossa classe social ou dos privilégios do nosso próprio País. Uma vida produtiva para qualquer um de nós, tão transitórios e rápidos neste mundo fenomênico, só se poderá pautar se identificarmos quaisquer formas de opressão e de injustiça social e material e denunciarmos essas formas, tentando na realidade alterar tais injustiças econômicas e sociais.

Gostaria de ler para vocês o que disse Bertrand Russell no início do século sobre o papel deste homem produtivo. Diz ele: "Aqueles cuja vida é fecunda para si mesmos, para seus amigos e para o universo, são inspirados pela esperança e sustentados pela alegria. Eles vêem na imaginação as coisas que poderiam ser e como poderiam ser. Nas suas relações pessoais não estão preocupados pelo temor de perder a afeição ou o respeito que receberam. Dispensam essa afeição e esse respeito porque prezam a liberdade e a recompensa vem naturalmente, sem que eles a tenham procurado. No trabalho não são guiados pelo sentimento da inveja em relação a seus concorrentes, mas preocupados com a verdadeira tarefa a cumprir. No domínio da política não gastam seu tempo nem consomem suas forças na defesa dos privilégios injustos inerentes à sua classe ou ao seu país, mas têm por objetivo fazer com que o conjunto do mundo seja mais feliz e menos cruel, mais livre de conflitos nascidos de interesses divergentes e composto de seres humanos cujo desenvolvimento não tenha sido atrofiado ou entravado pela opressão."

Encontrando aqui pessoas que nunca abriram mão da técnica jurídica e que foram rigorosas com a necessidade da precisão na ciência do Direito — quero lembrar especialmente o Prof. Geraldo Ataliba que está ali presente — mas que, apesar disto, puseram essa técnica a serviço da Justiça, que diante da crise da Lei, da crise do Direito que o pós-modernismo aponta, não desistiram, reafirmemos nossa fé no Direito, nossa fé na Justiça e no poder transformacional do Direito.

Muito obrigada. (PALMAS PROLONGADAS)

PROF. AIRES BARRETO — Agradecendo a Profa. Mizabel Derzi, gostaria de dizer: depois disso e diante disso não há mais o que falar. Obrigado a todos. (PALMAS)

MESA DE DEBATES

CONTRIBUIÇÕES (1)

PROF. EUGÊNIO DOIN VIEIRA — Com uma pontualidade que não é constitucional, mas que é consuetudinária, nós declaramos instalados os trabalhos desta manhã. O tema de hoje, como está nos nossos programas, enfoca as Contribuições, numa demonstração clara da ditadura do Judiciário neste país; nós temos à nossa direita os ilustres julgadores Lúcia Valle Figueiredo, Diva Malerbi e Sacha Calmon Navarro Coelho, que representam, como todos sabem, valores expressivos do Poder Judiciário Federal em nosso país. Aguardamos à nossa esquerda os professores Pedro Luciano Marrey Júnior e Geraldo Ataliba, que também participarão destes debates.

Considero membros honorários da mesa os ilustres professores de Direito Previdenciário aqui presentes, em especial o Prof. Wagner Balera e Elza P. de Oliviero. Para iniciarmos os nossos trabalhos, que consistirão, como já foi visto em reuniões anteriores, de exposições de até 10 minutos aproximadamente de cada um dos palestrantes, seguidas de posteriores consultas e, se for o caso, debates, vamos conceder inicialmente a palavra à Profa. Diva Malerbi, Dra. pela Pontifícia Universidade Católica de São Paulo, ilustre Juíza do Tribunal Regional Federal em São Paulo.

PROFA. DIVA MALERBI — Dentre os tópicos levantados a respeito da categoria das Contribuições, pediria inicialmente vênia aos senhores para não tocá-los de perto, porque estas questões mais concretas de alguma forma estão desembocando ou irão desembocar brevemente no Tribunal ao qual eu pertenço. Por isso não gostaria de responder questões concretas ou responder às perguntas, mas tratar de uma temática que subjaz no bojo dessas questões: é a da possibilidade no sistema tributário da Constituição de 88 de sobre um mesmo fato gerador incidir tanto um imposto quanto uma contribuição. Cuido desta possibilidade porque a palavra "contribuição" tem soado na doutrina e na jurisprudência brasileira como uma palavra gasta e desgastada pelo tempo, porque gira em torno dela uma série de preconceitos.

A vicissitude maior por que passou a categoria *Contribuição*, no Direito Brasileiro, foi a de ser um tributo ou não. Creio existir hoje unanimidade nacional de que a Constituição de 1988 teria sepultado de vez este preconceito, seja porque a elas mandou aplicar o regime tributário, art. 149, seja porque localizou-as, dentro do Capítulo "Do Sistema Tributário", dissipando dúvidas que outrora foram consideradas consistentes a esse respeito, seja por advertir, no capítulo "Da Ordem Social", que outras fontes que poderão vir a custear a seguridade social — um dos tipos de contribuições previstos no 149 — têm natureza tributária.

No entanto, se formos um pouco mais adiante verificamos que hoje em dia há certas assertivas que são consideradas incontestes. Uma delas é de que os nossos sistemas tributários são, inclusive da Constituição de 88, ou pelo menos desde a Constituição de 46, sistemas rígidos. Rígidos por atribuir áreas definidas ou campos próprios a cada ente tributante, no sentido de Amilcar de Araújo Falcão; seja por não conferir ao legislador ordinário margem para definir a materialidade das hipóteses de incidência, quer dos impostos, quer das taxas, quer da contribuição de melhoria. A Constituição, portanto, daria a materialidade e também a base de cálculo próprias destes tributos, utilizando a palavra na rigidez do sentido empregado pelo Prof. Geraldo Ataliba.

O que temos com relação às contribuições? Como a norma outorgativa da competência está no art. 149, diz a doutrina, o critério de definição da competência vem do elemento finalístico: as finalidades que estas contribuições deverão cumprir, deverão atender. Portanto, não é a natureza do fato tributado que irá caracterizar, pelo menos constitucionalmente, as contribuições, mas sim as finalidades a que elas se destinam. Esta é a doutrina dominante, majoritária, hoje: não tendo a Constituição explicitado a materialidade do fato a ser descrito como hipóteses de incidência das contribuições o legislador ordinário é livre para vir a encarnar nas leis tanto a figura de um imposto como de uma taxa (ou para outros até de um imposto, taxa ou contribuição de melhoria). Será que as coisas se passam exatamente assim? No estágio atual da doutrina dos tributos, temos outra assertiva inconteste: os fatos quaisquer da esfera jurídica dos particulares constituem suporte de impostos e são colhidos pelas hipóteses de incidência genéricas que estão nos artigos 153, 155 e 156. Sobre eles o Direito Tributário se debruça, funcionando como que um direito de superposição, pois o constituinte, ao outorgar essas competências, se remete a conceitos já existentes, plasmados pelo direito privado. Tem-se entendido que estes conceitos estão delimitados constitucionalmente, e por isso se diz que o Direito Tributário, nessas hipóteses, se sobrepõe a estes conceitos de direito privado. O mesmo já se diz hoje, a respeito da taxas e contribuições de melhoria. Também temos competências privativas no caso das taxas e da contribuição de melhoria. Isto porque é pela definição das competências administrativas descritas nos artigos 21, 25, 29 e 30 que se retiram esses campos próprios. Neste caso nós teríamos a lei tributária se sobrepondo à lei administrativa.

Então eu poria à meditação dos senhores: será que no caso das contribuições nós também não poderemos ver este direito de superposição?

Faço aqui um parênteses: a Constituição de 88 ao disciplinar as contribuições ao longo de seu texto — por exemplo, no art. 149, no art. 195 incisos e parágrafos, no art. 201, no art. 212, 239, 240 — ela o faz através de critérios outros, diz a doutrina, que não a materialidade de suas hipóteses de incidência. Ela se refere a critérios diferentes dos impostos, das taxas e das contribuições de melhoria, critérios como as finalidades a que ela deve atender, a destinação específica do seu produto de arrecadação, a destinação legal ou até mesmo a arrecadação direta pelas entidades beneficiadas, e outros critérios. Todas essas normas pertencem ao direito financeiro.

É esta a pergunta que faço aos senhores: será que estas normas, típicas de direito financeiro, não estariam também como que delimitando o exercício da competência imposta, quer dizer, nas contribuições não teríamos também um direito de superposição? A lei tributária não se sobreporia, portanto, a essas normas do direito financeiro, e isto não traria limites ao legislador ordinário? Este é um dos aspectos do tema que gostaria de sublinhar.

Mas deixaria este ponto de lado e voltaria à questão central que me propus a pelo menos sugerir como meditação aos senhores, que é a da possibilidade de, no sistema tributário da Constituição de 88, imposto e contribuição terem o mesmo fato gerador ou base de cálculo. Temos hoje como assente que o sistema tributário da Constituição de 88 é rígido, fechado por duas normas principais, e estas duas normas estão basicamente colocadas nos incisos I e II do atual art. 154. Existiram disposições semelhantes em Constituições anteriores.

Assim, ainda que se considere que a Constituição não tenha regras explicitando a materialidade das hipóteses de incidência das contribuições, não é demais examinar essas duas regras do art. 154, que funcionam como regras de fechamento desse sistema rígido. Analisando sistematicamente a Constituição vemos que, salvo o caso dos impostos extraordinários, que só podem surgir em hipótese de guerra externa ou de sua iminência (art. 154-I) e do imposto de renda estadual onde há, evidentemente, uma superposição da lei estadual sobre a lei federal, vejam, fora esses dois casos, tudo leva a crer que a Constituição atual não tolera a oneração do mesmo fato gerador ou da mesma hipótese de incidência por duas entidades tributantes concomitantemente.

A segunda ilação que se pode tirar do sistema tributário da Constituição de 88 é de que não existe juridicamente a possibilidade de qualquer tipo de imposto escapar ao seguinte esquema: ou configura um imposto privativo cuja materialidade e base de cálculo própria vêm definidas nos artigos 153, 155 e 156, ou esse imposto será residual, nas condições do art. 154-I. E nesta última hipótese só poderá ser instituído pela União.

Tal esquema me parece — e é isso que ponho à meditação dos senhores — que a União, no exercício de sua competência residual, só poderá instituir os chamados impostos novos indeterminados na Constituição, mas nunca indetermináveis, que não estejam, portanto, previstos nos artigos 153, 155 e 156. Nem precisaria a primeira parte da cláusula colocada no inciso I do 154 que diz: "impostos não previstos no artigo anterior", já que também não poderiam ser previstos os constantes dos 155 e 156, em face da consagração dos princípios federal e autonomia municipal.

O que este art. 154 faz? Dá as condições para o exercício dessa competência residual em matéria de impostos: exige lei complementar de *quorum* mais exigente, qualificado para a sua instituição, que esses impostos sejam não-cumulativos, ou seja, que obedeçam aquilo que também ocorre hoje na sistemática do IPI e do ICMS, e a última cláusula que diz: "Não tenham fato gerador ou base de cálculo próprios dos discriminados".

Há uma outra verdade assertiva entre nós, de que a natureza das espécies tributárias é determinada através de um binômio: hipótese de incidência e base de cálculo. Será que o filólogo teria mudado aqui o "e" para "ou", colocando um disjuntor excludente? Me parece que não; me parece que a Constituição esta indicando outros rumos.

Então volto à questão que coloquei: A União poderá instituir o imposto com uma contribuição incidindo sobre o mesmo fato gerador? Esmiucemos as possíveis hipóteses.

Se o fato gerador ou hipótese de incidência da contribuição for um dos enumerados nos artigos 155 e 156, haverá, portanto, invasão de competência face aos princípios federal e da autonomia municipal, confirmados pelo art. 154-I. Privativos quer dizer exclusivos no Direito Constitucional Tributário brasileiro.

Segunda hipótese, se o fato gerador da contribuição for um daqueles enumerados pelo art. 153, aí estaremos diante de autêntico adicional do imposto a que adere. Ou seja, um imposto cujo fato gerador não é autônomo, mas segue o regime do seu principal, do imposto originário. Como já dizia Amilcar de Araújo Falcão, a criação de um adicional constitui forma especial de majoração do imposto principal a que adere, mediante indireta ampliação de sua alíquota, base de cálculo ou de ambas.

Terceira hipótese: estas contribuições poderão ter fato gerador de um imposto residual? Creio não existir tal possibilidade. Para que estas contribuições possam assumir esta figura jurídica, seria preciso obedecer o regime estatuído no 154-I, sobretudo que o tributo não tenha fato gerador ou base de cálculo próprios dos discriminados.

Mas vejam, existe uma norma de direito financeiro, constante do art. 157 inciso II, da Constituição, que diz "pertencerem aos Estados e ao Distrito Federal 20% do produto da arrecadação do imposto que a União instituir no exercício dessa competência residual." Vejam, a União não pode criar uma contribuição, cujo fato gerador encarne a figura jurídica de um imposto residual pois haveria incompatibilidade manifesta com as finalidades que ela deve alcançar, porque a Constituição determina a vinculação do seu produto de arrecadação à entidade beneficiada por aquela contribuição, razão de ser de sua instituição. Vejam, haveria aqui que se entender restritivamente estas hipóteses em face desta norma de Direito Financeiro, que viria mais uma vez conformar o exercício da competência impositiva das contribuições.

Enfim, embora a Constituição deixe margem de liberdade para a criação dos fatos que poderão ser eleitos, para compor uma hipótese de incidência de contribuição, me parece que estes fatos deverão, de algum modo, estar ligados à cláusula existente no art. 149, que é a de que a União poderá instituir contribuições, por atuar na ordem social, no domínio econômico e no interesse de categorias profissionais e econômicas, mas o fará como instrumento de sua atuação nas respectivas áreas.

Então me parece que, embora haja certa liberdade para a configuração da hipótese de incidência das contribuições, não poderão ser descritos quaisquer fatos que estejam na esfera jurídica dos particulares, porque este, segundo a dicção da última cláusula do 154, é uma base de cálculo própria dos impostos. E ainda, o 149 diz que não se pode cogitar da hipótese de incidência de contribuição se ausente estiver uma atuação de poder público. Quer dizer, a União, ao instituir essas contribuições, deverá figurar um fato cuja base de cálculo venha se referir, medir ou somar a este fato, algo que constituir causa da sua atuação nas áreas mencionadas, ou um efeito desta atuação, tendo em vista as finalidades previstas.

O meu tempo está esgotado. Proporia, portanto, aos senhores, uma meditação quanto a este aspecto: quando o legislador constituinte fala em "fato gerador ou base de cálculo" é porque a Constituição, em alguns casos, pode indicar tão-somente uma base de cálculo própria e a contribuição seria um dos discriminados. É esse tipo de interpretação que faço, porque pelo menos no art. 195 inciso I a Constituição é inequívoca: seja para ressalvar, seja para completar a regra de competência, dá a base de cálculo própria de um tipo das contribuições.

Muito obrigada. O meu tempo está completamente esgotado. (PALMAS)

PROF. EUGÊNIO DOIN VIEIRA — Ouviremos em seguida o Prof. Sacha Calmon Navarro Coelho, da Universidade Federal de Minas Gerais, um brilhante juiz federal.

PROF. SACHA CALMON NAVARRO COELHO — Amigo e Prof. Eugênio, minhas caríssimas colegas Lúcia Valle e Diva Malerbi, meus senhores e minhas senhoras, o escritor Bernard Shaw disse certa vez que *a ortodoxia é a mãe de todas as tiranias*. Evidentemente Bernard Shaw disse essa frase no contexto político-social do seu país, a Irlanda. Mas de certa maneira essa frase me impressionou profundamente e me parece que em todos os ramos de saber, em todos os campos do viver, a ortodoxia realmente é a mãe de todas as tiranias.

Imaginemos o Estado totalitário de Hitler, com os seus mitos e as suas crenças, não admitindo a pluralidade cultural. Pensemos no comunismo que vigorou no Leste Europeu, ou então nos Estados Fundamentalistas do nosso tempo, onde a *lex* — a lei humana — e a *fas* — a lei religiosa — se confundem; ambas decorrendo de um legislador sobrenatural, como na lei mosaica ou nos estados xiitas do nosso tempo. É um legislador intangível e um direito imutável, porque Deus não pode ter errado ao fazer suas regras.

Devemos fugir da ortodoxia. Se ficássemos atados a ela no campo do Direito Tributário recente no Brasil não teríamos as magníficas contribuições, por exemplo, de Geraldo Ataliba com seu pequeno grande livro *A Hipótese de Incidência Tributária*, que pôs termo a uma série de equívocos; nem o livro de Paulo de Barros Carvalho, um avanço extraordinário mostrando que a hipótese de incidência não envolve os elementos de cálculo, nem a alíquota, nem a determinação dos sujeitos passivos, porque tudo isso se comporta no mandamento da norma e não na hipótese de incidência. E a doutrina brasileira repetia esse erro insistentemente. Ao arrolar os elementos que compunham a hipótese de incidência lá se colocava a base de cálculo, a alíquota, os contribuintes. Pareceu uma verdade tão simples depois de dito, um "ovo de Colombo". Mas foi graças a esse rompimento com a ortodoxia que se pôde dar este passo na construção de uma doutrina tributária bem assentada em bases firmes.

Alberto Xavier outro dia examinava uma questão sobre elisão e evasão fiscal e verificava que todos os grandes autores — Hensel, Wurlod (suíço), Rubens Gomes de Souza, Gilberto Ulhoa Canto, o falecido de saudosa memória Sampaio Dória — distinguiam, na esteira da doutrina anglo-saxã da *tax avoidance* que a evasão era ter, praticar o fato gerador e dele se evadir, e a elisão não entrar no fato gerador. Então o momento da ocorrência do fato gerador marcaria o *divortium aquarium* entre evasão e elisão.

Percebeu que essa doutrina era insuficiente. E quem mostrou o desenvolvimento necessário? Alberto Xavier, mais uma vez rompendo com as opiniões unânimes e dizendo que a elisão podia ser conferida não só em relação ao fato gerador, à hipótese de incidência, mas também em relação aos elementos da estatuição: base de cálculo, das alíquotas, isenções, imunidades etc.

Fôssemos nos ater à ortodoxia e Lúcia Valle Figueiredo e Celso Antônio Bandeira de Mello não teriam avançado tanto no Direito Administrativo brasileiro, deixando de lado velhos preconceitos, frases repetidas, conceitos já esterilizados pelo tempo.

Eu não sou um ortodoxo, mas não chego a ser um heterodoxo, porque o Bernard Shaw também disse uma outra frase de efeito, mas profundamente verdadeira, que *até as verdades enlouquecem, não só as pessoas e os animais*. Eu fiquei pensando numa verdade que tivesse enlouquecido, e descobri a inquisição. A inquisição é a loucura do cristianismo. O doce rabino que oferecia a outra face aos seus detratores, que criou uma doutrina de amor, de perdão e de compreensão, o cristianismo, vê-se de repente enlouquecido nas mãos dos algozes espânicos a perseguir e a queimar judeus, marranos, cristãos novos. Em nome da fé, em nome do amor se mata. Então é verdade que enlouqueceu, toda a inquisição é uma verdade enlouquecida.

Os meus limites se põem entre essas duas frases, essas duas idéias. Eu não quero ser ortodoxo a ponto de não avançar nem heterodoxo a ponto de enlouquecer. (RISOS)

No campo do Direito Tributário uma idéia que eu tenho combatido severamente, talvez com laivos de ortodoxia, é sobre um sistema qüinqüipartido de tributos ou quatripartido. Já ouvi manifestações respeitabilíssimas dizendo que com a Constituição de 88 já não faz sentido falar em tricotomia, em teoria tripartite dos tributos, uma coisa que eu aprendi e me convenci com esses que formam a minha família jurídica-tributária, que afinal são esses meus amigos de São Paulo, a escola que se denominou da PUC.

Para mim só existem três tipos de tributo: taxa, imposto e contribuição de melhoria. Outro ponto que combato é o princípio da anterioridade.

Só o Brasil é que tem o princípio da anterioridade. Ninguém mais tem o princípio da anterioridade. Todos praticam o princípio da anualidade, a inserção material do tributo na lei ânua. Até os anglo-saxões praticam esse sistema.

Nós inventamos o princípio da anterioridade a partir de uma deformação consciente do princípio da anualidade promovida pela doutrina e pela jurisprudência. Foi o Supremo Tribunal Federal e foram os doutrinadores de Direito Tributário que deformaram o princípio da anualidade, o desfiguraram e criaram esse monstrengo que é o princípio da anterioridade. Para realizar a não-surpresa se permite que no dia 31 de dezembro o Diário Oficial circule para produzir eficácia no primeiro dia do exercício seguinte, quer dizer, em 1º de janeiro. É realmente uma falta de sentido admitir-se o princípio da anterioridade, porque no momento que no dia 31 é possível editar uma lei com eficácia imediata nós chegamos ao absurdo de através do formalismo jurídico destruirmos o fundamento axiológico que preside a não-surpresa, porque a anualidade, a anterioridade, lapsos temporais de seis meses, três meses, 90 dias, são armações jurídicas para defender a não-surpresa do contribuinte.

Então o brasileiro é o único povo que tem o princípio da anterioridade. Os outros ou adotam a anualidade ou lapsos temporais definidos independentemente do calendário gregoriano. Agora se fala nesse sistema qüinqüipartido e que as contribuições parafiscais seriam um quarto gênero e os empréstimos compulsórios um quinto gênero, e essas contribuições não seriam impostos e se legitimariam pela finalidade. São tributos finalísticos e portanto são diferentes dos impostos.

Eu ouso discordar dessa colocação e me valho até das idéias do Prof. Souto Maior Borges. Ontem vocês viram que ele referindo-se a Bobbio já não fala mais em estrutura ou estruturalismo jurídico à moda kelseniana, e passa a falar em função. Passo da estrutura para a função. Eu vou seguir essa intuição para dizer que só existem mesmo impostos, taxas e contribuições e que as contribuições parafiscais no Brasil são impostos, apenas finalísticos. Os impostos podem ter os seus recursos livres de aplicação ou terem os seus recursos com aplicação predeterminada. Não implica em alterar a natureza jurídica do tributo; implica em dizer: o produto da arrecadação desse imposto é para essa finalidade, porque nós só podemos qualificar o tributo pela natureza do seu fato gerador. Isso é algo empiricamente observado e que gerou, no plano da abstração jurídica, a teoria dos tributos vinculados ou não-vinculados a uma atuação estatal. Isso não é uma invenção, é a condensação de uma experiência humana e histórica, daí termos as escolas tripartites e bipartites.

Alfredo Augusto Becker, que será devidamente homenageado nesta sessão, era um que adotava a dicotomia, ele não admitia a tricotomia, para ele só existia imposto e taxa; as contribuições de melhoria se fossem tipo custo seriam taxas, se fossem tipo valorização ou captação da mais valia seriam imposto sobre ganho de capital. No fundo das escolas dicotômicas e tricotômicas está a teorização dos tributos vinculados no seu fato gerador, na sua hipótese de incidência, a uma atuação estatal ou não.

Quando examino as nossas contribuições eu verifico que os casos que foram postos na hipótese de incidência são desvinculados de qualquer atuação estatal: contribuição do empregador sobre folha de salários, qual é o aspecto material da hipótese de incidência? Pagar salários, renda consumida no pagamento de salários. Qual é a hipótese de incidência do Finsocial, do PIS? Ter faturamento, o aspecto material é esse, ter faturamento, ter faturado. Qual é a hipótese de incidência da contribuição sobre o lucro? Ter tido lucro no balanço anual, esse é o fato da vida desvinculado de qualquer atuação estatal. É diferente da taxa, ter recebido um serviço e ter sido realizado em relação à minha pessoa, ou um ato do Poder de Polícia.

Por esse sobre-serviço estatal, e aí já estou falando de função, por esta sobrecarga individualizada, por essa vocação do Estado de voltar-se para mim, me prestar o serviço, realizar em relação à minha pessoa um ato do Poder de Polícia (função) eu pago uma taxa. Quando a função é arrecadar recursos para atender às necessidades do Estado eu tenho impostos e mede-se apenas a capacidade contributiva — ter renda, importar mercadorias, exportar mercadorias, fazer circular mercadorias. As necessidades do Estado são determinadas e indeterminadas, o imposto de renda é para fazer tudo: para fazer estradas, para fazer escolas, para engordar a conta do PC (RISOS) ... Não importa, não está predeterminado na Constituição nem nas leis. Às vezes eu crio um imposto e predetermino a sua finalidade: esta contribuição, esse imposto é para atender a seguridade social, é para manter as entidade de classe — e aí está a legitimação finalística, mas que não interfere com a natureza jurídica do tributo.

Dirão vocês: não, na contribuição o Estado retribui com serviços, com aposentadoria, com serviços médicos. Ilusão! Não é sinalagmático; a retribuição é aleatória e eventual e pode nunca vir a ocorrer. Mais: quem não contribui, usufrui, não é necessário ser contribuinte da contribuição para gozar da proteção social do Estado. Na taxa não, eu recebo a certidão e pago, eu recebi tantos litros de água e pago. Na contribuição de melhoria se faz a obra, rateia-se o custo e eu pago, ou então a obra repercutiu no meu patrimônio, valorizou-o. O Estado captando a mais valia me cobra uma quantia.

Então esse aspecto não sinalagmático que existe nos impostos e nos tributos vinculados a uma atuação estatal é definitivo para qualificar o tributo. Na contribuição o vir alguém a aposentar-se (eu posso até não me aposentar, porque morro), vir a gozar de serviços médicos, é tão aleatório e incerto como ter mais escolas, ter mais segurança, ter mais estradas, caso dos impostos não destinados constitucionalmente a uma finalidade específica. Então eu considero que o parentesco das contribuições ditas parafiscais ou especiais é com os impostos e não com a contribuição de melhoria, nem contribuição de melhoria tipo custo, como na Alemanha, nem contribuição para a captação da mais valia imobiliária — como na Inglaterra, de tal maneira que desta afirmação eu iria tirar algumas conclusões capazes de lançar luzes sobre os equívocos judiciais que nós outros juízes estamos cometendo.

Eu certamente tenho de me penitenciar perante os senhores, estou sob o cutelo de críticas bem fundadas, mas à guisa de me justificar eu digo que tenho votado com o contribuinte em quase todas as espécies (Mizabel é testemunha disso). Mas na contribuição sobre o lucro e na contribuição para o Finsocial eu me posicionei de uma tal maneira que vim a ficar de conformidade com o julgamento dito equivocado do Supremo Tribunal Federal. Eu iria desenvolver esse tema para tentar justificar a decisão do Supremo e a minha, perante uma certa indignação contida em vocês, que são representantes lídimos dos interesses da sociedade que contribui. Infelizmente o Doin me cassou a palavra e eu fico sem defesa. Tomara que não decretem o meu *impeachment*. (PALMAS)

PROF. EUGÊNIO DOIN VIEIRA — Excelente, muito didática e altamente provocativa a exposição do Prof. Sacha Calmon, traz ao debate temas interessantíssimos, dela nós discordamos em 65 a 70%, mas achamos que talvez uma voz feminina ajude a agitar esse debate e a trazer idéias novas, idéias diferentes para conhecimento dos colegas. Lembro que as questões já podem ser formuladas para chegarem à mesa.

Passo a palavra à ilustre Profa. Lúcia Figueiredo.

PROFA. LÚCIA VALLE FIGUEIREDO — Excelentíssimo Sr. Prof. Eugênio Doin, Profa. Mizabel Derzi, Profa. Diva Malerbi, Prof. Sacha Calmon, senhoras e senhores, eu realmente quando o Prof. Geraldo me convidou para aqui falar sobre as Contribuições, disse-lhe: não tenho mais nada a dizer, não pela ortodoxia, mas é que a exaustão de se ver discutida no plenário do Tribunal, durante quatro longos meses, a contribuição da seguridade para depois nós vermos (não quero fazer aqui nenhuma crítica à nossa Corte Excelsa) como tudo é tão simples, tão fácil para se dizer.

Aí é que é a ortodoxia do Judiciário, que a gente tem de pedir desculpas mesmo ao povo que só exige uma coisa, atualmente: ele exige que o Judiciário realmente faça o Direito interpretado, faça o Direito que a Constituição já fez. Quer dizer, o Judiciário tem apenas que cumprir o que a Constituição já fez, e a Constituição nossa é exaustiva, a Constituição nossa não deixa margem nenhuma para a "constitucionalização" — entre aspas — das leis, na interpretação conforme, aproveitando aquela lei desconforme; e na verdade se erigindo o Judiciário não no legislador negativo, como assinala tão bem Gomes Canotilho — e também como foi muito bem assinalado de certa feita pelo ilustre Ministro Moreira Alves, que o Judiciário não podia ser um legislador positivo, ele só poderia ser um legislador negativo. Portanto ele não poderá "constitucionalizar" leis que são absolutamente desconformes da Constituição, sob pena de ele estar realmente legislando. Isto realmente vem acontecendo.

Eu disse que nada tenho a falar sobre a contribuição porque realmente a respeito da contribuição na seguridade social na discussão do plenário já foi tudo colocado e o voto está à disposição de todos: o voto brilhante da Dra. Diva Malerbi. Eu tive a honra de ser relatora no processo. Então realmente não há nada mais a falar.

Mas eu queria tecer aqui só pequenos comentários sobre alguns tópicos. Inclusive o Prof. Geraldo Ataliba insistiu tanto no concurso de Juiz Federal, e aqui está alguém que fez o concurso de Juiz Federal, no oral a perguntar: o que a Constituição quis dizer com cobrar? Então essa palavra cobrar tem um trânsito normal, tem um trânsito comum, parece, na decodificação normal, que seria simplesmente arrecadar. Mas isso, já dizia o Prof. Geraldo na banca de concurso: "Eu não quero saber de arrecadar, isso aí é secundário. Eu estou perguntando uma coisa muito mais importante para os senhores: o que é cobrar no texto Constitucional?" E cobrar no texto constitucional realmente não tem o sentido de arrecadar, tem o sentido de poder exigir, e não cobrar algo que passou. E este equívoco foi cometido por ilustres membros do Tribunal Regional da 3ª Região, quando achavam que cobrar para validar a contribuição era perfeitamente possível a partir daquela época em diante.

Aí eu incido no tema abordado pelo Prof. Sacha, da ortodoxia no que tange à anterioridade. Enquanto o Prof. Sacha falava isso também me ocorreu no exame oral em que o Prof. Geraldo insistia com o princípio da anterioridade, insistia com alguns pontos. O Prof. Sacha deu um exemplo felicíssimo: que é uma demasia e é um absurdo essa interpretação da anterioridade, que uma lei possa ser promulgada no dia 31 de dezembro à noite e circular no dia 2. E além disso ela valer para o primeiro exercício. Aí, Prof. Sacha, eu coloco então o seguinte problema: nós estamos diante de um problema kafkiano, porque como é que o § 6º excepciona as contribuições da anterioridade e dá o prazo de 90 dias. Elas só podem ser eficazes após 90 dias. Então nós temos um paradoxo: a contribuição que foi excepcionada só pode ter eficácia vigente 90 dias depois. Portanto, se publicada uma lei de contribuição no dia 31 de dezembro — isso já foi reconhecido pelo Supremo — dúvida alguma acode: ela só pode deflagrar a sua eficácia 90 dias após. E como é que as outras que não estão excepcionadas podem deflagrar a sua eficácia um dia após? Isto me parece um paradoxo. Agora, será que não é ortodoxia de interpretação? A Constituição quando fala em anterioridade não está a se referir, é claro, à anualidade, porque teria que estar dentro do orçamento; mas ela não está, se o elemento não-surpresa é uma garantia fundamental, é um vetor dos vetores, é um sobreprincípio constitucional a segurança e certeza do Direito, será que ela não quer se referir exatamente que para o elemento não-surpresa nós nunca poderíamos fazer essa lei vigorar para uma tributação que começa no dia 1º. Seria para o outro exercício. Mas quem tem coragem de fazer essa interpretação ao Judiciário, Prof. Sacha? Nós precisamos ousar, Prof. Sacha. Precisamos começar a ousar. É claro que a gente vai levar um bombardeio de todas as partes, por muito menos que isso a gente leva bombardeio. Eu já fui chamada da "Senhora Inconstitucionalidade". Dizem que quando eu disser que uma coisa é constitucional, então aí todo o mundo vote pela constitucionalidade, porque então não há a menor dúvida. E também dizem a mesma coisa a respeito de mandado de segurança. Noutro dia a Dra. Diva teve a coragem de dizer em alto e bom som no microfone: "Bom, se a Dra. Lúcia denegou a segurança, acho que só nos cabe acompanhar". (RISOS) Mas não é bem assim.

Eu realmente acho que a nossa Constituição agora está sendo vivida, agora ela está sendo executada. Nós estivemos num período letárgico durante quatro longos anos em que a gente falava da Constituição, dizia do que estava dentro, e parece que ninguém se conscientizava que tinha algo diferente, um instrumental completamente diferente, um instrumental que garante o cidadão, que é a Constituição da cidadania, e essa Constituição da cidadania agora está se revelando, ela agora está mobilizando o quê? Todos. Todos se conscientizaram que é para valer a Constituição. Então o que a gente tem de fazer, Prof. Sacha, não me parece que seja modificar, até porque cada modificação que a gente faz é um novo trabalho jurisprudencial.

De certa feita o Prof. Marco Aurélio Grecco me disse que para que uma tese entrasse vitoriosa no Judiciário demorava no mínimo 10 anos. Vejam que é um espaço de tempo longo. E é verdade isso. Então por que nós, que já temos quatro anos de Constituição, vamos mudar coisas? Eu não quero que mude a anterioridade, Prof. Sacha, eu quero que me interpretem anterioridade coerentemente, que não cometam os absurdos de interpretação dessa contribuição, que é excepcionada na Constituição, tenha eficácia 90 dias depois, e um tributo que não é excepcionado na Constituição tenha eficácia no dia seguinte. Então isto é que não pode continuar.

Muito obrigada a todos. (PALMAS PROLONGADAS)

PROF. EUGÊNIO DOIN VIEIRA — Vou fazer um apelo aos colegas homens: este aqui é um congresso científico! (RISOS) Eu peço que não se deixem enlevar por argumentos visuais, por favor. (RISOS) O Prof. Sacha não é tão mal posto assim, mas fica em desvantagem. As mulheres têm uma solidariedade de classe que é inegável, é natural. Se os homens aderem por uma espécie de osmose visual (RISOS), assim fica difícil o prosseguimento do debate. Ainda mais que eu vou dar a palavra agora para à Profa. Mizabel Derzi. Então não é possível! Parece essas festas de fogos do interior, que o pobre do bandido fica no meio e todo o mundo acerta nele! Solicito que meditem cientificamente. Está presente o Prof. Gilberto Ulhôa Canto, que é uma espécie de São Francisco de Assis do Direito Tributário brasileiro (RISOS) e eu o convido para a mesa.

Passo a palavra neste instante à Profa. Mizabel Derzi.

PROFA. MIZABEL DERZI — É uma honra estar aqui nesta mesa de debate com os professores e juízes. E não é que eu tenha de tomar partido em favor do Supremo Tribunal Federal ou em relação ao Tribunal Federal da 3ª Região, mas se tivesse que fazê-lo, ficaria com o Tribunal da 3ª Região.

Quero chamar a atenção apenas em relação às contribuições, a um aspecto que tem sido negligenciado e especialmente agora foi posto de lado, na decisão da nossa Corte Suprema: é a questão da destinação dos recursos. É um aspecto básico fundamental e da sua observância, na verdade, depende a sobrevivência da nossa seguridade social pública, um baluarte do Estado social brasileiro, do Estado democrático de Direito.

Nós sabemos que a seguridade social no mundo inteiro enfrenta problemas financeiros. Os problemas financeiros enfrentados pela seguridade social brasileira, na verdade, são os mesmos em relação aos problemas financeiros afetados pela seguridade social na Alemanha e nos países mais desenvolvidos do mundo, que são conhecidos por terem sistemas de seguridade públicos de notável eficiência. São os problemas de recessão, de desemprego, portanto de redução das arrecadações que incidem sobre a massa dos salários.

Mas só existe um problema peculiar nacional que eu nunca vi relatado nos estudos e trabalhos dos especialistas de seguridade social pública dos países desenvolvidos: o problema de desvios de recursos da seguridade social, praticados pelo próprio Governo Federal. O modelo de seguridade social brasileiro é o modelo adotado na massa dos países, quer dizer, o modelo de custeio é um modelo misto; a nossa seguridade social é custeada por contribuições, cuja característica exatamente é serem arrecadadas, administradas e gerenciadas pelos próprios órgãos da seguridade social e por transferências de recursos do Orçamento do Estado. É claro que esses recursos transferidos podem advir da arrecadação de impostos e de outros meios próprios de formação de receita, daí o nome *forma de custeio mista*. Apenas a Dinamarca, na Comunidade Econômica Européia, custeia a seguridade social por meio de imposto, o imposto de renda da pessoa física e jurídica. O modelo da Comunidade Econômica Européia e dos Estados Unidos da América do Norte é igual ao modelo nacional, que é o modelo misto.

Não há nenhuma queixa nos países industrializados, em relação a desvios, isto é, ao fato de o Estado estar manipulando ou retirando recursos da seguridade social. Isso não existe! Há um respeito profundo pela seguridade social. As queixas são no sentido inverso, quer dizer, foram reduzidas as transferências, os subsídios que vinham do orçamento do Estado para o orçamento da seguridade social. É a queixa que fazem esses países em relação à forma de custeio da seguridade social.

Pois bem, qual era a nossa prática anterior, que a Constituição de 88 objetiva coibir? A nossa prática constitucional era a prática dos desvios, perfeitamente assegurada pela Constituição de 69. Por quê? Porque havia um dispositivo na Constituição que dizia que no Orçamento da União seria preservada a autonomia administrativa e financeira dos órgãos da administração indireta do Estado. Estão nessa administração indireta as autarquias etc. Então nós tínhamos a possibilidade — que foi utilizada à luz da Constituição anterior — de o governo aprovar por decreto — e ele efetivamente o fazia, simplesmente aprovava por decreto — o orçamento da seguridade social. E por decreto também modificava esse orçamento da seguridade social, aplicando os recursos em programas e projetos distintos daqueles naturais, próprios aos órgãos securitários. E vem da década de 30. Serviram os recursos da seguridade social para construir hidrelétricas, para construir Itaipu.

Observem que foi exatamente com este objetivo que a Constituição mudou, ela foi alterada. Dentro da seguridade social a Constituição incluiu saúde, a previdência social e Assistência social, e deu aos órgãos de seguridade social autonomia até orçamentária — contábil, administrativa, financeira e orçamentária — e proibiu transferências dentro de cada orçamento de uma dotação para outra e de um orçamento para outro. O objetivo foi efetivamente organizar as contas da seguridade social.

Entretanto, o que fez o Governo Federal? Todos nós sabemos. Diz o Prof. Sacha, com toda razão, que a base de cálculo das contribuições para a seguridade social e a hipótese de incidência são características de impostos, se pensarmos naquelas que podem incidir sobre o lucro ou o faturamento. Entretanto, a Constituição cassou a capacidade tributária ativa da União, quer dizer, há uma mudança, pelo menos na sujeição ativa das contribuições sociais. O Governo Federal sempre foi ávido desses recursos da seguridade, porque o poder financeiro que tinha, que tem ou que quer ter o presidente da República seria enorme, extraordinário! Ele tinha, à sua disposição, o orçamento da União e estava limitado pelas disposições da Lei Orçamentária. Mas podia manipular, a seu bel-prazer, um orçamento gigantesco, maior que o orçamento de muitos Estados brasileiros, que é o orçamento da seguridade social. Ele perdeu isso com a Constituição de 1988 e jamais se conformou.

O nosso Legislativo não tem consciência da própria Constituição que elaborou. O que fez o Governo Federal? Estando impedido de desviar os recursos depois de entrarem no caixa da Previdência Social, ele desvia antes; a Receita Federal arrecada para depois não repassar.

Eu não tenho nenhum interesse financeiro. Se os contribuintes ganharem em juízo as suas reivindicações em torno da contribuição para o Finsocial, eu não terei com isso nenhum proveito econômico, nenhum proveito financeiro; mas eu gostaria que o Governo Federal perdesse apenas neste ponto, porque ele é crucial para a organização das contas da nossa seguridade social, que tem de continuar pública e tem que se tornar eficiente. Isso é questão de sobrevivência até, de estabilidade econômica, política e social de nosso País. A seguridade social está à frente das conquistas hoje políticas ou sociais do mundo inteiro, e as economias se assentam em torno de uma seguridade social equilibrada. O Supremo Tribunal Federal não pode ignorar isto. Ele pode acolher outros argumentos, mas ele tem que estranhar profundamente o que está acontecendo na realidade, porque é profundamente estranhável.

As ambições do Governo Federal em relação ao orçamento da seguridade social são tão notáveis, que ele não desiste. Ele desiste de tudo, se o Supremo disser: "Precisamos de uma lei complementar, está tudo errado, a nova contribuição para o Finsocial também é inconstitucional" ..., o Governo Federal manda imediatamente uma outra lei ao Congresso. Ele só não abre mão disso: dos recursos. É lógico, para que ele quer os recursos? Para usá-los para outras finalidades. O Governo Federal só não abre mão disso.

Eu vou lhes dar um último argumento: agora recentemente, nessas medidas de emergência e ajuste fiscal do Governo Federal há um dispositivo que passa desapercebido, e cabe a mim denunciar. Nós acabamos de dizer: O art. 167 da Constituição veda que se transponham recursos de uma dotação orçamentária para outra, dentro de cada um dos orçamentos. Nós sabemos que a Constituição separou a lei orçamentária em três orçamentos distintos: o fiscal, o da seguridade social e o das empresas do Estado. A Constituição veda que se transponham recursos do orçamento fiscal e do orçamento da seguridade social para cobrir déficit do orçamento das empresas da União, o que sempre foi feito no passado brasileiro.

Pois bem, um dispositivo do projeto, do programa ou dos subsídios do Governo Federal pretende eliminar apenas uma palavra. A redação atual da Constituição é a seguinte: "São vedados a utilização, sem autorização legislativa específica, de recursos dos orçamentos fiscal e da seguridade social para suprir necessidade ou cobrir déficits de empresas, fundações e fundos." A única expressão que quer que se elimine é essa: "da seguridade social". Então ficaria assim: "São vedados a utilização, sem autorização legislativa específica, de recursos do orçamento fiscal para suprir necessidade ou cobrir déficits de empresas." O Governo não é sério, ele não desiste!

Então não adianta atender ao momento imediato de necessidade de caixa da Previdência Social; quer dizer, não adianta o Supremo Tribunal Federal entregar os recursos que estão represados, em juízo, ao Ministério da Saúde. O problema é que, de imediato, pode haver um alívio parcial, total não haverá. Os problemas continuarão os mesmos, continuarão idênticos, e a Constituição terá mudado tudo para nada mudar. Quer dizer, a nossa prática vai continuar idêntica, nós não estamos constitucionalizando a nossa prática em relação à seguridade social. Este é um problema seríssimo! Eu não sei se esse argumento não precisa ser acolhido: o Supremo Tribunal Federal é responsável pela sobrevivência da seguridade social, e ele tem de pelo menos estranhar esse comportamento do Governo Federal, ele não pode ignorar isso! É história! Isso não é imaginar que o Governo Federal não vai fazer isso, que é equívoco, que a doutrina ou a jurisprudência estão a prejulgar, com preconceito. Ele já está fazendo, e ele fez sempre! Nós não podemos ignorar a história, são fatos!

Muito obrigada. (PALMAS PROLONGADAS)

Prof. Eugênio Doin Vieira — Vejam os colegas no que dá o desrespeito à ortodoxia. Temos agora um novo inimigo público nº 1: chama-se Governo Federal, porque estabelecemos dualidade de personalidades: seguridade social e Governo Federal. Estou até com vontade de dar a palavra ao Prof. Sacha Calmon, mas vou falar alguma coisa primeiro, que me compete.

Os colegas têm o texto das questões que foram apresentadas nesse livro que está aí publicado. Os autores que estão à mesa estão presentes nesse livro, todos ou quase todos. Claro que não teria sentido aqui ficar repetindo as respostas que estão no livro, às perguntas muito oportunamente colocadas.

Nossas considerações serão didáticas, porque já foram tão brilhantes as questões colocadas aqui, tão vibrantes, tão polêmicas, tão contrastantes, inclusive. Lembraria aos colegas que não são especialistas na área que a seguridade social é uma inovação expressiva da Constituição de 88, é instituto novo que modifica substancialmente a tradição brasileira no campo da previdência social.

A seguridade está bem definida e caracterizada nos arts. 194 e 195 (devia estar aqui com a palavra o Prof. Wagner Balera). Ela é um conjunto integrado de ações que levanta recursos onde houver capacidade contributiva, e que vai prestar benefícios não apenas a quem pagou a contribuição, a quem subsidiou os recursos, mas a todo o universo de brasileiros ou de residentes no Brasil que deles necessitem. Assim, ela estabelece uma característica que é fundamentalmente diferente dos tributos vinculados anteriores (isso o Prof. Sacha Calmon ressaltou bem). Ela não pressupõe nenhum tipo de relação sinalagmática entre contribuinte e beneficiário, a não ser no campo referente à previdência. No que se refere à assistência social e à saúde é um conjunto de ações que visa alcançar a universalidade, e todos, contribuintes e não contribuintes, formam esse universo.

Claro que a Constituição não é a lei toda; ela se complementa com a doutrina, se conforma com a jurisprudência, e o que nós procuramos aqui — cada um tomando a sua posição interpretativa — é fazer uma construção jurídica que consolide a seguridade social, esse instituto novo que nasceu tão promissor e que já sofre os primeiros golpes nas decisões judiciais de instância última. Nós a queremos resistente, autônoma, sobrevivendo.

O Prof. Sacha Calmon diz que não admitir a arrecadação das contribuições previdenciárias pelo sistema tradicional do Ministério da Fazenda, pela Secretaria da Receita Federal, é uma doutrina desconfiada porque prejulga que os recursos não chegarão até os cofres da Previdência.

A Profa. Mizabel, de forma muito política e muito veemente, demonstrou que o Governo Federal é um tradicional caloteiro da previdência social. Então, a doutrina que admite que os recursos específicos da seguridade podem ser arrecadados pela Receita Federal, mas provavelmente vão ser destinados à previdência social, à assistência social e à saúde (e, se não o for, é um outro problema), essa é uma doutrina ingênua. Nós preferimos ficar com a desconfiada, para construir um futuro diferente para a seguridade social; a acolher a doutrina da ingenuidade que admite que esses recursos, depois de ingressarem nos cofres da Receita Federal, vão ser novamente transferidos para as estruturas orçamentárias da seguridade social.

As questões relativas à dupla incidência e à bitributação, os colegas, lendo os textos, se informarão bem e poderão debatê-las. Não vejo na Constituição Federal nenhuma proibição expressa e explícita à bitributação ou à dupla incidência. O que nela vejo é a caracterização muito rígida da distribuição de competências. Então, toda vez que essa distribuição de competências for desrespeitada e invadida estará havendo uma bitributação constitucionalmente proibida. E o que eu vejo também é a referência à base de cálculo de fatos geradores da contribuição da seguridade social que é assemelhada ou idêntica à de alguns impostos. Então são tributações simultâneas ou *bis in idem* que estão autorizadas pela Constituição, diria que estão excepcionadas expressamente pela Constituição.

Claro que o legislador federal não poderá buscar, no elenco de fatos que são atribuídos à competência tributária dos Estados e Municípios, fatos geradores ou bases de cálculo para as contribuições, nem para os impostos residuais. Só o poderá, excepcionalmente, para os impostos extraordinários ou para os empréstimos extraordinários. Então, há uma proibição pela distribuição rigorosa de competências. Quando incide a contribuição social sobre o faturamento ela está incidindo sobre uma base de cálculo que também o é nos casos do IPI e do ICMS, e quando ela incide sobre o lucro está incidindo sobre a base de cálculo do imposto de renda, sem dúvida nenhuma. Mas são autorizações constitucionais, são exceções constitucionais a uma distribuição de competência, ou são distribuições específicas de competência. Fora disso, teremos casos de inconstitucionalidade por adoção de fatos geradores ou bases de cálculo próprias de outro tributos.

Pediria aos colegas que tivessem muito em mente essa nova configuração da seguridade social desenhada na Constituição de 88. Ela nos permite visualizar um organismo novo que, por ter essa característica muito forte da parafiscalidade (uma parafiscalidade — digo eu — constitucionalmente qualificada), não podemos admitir que esteja sendo desvirtuada por decisões judiciais que possam esvaziá-la. Claro que esta é uma discussão doutrinária, mas já disse que é com a doutrina e com a jurisprudência que se consolidam as instituições, se define a interpretação das leis, e que os institutos perecem ou sobrevivem.

Nosso debate continua depois. Enquanto os ilustres debatedores não aparecerem, vamos aproveitando a atenção do plenário e prosseguindo. Temos aqui uma série de perguntas e a discussão a seguir será de todo proveitosa. Faço questão, inclusive, de conceder de início a palavra — antes que seja para responder a qualquer pergunta — ao Prof. Sacha Calmon, porque tenho certeza de que ele fará lúcidas considerações que vão enriquecer e valorizar ainda mais esta discussão de hoje, a qual, como os colegas vêem, está excepcionalmente movimentada e vai nos permitir tomar posições ou definir decisões ou — como acontece geralmente nos congressos, e eu gosto de ressaltar isso — acrescentar às dúvidas que nós trouxemos muitas outras que enriquecerão nosso patrimônio. (PALMAS)

PROF. SACHA CALMON NAVARRO COELHO — Agradeço ao Prof. Eugênio, que demonstrou, advogado vibrante que é, um espírito de magistrado, ao estabelecer o contencioso. É verdade que eu estou em absoluta inferioridade, não só numericamente mas em termos de inteligência, cultura e erudição. Mas é um direito sagrado o direito de defesa.

Quanto ao princípio da anterioridade, Lúcia, eu sou inimigo acerbo do princípio de anterioridade e já denunciei aqui que quem desfigurou o princípio da anterioridade, que era clássico do Direito Tributário brasileiro, foram os membros do Judiciário e a doutrina dos tributaristas. Somos o único país do mundo que tem esse princípio capenga da anterioridade. E eu digo capenga porque ele é forte se a lei for promulgada em 1º de janeiro; aí realmente nós temos 12 meses, porque só vai vigorar em 1º de janeiro do ano seguinte. Mas à medida que o ano se esvai, ele vai enfraquecendo em princípio da anterioridade e chegamos a esse absurdo que você demonstrou, esse paradoxo de uma lei poder ser editada em 31 de dezembro para vigorar em 1º de janeiro.

O clássico é o princípio da anualidade, é a inserção das leis tributárias materiais com base de cálculo, alíquota e previsão de receita no orçamento, na lei ânua, que anualmente se renova. É nesse momento que se dá o congraçamento do Poder Executivo com o Poder Legislativo em prol da sociedade.

Ouvi espantado o apoio e a palavra de todos vocês contra a jurisprudência do Supremo, que teria sido ingênuo em não admitir a tredestinação dos recursos. E dizia a Profa. Lúcia Valle, pelo que estou ouvindo, que instituições de assistência que gozam de imunidade estão malversando a imunidade e importando carros estrangeiros. Vamos acabar com a imunidade? Ou vamos punir o mau uso que está se fazendo da imunidade? Afinal de contas a destinação constitucional dos recursos da previdência é um preceito constitucional; afinal de contas o Congresso Nacional é eleito pelo povo, e o Tribunal de Contas tem o dever indeclinável de fiscalizar as contas do Executivo. Se não fiscaliza é um órgão omisso e quem tredestina pratica crime de responsabilidade. Daí obrigar o Supremo a supor uma tredestinação teria que ser provado nos autos, e não foi. É ultrapassar todos os lindes de um processo contencioso civilizado, porque o Congresso não atua. (E é porque se tem medo de um órgão espúrio que não pode votar com voto fechado, se quer o voto aberto. Eu quero voto fechado, tem que votar o impedimento com voto fechado. Não se pode pensar no parlamentarismo, não se pode pensar num poder legítimo que precisa ser fiscalizado, dia a dia, pelos eleitores. Ou é ou não é). (PALMAS)

De tal maneira que eu acho que a decisão do Supremo em admitir — e eles não são absolutamente ingênuos — que pode haver tredestinação, mas que esse é um problema de despesa, não é um problema de receita, está correto: que se punam os responsáveis, é crime de responsabilidade. Se o Ministro, preposto do Presidente, tredestinar os recursos é passível de crime de responsabilidade, pode sofrer impedimento. Agora, nos lindes do Direito Tributário nós vamos consertar o país? A tredestinação para ser aceita na ação tinha que ser provada. Eu alego: estão tredestinando; mas não provo. É fato sabido que o que não está nos autos não está no mundo, então é um argumento que não prevalece em termos judiciais, embora politicamente nós saibamos da irresponsabilidade histórica dos nossos governantes. Mas precisamos civilizá-los, não necessariamente com essa decisão sobre a contribuição social.

Lei complementar ... Para que lei complementar se a própria Constituição, prevendo a inação crônica do Legislativo autorizou os entes políticos a instituírem seus tributos? A bitributação, disse bem o Eugênio, está expressa e escancaradamente prevista na Constituição, e mal prevista, uma falha absurda de técnica legislativa, porque ao que estou informado a idéia era a seguinte: algumas empresas merecem ser tributadas pelo faturamento, outras pela folha, outras pelo lucro. Uma está cheia de peão, a outra tem só *brain trust*, há empresas que tem muito faturamento e pouco empregado. A idéia era essa, arranjar-se fontes para a previdência tributando núcleos de tributação adequados aos diversos tipos de empresa. Não, vieram os três juntos. E não são só três, não; temos cinco, sete tipos de contribuição. É preciso admitir que o constituinte errou: esse tipo de correção realmente o Supremo poderia ter feito, dar uma interpretação restrita, já que ele é o órgão máximo; é quem diz como a Constituição é; isso ele poderia ter feito, mas não fez. Agora, dizer que está tredestinado, *data venia* é um argumento que não procede em termos judiciais, salvo se devidamente provado.

De qualquer maneira, longe de mim defender os interesses do Poder. A minha biografia inclui atos de rebeldia que eu paguei com dias de prisão. A minha filiação é sempre ao lado dos valores da democracia, da pluralidade, do socialismo, e portanto não estou aqui a defender interesses governamentais. O que eu acho é que esse problema da tredestinação é sério demais e merece atenção. Seria impensável num país civilizado tredestinação dos recursos da trevidência, mas não será a decisão do Supremo decretando ser a evasão inconstitucional que vai resolver isso. A solução é outra, não está no voto; o que está no voto é que no processo ninguém provou que os recursos foram tredestinados e que esse é um problema de despesa, de administração de recursos e não de arrecadação, a meu ver correto. (PALMAS)

PROF. EUGÊNIO DOIN VIEIRA — Caríssimos colegas, nós temos uma função de presidente de mesa e de debatedor que complica um pouco as coisas, e temos também um tempo a cumprir. A segunda etapa desta manhã também será sobre Contribuições, e já estão presentes todos os debatedores dessa segunda etapa.

O Prof. Sacha fez de início uma provocação que nós não vamos aceitar aqui, porque não é o foro adequado para discutirmos se são ou não espécies tributárias autônomas as contribuições. Nós temos mil razões atuais, nesta Constituição, que no nosso entender informam que são; não têm nada a ver com contribuições de melhoria, mas são espécies tributárias autônomas. Ele assim não entende, eu só queria fazer esta afirmação de posição doutrinária. O foro não é adequado, o momento não é adequado para discussão, e inclusive desvirtuaria um pouco esse tema tão saboroso e polêmico que é a questão da vinculação das contribuições ao processo da seguridade social e o problema de sua arrecadação direta ou não pelos órgãos incumbidos dessa atividade parafiscal.

O Prof. Sacha merece todo o respeito e consideração dos presentes, e se ele divergiu de nós e está nessa companhia tão frágil do Supremo Tribunal Federal, nós temos que também bater palmas a ele, sobretudo neste congresso científico em que buscamos estabelecer não verdades eternas nem matemáticas, mas concepções de interpretação de lei e de doutrina que nos levem a construir um mundo melhor.

Antes de encerrarmos os trabalhos desta primeira etapa para que os colegas que estão desejando três dedos de coca cola e um gole de cafezinho possam se reabastecer, nós vamos admitir ainda uma vez a palavra ao Prof. Sacha, não porque ele tem o direito de falar três vezes, mas porque ele teve quatro contestadores. Não estou tredestinando o tempo, estou dando a ele o direito de se manifestar mais uma vez.

PROF. SACHA CALMON NAVARRO COELHO — Eugênio, esse problema de dizer que a contribuição é autônoma não tem apenas um sabor acadêmico, tem efeitos práticos. Eu acho que é um imposto afetado a finalidades específicas. Nessa opinião eu estou acompanhado de autores alemães, italianos etc. De modo que não é nenhuma afirmação inconseqüente ou irresponsável.

Agora o que eu digo é o seguinte: sendo imposto competiria à lei complementar definir fatos geradores, contribuintes etc. dessas contribuições. Talvez seja este o momento de repor algumas coisas nos seus devidos lugares, porque o Congresso até hoje ainda não legislou, quer dizer, não fez um novo Código Tributário Nacional — e a nova Constituição está a exigir um novo Código Tributário Nacional.

Então nós poderíamos nesse campo das contribuições, que eu reconheço, é uma porta escancarada, porque pode haver até 10 contribuições incidindo sobre o faturamento, pode existir uma com alíquota de 10% ou 10 com alíquota de 1%. Há uma possibilidade real e permitida pelo sistema de se instituir *n* contribuições sobre a previdência social. Como o campo dos impostos é limitado, como bem notou a Profa. Mizabel, a tentação do Executivo no Brasil tem sido de explorar os impostos que não são partilhados por estados e municípios e aumentar as contribuições. Eu não estou negando o que a Profa. Mizabel disse; porque querem surrupiar os recursos da Previdência. O Finsocial tem essa importância enorme por isso. Tem que ser da Previdência.

Eu acho que é bom considerar imposto, porque a Constituição fala "quanto aos impostos disciplinará o fato gerador, base de cálculo contributiva e impostos discriminados". Se a contribuição não é imposto não pode ter lei complementar de normas gerais. Então há uma vantagem muito grande em considerar certos impostos afetados a finalidades específicas, porque nós não apenas estaremos com a boa doutrina como teremos uma oportunidade legislativa, que é realmente quem deve cuidar desse assunto, de regulamentar, de resolver e de aparar algumas arestas relativas a essas insuportáveis contribuições, que tanta confusão têm gerado. Nós que somos juízes estamos com mil processos até com petições de 80 folhas. O sujeito escreve mas não tem razão nunca! É uma loucura! "Este assunto de contribuições já não quero nem falar mais!

Então eu acho que o problema de considerar imposto tem utilidade. É só nós pensarmos com um pouco mais de largueza e não tão emocionalmente como estamos acostumados a fazer. Era só isso.

PROF. EUGÊNIO DOIN VIEIRA — Eu alerto os colegas que nós nos esforçamos para distinguir entre a boa doutrina que é aquela que desenha as coisas como nós gostaríamos que fossem, e a boa doutrina que é aquela que se debruça sobre o Direito posto e diz como ele é. Nós temos uma tentação muito grande, como juristas, para entender as coisas como elas deveriam ser — certas, bem sistematizadas, bonitinhas, graciosas — e esquecemos muitas vezes que nós estamos é debruçados sobre uma realidade que é a realidade do Direito posto, temos que examiná-lo e sistematizá-lo como ele é, não como nós gostaríamos que ele fosse.

Eu peço aos colegas que não deixem o calor dos debates diminuir no segundo tempo.

Estão encerrados os trabalhos desta primeira etapa e vamos então tomar o nosso café. Muito obrigado. (PALMAS)

MESA DE DEBATES

CONTRIBUIÇÕES (2)

PROF. EUGÊNIO DOIN VIEIRA — Já está no prédio o Presidente deste Congresso Ministro Carlos Mário Velloso e a qualquer instante virá assumir a função ou exercer as funções de Presidente.

Tenho a honra de anunciar que estão presentes aqui o ilustre Prof. Tércio Sampaio Ferraz Júnior, catedrático de Filosofia do Direito da Faculdade de Direito da Universidade de São Paulo, Dr. José Eduardo Soares de Mello, juiz do Tribunal de Impostos e Taxas do Estado de São Paulo, Prof. Wagner Balera, professor de Direito Previdenciário da Faculdade de Direito da Universidade Católica de São Paulo, Profa. Mizabel Derzi, cujos títulos não vou declinar porque são mais do que conhecidos e admirados por todos nós, Prof. Américo Lacombe, doutor em Direito Tributário e Vice-Presidente do Tribunal Regional Federal de São Paulo e o nosso Presidente da ABDF, Dr. Gilberto de Ulhoa Canto, mestre de todos nós nessa matéria.

Para atendermos a uma necessidade pessoal do Dr. Gilberto Ulhoa Canto, vamos iniciar ouvindo-o a respeito do tema desta mesa "Contribuições".

Tem a palavra o Prof. Gilberto Ulhoa Canto.

PROF. GILBERTO ULHOA CANTO — Eu lamento desde logo ter que dizer aos senhores que, pedindo licença, vou ter que sair depois de falar porque tenho uma reunião no Rio à uma hora. As sextas-feiras são dias sempre complicados para mim, porque geralmente acontece de eu ser escalado para falar nessa hora. Reitero o vexame de sair correndo depois de falar. Pior para mim que não ouvirei as palestras dos amigos que me sucederão.

O tema "Contribuições" vem suscitando uma série de indagações que decorrem dos envolvimentos sérios que o sistema adotado em 1988 marcou. O mérito maior da Constituição de 88 no que concerne ao sistema tributário para mim foi ter novamente trazido para o âmbito dos tributos as contribuições conhecidas como parafiscais em todas as suas modalidades — clássica, econômica, corporativa e previdenciária ou assistencial —, coisa que já tinha feito tentativamente antes pela Emenda constitucional nº 1, mas foi desfeita na parte mais importante pela Emenda constitucional nº 8 (nas emendas do pacote de abril de 77).

Na verdade eu acho muito importante que a parafiscalidade seja trazida para o âmbito dos tributos, e a maior prova disso está que em 65, quando elaboramos os projetos depois transformados na Emenda nº 18 do Código Tributário Nacional, Rubens e eu discutimos e pensamos muito nisso, e concluímos mal, concluímos errado. Eu digo sempre: o Código tem muita coisa errada. Depois de muito tempo dir-se-á que ele está obsoleto, precisa ser modificado, mas eu vou mais longe: ele precisava ter sido modificado desde logo. Quando Rubens e eu entregamos o projeto, uma semana depois nós estávamos começando a jogar cinzas sobre as nossas cabeças, porque íamos descobrindo uma porção de coisas absurdas que tinham passado; e na verdade fizemos uma coisa com muitos defeitos. Foi um erro que cometemos de avaliação, achando que a parafiscalidade deveria se acomodar no Direito

Positivo Constitucional brasileiro como imposto ou como taxa, não dando suficiente atenção a algumas peculiaridades suas que são bem pinçadas no excelente livro do Geraldo *A Hipótese de Incidência Tributária*, onde ele desenvolve aquela categorização distintiva dos tributos vinculados e não-vinculados. Me parece que foi bem posta a mais importante das contribuições, que é aquilo que ele chamou de referibilidade entre o sujeito passivo e a finalidade última a que se destina a receita decorrente desse tipo de exação.

Na verdade a referibilidade é tão importante que convém lembrar que em 1985, quando não havia ainda sido promulgada a Constituição atual e quando já haviam sido excluídas da categoria geral dos tributos as contribuições sociais e previdenciárias pagas pelos empregados e pelos empregadores, o Supremo Tribunal Federal para concluir sobre a natureza jurídica das contribuições para o Finsocial, em verdade ao defini-las, definiu essas contribuições como tendo na realidade a natureza de imposto adicional sobre a renda e de imposto novo, imposto residual, conforme as modalidades de alíquota de percercentuais sobre o imposto de renda devido e como uma percentagem sobre o faturamento (receita bruta). Na verdade o Supremo Tribunal Federal chegou a essa conclusão por um raciocínio que parte exatamente da relevância do critério da referibilidade, porque examinando as finalidades às quais o Decreto-lei 1.940 que criou contribuição para o Finsocial destinava o produto da respectiva arrecadação e confrontando-as com aquelas modalidades que o inciso X adicionado ao art. 43 da Constituição anterior enunciava submetê-las a um sistema de financiamento por contribuições de índole não tributária, notou a completa discrepância nas duas enunciações. Então o Supremo Tribunal Federal na sobrevivência da Constituição anterior definiu a natureza jurídica das contribuições para o Finsocial por um critério de referibilidade. Referibilidade, digamos, medida pelo destino da arrecadação e não referibilidade medida pelo nexo causal que exista entre o contribuinte e a aplicação dos recursos arrecadados.

Esta colocação que se tem feito mais recentemente — com vistas a se definir em que grau a referibilidade ainda pode ser um critério para a definição da natureza jurídica ou até a disciplinação específica das várias facetas das contribuições, principalmente para a seguridade social, as que configuram a classicamente chamada parafiscalidade social — parece-me que está mal focalizada no art. 195.

O art. 195 na minha visão está mal posto. Ele deveria ter sido cindido em duas partes: tudo que ele tem de tributário (ele e os seus parágrafos) deveria ter sido posto no capítulo "Do Sistema Tributário Nacional" e ali, no art. 195 e nos outros que com ele integram o capítulo sobre a seguridade social deveria ser programático ou dispositivo sobre a própria seguridade social como um todo. Disso resulta que muitas pessoas sustentam (eu não concordo, *data venia*) que as contribuições para a seguridade social não são tributos.

Em segundo lugar, na ânsia de definir de modo institucional a seguridade social, e compreensivelmente assim, o art. 195 estabeleceu um sistema que na verdade não tem funcionado como lá está previsto. A seguridade seria, pelo disposto no *caput* do art. 195, responsabilidade de todos, da sociedade como um todo, da União, dos Estados e dos Municípios, das pessoas jurídicas de Direito Público, de todas elas, e precisaria ser financiada direta e indiretamente.

Na verdade o que acontece é que este critério distintivo entre o que é financiamento direto e o que é financiamento indireto não tem sido cumprido como parece que deriva do art. 195 ter sido propósito do legislador constituinte. Se não, vejamos: o financiamento direto da seguridade social no texto do art. 195 deveria provir de contribuições dos empregados e empregadores, e aí então nós temos uma preservação daquele critério da referibilidade que, me parece, ainda é importante como fator distintivo, e o custeio indireto proviria de dotações orçamentárias.

Ora, nós temos recentemente visto que o Supremo Tribunal Federal na sua composição plena e sem voto discrepante legitimou a contribuição sobre o lucro, rejeitando uma porção de argumentos dos quais o que me parecia mais forte era exatamente aquele que o Hugo Britto Machado, como pioneiro, mencionou, desenvolveu e destacou num voto líder do caso que em primeiro lugar foi julgado pelos Tribunais regionais, insistindo na absoluta necessidade de o que ele chamou (não sei se eu chamaria assim, mas de todo modo é elucidativo o modo como ele denominou esse aspecto) a sujeição ativa da própria instituição que executa ou que administra a seguridade social.

A mim me parece que na realidade se não for observado este requisito as contribuições previstas no inciso I do art. 195 (os senhores se lembram, há três contribuições dos empregadores: sobre folha de salário, sobre lucro e sobre faturamento) se não for mantida esta precaução de sujeição ativa, sendo o próprio órgão que executa os serviços da seguridade social, nós teríamos uma verdadeira confusão, porque a não ser a contribuição sobre a folha de salário o que sabidamente acontece é que a União arrecada as contribuições sobre o lucro e agora o Finsocial redenominado como *contribuição sobre faturamento*, e aplica os recursos assim arrecadados no custeio da sua parte da previdência social. A Lei 8.212 é expressa em dizer isso nos artigos 17 a 22; é expressa em permitir que o custeio da seguridade social que incumbe à União, que é um componente do custeio indireto, provenha de uma percentagem da arrecadação da contribuição sobre o lucro e da contribuição sobre o faturamento, o que é uma forma de transformar parcelas que a Constituição definiu como necessariamente sendo integrantes do que ela chama de custeio indireto, nutrindo-as de recursos provenientes de contribuições que estão definidas como custeio direto. Está muito claramente prevista nos três incisos do art. 195 essa distinção: ali se trata de contribuições para o custeio direto.

Naturalmente é tábula rasa a abstração feita do inciso III. O inciso III até hoje eu não entendi. Tenho impressão que aqui foi um descuido: "receita dos concursos e prognósticos", isso não é contribuição! Se fosse uma parcela do imposto sobre a renda devido sobre os prêmios ganhos nos concursos e prognósticos, muito bem, mas a própria receita dos concursos e prognósticos não tem sentido nenhum erigi-la em contribuição de custeio direto. Então evidentemente me parece que isto é de todo improvável.

Este é um ponto que me parece precisa ser repensado. Nós estamos presenciando vários esforços no sentido de uma reformulação do sistema tributário. Inclusive esse trabalho feito com tanto devotamento por pessoas do nível e da estatura do Ariovaldo, do Longo e de outros colegas da Comissão Especial que o Governo instituiu, está sugerindo que o custeio da previdência social passe a ser feito por esse novo imposto, que é o IOF generalizado.

A abstração feita dos aspectos financeiros, que não me compete, eu não sei quanto seria preciso para repor aquilo que é esperado que decorra da cobrança das contribuições mais as dotações orçamentárias, isto não estou considerando porque não é um problema em que eu seja perito, tirando isso, pondo isso de lado é preciso considerar que a prevalecer esse critério deixaria de haver o custeio direto e o custeio indireto. Parece que os autores do projeto que foi divulgado como de reforma tributária preconizam a eliminação da contribuição dos empregados e dos empregadores. Eu acho isso um erro, porque na verdade terminaria por desconsiderar esse fator da referibilidade que me parece importante.

É certo que os recursos da seguridade social principalmente no estágio que nós estamos de desenvolvimento e no estágio atual da própria humanidade não podem provir apenas de contribuições sobre folha de salários e sobre a própria remuneração, como eram classicamente as contribuições de empregados e empregadores. É sabido em termos universais que a seguridade social exige cada vez mais recursos significativos, isto é, recursos que provenham de tributos calculados sobre a renda ou sobre a produção e circulação de bens e serviços.

Eu compreendo que assim seja, mas preferiria mil vezes manter as contribuições clássicas, as antigas contribuições: folha de salário e um dia de remuneração como custeio direto e estabelecer como fonte de custeio indireto dotações orçamentárias, marcando desde logo no próprio texto constitucional uma percentagem, que seria eventualmente fixada periodicamente pelo Senado, sobre a receita do imposto sobre a renda e as receitas do ICMS e do imposto sobre serviços, para dizer entre as três órbitas que constituem as unidades políticas que têm poder impositivo, como está previsto no art. 195 da Constituição, para dividir entre esses três níveis o encargo de custear a previdência social. Então marcar-se-ia no próprio texto constitucional como parcela desde logo destinada a um fundo que administrasse as entidades às quais compete executar ou supervisionar a seguridade social, um *x* por cento do produto da arrecadação desses três impostos. Eu preferiria isto, a substituição das contribuições que hoje estão previstas sobre a renda e sobre o faturamento, a um imposto como esse que se está preconizando, imposto sobre negócios financeiros. Nunca se fez isso, imposto único. Eu não quero falar sobre imposto único, mas tem um pouco sabor de imposto único, com a característica agravante de ser mais um; é o único que é mais um além dos muitos. (PALMAS)

PROF. GERALDO ATALIBA — Muito obrigado ao eminente Presidente da ABDF, Dr. Gilberto de Ulhoa Canto.

Assume a Presidência dos trabalhos neste instante o Ministro Carlos Mário Velloso, Presidente deste Congresso, e que até as 3 horas da manhã estava em sessão no Tribunal Superior Eleitoral, às vésperas de eleição, precisando decidir as questões pendentes para que o processo eleitoral seja o mais tranqüilo, como cabe à Justiça Eleitoral assegurar. Agradecemos muito o sacrifício que fez de, praticamente sem ter dormido à noite, já ter podido estar presente esta manhã e presidir os nossos trabalhos até o final.

MINISTRO CARLOS MÁRIO VELLOSO — Eminente Prof. Geraldo Ataliba, senhores professores que integram a mesa, senhores congressistas, meus amigos, minhas senhoras e meus senhores. É com muita alegria que chego novamente a São Paulo para presidir este congresso, lamentando não ter podido estar aqui todos os dias convivendo com os senhores. Na verdade disse bem o Prof. Ataliba, até as 3 da manhã estávamos em sessão, hoje o dia inteiro o Tribunal estará em sessão, sábado e domingo também; mas não poderia deixar de estar aqui com os meus amigos de São Paulo, com os meus colegas estudiosos do Direito Constitucional Tributário. Sejam as minhas primeiras palavras de saudação, de cumprimento, cumprimento a todos e a cada um, felicitando-os por participarem de um evento de tal envergadura, cumprimentando-os e esperando encontrá-los durante todo o dia, conviver com os senhores durante todos os dias. Dou a palavra ao magistrado e Prof. Lacombe.

PROF. AMÉRICO LACOMBE — Vou tecer algumas considerações sobre a questão já abordada pelo Prof. Sacha Calmon, com quem eu estou de pleno acordo, no sentido de que as contribuições, na maneira como foram tratadas pela Constituição Federal, não constituem uma espécie autônoma de tributo. Que as contribuições são tributos não se pode ter a menor dúvida mas eu gostaria de frisar que a palavra *Contribuição*, na Constituição, não foi usada tecnicamente. Aliás, normalmente as palavras da Constituição são usadas vulgarmente. A Constituição é uma carta política feita pelo povo, para o povo e, por conseguinte, nós só podemos interpretar as palavras tecnicamente em duas hipóteses: primeiro quando a palavra só tem sentido técnico; segundo, quando o sentido técnico é inequívoco.

Dou como exemplo a palavra *processo* usada tantas vezes na Constituição em sentido técnico e em sentido vulgar. Quando a Constituição, por exemplo, diz que compete ao Supremo Tribunal processar e julgar originariamente, evidentemente esse *processar e julgar* é usado em sentido técnico. Mas a Constituição, por exemplo, no § 1º do art. 215 diz o seguinte: "O Estado protegerá as manifestações culturais populares indígenas e afro-brasileiras e de outros grupos participantes do processo civilizatório." A expressão *processo civilizatório* aí não está usada no sentido técnico de lei processual, de processo como nós estudiosos do Direito costumamos empregar. Fala também, em outro artigo, *processo ecológico* — no § 1º item I do art. 225. Isso apenas para dar um exemplo para os senhores como as palavras da Constituição são de uma maneira geral empregadas no seu sentido vulgar, e assim também o constituinte o fez ao empregar a palavra *contribuição*.

Reparem os senhores o seguinte: no art. 195 que diz que "... seguridade social será financiada, por toda a sociedade etc. etc. etc. mediante contribuições dos empregadores incidentes sobre a folha de salários, faturamento e lucro." Evidentemente que contribuição sobre o lucro não é contribuição, é imposto. O § 4º desse mesmo artigo diz: "A lei poderá instituir outras fontes destinadas a garantir a manutenção ou expansão da seguridade social, obedecido o disposto no art. 154-I". O que disse o art. 154-I?... mediante lei complementar impostos não previstos no artigo anterior a União poderá instituir, desde que eles sejam não-cumulativos (quer dizer, está vedando a acumulação) e não tenham fato gerador ou base de cálculos próprios dos impostos discriminados nessa Constituição. Quer dizer, limitou, esta faculdade. Limitou-a ao dispositivo dentro do sistema tributário. Além do que o § 6º diz que as contribuições sociais que trata só poderão ser exigidas após decorridos 90 dias da data da publicação da lei. Se não se fizesse isso o que aconteceria? Cairia dentro do princípio genérico da anterioridade que limita o poder de tributar. Além do que ressalvou: "... não lhe sendo aplicado o disposto no art. 150-III, "b", que é exatamente o artigo que estabelece o princípio da anterioridade. Não precisava ter essa ressalva, porque se o próprio § 6º diz que as contribuições só poderão ser exigidas após 90 dias, evidentemente que elas estariam ressalvadas do princípio da anterioridade. Mas se o constituinte achou necessário fazer a ressalva, significa que ele percebeu que se não o fizesse, as contribuições todas elas estariam sujeitas ao princípio da anterioridade. Ora, se estão sujeitas ao princípio da anterioridade obviamente não podemos negar a elas a natureza de tributo.

Mas são as contribuições um gênero autônomo de tributo? Nós podemos classificar os tributos como impostos, taxas, contribuição de melhoria, contribuições especiais e empréstimos compulsórios, como querem alguns? A meu ver isso não tem o menor fundamento. Se fosse assim não teria sentido nenhum o art. 145 da Constituição, que diz claramente que "... poderão instituir os seguintes tributos: ..." Tributos são esses impostos, taxas e contribuições de melhoria. A contribuição de melhoria sim, ela tem uma natureza autônoma, a sua estrutura normativa é diferente das demais contribuições. O fato de o art. 148 dizer que a União pode instituir empréstimos compulsórios não dá a eles uma natureza autônoma; eles são ou impostos ou taxas — e na grande maioria impostos.

Notem que eu não estou querendo interpretar o art. 145 isoladamente; não estou querendo isolá-lo do sistema, eu estou querendo ao contrário, inseri-lo no sistema. Se nós formos classificar os tributos em cinco espécies o art. 145 perde totalmente o seu significado.

De modo que as contribuições previdenciárias ou elas são impostos ou são taxas. Não existe, no meu ver, nenhum outro gênero de tributo.

Se o núcleo da hipótese de incidência da contribuição estiver vinculado a uma atividade estatal, ou a um serviço que se presta ou ao exercício do Poder de Polícia, essa contribuição será uma taxa, como quer me parecer a contribuição dos trabalhadores, por estar diretamente vinculada a um serviço que a Previdência presta.

Também estou de pleno acordo com o Prof. Sacha Calmon que essa discussão não tem apenas efeito teórico, ela tem uma conseqüência prática imediata. Se as contribuições não forem consideradas tributos, aquela lei complementar referida no art. 146 não pode dizer respeito a elas. Mas isso quer me parecer estar afastado.

O que na realidade eu quero aqui definir é que as contribuições como espécie tributária autônoma não podem ser aceitas; ou elas são impostos ou elas são taxas, e por conseguinte sujeitas a todas as limitações e a todas as características desses dois tipos de tributo.

Dou por encerrada a minha manifestação. Acho que não tenho mais nada a acrescentar. (PALMAS)

MINISTRO CARLOS MÁRIO VELLOSO — Tem a palavra o Prof. Wagner Balera.

PROF. WAGNER BALERA — Inicialmente gostaria de cumprimentar todos os senhores por esta participação no VI Congresso de Direito Tributário, participação tão atuante, tão vibrante. Há muito tempo que nós não víamos um evento como este, com tanta animação, justamente numa época difícil onde as pessoas estão pensando em outras coisas. Aqui nós estamos estudando Direito. Então eu fico feliz como professor de Direito que isso esteja acontecendo.

Na temática das *Contribuições* eu vejo com muita alegria que o Dr. Gilberto de Ulhoa Canto, que é professor de todos nós nessa matéria fez o *mea culpa* necessário dos autores do projeto do Código, quando simplesmente ignoraram que havia no sistema do Direito Positivo três espécies de tributos: os impostos, as taxas e as contribuições. Os autores do projeto do Código já deparavam com essa realidade, no entanto não quiseram enfrentar o problema. E agora o Gilberto coloca muito bem, que já naquele tempo poderia ter sido feita uma distinção que teria evitado tanta confusão em matéria de teoria sobre a natureza das contribuições. É bem verdade que o Rubens Gomes de Souza fez a retificação logo depois, ao elaborar, juntamente com Valdés Costa e Fonrouge o Modelo do Código Tributário para a América Latina. Lá ficou bem explicitada esta tríplice classificação dos tributos, os tributos são impostos, taxas e contribuições, sendo que nas contribuições no modelo do Código havia as de melhoria e as de seguridade social, que é uma classificação tradicional aceita pela maior parte do Direito Positivo moderno.

Eu não vou propriamente discutir essa questão da natureza, porque eu acho que se uma pessoa com a importância histórica do Gilberto já reconhece que àquele tempo havia distinção, que ela era necessária e que deveria ter sido feita, o que a Constituição de 88 fez foi explicar melhor uma coisa que já existia e que era óbvio, e que às vezes a gente fica em dúvida porque não quer entender o fenômeno.

O que está por trás dessa novidade, dessa discussão mais acirrada do fenômeno das contribuições é justamente essa dimensão nova que o constituinte deu para a Seguridade, essa a coisa mais importante que a Constituição de 88 fez nesse assunto. A Constituição de 88 construiu um sistema novo, um sistema que no Estado social é o mais importante, que é o sistema que proporciona o bem-estar e a justiça, e é este fenômeno que agora foi finalmente descoberto pelos estudiosos, o que não deixa também de ser impressionante, uma vez que a seguridade é uma realidade do final do século passado.

A seguridade está efetivamente presa, muito claramente, e desde sempre, a um fenômeno mais antigo da história do Direito que é o fenômeno do seguro. A seguridade é um aprimoramento da idéia do seguro, nada mais do que isto. O fenômeno do seguro como contrato de Direito Privado, que já era conhecido dos romanos, foi sofrendo evoluções até chegar a seguro social e até chegar há 50 anos atrás com o Lord Beveridge, na Inglaterra, a seguridade, que é seguro social mais serviço social. Exatamente seguindo essa trilha a Constituição de 1988 estabelece isto: previdência social mais saúde e assistência social.

Os dois fenômenos, o do seguro e o dos serviços sociais são baseados numa técnica apropriada, numa técnica séria que não tem nada que ver com a realidade do nosso tempo. Essa técnica tem tradição, essa técnica estabelece um jogo dos chamados grandes números. Eu sei que para cobrir a população que está nesse auditório dos riscos juridicamente protegidos eu preciso de um cálculo, um cálculo que é do domínio da ciência atuarial, da matemática, da demografia, enfim, de elementos que vão determinar qual o grau de risco que esta população pode sofrer. Essa técnica do seguro transportada para a seguridade vai fazer com que seja necessário fixar adredemente o montante da receita para a partir desse montante se estabelecer qual é a quantia que eu vou arrecadar e de quem eu vou cobrar esses valores.

É assim que a Constituição de 1988 queria que fosse, ao dizer no art. 59 "Das Disposições Transitórias" que a legislação estabeleceria um Plano de Custeio. Notem bem, é muito importante essa terminologia, a legislação vai estabelecer um Plano de Custeio. O que é o plano de custeio da seguridade social? É justamente a peça agora normativa que vai definir as receitas necessárias para fazer face aos dispêndios com saúde, com previdência e com assistência social. Já pelo só fato de existir plano de custeio nós estamos a verificar que é diferente a realidade da contribuição da realidade do imposto; é diferente a realidade da contribuição da realidade da taxa, porque eu só posso cobrar exatamente aquilo que vai ser gasto a título de despesas com saúde, com previdência social e com assistência social, quer dizer, o Estado fica atrelado a esta realidade matemática que é o plano de custeio. Não pode haver despesa sem adredemente ter sido prevista a receita, aquilo que no meu livro eu chamei *a regra da contrapartida*, que é muito conhecida na contabilidade, toda saída tem que ter uma entrada — e que aliás a Constituição de uma forma muito sintética também estabeleceu no art. 195, dizendo o seguinte: "Nenhum benefício ou serviço da seguridade social poderá ser criado, majorado ou estendido sem a correspondente fonte de custeio total." Fonte de custeio total, quer dizer, não pode haver aumento de prestações sem a correspondente repercussão nas contribuições.

Eu poderia dizer, se tivesse a ousadia de fazer uma reflexão lógica na presença do meu professor de Filosofia do Direito, Prof. Tércio, o seguinte: eu posso fazer a transposição do condicional aqui e dizer Não pode haver nenhuma contribuição sem correspondente repercussão nas prestações de benefícios e serviços, porque o sistema é amarrado. Ele tecnicamente é perfeito, e é perfeito no mundo inteiro; agora, o sistema deixa de ser perfeito se um daqueles que têm que aportar recursos a ele não o faz. O Prof. Sacha também colocava na primeira parte desta sessão, isto é um problema financeiro, se não paga, como não quer pagar, a União é um contumaz devedor da seguridade social, como não quer pagar aí é um problema de crime de responsabilidade, é um problema de cobrança etc., não é um problema de Direito Tributário. Não me interessa, eu sei quais são as providências para se cobrar, se não paga paciência, já não é a ciência jurídica que tem de resolver esse problema do ponto de vista do Direito Tributário, é um outro assunto, em outro campo.

Agora, é sim problema de nossa indagação — e aqui vem uma das perguntas que foram colocadas para nós respondermos — se um orçamento separado do orçamento fiscal, como é o orçamento da seguridade social na Constituição vigente, tem que ser coberto ou provido de fundos que vão diretamente para ele ou se se pode criar um canal burocrático intermediário que de certo modo retenha esses recursos durante um tempo e depois os repassa, ou depois não os repassa, cometendo então outra ilegalidade que é também um outro capítulo.

Eu sustentei que a Constituição ao dizer que a gestão da seguridade social é descentralizada, ela quis dizer aquilo que se entende por descentralização administrativa, isto é, se a seguridade tem órgão próprio de arrecadação, esse órgão próprio de arrecadação tem que recolher as contribuições de seguridade. Não seria legítimo, portanto, que as contribuições de seguridade fossem arrecadadas por outro órgão que não fosse o órgão próprio da seguridade. E no caso do Direito brasileiro é uma exigência constitucional que haja órgão próprio, não é uma vontade da administração fazer ou deixar de fazer; é uma exigência constitucional que isso se dê através de órgão próprio.

O problema concreto que se põe é quando uma contribuição tem a mesma natureza de um imposto. Eu pensei muito depois da decisão do Supremo sobre esse assunto, se talvez não tivesse acontecido essa reflexão imediatista: Bom, há contribuição sobre o lucro, conforme eu sustentei oportunamente: Contribuição sobre o lucro nada mais é do que um adicional do imposto de renda. Aliás, para a minha felicidade o Prof. Geraldo Ataliba adotou essa posição também, de que a contribuição do lucro é apenas um adicional do imposto de renda. Sendo assim, será que quem arrecada o principal, que é o imposto de renda, não poderia também arrecadar para simplificação a contribuição de lucro? Não está no acórdão, mas talvez tenha ficado embutido no raciocínio do Supremo essa questão, porque aqui de fato essa contribuição não tem natureza própria, ela é um mero adicional do imposto de renda, especificamente a contribuição sobre o lucro. Não nos esqueçamos que os empregadores pagam sobre dois outros fatos geradores, o faturamento e a folha de salários, mas a do lucro não é contribuição, é adicional do imposto de renda, na minha opinião. Então para esta pode ser, não sei ... Aqui a gente não resolve, a gente instiga os senhores a pensarem mais no assunto. Pode ser que o Supremo tenha colocado isso: "Bom, aí é um problema de praticidade, a própria União pode arrecadar".

Mas já não se pode falar o mesmo da contribuição sobre o faturamento. Aqui é impossível constitucionalmente que outro órgão que não seja o da seguridade social efetue a arrecadação, porque as duas contribuições sobre o faturamento — isso também foi levantado na primeira parte — se pode haver dois tributos sobre o mesmo fato gerador. Sim, se os dois estão previstos na Constituição é claro que pode, as duas contribuições sobre o faturamento estão previstas na Constituição. A contribuição do art. 195-I não é a mesma do art. 239, são duas contribuições sobre o faturamento, legitimadas pelo sistema jurídico. E aí, no meu entender, as duas irão compor o orçamento da seguridade social, as duas podem ser cobradas constitucionalmente e têm que ser arrecadadas pelo órgão próprio. Não há como fugir a essa distinção que o constituinte fez no nosso Direito.

O fato é que sobre a contribuição do faturamento, o que houve na velha contribuição do faturamento estabelecida pelos programas do PIS e do PASEP foi simplesmente uma transformação jurídica realizada pela Constituição, que é quem pode fazer isso, o Direito transforma as realidades, como diz muito bem o Becker, reiterado também pelo Prof. Celso Antônio Bandeira de Mello, o Direito cria as suas próprias realidades. O que o art. 239 da Constituição de 88 fez foi dizer: olha, PIS-PASEP não existe mais; agora existe um programa chamado Programa de seguridade social, que é o do seguro-desemprego, e que vai ser financiado por essa contribuição sobre o faturamento. Eu não sei onde vão dizer que é inconstitucional realmente essa contribuição sobre o faturamento. Agora, eu tenho que dizer que não pode ser o órgão central de arrecadação a reter os recursos, ele tem que ser arrecadado pelo órgão próprio da seguridade social porque ele existe; se ele não existisse ainda haveria dúvida, mas ele existe.

A outra contribuição sobre o faturamento foi criada por uma lei complementar também inconstitucional por ter atribuído à administração fiscal a arrecadação desse tributo. Ela é constitucional quanto ao fato gerador e à base de cálculo, mas é inconstitucional quanto ao sujeito ativo da sua cobrança. Agora, que é uma realidade diferente esta das contribuições terem que ser arrecadadas pelo órgão próprio, isto se prende também àquela questão prévia que levantei, do plano de custeio: o plano de custeio quando é elaborado pressupõe que aqueles recursos irão entrar no momento adequado, esses recursos não podem ficar retidos, eles têm que fluir normalmente, porque se houver alguma paralisação já o cálculo atuarial poderá ser afetado, e aí destrói o sistema.

Então é nisso realmente que nós teríamos que pensar e refletir, sobre a distinção entre um modelo de financiamento distinto, que é o modelo de financiamento da seguridade, e o modelo de financiamento das despesas gerais do Estado.

Um último aspecto, para encerrar, que eu gostaria de colocar: a questão da anterioridade do ponto de vista de quem examina o fenômeno, olhando para o sistema de seguridade social, o que estão dando prioridade é irrelevante porque se eu tenho um plano de custeio e o plano de custeio é um dado preliminar, é um dado prévio à própria norma que vai ditar as contribuições, a anterioridade se prende aos 90 dias do art. 195, mas ela se prende muito antes à elaboração do plano de custeio.

A Lei 8.212 diz o seguinte: que a proposta de orçamento da seguridade social, quando é encaminhada todo o ano para o Congresso, tem que fazer o que o legislador não fez na época própria: ela tem que elaborar um plano de custeio dizendo quais são as variáveis atuariais demográficas e matemáticas para um horizonte de 20 anos. Não se faz seguridade de um dia para o outro. A seguridade, como diz o Lorde Beveridge, é solidariedade entre gerações. A seguridade não precisa do caixa hoje para cobrir amanhã, isso é ridículo em termos teóricos. Então o plano de custeio é que vai garantir a legitimação ou não da cobrança.

Desgraçadamente o nosso Direito Positivo ainda não possui um plano de custeio e é por isso que nós estamos vendo esta incompreensão que o Poder Judiciário *data venia* tem em relação ao fenômeno da seguridade. O Poder Judiciário de um lado trata, quando cuida das prestações de benefício e de serviço, o sistema de seguridade como se fosse uma seguradora. Então o segurador está dentro do risco, cobre. Esse é um lado do problema. Defere sempre as pretensões. Como diziam Armando Assis e Moacir Velloso Cardoso de Oliveira: se eu estou condenando a seguridade, estou condenando a sociedade, a sociedade é quem vai cobrir essas prestações de uma maneira ou de outra. Não é o INSS quem paga os benefícios, não é o Ministério da Saúde que presta assistência médica ou os setores de assistência social que prestam assistência social; é a sociedade quem vai custeá-los hoje ou amanhã. Isto de um lado; a compreensão sobre o fenômeno da seguridade ser mais do que um seguro. De outro, quanto ao fenômeno das contribuições, que têm de obedecer a um plano de custeio sob pena de o sistema não existir do ponto de vista jurídico.

É isto o que acontece com o sistema de seguridade hoje: do ponto de vista jurídico ele não existe. Muito obrigado. (PALMAS)

MINISTRO CARLOS MÁRIO VELLOSO — Tem a palavra o Prof. José Eduardo Soares de Mello.

PROF. JOSÉ EDUARDO SOARES DE MELLO — A Profa. Lúcia Valle Figueiredo disse com muita propriedade no início de sua manifestação que nada mais havia a dizer. E eu digo também, depois dos pronunciamentos da mesa anterior a esta mesa, que quase nada haveria mais a dizer, porque os temas todos já foram enfocados. Eu apenas quero trazer aqui a vocês, num curto espaço de tempo, algumas questões para serem meditadas.

Primeiro, a natureza jurídica da contribuição: é importante verificarmos se ela é tributária ou não. A doutrina, principalmente após a edição da Constituição de 88, vem, com raras exceções, reiteradamente entendendo que ela tem a natureza tributária por se tratar de uma receita privada que não decorre de sanção ou de ato ilícito, e isto está até demonstrado de acordo com os preceitos postulados no art. 3º do Código Tributário Nacional. Então eu não vou me deter nessa consideração.

O elemento topográfico, o fato da contribuição para o custeio da seguridade nacional não estar prevista no capítulo dedicado ao sistema tributário, é um elemento meramente topográfico, não tem relevância nenhuma. Já na Constituição anterior nós sabíamos que havia uma previsão, como há agora nessa do salário-educação, e sempre se entendeu que ele revestia a natureza tributária. Então vou passar rapidamente por esse aspecto e ficar com um pouco mais de detença na questão dessas classificações.

O Prof. Lacombe, com seu espírito científico peculiar há muito defende a posição de tributos vinculados e não-vinculados, na esteira do trabalho do Prof. Ataliba. Eu ousaria dissentir e fazer uma reflexão no sentido de que essa classificação poderia ter uma abrangência maior. Recentemente o Prof. Luciano Amaro fez um estudo sobre a classificação dos tributos e demonstrou, a meu ver com muita propriedade, que essa classificação será mais ou menos abrangente na medida em que se tenham em vista diversos aspectos do fato ou do fenômeno. Se eu ficar atrelado à materialidade da hipótese de incidência, ao fato gerador ou à base de cálculo, que eu sei que são os elementos fundamentais, evidentemente teria apenas tributos vinculados e não-vinculados. Se me ativer, entretanto, a outros elementos de natureza constitucional, como me parece que é o caso das contribuições que tratam do destino daquela verba arrecadada, eu poderei ter um quadro mais amplo.

A classificação — nós sabemos — não é conveniente ou inconveniente; deve ser antes de tudo científica, deve ter em conta o regime jurídico constitucional e deve ter um caráter prático. Na questão das contribuições, tendo em vista as decisões dos tribunais e da doutrina, eu captei alguns elementos que me pareceram de superior importância.

O primeiro é que a Constituição tem — como já expressado — um verdadeiro *plus* normativo; ou seja, não obstante as materialidades do 195-I expressem notas características de impostos, na verdade — como bem frisou aqui o Prof. Wagner Balera — esse *plus* normativo, o destino da arrecadação, ele se traduz num elemento de natureza tributária. Ele não é um elemento da estrutura da norma; sabemos que a norma tem os seus elementos pessoais, materiais e tudo o mais, e que o destino seria irrelevante.

Durante duas décadas nós ouvimos dizer e seguimos os ensinamentos no sentido de que isto seria eminentemente financeiro. O art. 4º do CTN diz que o *nomen juris*, a destinação são totalmente irrelevantes. Mas no caso da seguridade, no caso das contribuições, como o próprio texto constitucional veio dar essa característica, essa feição, entendo que no contexto do regime jurídico-tributário isso tem que ser levado na devida consideração.

Há alguns anos atrás, num excelente trabalho do Prof. Geraldo Ataliba e do Prof. José Artur Lima Gonçalves foi examinada a questão da correção monetária dos débitos tributários na medida em que quando esse lapso de tempo para recolhimento dos tributos fosse mais elástico ou menos elástico teríamos uma maior tributação ou uma menor tributação. O Prof. Geraldo alinhavava que a nossa doutrina estrangeira era escassa, porque esse fenômeno não ocorria no exterior. Eu meditei bastante e cheguei à conclusão, de que não obstante não integre a estrutura da norma, é um dado que deve ser considerado não apenas na sua natureza tributária, ou seja, o destino da arrecadação, a gestão da receita financeira.

Por estas rápidas observações entendo que as contribuições têm uma feição peculiar. Não obstante, como eu disse, revelem materialidades de impostos, não se confundem integralmente com os impostos; elas podem seguir o regime jurídico dos impostos, ou seja, o princípio da capacidade contributiva, ou, como às vezes quer a doutrina, se tomasse em conta as materialidades das taxas deveriam seguir o princípio da retributividade da remuneração. Mas elas têm essa característica peculiar.

Eu vejo nessa distinção algo importante também: não obstante as precisas ponderações do Prof. Lacombe, o fato de a Constituição dizer que são tributos, impostos, taxas e contribuições de melhoria e que tornaria mais arraigado o entendimento de que só ali estão as espécies tributárias é um argumento importante, mas o fato de se encontrar a contribuição tratada de forma reiterada, com essas características específicas da destinação, o orçamento da seguridade, como já foi aqui examinado com muita proficiência de manhã, eles me levam a meditar no sentido de que esta classificação não pode ser apenas dicotômica, ela deve ter um outro alcance.

Um outro ponto que eu gostaria de examinar com vocês apenas para reflexão, sem nenhuma resposta, evidentemente, porque ainda é matéria nova, é a contribuição ao INSS com relação aos autônomos, os empregadores que são obrigados a recolher ao INSS os 20% para os autônomos. Existem discussões judiciais, não sei se existem decisões finais, pode ser que existam e eu não tenha conhecimento. Fico impressionado com o seguinte: o art. 195-I, como todos sabem, fala da contribuição sobre a folha de salários. Então a folha de salários teria uma característica daquela remuneração do empregado, ficando centrada na expressão salário.

E aqui, como já foi dito hoje e ontem, retornamos ao problema da teoria da linguagem. Nós ouvimos às vezes que a Constituição é uma carta política, dirigida ao povo, como o Prof. Paulo de Barros reiteradamente tem dito: o Congresso é formado por médicos, cientistas, lutadores de box, engenheiros, representantes do candomblé, enfim, são pessoas que não são versadas no trato jurídico; mas sabemos também que existem as comissões de redação. Mas mesmo entendendo — como bem demonstrou o Prof. Lacombe — que algumas palavras têm um sentido equivocado, tenho que tentar encontrar no texto constitucional, no ordenamento jurídico o sentido da palavra salário, para daí extrair então a verdadeira dicção constitucional.

Ao verificar o texto infraconstitucional, a Consolidação das Leis do Trabalho, saberemos que salário é remuneração do empregado, isso não haveria dúvida alguma; então, contribuição nada teria a ver com relação aos autônomos. Se, no entanto, eu for à legislação previdenciária, há uma gama significativa de contribuições que poderiam até abranger esses autônomos. Se for ao Judiciário também encontro reiteradas decisões no sentido de que só os empregados recebem salário. Mas fico com o ponto de partida, e que deve ser o ponto de chegada, que é a Constituição (art. 7º). E parece que no art. 7º, nos vários preceitos que estão ali previstos o salário é tratado como uma forma de remuneração e de benefício para o empregado. Então me parece que essa expressão salário não tem essa abrangência previdenciária.

Cogita-se de atecnia, e fico aqui perplexo porque quando será que o vocábulo está empregado no seu sentido técnico e quando estará exprimido no seu sentido vulgar? Parece que é uma questão que nós devemos examinar com retenção.

Para não alongar muito o exame das questões (apenas mais dois minutos) eu gostaria que vocês pensassem também no caminho da confluência ou da convergência ou da dissonância que anda existindo entre a contribuição do Finsocial e do PIS. Não vou aqui fazer reprodução legislativa dessas duas figuras tributárias, apenas pensar com vocês que o PIS, que incide não sobre o faturamento — nós sabemos que o faturamento é a base de cálculo — mas sobre os negócios jurídicos, mercantis e civis, que constituem sua materialidade, passou a recair sobre a receita bruta, e agora tem dignidade constitucional no art. 239, não tem mais nada a ver com aquela norma programática da Constituição de 67 que falava da participação do lucro da empresa. Agora tem a feição, como bem ponderado pelo Prof. Wagner, do seguro-desemprego. Mas nós ainda pensamos: temos uma legislação, dois decretos-leis que foram repudiados pelo Tribunal de São Paulo mas não existe decisão final. Então o PIS, a meu ver, mudou a sua característica e não seria uma incidência relativa a um faturamento, enquanto o novo Finsocial teria continuidade como o faturamento. Se nós entendemos que os dois coexistem, será que nós poderíamos instituir tantas contribuições sobre a mesma materialidade? Seria um adicional do outro? Será que chegaríamos a ferir o princípio da capacidade contributiva? Haveria até o problema da vedação do confisco?

Em suma eu penso — assim apenas para colocar a questão — que o PIS passou a ter uma nova feição e não deveria ter mais nada a ver com o faturamento, porque a dignidade constitucional dele, a previsão constitucional é de outra índole, e o novo Finsocial que nós estamos repudiando deixaria de existir ou deve deixar de existir no universo jurídico, e ficaríamos então sem nenhuma contribuição sobre esse faturamento.

Eram essas considerações que eu teria a fazer. (PALMAS)

MINISTRO CARLOS MÁRIO VELLOSO — Tem a palavra a Profa. Mizabel Derzi.

PROFª. MIZABEL DERZI — Diante dessa polêmica, entre natureza jurídica específica das contribuições ou contribuições com a natureza de impostos, nós temos a dizer que ambas interpretações são possíveis e conciliáveis, a meu ver, com a Constituição em vigor. O que não é conciliável com a Constituição em vigor, é mesmo reconhecendo a natureza de impostos às contribuições destinadas ao custeio da seguridade social, não reconhecer que a Constituição cassou a sujeição ativa da União. Isso a meu ver que é inconstitucional. E quando a Constituição faz isto ela submete as contribuições a um regime próprio diferente dos impostos vinculados a órgãos, fundos e despesas. É o que está na Constituição.

Vejam bem, há um dispositivo na Constituição que diz no seu art. 167-IV: é vedado vincular a receita de impostos a órgão, fundo ou despesa, exceto os fundos de participação para os estados e os fundos de participação para os municípios, porque a própria Constituição já vincula parcela da arrecadação do imposto de renda e do IPI para esses fundos.

Então como é que vai ser o tratamento orçamentário desses fundos? Esses recursos desses impostos transitam pelo Orçamento da União? Sim, porque todo Orçamento da União é contabilizado pelo bruto, tudo o que a Receita Federal arrecada tem que transitar pelo Orçamento da União, e daí são transferidos para os órgãos, fundos ou fundos de participação. Tanto é que há um dispositivo na Constituição na parte do Orçamento da União que diz o seguinte: "É vedado reduzir as transferências tributárias constitucionais para Estados, Municípios e Distrito Federal". Por quê? Claro que é vedado! É a própria Constituição que define: "É vedado que a Lei Orçamentária reduza o volume de transferências relativas aos fundos de participação para estados e municípios." Isso é regime constitucional de impostos com destinação específica. Por quê? Porque a própria Constituição dá destinação específica a determinados impostos de competência da União, e a lei não pode reduzir essa destinação nem o montante dessa destinação.

Em relação às contribuições para a seguridade social o pressuposto exatamente é o inverso. O pressuposto é o seguinte: como o volume dessas contribuições não pode transitar pelo orçamento fiscal, não há que haver transferência. Portanto, esse dispositivo não está incluído nessa redação, a contribuição já é, pela própria Constituição, destinada, o sujeito ativo natural é exatamente a previdência ou a seguridade social. É o sujeito ativo pressuposto na Constituição.

Aquilo que é imposto, que poderá até ser imposto pela hipótese e pela base de cálculo e cujo sujeito ativo é necessariamente o órgão que o tributo visa custear, a Constituição chama de contribuição e há todo um regime constitucional próprio orçamentário e administrativo dessas contribuições. Então há conseqüências jurídicas para essa terminologia diferente utilizada na Constituição. Não importa que, ao analisarmos a base de cálculo ou a hipótese, até identifiquemos a espécie com o imposto e então vamos ter que discutir se a mudança da sujeição ativa interfere ou não na natureza jurídica. É outra a discussão, é uma outra questão diferente, que está em pauta.

Em relação à hipótese e à base de cálculo, eu gostaria de trazer à sua consideração o seguinte raciocínio: na verdade a Constituição no art. 195-I, sugere uma contribuição social dos empregadores, uma única contribuição social dos empregadores incidente — expressão no singular — sobre a folha de salário, o faturamento e o lucro. Por que isso? Porque nós sabemos que houve uma queixa longa das empresas no Brasil e alhures pelo fato de que aquelas, empresas com mão-de-obra numerosa, que dão emprego, ficam excessivamente oneradas com as contribuições para a seguridade social. Tais empresas sempre reivindicaram no mundo inteiro uma outra forma de tributação, porque a tendência então neste caso é o uso da microeletrônica e da técnica, substituindo-se mão-de-obra por máquina. A Alemanha até sugere especificamente o imposto sobre máquina. Os especialistas nessa matéria querem exatamente isto, que o capital seja chamado a auxiliar no custeio da seguridade social, porque a só incidência sobre trabalho e mão-de-obra pode provocar o desemprego e assim inviabilizar a seguridade social para o futuro.

De modo que a rigor na Constituição nova a verdadeira contribuição de custeio deveria levar em conta e teria de levar em conta folha de salário, lucro e faturamento como um todo, em uma relação integrada; quer dizer, quanto maior fosse o lucro ou o faturamento e menor a folha de salários, menor seria a contribuição sobre folha de salário, mais sobre o lucro e sobre o faturamento. Em razão do princípio da igualdade e da eqüidade entre as empresas é esta posição doutrinária internacional que, a meu ver, a Constituição de 1988 nessa parte avançada, muito avançada, captou e incorporou.

O que aconteceu? Nós já tínhamos vícios anteriores, um outro modelo de custeio da seguridade social e continuamos da mesma forma, como se não tivesse acontecido nada na Constituição. Não se deu autonomia orçamentária, não se criou um regime distinto para aquilo que ela chama de contribuições e para aquilo que ela chama de impostos com destinação específica, os quais são sujeitos a um sistema orçamentário, que é o sistema das transferências constitucionais. Nós tínhamos prática de PIS-PASEP e Finsocial; continua tudo igualzinho como era antes.

Eu não sei para que veio a Constituição, acho inútil, poderíamos ter continuado com a Constituição anterior. Quais foram as diferenças na nossa prática? Os problemas de custeio da seguridade social continuam os mesmos, os vícios anteriores não foram corrigidos e eu acho que esses vícios não têm que ser comprovados perante o Supremo Tribunal Federal porque o argumento é muito difícil. O Prof. Sacha diz: dizer que a seguridade desvia é um argumento político, ele tem que ser provado. Se ele é político ele não tem que ser provado. Para quê eu vou provar um argumento político?

Aliás, até seria supor ignorância do Supremo Tribunal Federal, em relação à história de prática jurídica. Eu pressupor dos ministros de notório saber jurídico, que ignorem história da prática da seguridade social? De jeito nenhum! Eu acho que isso não tem que ser provado, não. Isso é história; qualquer livro ou documento e os relatórios da CPI junto ao Congresso Nacional comprovam esses desvios. Agora, ele não é lide. Esse argumento não interfere, ele é um argumento histórico de convencimento sobre sujeição ativa, só isso. Ele não interfere porque não está sendo apreciado pelo Supremo Tribunal Federal. E ele tem competência para isso, para julgar matéria penal? Se algum administrador público desviou ou não recursos de seguridade, isso é outra questão. Então nós ficamos sem saída nenhuma, porque se diz: isso é argumento político e tem que ser provado. Para que provar algo que não é jurídico? Então é um silogismo que nos coloca sem saída.

Este é um tema estritamente jurídico que encontra assento na Constituição e está ligado ao regime jurídico constitucional atribuído às contribuições para o custeio da seguridade social. Basta dizer que o sujeito ativo natural seriam os órgãos destinados a este custeio, e seria irrazoável ou altamente constrangedor que amanhã a União decidisse arrecadar todas as contribuições para custear a OAB e todos os demais Conselhos profissionais. Isso é impossível; isso é inconstitucional. Dirão alguns: "Nada na Constituição proíbe expressamente..." Agora, em relação à seguridade social há proibição e nós ainda dizemos que isso não tem importância, isso não é jurídico? (PALMAS)

MINISTRO CARLOS MÁRIO VELLOSO — Tem a palavra o Prof. Tércio Sampaio Ferraz Júnior.

PROF. TÉRCIO SAMPAIO FERRAZ JÚNIOR — Senhor Ministro Carlos Mário Velloso, demais membros desta mesa, minhas senhoras e meus senhores, eu pediria licença a todos para trazer um tipo de reflexão possivelmente não dentro de uma estrita linha de ciência dogmática do Direito, mas que me parece pertinente no momento que nós discutimos a questão das contribuições dentro da Constituição e dentro do Direito brasileiro. São, me parece, considerações simples, provavelmente sem nenhuma novidade maior, mas que seguramente podem ajudar nas reflexões que todos estamos fazendo neste momento, à luz das diferentes exposições que até o momento ocorreram. Isso significa também que nesta minha curta apresentação não tenho a intenção de abordar as questões propostas pelo próprio Congresso, embora não me furte a elas passarei por elas na medida que vou tocar apenas num aspecto que não tem, como dizia, uma natureza estritamente dogmática.

Lendo a respeito do assunto e principalmente preocupado e instigado pelas relações entre as contribuições, a noção mesma de contribuição e os princípios constitucionais referentes às garantias asseguradas ao contribuinte, fiquei pensando sobre a relação que deveria existir entre contribuições — sobretudo a idéia de contribuição social no seu sentido lato de expressão, isto é, ligada à seguridade social — e a noção de estado de direito. Me parece que essa é uma questão importante a ser meditada.

Se não estou enganado, a história da contribuição é uma história relativamente recente, vem ligada a um problema e a uma solução emergencial, sobretudo no século XX, relativa à chamada parafiscalidade. Parece-me que a questão da contribuição, com todas as discussões em torno do seu conceito, gira em torno de uma profunda alteração que sofre, no século XX, a própria noção de estado de direito, não que as Constituições contemporâneas que se apresentam como democráticas tenham alterado os princípios básicos do estado de direito, mas no sentido de que elas incorporaram na sua estrutura o aspecto do social, a ponto de nós chegarmos a falar em estado do bem-estar social. Parece-me que as Constituições contemporâneas, e sobretudo a partir da Constituição de Weimar, estas duas noções ou estas duas estruturas, a estrutura do estado de direito e a estrutura do estado do bem-estar social ou do chamado estado social convivem e nem sempre de uma maneira tranqüila. Digo nem sempre de uma maneira tranqüila porque a estrutura do estado de direito é, de um ponto de vista lógico, exatamente oposta à estrutura do estado do bem-estar social. Enquanto a estrutura do estado de direito encara o Estado do ponto de vista de um controle do poder e estatui este controle como princípio básico da atividade legislativa, da atividade administrativa, da atividade judiciária e até da atividade doutrinária, isto é, impõe, inclusive ao intérprete, a idéia do bloqueio do Estado, ou seja, o Estado deve ser encarado na sua submissão restritiva aos meios que o povo, por uma forma livre, estabelece ao seu governo, no estado social essa estrutura se inverte, porque surge a questão dos fins sociais, ainda que estabelecidos pelo mesmo povo pela livre expressão de sua vontade. A relação se inverte porque enquanto no estado de direito a idéia do bloqueio é fundamental, no estado do bem-estar social a idéia do atingimento dos fins se torna preponderante. Para o Estado de direito o bloqueio é portanto o princípio básico; para o estado do bem-estar social, o atingimento dos fins é fundamental. Para o estado do bem-estar social os meios se tornam subsidiários do fim, eles seguem o fim e têm que seguir. E são mudados na medida em que os fins não são atingidos, porque constitucionalmente o povo exige que aqueles fins sejam atingidos.

Digo que as duas estruturas nem sempre convivem pacificamente porque são logicamente estruturas opostas: uma exige o bloqueio pelo meio, se o meio não é correto o fim não deverá ser atingido, e não importa que não seja atingido. Para a outra, se o fim não é atingido tem-se de mudar o meio, e a todo custo, pois é atingimento dos fins. Estas duas estruturas são difíceis de ser trazidas a um denominador comum porque elas acentuam responsabilidades diferentes: num caso, a responsabilidade pelo *correto* uso dos meios; no outro, pelo *eficiente* atingimento dos fins.

No primeiro caso o bloqueio prepondera, na medida em que se procura fiscalizar se os meios são corretos, pois dado um meio correto, qualquer fim será aceitável; se o meio não for dado ou se for dado impropriamente não importa que o fim não ocorra, pois a responsabilidade do agente público está na estrita vinculação ao meio legal, ao meio constitucionalmente legal, ao meio regularmente legal etc.

No estado do bem-estar social a coisa se inverte, a responsabilidade é pelos fins e se o fim não é alcançado a responsabilidade exige alteração dos meios e/ou busca de outros. Isto é tão forte em certas situações que pode, em ocasiões de desequilíbrio social e econômico provocar atrito entre as duas concepções e tornar bastante difícil a interpretação da Constituição, ou de uma Constituição que traz dentro dela os dois conceitos de estado.

A idéia de um estado democrático de direito, como fala a nossa Constituição, pode significar uma tentativa de trazer as duas estruturas a um denominador comum. A palavra *democracia* seria o elo que me permitiria amarrar congruentemente meios e fins. Mas parece que, nesta tradição mais do século XX do que do século XIX, a atribuição ao Estado de certos compromissos em termos de fins a serem atingidos, portanto, a instauração do estado do bem-estar social, faz com que este compromisso redunde, no plano tributário, que pela tradição que vem lá da Magna Carta como uma tradição de bloqueio, faz com que a possibilidade de congruência se transforme ligeiramente. Surge o chamado estado assistencial e dentro do estado assistencial, essa noção esquisita, a princípio, de parafiscalidade, de contribuição, como instrumento para que fins sejam atingidos. Nesta hora surge o problema: como tratar essa nova estrutura aparentemente exigida pelo crescimento de uma ideologia que desemboca no século XX e que transforma o Estado no gestor do bem-estar da população, uma idéia que até o século XVIII era não muito clara, durante o século XIX começa a se esboçar, mas que se torna uma realidade no século XX, esse Estado que se transforma em *Estado-assistência*, que é responsável pela previdência, que tem que cuidar da população de um modo geral em termos de saúde, educação, aposentadoria, juventude, velhice etc? É nesse momento que surge a premência desse estranho tipo de tributo vinculado ou afetado por essa finalidade.

Nessa hora, na hora em que eu ligo tributo diretamente a uma finalidade, a noção do bloqueio se torna complicada de ser aplicada. Ela se torna complicada de ser aplicada não certamente para quem, profissionalmente, parece encarnar o bloqueio como o limite de sua participação pública — caso do Judiciário no sentido amplo — mas quando se olha do outro lado, quando se olha do lado do administrador e do legislador que têm, por definição, o encargo da realização dos fins. Fica complicado porque o legislador ou o administrador se vê acossado por um tipo de responsabilidade que de uma forma ou de outra a Constituição impõe a ele, no sentido de atender a demanda social, e aos fins constitucionalmente postos para isso. E a consequência, sobretudo em momentos de crise social e econômica, é tantas vezes a produção de normas que nem sempre se encaixam nessa estritíssima legalidade do Estado de direito. Não resta dúvida de que é nesse confronto das estruturas — privilégio dos fins ou privilégio dos meios — que os problemas começam a aparecer.

A reação, até mesmo a reação jurídica formada dentro do liberalismo do século XIX que se prolonga até o final deste século XX resiste, sustenta o privilégio dos meios e impõe à contribuição o tratamento que compete aos tributos dentro da estrutura do Estado de direito: o bloqueio. Assistimos, porém, freqüentemente ao legislador e ao administrador, forçarem a mão, por assim dizer, do outro lado, porque estão acossados pela outra responsabilidade. Este conflito é um conflito real e é um conflito real no mundo de hoje, especificamente no nosso mundo brasileiro. Este conflito é um dos conflitos institucionais mais graves, que gera o chamado problema da governabilidade, isto é, da transformação do Estado em ecônomo, isto é, da transformação do Estado em responsável pela economia, que na tradição da cultura ocidental sempre fora uma questão de natureza privada.

Quando tratamos dos tradicionais tributos, quando trabalhamos com os tributos tipo *imposto*, tipo *taxa*, não é difícil tratar a questão em termos de bloqueio, portanto, em termos do estado de direito; quando se entra na questão da contribuição o problema complica, e complica tanto que essas contribuições passam a ter até um sentido antidemocrático, no século XX com a superveniência dos Estados fascistas, responsáveis pela introdução corporativista da parafiscalidade. Isso fica claro, há até uma quebra de certos princípios democráticos. Isso não as afasta das Constituições democráticas. Nós vemos a nossa Constituição reinseri-las e claramente dentro de limitações do Poder Tributário, mas a inserção das contribuições dentro dessas limitações não consegue elidir totalmente o problema desta realidade política da confluência de duas estruturas de Estado, como eu disse, opostas e não facilmente congruentes.

É claro que a partir deste tipo de pensamentos nós podemos retirar uma série de conseqüências. Isso levaria mais tempo e eu não vou fazer isso neste momento. Apenas anuncio isso para a reflexão de todos. Muito obrigado. (PALMAS)

MINISTRO CARLOS MÁRIO VELLOSO — Cumprimento os expositores pelas magníficas lições que ministraram.

Convoco a Profa. e magistrada Lúcia Valle Figueiredo a responder as questões que ficaram pendentes.

PROFA. LÚCIA VALLE FIGUEIREDO — A questão proposta é a seguinte: "Não me parece uma verdade enlouquecida a interpretação do princípio da anterioridade em razão da sua excepcionalidade ser de uma *vacatio* de 90 dias, limitar a atuação dos legisladores a um mínimo de segurança jurídica e permissibilidade das ações estatais exatamente os mesmos 90 dias previstos no art. 95, § 6º."

O que eu disse foi exatamente isto: quer dizer, limita o legislador por 90 dias, mas não pode se chegar ao absurdo de se entender que aquela lei que surge no dia 31 tenha eficácia no dia 1º e a contribuição, que é excepcional, teria que ser dilatada. Então na verdade o que estaria errado seria o primeiro raciocínio, o segundo está correto, mas o primeiro raciocínio teria que estar errado, de interpretação. Foi exatamente isso que eu abordei.

"Na sua concepção, qual é a diferença entre vigência, inciso III, alinea *a* do art. 150 da Constituição, e eficácia de uma lei tributária face à atual ordem constitucional?"

Se eu não tivesse nítida essa questão para mim, eu teria ficado à mercê das perguntas que o Prof. Geraldo fez para os candidatos ao concurso para juiz federal. Durante o dia, assisti o Prof. Geraldo batendo nessa tecla: qual é a diferença entre vigência e eficácia. Claro está que a diferença é aquela que todos conhecemos: a lei é vigente, mas pode ser eficaz só a partir de um dado momento, quer dizer, ela é vigente mas não tem aplicabilidade; a sua aplicabilidade está condicionada à eficácia. É exatamente o caso do art. 150-III: não são coincidentes os conceitos. Nisso o mestre de todos nós é o Prof. Tércio, aqui. Aliás foi com ele que aprendi a lição.

"Trago à reflexão o fato de a Constituição Federal em vigor ter nos casos das contribuições sociais sem caráter emergencial inconteste determinado um interregno mínimo de 90 dias para que a norma instituidora ou a que majorou tenha eficácia.

No caso dos impostos não deveria ser no mínimo respeitado este interregno de 90 dias?"

Claro, foi o que eu exatamente disse e agora estou enfatizando. Não me parece que a interpretação seja razoável, o mínimo de interpretação razoável. Se uma lei entra em vigor dia 31 de dezembro e é eficaz no dia 1º está obedecendo a anterioridade como determina a regra geral da Constituição, e uma lei da seguridade social que tenha um tratamento privilegiado, a mesma lei editada em 31 de dezembro devesse esperar 90 dias. Então alguma coisa está errada, e creio eu que é errado pelo princípio constitucional da segurança e certeza do direito é a primeira interpretação. Foi isso que tentei transmitir; não sei se consegui.

Acho que são essas as questões.

Aqui eu me permitiria, pedindo permissão para o Prof. Geraldo, só um breve comentário. Assisti, encantada como sempre, os ensinamentos do Prof. Tércio, mas fiquei um pouco — confesso — abalada, e abalada pelo seguinte: porque entendo a conflituosidade que há, o problema que há entre a finalidade apontada na Constituição — e eu inclusive tenho trabalhado muito esse problema dos direitos individuais opostos aos direitos coletivos e difusos, porque essa é uma constante, uma tônica na Declaração de Direitos — mas ao mesmo tempo fiquei um pouco confusa com a exposição do Prof. Tércio. Não quero polemizar, mas confusa no sentido seguinte: se essa finalidade, se o bloqueio tem que ceder a essa finalidade nós estaríamos diante de uma Constituição flexível, então me atemorizou um pouco esse tipo de interpretação, que nós estaríamos diante de uma Constituição flexível, ou quase isso. Quer dizer, o problema seria exatamente o ponto de equilíbrio onde está o Direito individual, que a meu ver tem um significado muito grande por causa da cláusula 4ª do art. 60 da Constituição, o direito individual e onde o direito coletivo, senão nós teríamos o seguinte: os meios a atingir acabam com os direitos e garantias fundamentais, que topograficamente estão no art. 5º. Então isto me assustou, Prof. Tércio, permita-me dizer, porque sempre fui uma fiel seguidora das lições de V.Exa., mas aí não posso compartilhar, porque fiquei realmente temerosa.

Muito obrigada. (PALMAS)

MINISTRO CARLOS MÁRIO VELLOSO — Vamos encerrar o nosso painel. Antes de fazê-lo gostaria de ler um pito que um dos congressistas passou no Prof. Geraldo Ataliba e de tabela em mim próprio.

"Prof. Geraldo Ataliba, será que não seria bem melhor para todos nós brasileiros, que o Ministro Velloso ficasse prestando atenção nas exposições dos professores, no lugar de ficar assinando os diplomas?" (PALMAS)

Veja que o Brasil na verdade tem melhorado. Esse pito foi muito oportuno, muito bom. E logo que senti que o bilhete veio à mesa perceberam que os diplomas sumiram da mesa. (RISOS)

Nós estamos em época eleitoral. O Superior Tribunal Eleitoral costuma conceder direito de resposta sempre que nos programas eleitorais um candidato fala algo mais que contraria. Antes de encerrarmos, tem a palavra o Prof. Tércio, para o direito de resposta.

PROF. TÉRCIO SAMPAIO FERRAZ JÚNIOR — Fui citado nominalmente, por isso não posso deixar de responder. Mas vou falar rapidamente.

Quero dizer que de fato tive intenção de provocar essa angústia, que é a angústia típica do pensamento dogmático. É uma angústia porque ele é todo centrado na idéia do bloqueio e dos direitos fundamentais, bloqueados do Estado. Eu disse, porém, que a Constituição brasileira talvez, ainda que não tenha sido essa a intenção, ao falar de estado democrático de direito, sugira uma tentativa de trazer as duas estruturas ao equilíbrio. O que eu tentei provar, no entanto é que na apreciação do Direito Tributário, sobretudo na questão das contribuições, esse equilíbrio talvez tenha que ser levado mais cautelosamente em consideração, porque realmente *(acho que o Prof. Wagner Balera tratou disso na sua forma dogmática com muita precisão)* não se pode deixar de olhar o lado do atendimento, do atingimento dos fins que a Constituição põe e a demanda social exige. E isso se torna importante, quer dizer, os fins sociais da lei, nesse caso, são mais do que importantes. Talvez esse seja o caminho, e aí entram questões — me desculpem — pesadas. Em nome do bloqueio acho absolutamente legítimo que o cidadão, por meio de seu advogado, vá ao Judiciário, enfrente as questões, até mesmo quando ele não tenha lá muita razão, mas descubra uma pequena parcela de razão à qual ele se agarra. Mas quando entramos nesse terreno onde entra o problema do bem-estar social, em conflito com o interesse individual, essas razões acho que deveriam ser mais bem pesadas, tanto pelo profissional quanto pelo tribunal. No fundo era isso que eu queria dizer. Nós não estamos em desacordo; apenas uma explicação é o que eu queria dar. (PALMAS)

MINISTRO CARLOS MÁRIO VELLOSO — Parece-me que podemos encerrar, ouvindo a palavra do professor Geraldo Ataliba.

CONFERÊNCIA

SEGURANÇA JURÍDICA

GERALDO ATALIBA

PROF. GERALDO ATALIBA — Vou falar sobre a idéia tão discutida e tão insistentemente reiterada de reforma tributária. Não vou entrar em pormenores, mas propor-lhes a discussão da idéia de reforma tributária ou reforma fiscal, de que tanto se fala.

Entre os documentos divulgados como contendo a concepção do governo há uma série de ingredientes que não são especificamente tributários, talvez nem fiscais. Mas eu daria dois exemplos aos senhores de matéria não-tributária, para que se capte o significado ou o espírito que tem informado os que estão pleiteando ou pregando essa reforma. Um dos itens concerne à estabilidade dos funcionários públicos: parece que é convicção do governo, e isso se traduz num anteprojeto que circula como oficial, que só deverão gozar de estabilidade alguns funcionários ligados às Relações Exteriores, ao Ministério da Justiça, à Fazenda e às Forças Armadas; todos os demais funcionários deixarão de ter estabilidade e a rigor ficariam num regime jurídico parecido com o regime de empregados. Afirma-se que isto é uma idéia de modernidade, isto é uma idéia de progresso, de avanço, dentro até dessa concepção tão propagada da privatização.

Quero fazer algumas ponderações.

Os servidores do Estado ao longo da história até o século passado, todos estavam neste regime de dependência dos donos do poder; eram então recrutados de acordo com simpatias ou antipatias, partidarismos, adesões a certas bandeiras e pessoas; e os governantes, transitórios ou não, dispensavam ou engajavam servidores para o Estado, mais ou menos como administravam a coisa pública, bastante confundida com a propriedade privada daqueles que exerciam funções públicas.

Foi o constitucionalismo, foi a experiência republicana, foi a vivência sofrida do contraste entre os ideais do constitucionalismo republicano com uma realidade do crescimento do Estado (a que fazia referência ainda hoje o Prof. Tércio Sampaio Ferraz, a ampliação, o desenvolvimento do Estado), foram estas experiências que levaram os Estados a adotarem o "sistema de mérito" e, portanto, só recrutarem as pessoas pelo seu mérito, para servirem ao público — servidor público, *publicum*, *populicum*, povo — servidores do povo. Critério de mérito, por duas razões: para que o Estado tenha o melhor da capacidade, da inteligência, da força de trabalho, a seu serviço, a serviço do povo; em segundo lugar, para que todos em igualdade de condições, tivéssemos a oportunidade de acesso às funções públicas, que são sempre, por definição, honrosas.

A Inglaterra nisso é um exemplo notável de república, exatamente porque ditou ao mundo padrões de respeito à coisa pública e de colocação do povo como o interesse primacial. A própria Coroa é servidora do Povo, ao inverso do que historicamente foi, o Povo servindo à Coroa. E padrões estabelecidos na Inglaterra e aperfeiçoados em diversos países europeus, muito especialmente na França — que tem, reconhecidamente, o melhor serviço público do mundo — e os EUA onde se foi estabelecendo o sistema de mérito para o recrutamento e um sistema jurídico de proteção, não aos funcionários, mas proteção ao interesse público, ao interesse de todos que desempenham funções públicas.

A maioria dos países adiantados do mundo civilizado, que adotam os padrões do constitucionalismo, foi elaborando este regime a ponto de deixar muito nítida a distinção entre o regime dos servidores públicos e de todos os demais trabalhadores. Não para privilegiar algumas pessoas, mas uma distinção de regimes para proteger o interesse público, que é o dever precípuo dos servidores públicos.

No Brasil — para sermos rápidos — chegamos a este clima que a Constituição de 1946 estabeleceu com precisão e que a Constituição de 1988 resgatou em plenitude de extensão e de intensidade, de preocupar-se o texto constitucional com os servidores públicos antes de o serem, enquanto o são e depois que são aposentados. Para proteger aquelas pessoas? Não senhores, para dar melhor garantia ao próprio povo, que é servido pelos servidores.

Assim, em primeiro lugar pelo concurso público de títulos e de provas, exigido na Constituição, com caráter universal, se recruta o melhor e paralelamente se dá oportunidade igual para quem queira ser servidor público. O critério de mérito assim estabelecido e mantido durante a carreira, carreira de que cuida a Constituição Federal, inclusive com as prerrogativas que caracterizam o regime do servidor público, levando a que o servidor adote uma determinada postura institucional. E por último preocupa-se a Constituição com o servidor depois que ele se desligou do Estado, depois que se aposentou, exatamente para que, enquanto desempenha a função pública, não tenha preocupação com o seu futuro, com a sua velhice e com eventuais infortúnios que posssam impedi-lo do trabalho. Cria-se um clima de tranqüilidade (a Constituição obriga) para que o servidor possa dedicar todo o seu esforço, o seu talento, a sua inteligência e o seu trabalho à comunidade, sabendo que, quando chegar o momento determinado e constitucionalmente previsto, ele terá, até a sua morte, não só a irredutibilidade, mas todas as demais garantias que lhe assegurem a manutenção do padrão que teve durante a vida. Para quê?

Exatamente, senhores, para assegurar institucionalmente que o servidor seja fiel, leal ao povo a que serve, cuja vontade está na Constituição e nas leis, e não ao governante transitório que, constitucionalmente, republicanamente, só fica quatro anos. Assegurar tal fidelidade e tais garantias ao servidor que a precedência da lei sobre a vontade dos governantes seja assegurada e garantida. Assegurar, portanto, que não haja o engajamento de um chefe, dos "chefetes", dos "caciques" que levam consigo hordas, assaltam o poder, e enquanto estão no poder servem aos seus asseclas, que sabendo que poderão ser dispensados a qualquer tempo, devem tirar o maior proveito daquilo, porque quando o seu cacique for embora, eles irão juntos e outro cacique o substituirá, trazendo outras levas e outras hordas, que foi o que aconteceu no regime de exceção, que desgraçadamente vivemos durante tantos anos e que deixou esta herança, que estamos sofrendo até hoje.

A Constituição de 88 resgata o regime do servidor, estabelece condições objetivas de fidelidade do servidor ao Estado, quer dizer, ao Povo que manda no Estado, e não aos governantes. Isto engendra a seguinte condição objetiva: o governante, o político do Executivo ou Legislativo deseja uma determinada coisa mas essa coisa não é constitucional; ele dá uma ordem e todos os servidores dizem: "Lamentavelmente não podemos cumpri-la, porque a nossa fidelidade não é ao senhor, é à Constituição. Tem o senhor, como autoridade eleita, o poder de me fazer um processo" — que aliás é uma prerrogativa do servidor. "Faça um processo administrativo para punir-me, porque não obedeci. Um processo administrativo para demitir-me, porque desobedeci, e neste processo vamos ver onde está o direito. Tenho a garantia, nesse processo, de resguardar a minha independência de servidor, a minha fidelidade à lei, e a garantia, a segurança de que ficará evidente onde está o direito que o povo estabeleceu nas leis gerais e impessoais." O processo administrativo é garantia do servidor e do serviço público.

Isto é um freio para o governante, quando queira cometer qualquer tipo de inconstitucionalidade ou ilegalidade. É nesse esquema que funcionam os países civilizados. É nesse clima — de garantia ao servidor que cumpre o seu dever, de obediência à Constituição e às leis — que se permite a continuidade do serviço público. A maioria dos países adiantados e civilizados do mundo adotam o regime parlamentar. Alguns sofrendo constantes crises, como aconteceu, no passado, na França, crises políticas onde os gabinetes duravam menos do que um ano; na Itália, onde, durante muitos e muitos anos, gabinetes se sucediam; e no entanto o serviço público continuava, o Estado continuava, a sociedade continuava, porque os servidores públicos são fiéis ao Estado e não àqueles governantes transitórios.

No Brasil, desde 1946, colocamos este ideal na Constituição, mas não o conseguimos ainda realizar na plenitude, e quando íamos chegando a obtê-lo veio o golpe de 64, que tudo desastrou, restaurando o regime do caciquismo, do empreguismo, o da fidelidade do servidor ao cacique que está de passagem.

Senhores, isto mereceria muito mais, mas é só para mostrar-lhes o espírito da "reforma fiscal": começa-se com a proposta de acabar, liquidar e banir as garantias dos funcionários públicos, como se essas garantias fossem das pessoas e não do povo que por essas pessoas é servido.

Esta conquista das sociedades, e já hoje conquista brasileira porque está no texto da Constituição de 88 e que encontra o seu ponto de contato entre o interesse público e o interesse dos servidores no art. 37 da Constituição, pondo os princípios da imparcialidade, da moralidade e da legalidade, como padrões informadores de toda a ação administrativa. Isto tudo seria solapado por esta proposta que se contém, revelando o espírito dos que falam em reforma fiscal, porque supõe-se que por aí haverá economia de dinheiros públicos.

Vamos ao segundo exemplo que está na proposta (clandestina, diz o Prof. Osiris) do governo. Elimina-se o pedágio. Esse exemplo é extremamente expressivo. A União tem 200 mil quilômetros de estradas de rodagem, por elas circula grande parte da riqueza nacional, e essas estradas têm um custo de manutenção muito caro. Interessa ao país ter boas estradas, em boas condições. E no mundo inteiro, atendendo aos postulados de Adam Smith e ao progresso da evolução das idéias concernentes à repartição dos encargos públicos, se adotou o pedágio como uma forma de remunerar o custo da conservação de estradas. Pelo pedágio — Aires Barreto é que nos ensina — se mede a intensidade e a freqüência do uso das estradas, de tal forma que a repartição do custo da manutenção das estradas seja equânime, seja justa: quem não usa a estrada não paga, quem usa pouco paga pouco, quem usa muito paga muito. Não há argumento para rejeitar o pedágio. Em todo país civilizado há pedágio. Engana-se aquele que se deixa levar pela retórica, seja do governo, seja dos áulicos, seja dos interessados que secundam a proposta de abolição do pedágio, porque a idéia que aí subjaz não me parece que possa ser honesta. E vou dizer aos senhores por quê. Este é um exemplo:

Em todo país civilizado é proibido fabricar pneumáticos de caminhão com mais do que 13 ou 14 lonas. Significa que quando o transportador quiser pôr mais carga, mais peso num caminhão, ele é obrigado a colocar carretas ou mais eixos no caminhão, repartindo seu peso por diversas rodas, de tal forma que o desgaste das estradas seja mínimo. É assim que se garante a longuíssima manutenção das estradas em todos os países civilizados.

Ora, no Brasil é possível fabricar pneu de 16, de 18 e de 20 lonas, e caminhões, num eixo só, podem levar o peso que em qualquer outro lugar no mundo seria levado, por quatro, cinco ou seis eixos? Então o mínimo cômoro numa estrada, em pouco tempo, se transforma num buraco.

Se um advogado sabe isso, imagine se não saberão os técnicos do Ministério dos Transportes, os engenheiros, os fabricantes de pneus, as empreiteiras?

Não vou analisar outros ângulos desta proposta, eu só vou dizer que por estas duas considerações que faço — o problema do servidor público e o problema do pedágio — não posso acreditar na idoneidade técnica e quiçá moral de quem faz estas propostas. Esta gente não quer resolver o problema fiscal e financeiro do Brasil; quem secunda estas propostas no mínimo é irresponsável.

Vamos para a matéria tributária.

A proposta despreza mais uma vez a contribuição de melhoria que é responsável pelo financiamento de inúmeras obras rodoviárias magníficas no mundo desenvolvido, despreza a possibilidade do tratamento adequado da desapropriação por zona, que o Professor de Direito Constitucional e Ministro do Supremo Tribunal Federal Carlos Velloso, ao lado de Bandeira de Mello, Sérgio Ferraz, Seabra Fagundes, Adilson Dallari, Agostin Gordillo e tantos outros mestres ainda recentemente, com Aires Barreto, estudávamos em todos os seus ângulos, em seminário que realizamos em Curitiba.

Os senhores devem estar cansados de ouvir a afirmação de que é preciso aumentar a receita da União, porque a União está sobrecarregada. Mas senhores, até a Constituição de 88, vivíamos num regime em que a União tinha quase todas as receitas. E a experiência foi desastrosa. Inclusive, ainda no governo federal passado, diversos estados pleitearam assumir as estradas federais em seus territórios. Isso aconteceu com o Rio Grande do Sul, Paraná, São Paulo e Minas Gerais. O governo federal não quis abrir mão dessas estradas, e quem conheça a rede rodoviária de Minas, São Paulo, Paraná e Rio Grande do Sul poderá dizer: "A rede estadual? Ela é muito boa!" Aquele padrão técnico, aquele padrão de excelência seria aplicado.

Voltarem às mãos da União atribuições que ela revelou ser absolutamente incompetente para exercer, pelo menos nas regiões mais desenvolvidas do País, com prejuízo das regiões menos desenvolvidas e, para tanto, incrementar as receitas da União não é progresso; é um retrocesso, é voltar atrás, é querer reviver as dolorosas e trágicas experiências que já tivemos.

A Constituição de 88 caminha no sentido da descentralização, colocando mais competências, mais atribuições e mais recursos nas mãos dos Estados e Municípios, exatamente porque as decisões a respeito dos gastos e a fiscalização desses mesmos gastos ficam mais próximas do contribuinte. É mais democrática, é mais republicana a descentralização. Realiza efetivamente um verdadeiro ideal de modernidade, que estamos nos recusando a enfrentar face a face, de modo imperdoável, porque os nossos erros e omissões vão se tornando irrecuperáveis com o correr do tempo.

Entre as propostas dessa emenda, já ouviram os senhores falar, vai se fazer a redução dos impostos. Há, inclusive, panfletários que dizem: temos cinqüenta e não sei quantos impostos. É uma bobagem, é ridículo. A Constituião prevê 14 ou 15 e marginalmente há aí uns 10 impostos inconstitucionais. Então, quando se diz "vamos mudar a Constituição por causa disso" eu digo "não senhor, vamos mudar a legislação, vamos mudar a jurisprudência, vamos mudar a doutrina, vamos mudar a nossa cabeça. Vamos cumprir a Constituição, e não mudar a Constituição porque há 10 impostos inconstitucionais".

Temos 15 impostos que resultam de uma experiência histórica que as análises honestas e isentas — que a sociedade vem fazendo pelos seus organismos de modo geral — veio filtrando desde 1891. Desde 1891 que a arrumação geral do esquema é esta que está na Constituição de 88. O Prof. Tércio Sampaio Ferraz é, a meu ver, a mais didática e melhor cabeça da Teoria Geral do Direito no Brasil hoje. Um seu exemplo vou me permitir reproduzir: o Direito é um sistema, que vale evidentemente pelas normas que o compõem, pelos seus ingredientes, mas vale também, pelo modo segundo o qual o constituinte arrumou estes princípios e normas. O Prof. Tércio Sampaio Ferraz usa um exemplo de grande alcance didático. Diz: qualquer pessoa contemplando esta sala por alguns segundos, dirá "isto é um auditório". Entretanto, se, depois, os funcionários do hotel amontoarem todas essas cadeiras num determinado canto, tirarem esta mesa, esta arrumação toda, se ela olhar alguns segundos e se perguntar o que é isto, dirá "isto é um depósito de móveis". Mas como? Os elementos são os mesmos! É verdade, cadeiras, mesa, pódium. Mas, a "arrumação" é completamente diferente.

O sistema jurídico é um conjunto de princípios e normas de valor intrínseco irrecusável; mas a "arrumação" destes princípios e normas desta ou daquela maneira é que determina a catadura, a feição de um determinado sistema jurídico. O nosso sistema, em matéria tributária, vem sendo arrumado, arranjado de uma determinada maneira, já por inspiração de Rui Barbosa no fim do século passado, dando por exemplo competências privativas para a União e para os Estados até 1934, competências privativas para os Municípios a partir de 1934. Este arranjo Amilcar Falcão estudou bem, mostrando que contém elementos racionais críticos, uma avaliação financeiro-política, mas também elementos históricos, porque tudo isso foi sendo filtrado, por uma experiência de jurisprudência, de doutrina, de legislação e de aplicação. Esse sistema vem com a mesma feição, o arranjo é o mesmo desde 1891. Amilcar Falcão classificando os sistemas tributários diz: "Há sistemas tributários históricos; o brasileiro é um. Há sistemas tributários racionais, que são os que decorrem de um estudo científico feito por técnicos que examinam o sistema tributário, a realidade sobre a qual ele vai agir, e armam uma arrumação diferente."

O Brasil já fez isto: emenda 18 de 1965: foi feita uma arrumação diferente, os impostos não foram agrupados pela circunstância de competirem à União, aos Estados e aos Municípios, mas sim pela circunstância de a matéria econômica por eles abrangida ser o comércio exterior, o patrimônio, a renda, a circulação etc.; critério econômico. Fez-se uma arrumação diferente, adotou-se um sistema imbuído de uma sistemática diversa. E este sistema, vejam, num clima ditatorial. Em 1965 estávamos num regime de exceção. Ministros do Supremo Tribunal Federal foram aposentados compulsoriamente, numa agressão à consciência jurídica mundial, cassações de senadores e deputados eleitos pelo povo, cassações de governadores, de deputados estaduais, de prefeitos e vereadores, censura à imprensa, supressão das liberdades, extinção dos partidos políticos. Foi nesse clima que se aprovou a tal "emenda racional" (a emenda 18).

A força da História, entretanto, a força da nossa cultura nos seus aspectos positivos etc. foi tal que a emenda 18 não teve eficácia. Esses escritores apressados que tanto falam da emenda 18 e suas categorias, classificações e designações não pararam para pensar que ela foi aprovada em 1965, em duas partes: o que mantinha os conteúdos, os ingredientes anteriores entraria em vigor em 66; as novidades entrariam em vigor em 67.

Lembram-se de memória os mais velhos aqui presentes — não quero ofender Américo Lacombe, Carlos Velloso — que no fim do ano de 66, quando já tinha entrado em vigor a primeira parte da emenda 18, (cujo conteúdo era igual aos conteúdos anteriores) houve problemas entre os militares, e o "presidente" — entre aspas —

Castello Branco faz um projeto de "Constituição" — entre aspas também, porque a Constituição quem faz é o povo, não é militar nenhum — fez um ato institucional dizendo "o Congresso deve aprovar isto aqui até o dia 24 de fevereiro de 1967". O Congresso se reúne e aprova aquilo com uma ou outra modificaçãozinha, e introduz — porque não estava no projeto, isso não passa pela cabeça de ditador nenhum — um capítulo de direitos e garantias individuais que não estava no projeto. Sobrevém em 24 de fevereiro de 1967 a tal chamada "Constituição de 1967". Portanto, a emenda 18 teve, no que era inovadora, vigência de um mês e 24 dias — janeiro e 24 dias de fevereiro — num clima em que o Congresso já estava discutindo o diploma constitucional seguinte.

Essa emenda não teve eficácia; nunca chegou a ser jurídica, porque a tal carta de 67 restaurou integralmente os critérios, a sistemática, a arrumação que era da tradição do nosso Direito e que foi mantida depois, porque houve outros problemas entre os militares, e em 69 veio a tal emenda n. 1 que é uma verdadeira nova Constituição, e mantém-se aquela arrumação que era da tradição do nosso Direito e que vem até 88.

Eu só quero lembrá-los dessas coisas todas para dizer: se são — e são — inquestionavelmente princípios fundamentais do Estado Brasileiro porque estão na alma, na nossa consciência cidadã, a República — como regime eletivo e representativo, periódico e responsável — se isso está na consciência do brasileiro, se está na consciência do brasileiro o princípio federal, a autonomia para os Estados, se está na consciência cidadã e na nossa tradição, nos nossos ideais, na nossa experiência a autonomia dos Municípios, e se está também na nossa tradição histórica suficiente abastecimento financeiro da União, dos Estados e Municípios com independência, uns relativamente aos outros, tudo isto emerge novamente na Constituinte de 88 e temos um diploma constitucional que resgata e restaura todos esses valores.

A maioria dos países tem constituições com muitas décadas, alguns com meio século, outros com mais de dois séculos, que são os EUA. Ainda nem começamos a aplicar adequadamente a Constituição — não tenhamos pressa — a legislar para implementar a nova Constituição, a adotar uma jurisprudência que esteja atenta às novas exigências que decorrem da nova colocação sistemática decorrente de 88. Uma doutrina que ainda não foi produzida, não houve tempo — pessoas maduras e ajuizadas não podem ainda ter feito doutrina sobre a Constituição de 88. Ela é muito nova! Não há país no mundo onde haja doutrina completa sobre a nova Constituição antes de 10, 15 anos da existência do diploma constitucional. Temos ainda por enquanto só artigos de revistas, pareceres, algumas primeiras modestas decisões judiciais. Temos que elaborar, continuar trabalhando, este é um processo de construção contínua, lenta, paulatina.

Pois bem, pode-se dizer que o sistema de 88, Professor e Ministro Carlos Velloso, ainda não está implantado. Está sendo implantado, está em fase de implantação, o que requer todo o esforço dos juízes, Dr. Federighi, todo o esforço dos tribunais, Dra. Diva Malerbi, toda a dedicação dos estudiosos, dos procuradores públicos, dos procuradores privados, e o sagrado zelo do Supremo Tribunal Federal, que deve ter nisto, pela autoridade das suas decisões, a maior prudência. Só depois de algum tempo, meus senhores, é que haverá a possibilidade de dizermos: está começando a ser implantada e a ganhar verdadeira eficácia a Constituição que nós, por nossos representantes, em 1988, adotamos.

Na proposta do atual governo ali se sugere tirar o princípio da anterioridade, o princípio segundo o qual a lei tributária não pode aumentar ou criar tributo a qualquer instante. Mas esta criação ou aumento só terá eficácia no próximo exercício, o que é uma decorrência, é uma implicação, é uma conseqüência, é uma necessária e lógica ilação de princípios maiores que a própria Constituição adota, a lealdade do Estado, Estado Republicano, Estado que foi criado por nós, dotado de poder por nós, para nos servir. Jamais poderia nos trair, jamais poderia vir contra nós, jamais poderia nos surpreender, jamais poderia ser desleal conosco; ele é nossa criatura, isto é uma república, os donos da coisa pública somos nós, os cidadãos. Os servidores, os agentes públicos são nossos servidores, servem ao povo e a nenhuma outra entidade, a começar dos magistrados e principalmente do Supremo Tribunal Federal. Todos servem ao povo e à vontade do povo, estampada na Constituição e nas leis. Pois o princípio da anterioridade dos tributos é uma conseqüência desta lealdade, desta previsibilidade da ação estatal, o clima de segurança jurídica que é a principal finalidade de qualquer Constituição e que está sendo solapado, até pela pregação de reforma que nós incautamente vamos ouvindo e nos deixando envolver, enfraquecendo com isso os esforços de todos que trabalham no campo do aperfeiçoamento, do aprimoramento da eficácia da Constituição.

Quem quer escrever um livro não escreve, pois a Constituição pode mudar; o legislador diz "por que eu vou fazer uma lei, se isto aqui vai mudar?" Os Tribunais dirão "por que vamos esforçar-nos em fazer uma bela jurisprudência, se isto aqui também vai mudar"? E assim nós solapamos exatamente o chão sobre o qual pisamos, porque tiramos o essencial, o básico, o elementar, o condicional de todo o resto que é a *segurança jurídica*.

Lembro um exemplo, para mostrar o estado de preconceito em que vivemos, a prisão ao passado, e ao mau passado. Aqui, em algumas discussões, tive que refrear-me mas ficava volta e meia muito desgostado de ouvir invocar-se "o Supremo Tribunal decidiu isso e aquilo outro". Eu digo: "mas é a jurisprudência do período militar, que tinha políticos cassados, juízes cassados, legisladores cassados, decretos-lei". Essa jurisprudência para mim não vale. Isso não é precedente autorizado! Eu admitirei o precedente do clima de 46 a 64, com plenitude democrática, e constitucional. A jurisprudência elaborada àquela época merece respeito.

Não se pode invocar legislação dizendo "isso há muito tempo está em vigor". Há muito tempo o que temos é ditadura, há muito tempo o que temos é abuso, violação da república, da igualdade, da segurança jurídica. Estes precedentes não podem ser invocados, a não ser para merecerem a nossa censura, o nosso repúdio e o propósito de nos refazermos para corrigir e melhorar estas coisas.

Termino, Sr. Presidente. Cada um de nós ficou adulto, maduro, depois de ter passado necessariamente por coqueluche, catapora, sarampo, algumas gripes, depois numa idade um pouco maior briga com o pai, briga com a mãe, tem desgosto com a namorada, umas trombadas na vida. Assim vai-se amadurecendo e ficando gente, enfrentando a própria realidade e as próprias dificuldades, e com elas lutando, certamente com o auxílio dos outros, mas essencial e vitalmente com o esforço próprio, com uma análise crítica própria, vai crescendo.

O Brasil, ao contrário de todos os outros países do mundo, vem fugindo da coqueluche, da catapora, do sarampo, da gripe, tudo, porque sempre que estamos num momento decisivo, sempre que a nossa situação econômica ou política chega a um momento grave, infelizmente, desgraçadamente, prevalecem forças que parecem daquela mãe infeliz e imprudente que quer proteger o filhinho, para ele não sofrer e, em vez de permitir que dali surja um adulto, acalenta um grandalhão bobo, filhinho da mamãe, incompetente e incapaz. (RISOS)

Temos que enfrentar a nossa realidade, as nossas deficiências, vencer os nossos preconceitos, superar as nossas incapacidades, mas isto tudo num diálogo franco, aberto, honesto, transparente, isto tudo numa autocrítica, numa autoanálise das nossas condições e situações. Se continuarmos fugindo dos problemas, sempre vamos ser um país grandalhão bobo e imaturo institucionalmente.

Quero aplicar esta idéia à infeliz reforma tributária e fiscal que volta e meia aparece. Quando certos setores sociais ou certos governos têm dificuldade, ao contrário de estudarem, trabalharem e batalharem para vencer aquela determinada dificuldade, honestamente enfrentando as adversidades que elas propõem, inventam: "Agora vamos fazer uma reforma, que é para tirar as dificuldades do caminho". E o pior é que sempre quem acaba pagando tudo isso somos nós, os contribuintes.

Senhores, como juristas, como estudiosos do Direito, temos um dever e uma contribuição a dar a este país. Temos uma lição a ensinar a todos; é da vocação do jurista em toda e qualquer hipótese. Nós juristas devemos dizer às pessoas, especialmente às pessoas que nos governam — parlamentares ou do Executivo — devemos dizer a toda a sociedade: "Não façam isto, não fiquem pensando em mudar a Constituição e fugir dos problemas! Enfrentem os problemas, façamos essa Constituição ser antiga, ser velha, ser sólida, para que ela cumpra a promessa belíssima e generosa de nos dar a todos os benefícios a que o art. 3º alude, mas sobretudo de nos dar a condição de gozo disso tudo, que é a segurança jurídica".

Muito obrigado. (PALMAS PROLONGADAS)

SESSÃO DE ENCERRAMENTO

MINISTRO CARLOS MÁRIO VELLOSO — Senhores, belíssima palestra. Aliás, não nos surpreendeu, não foi surpresa. Esperávamos mesmo que Geraldo Ataliba nos brindasse com uma magnífica palestra, e foi o que ocorreu.

Vamos dar início à sessão de encerramento do Congresso. A mesa está composta e vamos proceder à entrega dos certificados. Simbolicamente entregaremos um certificado à Dra. Rosolea Folgosi. Ela receberá em nome de todos o seu certificado. Convido a Dra. Profa. Rosolea Folgosi. (PALMAS)

Alfredo Becker foi dos maiores tributaristas do Brasil. Homenageando a sua memória prestamos serviço ao Direito Tributário, prestamos serviço sobretudo ao Brasil. Para homenagear a memória do jurista Alfredo Becker, concedo a palavra ao Prof. Paulo de Barros Carvalho.

PROF. PAULO DE BARROS CARVALHO — Excelentíssimo Sr. Presidente deste congresso, Ministro Carlos Mário Velloso, senhores professores integrantes desta mesa, senhores congressistas, meus senhores e minhas senhoras, no dia 20 de junho de 1992 faleceu o Dr. Alfredo Augusto Becker, que foi advogado, escritor, poeta e filósofo. Num mundo onde as pessoas procuram o êxito e as conquistas temporais, Alfredo procurou — como ele mesmo diz no último livro — amigos e compreensão, e encontrou também a lua. São palavras suas. Aos 34 anos Alfredo Augusto Becker viu editado o seu livro *Teoria Geral do Direito Tributário*, porque se apercebera da sua ignorância com relação ao Direito e que estava estudando e se aprofundando na parte do tributário. Fez um esforço impressionante e durante quatro anos estudou Teoria Geral do Direito, elaborando essa obra prima que é a *Teoria Geral do Direito Tributário*, a Teoria Geral do Direito aplicada aos domínios do Direito Tributário.

Esse livro sacudiu a comunidade jurídica; esse livro, vazado numa linguagem de impacto, abalou realmente os alicerces da comunidade jurídica. E aquilo que Alfredo Augusto esperou, isto é, uma crítica positiva ou negativa, uma crítica ao seu trabalho, não veio. Depois de sete anos Alfredo desgostoso perdeu a paciência e tomou a decisão de afastar-se do estudo científico do Direito Tributário. Como ele dizia, a partir daquele instante passaria a encarar o Direito Tributário como algo ligado ao seu exercício exclusivamente profissional.

Esse livro, que eu disse vazado numa terminologia de impacto, consagrava capítulos como "Manicômio Jurídico-tributário", "Efeitos da Demência", "Diagnósticos da Demência e a Terapêutica", "Sistema dos Fundamentos Óbvios". Não é difícil perceber o porquê do silêncio, por que a doutrina não se manifestou.

Acontece que nos idos de 1970, sob a liderança do Prof. Geraldo Ataliba, a Pontifícia Universidade Católica de São Paulo começou a organizar uma série de cursos de especialização em Direito Tributário, e nesses cursos o nome de Alfredo Augusto Becker começou a vir à tona com uma intensidade muito grande. É que nestes sete anos a influência do seu pensamento, do seu modo de encarar o fenômeno jurídico já havia penetrado no subsolo das nossas consciências. E Geraldo Ataliba escreve o livro, entre outros da sua obra, o livro *Hipótese de Incidência Tributária*, profundamente influenciado pelo pensamento de Becker. Ao mesmo tempo Souto Maior

Borges desenvolve a temática das isenções tributárias, fundado também numa posição de Becker, de que a isenção não era a dispensa do pagamento do tributo devido, como se dizia. Ao mesmo tempo começa a aparecer uma nova geração, toda ela influenciada por esse pensamento. E nós temos aqui vários exemplos: temos o Prof. Sacha Calmon, a Profa. Mizabel Derzi, temos o Prof. Roque Carrazza, acabo de receber o livro da Profa. Elizabeth Carrazza, profundamente influenciada pelo pensamento de Becker também, de modo que surge essa corrente que hoje nós conhecemos por uma expressão que o Prof. Souto Maior Borges criou, de doutrina mal-comportada do Direito Tributário brasileiro.

Mas para se entender a obra de Becker é importantíssimo sabermos alguma coisa sobre ele como pessoa. A sua obra só será compreendida quando ingressarmos no particularismo do seu modo de ser. Alfredo Augusto Becker foi um homem que celebrou um compromisso solene com a sua própria existência. Alfredo Augusto não transigiu desde que adotava as posições, e como disse Ortega y Gasset, viver é decidir como viver; desde que tomava as suas decisões não voltava atrás. Eu mesmo fui portador de uma série de convites ao Alfredo Augusto no sentido de que proferisse palestras, conferências, e que participasse de bancas examinadoras e concursos acadêmicos, e ele sempre se demitiu desses convites.

Becker se entregava de corpo e alma a tudo o que fazia, naquele compromisso solene e consciente. Era um leitor assíduo dos existencialistas da vertente francesa, entre eles alguém como Albert Camus, sobre quem escreveu trezentas e tantas páginas e seguiu uma decodificação semântica do livro *A Queda*, de Albert Camus. Ele o fez em francês, e pretendeu que fosse editado na França. Não saiu como queria, ficou desgostoso e regressou. Tomou outra decisão, não importa saber se era certa ou errada, a verdade é que tomou novamente uma decisão.

Então vejam, Alfredo Augusto se entregava de corpo e alma a tudo o que fazia. Uma vez perguntei a ele o que houvera sentido quando escrevera um determinado capítulo do livro *Teoria Geral do Direito Tributário*. Ele disse: "Paulo, a emoção era tanta que eu chegava a dobrar a pena da caneta".

Alfredo Augusto levou essa coerência às últimas conseqüências. Todos nós sabemos da sua sensibilidade, era um homem que gostava e conhecia muitíssimo música erudita mas declinava de todo gesto que não fosse absolutamente espontâneo e sincero. Alfredo Augusto Becker prosseguiu no seu mundo sem fazer concessões de espécie alguma. Eu me lembro outra passagem, quando nos idos de 1975 eu consultava Alfredo Augusto sobre certos livros, dois em italiano e um em castelhano, e ele me respondeu laconicamente assim: "Paulo, você já tem as informações suficientes sobre os clássicos europeus e brasileiros. Estou lhe mandando esses três livros; largue tudo isso que você está lendo e passe a ler esses três livros: um deles *Curso de lingüística Geral* de Ferdinand de Saussure, outro A *Linguagem e as suas relações com as outras ciências* de Roman Jakobson e o terceiro de Stephen Ullman, *Semântica, uma introdução ao estudo do significado*. Eu não entendi; olhei, examinei os livros, li alguma coisa de um e de outro mas a mensagem não feriu a minha sensibilidade. Eu vim descobrir isso somente em 1983, portanto, mais ou menos oito anos depois. E hoje me arrependo de não ter iniciado antes os estudos sobre teoria da linguagem.

Esta é uma homenagem que eu pretendo fazer com toda a sinceridade, sem elogios gratuitos e mostrando um pouco daquilo que foi a obra de quem revolucionou o Direito Tributário. Certa feita, visitando o Prof. Dino Jarach, em Buenos Aires, perguntava a sua opinião sobre a obra de Becker, e ele me disse ser um dos livros mais inteligentes que ele leu em toda a sua vida. Alfredo Augusto Becker não refere isso no seu livro *Carnaval Tributário*, diz apenas que Dino Jarach considerou um dos livros mais originais. Ele não quis registrar esse elogio.

Eu acho que o VI Congresso de Direito Tributário não poderia de forma alguma deixar passar esse momento sem homenagear a figura maiúscula de Alfredo Augusto Becker, o homem, porque o homem esteve exatamente entranhado com a sua obra. Eu não gosto e procuro evitar esses lugares-comuns de *o homem é maior do que a obra, a obra é maior do que o homem*, porque se pode falar mal dos autores ou das obras, mas se em alguém nós compreendemos a obra compreendendo o homem, nesse caso está Alfredo Augusto Becker.

Muito obrigado. (PALMAS PROLONGADAS)

MINISTRO CARLOS MÁRIO VELLOSO — Magníficas palavras, magnífico elogio à memória de Alfredo Augusto Becker. Aliás, perdemos Alfredo Augusto Becker quando ainda chorávamos a morte de Sampaio Dória. Sei que a memória de Sampaio Dória já foi pranteada pelos congressistas pela voz de Geraldo Ataliba. Entretanto não é demais dizer, ainda homenageando a sua memória, que Sampaio Dória morreu sim, mas ele está presente aqui conosco. Lembro-me dele no ano passado, participando conosco dos trabalhos do V Congresso de Direito Tributário. Parece-me que foi Baleeiro que construiu esta magnífica figura no Supremo Tribunal Federal, a dizer que certas pessoas não morrem; são como aquelas estrelas que desaparecem, há milhares e milhares de anos; entretanto a sua luz ainda chega às nossas retinas. Tal é o que ocorre com Sampaio Dória aqui presente, pela luz de seus ensinamentos.

Dou a palavra agora, para falar em nome dos congressistas, ao eminente Prof. Eugênio Doin Vieira.

PROF. EUGÊNIO DOIN VIEIRA — Ilustre Presidente deste VI Congresso Brasileiro de Direito Tributário.

Autoridades e Professores.

Colegas Congressistas.

Defere-se ao modesto professor de Santa Catarina a incumbência de saudá-los neste momento de despedida.

Saudá-los num Congresso que homenageia Antônio Roberto Sampaio Dória e Alfredo Augusto Becker, como os nossos corações homenageiam também Cleber Giardino, Aliomar Baleeiro, Rubens Gomes de Sousa e todos aqueles que já formam a galeria da saudade dos grandes tributaristas brasileiros. Falar-lhes e saudar os congressistas, congressistas que vão desde o mais querido ministro na mais alta Corte de Justiça do País, até o mais modesto e laborioso profissional da advocacia da cidadezinha quase esquecida dos rincões do Brasil, que largou os seus quefazeres para participar conosco desses três dias de labor intelectual.

Somos quinhentos e muitos estudiosos do Direito. Falamos de indexação, dissertamos sobre os impostos e discutimos contribuições. Devo saudá-los agora, aos que vieram de muito longe, às mulheres juristas, não por serem mulheres apenas, não por serem juristas, não por estarem tomando o lugar dos homens nas competições da inteligência, da competência e do trabalho, mas sobretudo porque são a parte mais bela da criação. (PALMAS) Saudar as autoridades judiciais, executivas e legislativas, que descem de seus pedestais valorizados por sua competência e sua eficiência, e vêm ombrear conosco neste estudo comum.

Devo saudá-los. Mas, quando me invisto desta função e deste encargo, ouço um rumor que vem dos altiplanos fecundados de Brasília e repercute na caixa de ressonância do Vale do Anhangabaú. E eu me pergunto: estaremos nós encerrando um ingênuo piquenique de três dias, à beira de um vulcão em erupção? Seremos crianças descuidadas que, de mãos dadas, cantam a canção de amor do Direito Tributário? Ou tivemos apenas a preocupação de evitar que uma tertúlia eminentemente científica fosse envolvida pelo fogo e pelo calor das emoções políticas?

Agora, Sr. Presidente, nós estamos de partida, e na hora do adeus cabem as mensagens. E, para falar-lhes, eu me debruço antes para o apelo que quero fazer-lhes, fundado nas lições dos melhores Mestres. Vou pedir aos advogados que continuem com o mesmo ardor, a mesma paixão e a mesma parcialidade defendendo as suas causas e as suas posições; vou pedir aos juristas que continuem com a mesma isenção, com a mesma imparcialidade e com a mesma frieza científica, debruçando-se sobre o Direito posto para montarem seus sistemas e suas engenhosas soluções; mas vou mais, dirigir-me hoje aos humanistas, ao *cives*, ao *citoyen*, ao *homos*, àquele que compõe a comunidade que somos nós, porque é nele que se fertiliza, que se forma, que fermenta e que se gera todo o sistema jurídico e toda a lei.

Poderão dizer-me: "somos apenas quinhentos, quinhentos espartanos apenas!" E eu vos direi que há sete milhões de crianças de 10 anos de idade neste país que abandonam o curso escolar e os estudos para assegurarem no subemprego a sua sobrevivência, se sobrevivência a isso se pode chamar. Portanto a nossa responsabilidade aumenta, senhores. Nós somos o sal, o levedo, o fermento, a mola propulsora que poderá motivar a comunidade brasileira!

Relembro Loewenstein que nos ensina que, há poucas dezenas de anos, nos melhores países da Europa, Constituições bem elaboradas disfarçavam autocracias modernas; e nos diz que a legitimidade do poder está na identificação da Constituição como um processo de formação desse poder, e nos fala do *telos*, este calor que se gera nos valores sociais e que é a fertilização do Direito e da Lei. É através da evolução do *telos*, diz ele, que se processa a evolução do Direito. E a própria atividade constituinte derivada não é mais do que a dinâmica desta diretriz, e deste calor, e desta geração. A mecanização do processo político distancia-o dos valores, e nós vimos isto aqui, hoje, na lição maravilhosa em que distinguiu o estado-bloqueio do estado-fim, objetivo, finalidade social.

Relembramos Gomes Canotilho, o nosso excelente mestre. Ele nos fala que os valores fundamentais do Direito estão pousados nas raízes antropológicas dos valores humanos, que a Constituição não é apenas um catálogo de direitos, mas é um catálogo de valores que se expressa por escrito. Registra inclusive, nos tempos modernos, o refluxo político e jurídico, que desloca cada vez mais intensamente o poder e as decisões do centro para a periferia, da lei para o contrato, do Estado para a sociedade, e nos diz que é o *humus* dos valores comunitários que fermenta e fertiliza todo o procedimento jurídico.

Convoco os colegas a lembrarmos algumas das lições de Giorgio Balladore Pallieri. Ele nos afirma que a democracia é a redenção do homem no Estado, quando a vontade do homem prevalece. E nos diz que são as concepções de moral e de justiça agindo sobre o Estado que fermentam e fertilizam o surgimento de novas instituições. Vejam os colegas que não estamos falando de um Direito estático, estabilizado, posto e paralisado, mas sim da dinâmica do Direito no seu processo de formação.

Relembro Norberto Bobbio, quando nos informa que todo ordenamento jurídico se assenta sobre a sociedade civil, sobre seus valores morais, religiosos, sociais, éticos, usuais, consuetudinários, e neles se inspira, e neles se fermenta. Se o Direito não tem na sua expressão constitucional normas constitucionais e inconstitucionais no que se refere ao Direito formal, pode tê-las no Direito essencial, ideológico e axiológico, surgindo as normas inconstitucionais de que nos fala Bachoff.

Lembremo-nos, por que não, de Genaro Carrió, quando nos relata sua reunião promovida pela Rockfeller Foundation, em 1965 em Bellagio, na Itália. Sua famosa reunião com Hart, com Bobbio, com Van D'Éntrèves, exclusivamente para discutirem, por um largo período de dias, o conceito de *dever jurídico*, para concluírem, após dissecarem profundamente todo o mecanicismo montado pelas teorias de Benthan e de Kelsen, que elas insuficientes eram para justificar a validade do conceito, para inspirar-lhe a força. Porque todo ele se equilibra no que Carrió chama de "equilíbrio conceitual" que tem suas origens na vontade popular.

É porque existe esse *telos*, é porque existe esse *humus*, é porque existe essa nascente generosa do Direito que o renova e que o valoriza, que eu apelo não apenas para os advogados, não apenas para os juristas, mas para todos nós que fermentamos o processo social: nós somos não os escritores da lei, não os intérpretes da lei; nós somos os fermentadores originários da lei. Nós não estamos a pedir-lhes leis melhores para os homens; nós estamos a apelar por homens melhores para as leis. E que, quando os valores expressos em lei se levantarem diante de nós com a austeridade respeitável de um policial inglês desarmado, saibamos reverenciá-los e não tenhamos mais a vergonha, cercada de esperança, de precisarmos nos deslocarmos em massa para as ruas para pedir que uma norma da tábua escrita no *litos* há cinco mil anos seja respeitada no pregar o *não furtarás*. (PALMAS PROLONGADAS)

Eu apelo aos colegas, a todos e a cada um — sobretudo àqueles que vieram aqui com algumas dúvidas e voltam com muitas dúvidas mais, porque enriqueceram o seu patrimônio de pesquisa intelectual — que nos ajudem a fermentar esse *humus* de tal maneira que os nossos representantes, sacramentados na urna votiva da escolha popular, não tenham a coragem covarde de querer manifestar a sua opinião, que é a nossa opinião, ocultos pelo véu do voto secreto. (PALMAS)

Eu lhes peço que formemos com tal vigor uma corrente de pensamento social e jurídico que não sejam necessários 500 quilos de documentos para provar a evidência que salta aos olhos de todos nós. Eu lhes solicito que instrumentemos com tais vibrações axiológicas e valorativas o nosso processo jurídico que não haja condições para que a mensagem encantadora do Poverello de Assis seja transformada em faixa de liquidação do balcão do *é dando que se recebe*, onde se trocam os direitos de primogenitura da vontade popular por um prato de lentilhas, que mata a fome de uma pessoa ou de um grupo privilegiado.

Nós podemos fazer isso, de tal forma que renovemos o processo social não pela mudança das leis, nem dos sistemas e nem das interpretações, mas da nossa vontade, do nosso *telos*, do nosso *humus*, desenvolvendo as nossas potencialidades e ocupando o espaço existencial que nos compete.

Este apelo eu vos faço neste momento: não nos preocupemos em excesso com um procedimento de *impeachment*, uma comissão parlamentar de inquérito, uma lanceta a supurar um tumor que precisa ser drenado para que se faça a catarse do processo social. Eu vos convoco não é para o momento presente, é para o amanhã, para o futuro, para o depois, para o nosso futuro, o futuro dos nossos filhos, dos nossos discípulos espirituais, dos que virão depois de nós. Eu vos convoco por essa forma, para construirmos um Brasil diferente; e o faço evidentemente visando valores espirituais.

Não importa a mim se estes valores espirituais, na concepção de cada um dos meus queridos participantes do Congresso, estejam sediados nas circunvoluções cerebrais ou na epífise, ou na medula espinal ou na aura, ou no prana, ou na energia universal, ou na alma ou no espírito. Importa sim é que eles existem e eles fertilizam o Direito, Sr. Presidente. E o que nós queremos é, assim, homens vivenciando o Direito de forma tal que ninguém mais tenha a coragem de nos trazer ante nossos olhos, para a nossa vergonha, para a nossa dor, momentos difíceis como os que estamos vivendo agora, vendo todo o processo de formação de uma nação, de um país, de uma gente jovem, de uma promissora democracia, de repente sacudido por abalos sísmicos que ameaçam os próprios alicerces das instituições e quiçá a tranqüilidade dos nossos dias e dos dias que virão.

Senhor Presidente, expresso vontade que é nossa e dos que nos sugerem, pedindo-lhe que se aprove uma moção no sentido de que ratifique o voto aberto dos congressistas, porque não é deles, é nosso que os elegemos, e queremos vê-lo, este voto, dignificando a democracia. (PALMAS PROLONGADAS)

Senhor Presidente, a dignidade humana e a acomodação são incompatíveis — e a afirmação não é nossa, é de Loewenstein. É preciso sacudirmos a comunidade, como tantos fizeram, com risco de sua vida, de sua estabilidade funcional, de sua carreira política, de suas esperanças. E esta tarefa, é para ela que eu apelo neste momento aos colegas congressistas. Ninguém se exima dela alegando que é um modesto profissional. Nós somos privilegiados dessa sociedade que aí está, nós que tivemos formação universitária, curso liberal, sobrevivemos a todas as agruras de um mundo em formação e estamos aqui participando dessa tertúlia cívica e jurídica para dela voltarmos aos nossos lares, às nossas bancas, aos nossos escritórios, aos nossos locais de trabalho, fecundados e enriquecidos pelos conhecimentos que adquirimos aqui.

Não estamos ouvindo, não estamos vendo a ansiedade com que esse gigante de tantos anos, e ainda bobo e tímido mas cheio de esperanças, quer começar o seu trabalho de recuperação evolutiva? Não vemos nós, e não sentimos, que a sociedade almeja ansiosamente que tudo se resolva para que ela comece a produzir os frutos do trabalho, do pensamento, da idéia, do labor, da criação, da fecundação humana, cobrindo a sua maravilhosa destinação, nesta aventura magnífica que é a vida do homem?

Coloquemos um sorriso nos lábios, um brilho de fé nos olhos, de inteligência e cultura no pensamento e de esperança no coração, e partamos todos — eu apelo a cada um de vós — para cumprir a nossa missão de fertilizar o mundo brasileiro.

Muito obrigado. (PALMAS PROLONGADAS)

MINISTRO CARLOS MÁRIO VELLOSO — Meus senhores, a sessão de encerramento foi a sessão dos grandes oradores. Paulo de Barros Carvalho, Geraldo Ataliba e Eugênio Doin Vieira. Depois disto, diante disto, o que dizer? Há muito pouca coisa para dizer.

Gostaria de ressaltar nestas palavras de encerramento do congresso, o sucesso do congresso, o sucesso do evento. Colaboraram para este sucesso os congressistas, mas manda a justiça que se proclame que um pugilo de juristas paulistas deram tudo de si e tornaram realidade este magnífico congresso e eu quero homenagear este pugilo de juristas que tornaram realidade este magnífico evento nas pessoas de Geraldo Ataliba e Aires Barreto. Eu penso que homenageando esses dois eminentes professores eu homenageio a todos. (PALMAS)

Meus senhores, Eugênio Doin Vieira no seu magnífico discurso, no seu belíssimo discurso lembrou um jurista contemporâneo. Eu gostaria de, na linha da lembrança, dizer que Norberto Bobbio afirma, e este é um dos seus mais notáveis e recentes livros, que contém praticamente a síntese do seu pensamento; diz que vivemos a era dos direitos, vivemos a era do prestígio do Direito. Anotei uma frase de

Bobbio a respeito. Diz ele que esse prestígio do Direito, esta era dos direitos se caracteriza pela crescente importância atribuída nos debates internacionais entre homens de cultura e políticos, em seminários de estudos e em conferências governamentais, ao problema do reconhecimento dos direitos do homem.

Nós vivemos no Brasil, eu estou certo, esta era, a era dos direitos, era que se inaugurou com uma Constituição democrática, que é a Constituição de 1988. Aliás o Prof. Geraldo Ataliba ressaltou bem, quando estamos a consolidar esta Constituição, a Constituição do povo brasileiro, uma Constituição que contém, é certo, defeitos, mas que obra humana que não contém defeitos? Que homem, que ser humano que não contém defeitos? Defeitos que podem ser corrigidos. Uma Constituição, repito, elaborada pelo povo brasileiro, por seus representantes legitimamente escolhidos pelo povo brasileiro, Constituição elaborada a partir praticamente do nada e que surgiu das aspirações do povo, Constituição democrática, a mais democrática de todas as constituições que já tivemos.

Pois bem, quando estamos a consolidá-la, a afastar pela interpretação alguns dos seus defeitos, os fariseus falam já em revisá-la de forma integral, como se fosse possível a um Congresso não investido de poderes constituintes originais elaborar nova Constituição. Apanho as palavras de Ataliba para dizer que, inteiramente de acordo com elas, penso que devemos nos congressos, nos recintos fechados, nas salas de aula, nas nossas salas de aula, na praça pública, com o engenho que temos (alguns, como Doin Vieira, podem fazer muito mais do que outros) mas nós todos podemos depor, dar o testemunho e impedir que se perpetre contra esta obra que é do povo, uma indignidade.

Precisamos é consolidar a Carta, consolidar a Constituição. Numa época, na era dos direitos em que redescobrimos a idéia de Constituição, em que redescobrimos, meus senhores, a Constituição, e percebemos que é preciso defendê-la.

Na era dos direitos, afirma Bobbio ainda, a democracia é a sociedade dos cidadãos e dos súditos que se tornam cidadãos, quando lhes são reconhecidos alguns direitos fundamentais. Eu penso que a partir de eventos como este, a partir de congressos como este, em que discutimos o Direito, em que pugnamos pelo Direito em termos científicos, penso que a partir de congressos e de eventos como este estamos a fabricar, a fazer democracia, a realizar no *humus* da Constituição que temos, o ideal do Estado Democrático de Direito, que a Constituição escreve no seu art. 1º.

Vamos embora agora cada um para o seu Estado natal, para as suas atividades; vamos sim, mas vamos certos de que estamos a fazer, a fabricar democracia, a realizar o Estado Democrático de Direito. Vamos assim porque temos cumprido com o nosso dever. Vamos, o congresso terminou. (PALMAS)

RDT 60

TRIBUTO E INDEXAÇÃO — **Aires Barreto** • ATUALIZAÇÃO MONETÁRIA E SUA RELAÇÃO COM OS PRINCÍPIOS CONSTITUCIONAIS DA LEGALIDADE, IRRETROATIVIDADE, IGUALDADE NÃO CUMULATIVIDADE E ANTERIORIDADE — **Célio de Freitas Batalha** • QUESTÕES DO TEMÁRIO — **Eduardo Botallo** • QUESTÕES DO TEMÁRIO — **Estevão Horvath** • CONTRIBUIÇÕES — **Eugênio Doin Vieira** • INDEXAÇÃO — **Fernando Albino** • QUESTÕES DO TEMÁRIO — **Geraldo Ataliba** • INDEXAÇÃO E TRIBUTOS — **Gilberto Ulhôa Canto** • CONTRIBUIÇÕES • VEDAÇÃO DE CRÉDITOS DE ICMS E IPI POR INIDONEIDADE DE OUTRA EMPRESA — **José Eduardo Soares de Melo** • O IPTU COMO INSTRUMENTO DA POLÍTICA URBANA — **Souto Maior Borges** • INDEXAÇÃO — **Marçal Justen Fº** • UTILIZAÇÃO DE ÍNDICES DE CORREÇÃO MONETÁRIA INIDÔNEOS OU IRREAIS E SUAS CONSEQÜÊNCIAS JURÍDICAS — **Misabel Derzi** • QUESTÕES DO TEMÁRIO — **Roque Carrazza** • CONTRIBUIÇÕES SOCIAIS — **Sacha Calmon Navarro Coêlho** • IMPOSTO DE RENDA, PERÍODO-BASE — **Sidney Apocalypse** • CONTRIBUIÇÕES SOCIAIS — **Wagner Balera** • INDEXAÇÃO — **Aires Barreto, Marçal Justen Fº, Eduardo Bottallo, Fernando Albino, Geraldo Ataliba** • DIREITO INTERNACIONAL TRIBUTÁRIO — **Alberto Xavier** • IMPOSTOS ESTADUAIS E MUNICIPAIS (ICMS-IPTU-ISS) — **Aires Barreto, José Eduardo Soares de Melo, Edgard Neves da Silva, Alcides Jorge Costa, Souto Maior Borges** • IMPOSTOS FEDERAIS (IR-IPI-IOF) — **Paulo de Barros Carvalho, Estevão Horvath, Alberto Xavier, Osiris Azevedo Lopes Fº, Roque Carrazza** • IMPOSTO SOBRE A RENDA — **Geraldo Ataliba, Gilberto Ulhôa Canto, Luciano da Silva Amaro, Sidney Apocalypse** • TENDÊNCIAS DO DIREITO TRIBUTÁRIO — **Misabel Derzi** • CONTRIBUIÇÕES — **Eugênio Doin Vieira, Diva Malerbi, Sacha Calmon Navarro Coêlho, Lúcia Valle Figueiredo, Misabel Derzi** • **Gilberto Ulhôa Canto, Geraldo Ataliba, Carlos Mário Velloso, Américo Lacombe, Wagner Balera, José Eduardo Soares de Melo, Tércio Sampaio Ferraz Jr.** • SEGURANÇA JURÍDICA — **Geraldo Ataliba.**

MALHEIROS EDITORES

Revista de Direito Tributário

81